AF403552

ANNALES DU MUSÉE GUIMET

BIBLIOTHÈQUE D'ÉTUDES

TOME XVII

LE NÉPAL

PAR

SYLVAIN LÉVI

VOLUME I

Mahárâja Chander Sham Sher Jang Rana Bahadur,
Premier Ministre et Maréchal du Népal.

LE NÉPAL

ÉTUDE HISTORIQUE D'UN ROYAUME HINDOU

PAR

SYLVAIN LÉVI

PROFESSEUR AU COLLÈGE DE FRANCE

OUVRAGE ILLUSTRÉ DE PHOTOGRAPHIES

VOLUME I

PARIS

ERNEST LEROUX, ÉDITEUR

28, RUE BONAPARTE, 28

धीरो धीरसंभवो य: प्रथमं वीरतां गत: ।
तत: समुन्नतिक्रमाद् देवत्वं प्राप्य संबभौ ॥
मलिनत्वं परिहाय यत्कीर्या चन्द्ररूपया ।
दिवि प्रतिबिम्बमात्रो न्यक्क्रियते निशापति: ॥

स जयति
शमशेरजङ्गवंश:
यस्य प्रसादेन च सौहार्देन च
नेपालवर्णनमेतत्
समुदपादि

कृतज्ञ उपहारं प्रयच्छति
ग्रन्थकारो ऽतिथि:

Aux Mahârâjas

BIR SHAM SHER JANG
DEB SHAM SHER JANG
CHANDER SHAM SHER JANG

*Qui ont tour à tour soutenu et encouragé
ces recherches.*

Un hôte reconnaissant.

(*Frontispice d'un manuscrit de la Vamçâvalî brahmanique.*)

INTRODUCTION

Le nom du Népal n'est pas inconnu, même en dehors du cercle étroit des érudits. Le prestige de l'Himalaya s'est réfléchi, pour ainsi dire, sur le royaume hindou que la grande chaîne abrite ; le Gaurisankar et les autres pics géants qui donnent le vertige à l'imagination des écoliers, évoquent à la mémoire l'image du Népal, allongé sur la carte au pied de ces colosses. Entre le Tibet au Nord, et l'Inde britannique qui le presse au Sud, à l'Est, à l'Ouest, le royaume du Népal occupe peu de place ; le Népal proprement dit en tiendrait moins encore. L'usage local, d'accord avec la tradition, réserve exclusivement la dénomination de Népal à une vallée oblongue, située au cœur même du pays, à mi-chemin de l'Hindoustan brûlant et des hauts plateaux

1

glacés, riante, féconde, populeuse, acquise de longue date
à la civilisation et qui n'a jamais cessé d'exercer l'hégémonie sur les rudes montagnes d'alentour. C'est l'histoire
de cette humble vallée que j'ai tenté de retracer ici.

Faut-il m'excuser d'avoir consacré tant d'efforts à un
sujet si restreint ? Je ne le crois pas. Une suite de
faits qui s'enchaînent, quelle qu'en soit la portée apparente,
est mieux qu'une distraction d'esprit curieux ; elle provoque
la réflexion et lui apporte un aliment. Si les destinées du
genre humain ne sont pas un vain jeu du hasard, s'il est
des lois conscientes ou aveugles qui les gouvernent,
l'histoire d'une communauté humaine intéresse l'humanité
entière puisqu'elle fait apparaître l'ordre et le plan dis-
simulés sous la masse confuse des événements. C'est
l'inconnu, toujours dangereux, qui recule, si on parvient à
découvrir comment une vallée perdue s'est peuplée d'habitants, s'est organisée, s'est policée, comment les cultes,
les langues, les institutions s'y sont lentement transformés.
Sur le domaine hindou, l'étude prend plus d'importance
encore. L'Inde, dans son ensemble, est un monde qui n'a
pas d'histoire : elle s'est créé des dieux, des dogmes, des
lois, des sciences, des arts, mais elle n'a pas livré le secret
de leur formation ni de leur métamorphose. Il faut être
initié à l'indianisme pour savoir au prix de quels patients
labeurs les savants de l'Europe ont établi de rares repères
dans l'obscurité d'un passé presque impénétrable, quelles
étranges combinaisons de données hétéroclites ont permis
d'édifier une chronologie chancelante, encore criblée
d'énormes lacunes.

Les peuples civilisés se sont préoccupés en général de
transmettre à la postérité un souvenir durable ; organisés
en communauté, ils ont directement étendu au groupe
les sentiments instinctifs de l'individu ; ils ont voulu dé-
chiffrer le mystère de leur origine et se survivre dans

l'avenir. Les prêtres, les poètes, les lettrés se sont offerts à satisfaire ce besoin puissant. Les Chinois ont leurs annales, comme les Grecs ont Hérodote, comme les Juifs ont la Bible. L'Inde n'a rien.

L'exception est si singulière qu'elle a dès l'abord provoqué la surprise et suscité des explications. On a surtout allégué, comme une raison décisive, l'indifférence transcendantale de la pensée hindoue : pénétré de l'universelle vanité, l'Hindou assiste avec un dédain superbe au défilé illusoire des phénomènes ; pour mieux humilier la petitesse humaine, ses légendes et ses cosmogonies noient les années et les siècles dans des périodes incommensurables qui confondent l'imagination, saisie de vertige. Le trait est exact ; mais, dans l'Inde comme ailleurs, les doctrines les plus hautes ont dû s'accommoder aux faiblesses incurables de l'humanité. Les inscriptions commémoratives et les panégyriques sur pierre qui jonchent le sol de l'Inde prouvent que de longue date les rois et les particuliers ont pris soin de leur gloire future. Les longues et pompeuses généalogies qui servent fréquemment de préambule aux actes royaux montrent même que les chancelleries dressaient dans leurs archives un historique officiel de la dynastie. Mais le régime politique de l'Inde condamnait ces matériaux à une disparition fatale. Si les peuples heureux n'ont pas d'histoire, l'anarchie aussi n'en a pas ; et l'Inde s'est épuisée dans une perpétuelle anarchie. Les invasions étrangères et les rivalités intestines n'ont jamais cessé d'en bouleverser la surface. Parfois, à de lointains intervalles, un maître de génie pétrit dans ses mains robustes la masse amorphe des royaumes et des principautés, et fait de l'Inde un empire, mais l'œuvre meurt avec l'ouvrier ; l'empire se disloque et des soldats de fortune s'y taillent des états de rencontre. Trop grande pour se prêter à une monarchie, l'Inde manque de divisions naturelles qui assurent un

partage stable ; l'hégémonie erre au hasard sur l'étendue
de cet immense territoire, et passe de l'Indus au Gange,
du Gange au Dekkhan. Les capitales surgissent, res-
plendissent, s'éteignent ; les marchés, les entrepôts, les
ports de la veille sont déserts le lendemain, vides,
oubliés. De temps en temps, sur ce bouillonnement,
une vague passe, retombe, et brise tout de proche en
proche. Alexandre entre au Penjab, et le Gange lointain
échappe à ses puissants maîtres ; les Anglais débarquent
sur les côtes, et le Mogol est ébranlé. L'Inde qu'on se
représente communément absorbée dans son rêve merveilleux et détachée du reste du monde est en réalité la
proie banale où se rue la cupidité de l'univers fasciné. Après
les Aryas védiques, les Perses de Darius ; puis les Grecs,
et les Scythes, et les Huns, et les Arabes, et les Afghans, et
les Turcs, et les Mongols, et les Européens déchaînés à
l'envi : Portugais, Hollandais, Français, Anglais. L'histoire
de l'Inde se confond presque tout entière avec l'histoire
de ses conquérants.

Si l'Inde, par l'excès de son instabilité, était condamnée
à manquer d'une histoire politique, elle aurait pu du moins
posséder une histoire religieuse. Le bouddhisme faillit la
lui donner. Née d'une personnalité vigoureuse que les
travestissements du mythe n'avaient pu masquer entièrement, propagée par une succession de patriarches, régle-
mentée par des conciles, patronnée par d'illustres souverains, l'Église du Bouddha se remémorait les étapes de sa
grandeur croissante ; parue et publiée au cours des temps,
elle ne se promettait pas une stupéfiante éternité ; elle
fixait à sa durée un terme fatal, et pressée de conduire
les hommes au salut, elle mesurait avec mélancolie les
siècles parcourus, et les siècles encore ouverts devant elle.
Retirés dans leurs couvents, les moines bouddhiques con-
templaient sans doute les tempêtes du monde, comme les

mirages décevants du néant universel ; néanmoins, membres d'une communauté et solidaires de ses intérêts, ils tenaient soigneusement registre des donations et des privilèges octroyés par la faveur des rois. L'Église avait ses annales ; le couvent avait son journal. Mais un ouragan formidable balaya le bouddhisme, les monastères et les moines, avec leur littérature et leurs traditions. Le brahmane, resté seul en face de l'Islam envahissant, opposa au fanatisme du vainqueur les ressources de sa souplesse insaisissable ; dédaigneux de l'histoire qui contrariait son idéal et démentait ses prétentions, il se créa des héros à son goût et se réfugia avec eux dans le passé des légendes.

Trois pays seulement ont gardé la mémoire de leur passé réel : tout au Sud, Ceylan, dans la mer ; tout au Nord, le Cachemire et le Népal, dans les montagnes. Tous trois ont, en contraste avec l'Inde, un caractère commun : la nature leur a tracé un horizon défini, que la vue embrasse sans pouvoir le franchir. Solidaires de l'Inde, ils ne se confondent jamais avec elle, et poursuivent leurs destinées à l'écart, enfermés dans un cercle fatal.

Ceylan, métropole antique et toujours florissante du bouddhisme, s'enorgueillit d'une chronique continue qui couvre plus de deux mille années ; depuis qu'un fils de l'empereur Açoka vint y fonder le premier monastère, vers 250 avant l'ère chrétienne, ses moines n'ont pas cessé de rédiger en vers didactiques les annales de l'Église singhalaise. Leur exactitude, soumise au contrôle des Grecs et des Chinois, s'est tirée brillamment de cette double épreuve. Mais Ceylan est un petit monde à part ; la politique, qui parfois exprime la réalité, sépare encore aujourd'hui Ceylan de l'Empire anglo-indien pour la rattacher directement à la couronne britannique. La péninsule est à Râma, le héros des brahmanes ; mais l'île, soumise un instant par ses armes, n'en reste pas moins à son antagoniste, le démon Râvaṇa. Les

routes maritimes de l'Orient, qui s'épanouissent toutes en
éventail autour d'elle, y ont déversé toutes les races du
monde, Arabes, Persans, Malais, et nègres d'Afrique, et
blancs d'Europe, et jaunes de la Chine. L'Inde s'allonge
vers elle, presque à la toucher, mais quelle Inde ? l'Inde
noire, l'Inde dravidienne où le brahmanisme a toujours dû
partager l'empire, avec les cultes indigènes, avec le bouddhisme, avec l'islam, avec les chrétiens de Saint-Thomas,
avec les Jésuites du Madouré. Ceylan est une annexe de
l'Inde ; elle n'en est point une province, moins encore une
image réduite.

Le Cachemire, dans les terres, fait pendant à la grande
île. La montagne l'entoure et ne l'emprisonne pas ; des cols
praticables le relient au Tibet, au Kachgar, aux vallées
du Pamir ; des passes faciles descendent au Penjab, vers ce
seuil historique de l'Inde où tous les envahisseurs ont dû
livrer leur premier combat. Ceylan est la sentinelle avancée
au carrefour de l'océan Indien ; le Cachemire s'enfonce
comme un coin, sous la poussée de l'Inde, au cœur de
l'Asie. Mais, soudé à l'Inde, il en partage les destinées ;
conquis, comme elle, par les Turcs de Kaniṣka et les Huns
de Mihira kula, il traverse comme elle une période de splendeur et de force entre le vi° et le x° siècle, ensuite, épuisé
par ses luttes contre les barbares de l'Occident, il succombe
sous l'effort de l'Islam. Une chronique, composée au xi°
siècle, rappelle seule aujourd'hui les gloires du passé ; mais
elle a suffi à les rendre immortelles. La littérature sanscrite
que les rois du Cachemire avaient protégée et souvent même
cultivée a su payer dignement leurs bienfaits ; la Râja-taraṅgiṇî du poète Kalhaṇa a sauvé de l'oubli leurs noms et leurs
exploits. D'autres ont voulu plus tard reprendre et poursuivre l'œuvre de Kalhaṇa ; mais l'intérêt du sujet s'était
évanoui. Le Cachemire avait échappé au génie hindou, et
n'était plus qu'une annexe obscure de l'Inde musulmane.

Si le Népal a une histoire, comme le Cachemire et Ceylan, son histoire est bien modeste. Retranché entre ses glaciers et ses marécages, isolé comme un domaine indécis entre l'Hindoustan et le Tibet, il n'a jamais connu la civilisation raffinée des cours cachemiriennes, ni l'activité opulente de la grande île bouddhique. Ses annales ne rappellent ni le Mahâvaṃsa pâli, ni la Râja-taraṅginî sanscrite ; leur forme même accuse le contraste ; elles consistent dans des listes de dynasties (Vaṃçâvalîs), combinées avec des listes de fondations et de donations royales ; les compilateurs qui les ont réunies et fondues n'ont pas même essayé de les élever à la dignité d'une œuvre littéraire : la langue usuelle leur a suffi, qu'ils aient emprunté le parler à demi tibétain des Névars ou le dialecte aryen des Népalais hindouisés. Leur récit, maigre et desséché d'ordinaire, ne s'arrête avec complaisance que sur les miracles et les prodiges ; il ne prend d'ampleur qu'à l'époque fabuleuse et l'époque moderne. La vigueur des souvenirs récents résiste seule à l'éclat éblouissant du passé légendaire. Héros et dieux, enfantés par la croyance populaire, passent de siècle en siècle, toujours plus vrais et plus réels à mesure que chaque génération y verse son âme et sa foi. On les voit, on les sent partout présents ; l'homme est l'instrument aveugle de leurs volontés ou de leurs caprices. La révolution de 1768 qui donne le Népal aux Gourkhas n'est encore, pour les chroniqueurs, que la suite d'un pacte conclu d'abord au ciel. L'histoire ainsi entendue se réduit à une épopée pieuse, montée sur un appareil de chronologie suspecte. La science, heureusement, dispose d'autres matériaux pour contrôler et pour compléter la tradition : l'épigraphie, déjà riche, et qui remonte jusqu'au vᵉ siècle ; les manuscrits anciens, nombreux au Népal où le climat les a mieux préservés que dans l'Inde ; la littérature d'origine locale ; les notices des pèlerins et des envoyés chinois ; les informations tirées de l'histoire et de la littérature indiennes ; enfin les renseignements amassés par les voyageurs européens depuis le XVIIe siècle.

Tous ces documents, si divers d'âge, d'origine, de langue, d'esprit, une fois comparés, critiqués et coordonnés, composent un tableau d'ensemble où le regard peut embrasser aisément les destinées d'une peuplade asiatique soumise au contact de l'Inde, pendant une durée d'au moins vingt siècles. A l'aube des temps, le Népal est un lac ; l'eau qui descend des sommets voisins s'endort, captive, au pied des montagnes qui l'enferment. Mais un glaive divin fraie une brèche ; la vallée se vide, le sol s'assèche ; les premiers colons arrivent. Ils viennent du Nord, conduits par Mañ-juçrî, le héros de la sagesse bouddhique, qui trône en Chine, et qui s'y manifeste encore aujourd'hui sous les traits du Fils du Ciel. L'âge fabuleux s'ouvre alors ; l'imagination des conteurs népalais n'a pas eu de peine à peupler ce passé lointain, abandonné tout entier à leur fantaisie ; mais leurs inventions, solidaires de la réalité qui les inspire en dépit d'eux, n'aboutissent qu'à reproduire l'histoire dans une sorte de prélude symbolique. Les dynasties qu'ils créent viennent l'une du monde chinois, une autre de l'Himalaya oriental, une autre de l'Inde. Après des myriades d'années où les dieux et les héros légendaires occupent la scène, des personnages plus modestes y fent tout à coup leur entrée. Un ermite, le patron et l'éponyme du Népal, installe sur le trône de simples bergers ; c'est l'histoire qui commence, ou du moins les temps historiques. Les Gopâlas, les Abhîras représentent les premiers pasteurs qui s'aventurèrent avec leurs troupeaux dans les herbages solitaires des montagnes. Leurs noms, sanscrits, ne doivent pas faire illusion ; précurseurs des Gurungs et des Bhotiyas qui vivent maintenant dans les hautes alpes du royaume Gourkha, ils venaient comme eux des plateaux tibétains. Des récits pittoresques, recueillis dans le voisinage du Népal, montrent les pâtres de jadis arrêtés longtemps sur l'autre versant par les neiges et les glaces ; mais un d'entre eux, parti à la recherche d'une bête disparue, se laisse entraîner sur les neiges, franchit une passe et découvre un nouveau monde verdoyant et fertile. Il revient, l'heureuse nouvelle se communique de proche en proche ; une multitude de conquistadors s'élance sur le chemin du Sud.

La peuplade des Névars qui prenait possession du Népal appartenait à une race d'hommes que la nature a marqués d'une empreinte vigoureuse. Accoutumés à des altitudes qu'on croirait impraticables, exposés aux rigueurs glaciales d'un long hiver, mais fouettés par une bise vivifiante, ragaillardis par un été souriant, éloignés du commerce du monde, bornés dans leur horizon comme dans leurs ambitions, associant les jouissances de la vie nomade aux plaisirs rustiques de la vie sédentaire, ces bergers d'une Arcadie démesurée mêlent la douceur à la barbarie, l'églogue à la férocité ; le rire sonore et large, la gaieté franche et joviale, ils s'amusent comme des enfants, rêvent comme des sages, et frappent comme des brutes. Hordes de pillards sous un chef de bandes, armée disciplinée sous un maître de génie, la doctrine du Bouddha en a fait aussi des moines, des savants, des penseurs. Leur langue, fruste et rude, s'est pourtant accommodée sans effort à la poésie, à la science, aux spéculations abstruses. Issu de cette souche robuste, le rameau Névar, le plus rapproché de l'Inde, fut le premier à fleurir.

Le Névar eut d'abord à triompher d'un péril décisif. A l'Orient des bergers du Népal, une tribu parente avait occupé le bassin des sept Kosis ; répandue sur ce vaste territoire, que la nature elle-même avait découpé en étroites vallées par des barrières de hautes montagnes, la tribu des

Kirâtas s'était divisée en principautés ; mais fatigués peut-être de s'épuiser à des rivalités stériles, instruits peut-être par l'exemple de l'Inde voisine, ils s'organisèrent en con-fédération, comme les Mallas ou les Vṛjjis du pays aryen, et forts de leur union ils fondèrent un empire qui déborda sur la plaine au Sud, s'étendit vers la mer jusqu'au delta du Gange, imposa son souvenir à l'épopée hindoue, tandis qu'à l'Ouest leur expansion triomphante arrachait le Népal aux rois bergers. La Vaṃçâvalî enregistre une longue série de rois Kirâtas de qui les noms barbares semblent porter un cachet d'authenticité. C'est au cours de cette période que le Bouddha d'abord, l'empereur Açoka ensuite auraient visité le Népal. Pris à la lettre, les deux faits sont au moins douteux, sinon improbables ; ils expriment toutefois une part de vérité. Le bouddhisme était né au pied des mon-tagnes népalaises, au débouché des routes qui mènent du Népal aux plaines, sur les confins du monde aryen ; l'Hima-laya tout proche a pu tenter les premiers apôtres, impa-tients de propager les paroles du salut. Et plus tard, vers 250 av. J.-C., quand Açoka entreprit son pieux pèlerinage aux lieux saints, sa route, reconnaissable encore aux piliers qu'il dressa, le conduisit au moins dans cette sorte de zone mixte où le montagnard népalais rencontre l'Hindou des plaines.

Soutenu par la puissance du grand empereur bouddhiste, ou seulement par son propre zèle, le missionnaire du boud-dhisme avait pris pied au Népal. L'Inde y montait avec lui. Sous l'influence de la religion nouvelle, les grandes familles cherchaient à se rattacher par des liens ou fictifs ou réels à la noblesse bouddhiste de l'Inde ; une d'entre elles gagna assez de crédit pour renverser les Kirâtas, un siècle environ après l'ère chrétienne, et pour fonder une dynastie qui devait durer près de huit siècles. Les successeurs des Kirâtas se prétendaient issus du clan Liččhavi qui dominaît à l'époque du Bouddha sur la ville opulente de Vaiçâlî, et qui continuait à compter parmi les noms les plus glorieux de l'aristocratie indienne. Le Népal sous le régime des Licchavis entre dans le système des États hindous, mais sans compromettre son indépendance. Le plus puissant des empereurs Guptas, suzerain de l'Inde presque entière, inscrit le Népal parmi les royaumes d'outre-marche qui entretiennent avec lui des relations d'amitié. Enfin, au début du vi° siècle, l'histoire positive commence avec l'épigraphie. Le premier document connu montre la civilisation de l'Inde parvenue déjà dans la vallée à son complet épanouissement. La langue littéraire, le sanscrit, qui atteint à ce moment même la perfection classique dans l'Inde des brahmanes, est maniée sans difficulté au cœur des montagnes par des poètes instruits, élégants, délicats, au service de la cour ou des simples particuliers. Le bouddhisme et le brahmanisme, séparés et depuis longtemps rivaux dans l'Inde, voisinent, se pénètrent, se confondent presque au Népal. Les moines ont consacré au culte des Bouddhas la colline de Svayambhû et ils y ont élevé un sanctuaire de forme antique que la tradition rapporte à l'empereur Açoka ; dispersés dans la vallée, des hémisphères de terre et de briques, construits sur le type rudimentaire des monuments primitifs du bouddhisme indien, attestent la date déjà lointaine de la conversion du pays. Sur deux autres éminences, Çiva et Viṣṇu ont fixé leur séjour : Çiva, l'hôte reconnu des retraites et des sommets de l'Himalaya, est adoré ici sous le nom de Paçupati, Maître du Bétail ; et ce vocable, heureusement adapté d'abord à une population de bergers, imposé ensuite par un long usage, désigne encore aujourd'hui le dieu comme le protecteur de la dynastie et le patron du Népal. Viṣṇu, populaire sous l'appellation de Nârâyaṇa, est uni moins intimement que son émule à la vie du pays. Autour d'eux, les divinités inférieures, com-

munés en partie aux bonzes et aux brahmanes, avaient leurs
temples, leurs prêtres et leurs fidèles. La royauté, héréditaire, se transmettait de père en fils; le pouvoir du roi
s'étendait en dehors de la vallée, à l'Est et à l'Ouest ; mais
une féodalité remuante, indocile, réduisait presque à rien
le domaine royal et l'autorité du suzerain. Pas encore de
grandes villes ; les villages où se groupent les cultivateurs
et les marchands ne portent que des noms indigènes, purement névars. Les inscriptions et la chronique permettent
de suivre le développement du Népal jusqu'au viiᵉ siècle,
où il atteint son apogée. La fortune alors semble élargir
brusquement l'horizon politique du petit royaume. Pétris
et disciplinés par un de ces manieurs d'hommes que l'Asie
centrale enfante par intervalles, les clans tibétains s'unissent ; un État se crée, s'organise, qui menace, à peine né,
le vieux colosse chinois. La Chine à son tour rappelée par
ses agresseurs au souvenir des « Pays d'Occident » qu'elle
avait presque oubliés depuis les Han, cherche par la ferveur
de ses pèlerins et l'adresse de ses mandarins à se frayer
une route vers l'Inde. L'Inde du Nord elle-même, unie un
instant sous l'empire d'un monarque instruit et curieux,
répond à l'appel de la Chine et tente de forcer le cordon
de barbares qui ferme ses frontières : au Nord-Ouest, les
tékins turcs sont installés en maîtres, tout près d'être sup-
plantés par les Arabes.

Le Népal semble promettre une voie facile à ce commerce des nations ; il est le trait d'union naturel de deux
mondes. L'Inde l'a converti, l'a civilisé ; le Tibet, qui parle
sa langue, le compte parmi ses vassaux ; mais le Népal
subjugué a donné une reine à ses vainqueurs. Une princesse népalaise est assise sur le trône de Lhasa ; bouddhiste ardente, elle a installé dans son palais ses dieux, ses
prêtres et ses livres saints. Clotilde, une fois encore, a
converti Clovis ; le roi barbare s'entoure de moines, apprend

la théologie au sortir des combats. Des ambassades chinoises, envoyées vers l'Inde, passent par le Tibet, s'arrêtent au Népal en hôtes officiels ; entraîné par la fortune politique du Tibet, le Népal gravite dans l'orbite de la Chine ; il adresse au Fils du Ciel des envoyés et des présents ; une armée de soldats népalais descend même dans les plaines de l'Inde, sous la conduite d'un général chinois, pour venger un affront que la Chine a subi. Des moines chinois viennent s'établir, s'instruire, s'éteindre dans les monastères du Népal.

Cette intensité d'échanges provoque une prospérité inouïe. Les vieilles résidences royales, trop pauvres ou trop mesquines, sont désertées ; des palais s'élèvent qui abritent avec le roi toute une cour de dignitaires ; les couvents, les temples s'embellissent, s'enrichissent, s'accroissent ; la sculpture, la peinture décorent les ouvrages des architectes. L'art du Népal émerveille même les Chinois raffinés. Des villes se fondent ; les capitales sortent de terre coup sur coup. La science encouragée, soutenue par des donations libérales, fleurit ; la royauté donne l'exemple : Amçuvarman compose une grammaire sanscrite. Dans les couvents, les moines instruits multiplient les copies des saintes Écritures et des traités canoniques, égayant leur travail austère d'enluminures et de miniatures finement exécutées.

Mais le Népal n'a point de ressources pour se suffire ; privé du mouvement qui le traversait, il entre en décadence. L'Inde est bientôt retournée à l'anarchie ; le Tibet et la Chine engagés dans les guerres continuelles s'affaiblissent l'un et l'autre. Las d'un vasselage qui fausse ses destinées, le Népal se révolte, lutte contre ses maîtres tibétains ; disputé par les influences diverses qui prétendent y prévaloir, le royaume se divise, s'émiette, s'engloutit dans un chaos féodal. Les Licčhavis disparaissent, emportés par la tour-

mente. Une date précise, positive, se dégage de ce brouil-
lard et s'inscrit au fronton d'une période nouvelle. L'an 880
de J.-C. inaugure l'ère du Népal.

Depuis longtemps déjà le Népal avait été initié par l'Inde
à l'usage d'une ère locale. L'ambition des dynastes indiens,
empereurs ou roitelets, allait à fonder une ère propre, qui
perpétuât leur souvenir ; l'emploi d'une ère distincte était
tenu pour un symbole d'indépendance, de puissance fière
et libre ; c'était une sorte de drapeau national, marqué aux
armes d'une dynastie. Parmi tant de difficultés où se débat
l'histoire de l'Inde, la multiplicité des ères est un principe
de confusion inextricable. Une série de rois oscille souvent
dans la chronologie, au hasard de la mode, en attendant le
synchronisme décisif. Les Guptas, qui dominent l'histoire
indienne pendant cent cinquante ans, étaient tiraillés, il y a
quinze ans encore, entre le i^{er} et le ive siècle de l'ère chrétienne. L'origine même des ères les plus populaires échappe
à l'historien ; nous ignorons encore les circonstances qui
firent naître en 57 av. J.-C. l'ère Vikrama, en 78 ap. J.-C.
l'ère çaka, aussi répandues cependant dans l'Inde contemporaine que dans l'Inde du moyen âge. Les Liččhavis du
Népal avaient fondé ou introduit dans la vallée une ère qui
partait, si mes calculs sont exacts, de l'an 111 J.-C. ; au
début du viie siècle, ils avaient dû accepter comme une
marque de vassalité l'ère des conquérants tibétains. L'an
880 consacre officiellement la rupture du lien de vasselage ;
le Népal échappe au Tibet que déchirent les passions religieuses ; et une nouvelle dynastie se substitue aux Liččhavis :
les Mallas.

Les Mallas, comme les Liččhavis, sont les héritiers plus
ou moins légitimes d'un nom antique, consacré par la
biographie du Bouddha. Au temps où vivait le Maître, les
Mallas formaient une confédération de tribus encore peu
avancées en civilisation ; c'est sur leur territoire que les

fondateurs des deux grandes doctrines schismatiques, le Bouddha et le Jina, étaient venus mourir. Ils disparaissent ensuite de l'histoire, absorbés dans l'empire du Magadha ou refoulés dans les montagnes. Ils paraissent au Népal dans le premier des monuments épigraphiques du pays; leur nom se retrouve ensuite dans d'autres inscriptions des Licchavis. Établis en dehors et à l'Ouest de la vallée, ils refusent de reconnaître l'autorité de la dynastie népalaise et semblent même lui imposer parfois une sorte de tribut.

Maîtres du Népal à leur tour, les Mallas y transportent une sorte de fédération féodale qui rappelle la constitution des anciens Mallas. A la fin du xıᵉ siècle (1097 J.-C.), une secousse soudaine annonce à la petite vallée l'ébranlement de l'Inde voisine et présage les révolutions futures ; à la faveur du désordre qu'ont provoqué de l'Indus au Gange les invasions musulmanes, un Hindou authentique et ortho-doxe, natif du Dekkhan, entre à main armée au Népal et occupe le trône qu'il lègue à ses descendants. Mais la con-quête est prématurée ; la nouvelle dynastie ne règne que de nom. L'anarchie est au comble ; chaque bourgade a son seigneur, qui tranche du monarque ; les capitales ont des rois de quartier. Les rivalités de couvents s'ajoutent aux rivalités des partis. Un prince des montagnes, soutenu par la faction brahmanique, croit l'heure venue ; devancier des Gourkhas, il s'élance de Palpa sur le Népal, s'en empare, mais se reconnaît trop faible pour le conserver, et se retire précipitamment. Malgré leurs échecs successifs, ces essais répétés attestent l'ascendant continu de l'influence brah-manique.

En 1324, une troisième tentative réussit et installe une dynastie brahmanique au Népal ; le vainqueur Hari Simha Deva, victime des musulmans qui l'ont chassé du Tirhout, cherche dans la montagne un refuge et une compensation. Il amène avec lui une académie de juristes brahmaniques qu'il patronne et qui s'emploie ardemment à codifier la tradition, menacée de disparaître sous l'Islam qui triomphe. Les complications subtiles de l'organisation brahmanique se propagent et gagnent du terrain ; mais il était réservé aux Mallas, mieux qualifiés pour ce rôle, d'opérer une conciliation harmonieuse entre l'usage local et les exigences des brahmanes. Dans la seconde moitié du xive siècle, Jaya Sthiti le Malla, assisté des docteurs hindous, arrête les lignes définitives de l'organisation sociale et religieuse : la population tout entière est partagée en deux catégories, parallèles aux deux églises ; les fidèles des dieux hindous sont assujettis aux règles sévères des castes brahmaniques ; les sectateurs des divinités bouddhiques sont répartis en groupes professionnels, calqués sur les castes. Des lois où se marque le tour méticuleux du génie hindou stipulent les détails du costume, de la maison, des cérémonies assignées à chacun des groupements. Une réforme profonde du système des poids et mesures témoigne aussi la transformation économique du Népal.

L'œuvre de Jaya Sthiti le Malla rend au Népal un équilibre durable et prépare une époque de prospérité. Les circonstances sont propices. Le zèle religieux du Mongol Khoubilai Khan a tiré le Tibet de l'anarchie, donné le pouvoir aux lamas, enrichi et multiplié les couvents, restauré les études, ranimé l'activité commerciale. La dynastie des Ming, qui succède aux Mongols en Chine, reprend les traditions des Han et des T'ang, lie sa fortune au bouddhisme, rêve d'unir sous son patronage les membres dispersés de l'Église. Ses ambassades voyagent sur les grands chemins de l'Asie ; le Népal échange des missions et des présents avec la cour impériale ; le roi du Népal, pris par confusion pour un lama, reçoit à ce titre l'investiture de la Chine. Le roi Yaksa le Malla réduit à l'obéissance les vassaux et les rivaux récalcitrants, et rétablit un instant l'unité ; mais ce Charlemagne finit comme Louis le Débonnaire ; soit faiblesse paternelle, soit aveu d'impuissance en face des jalousies locales surexcitées, il partage lui-même son empire entre ses fils. La petite vallée devient le siège permanent de trois royaumes, le champ de bataille de trois dynasties.

L'émulation d'abord est glorieuse et féconde. Bhatgaon, la création des Mallas, s'orne de monuments splendides élevés par une dynastie de constructeurs ; ses palais et ses temples étalent les splendeurs et les hardiesses de l'art népalais. Katmandou s'enorgueillit de rois poètes, littérateurs, et même polyglottes ; un d'entre eux, qui couvre de ses élucubrations les dalles de la ville, trace sur la façade de son palais deux mots français : AUTOMNE LHIVERT en 1654 ! Patan, la métropole du bouddhisme et la forteresse de la foi, a un roi mystique qui vit en ascète et disparaît un jour sous le costume anonyme du mendiant religieux. C'est le moment où l'Europe entend parler du Népal ; comme au temps du fabuleux Mañjuçrî, l'accès s'ouvre par la voie du Nord. Un jésuite, le P. d'Andrada, recueille au Tibet en 1626 les premières informations ; en 1662, deux héros de l'exploration asiatique, le P. Grueber et le P. Dorville, partis de Pékin pour l'Inde, traversent le Népal. A la même époque le Français Tavernier qui visite en commerçant avisé les États du Grand Mogol s'enquiert de la route qui mène, par le Népal, de l'Inde à l'Asie centrale. Offert en même temps aux deux forces de l'expansion européenne, le Népal échappe au trafiquant pour échoir au missionnaire. Mais les Jésuites qui l'ont découvert s'en voient frustrés par la malveillance du pape. Les Capucins en reçoivent la charge ; ils installent au Népal et au Tibet des missions non moins charitables que stériles. Seul, le P. Horace della Penna, qui meurt à Patan en 1745 mérite un hommage de la science. Expulsés du pays après un séjour de soixante ans, les Capucins emportent pour se consoler la satisfaction d'avoir détruit des milliers d'anciens manuscrits.

Le départ des Capucins est le contre-coup d'une révolution qui couronne et parachève en un moment l'œuvre lente et sinueuse des siècles. Les royaumes Mallas ont succombé tous les trois à la fois, épuisés par leurs querelles et leurs guerres incessantes, minés par les discordes intestines, par l'indiscipline d'une aristocratie jalouse de ses droits et de ses libertés, par les sourdes menées des brahmanes. Les Gourkhas sont les maîtres du Népal. Venus d'une petite bourgade juchée dans les montagnes de l'Ouest, et qui leur a donné son nom, ils se prétendent originaires de l'Inde propre, descendants légitimes des anciens Kṣatriyas, égaux des plus authentiques Rajpoutes. Pourtant leurs traditions n'arrivent pas à dissimuler leur véritable origine, inscrite aussi sur les traits de leur visage. Ces représentants orgueilleux du brahmanisme intégral sont nés d'un croisement réprouvé : les uns sont issus d'aventuriers brahmaniques, les autres d'aventuriers Rajpoutes que la conquête musulmane a rejetés hors de l'Inde et qui sont venus chercher fortune dans les montagnes. Les réfugiés ont contracté avec les filles indigènes des unions irrégulières ; les enfants qui en sont sortis ont réclamé et obtenu dans la société un rang digne du sang paternel, mais que l'Inde plus scrupuleuse refuse de sanctionner. Servis par les dissensions de leurs adversaires, les Gourkhas n'en ont triomphé cependant qu'après de longs combats ; l'honneur du succès revient à leur chef, Prithi Narayan, politique cauteleux, soldat vaillant, tacticien perspicace, prudent à former ses plans, opiniâtre à les conduire, froidement barbare ou généreux par calcul. La prise de Kirtipour caractérise sa méthode : assise sur son rocher à pic, défendue avec bravoure, la ville repousse les assauts des Gourkhas. Insensible aux échecs, Prithi Narayan lève le siège, revient l'an suivant, bloque encore la ville, échoue encore, et ne se décourage pas ; la trahison lui livre la place qu'il n'a pu emporter de force. Il publie une amnistie, désarme les habitants, et leur fait couper à tous les lèvres et le nez, sans distinction d'âge ou de sexe. L'Europe, qui doit payer en partie les frais de la victoire, en a fourni les moyens : les troupes britanniques de la Compagnie, qui promènent déjà leurs bannières victorieuses à travers le Bengale et jusqu'au pays d'Aoudh, ont appris au roi de Gourkha la valeur de la discipline, et les négociants européens lui ont procuré les armes à feu qui ont décidé du succès.

Dans leur élan irrésistible, les Gourkhas étendent bientôt leur domination au delà de la vallée, jusqu'aux frontières que la nature impose à leur expansion. De la Kali au Sikkim, du Téraï aux passes tibétaines, les principautés vassales, tributaires, autonomes s'absorbent et disparaissent dans le royaume Gourkha ; francs ou déloyaux, le Gourkha surpasse ses adversaires en perfidie comme en forces. Grisé de ses triomphes, le conquérant convoite même le Tibet ; le pillage des trésors entassés dans les couvents promet une honnête récompense à la croisade du brahmanisme contre l'hérésie. Mais la Chine, suzeraine et protectrice des lamas, se préoccupe du voisin inconnu qui vient de surgir ; elle prend des mesures énergiques, ramasse une armée, chasse du Tibet les Gourkhas, les poursuit sur leur propre territoire ; puis, fatiguée de son effort et satisfaite de la leçon qu'elle a donnée, elle se contente d'imposer aux vaincus une soumission de pure forme : le Népal, enregistré comme vassal, s'engage à envoyer solennellement tous les cinq ans un tribut à l'empereur, incarnation du divin Mañjuçrî.

Ramenés à une juste idée de leurs forces, les Gourkhas

évitent désormais de rompre ouvertement avec leurs voisins trop puissants, les Chinois au Nord, les Anglais au Sud ; ils comptent sur la diplomatie et la ruse pour compenser l'infériorité de leurs forces, et rêvent d'opposer la Chine à l'Angleterre pour les annuler toutes deux. Fatiguée des intrigues et de la mauvaise foi des Gourkhas, l'Angleterre leur déclare la guerre en 1814 ; deux années de campagnes également honorables, également glorieuses de part et d'autre, également signalées par des revers désastreux, mènent enfin les armées britanniques à la porte du Népal. Le traité signé à Segowlie en 1816 trace entre les deux États une frontière définitive et règle les relations du Népal avec le dehors : le Népal s'engage à ne prendre à son service aucun sujet britannique, aucun sujet d'un État européen ou américain sans le consentement du gouvernement britannique ; un représentant du gouvernement britannique doit résider à demeure auprès de la cour népalaise.

Pour arracher d'une part ces concessions, en apparence médiocres, et d'autre part pour y souscrire, Anglais et Gourkhas avaient soutenu avec la même obstination une guerre de deux ans, meurtrière et ruineuse. L'Angleterre voulait ouvrir à son commerce la voie de l'Asie centrale, que Tavernier avait entrevue ; les Gourkhas n'étaient pas moins résolus à écarter tous les étrangers. Un incident malencontreux avait éveillé de bonne heure la méfiance des Gourkhas : pendant qu'ils poursuivaient la conquête du Népal, les Anglais, appelés par les Mallas, avaient tenté une diversion militaire ; mais le climat du Téraï et les difficultés des montagnes les avaient obligés à battre en retraite. Maître du pays, Prithi Narayan s'était empressé d'en chasser les missionnaires chrétiens et les marchands hindous qui auraient pu provoquer une intervention anglaise. Cependant, en 1792, quand l'invasion chinoise

menaçait les Gourkhas jusque dans leur capitale, les successeurs de Prithi Narayan cherchèrent un appui du côté
des Anglais, et, pour les amorcer, ils leur proposèrent de
négocier un traité de commerce; puis, effrayés d'une
démarche qui compromettait leur indépendance, ils s'empressèrent de conclure la paix avec la Chine. Le colonel
Kirkpatrick, envoyé de la Compagnie, arriva trop tard au
Népal; il y fut accueilli avec une froideur dédaigneuse, et
dut se retirer après deux mois de séjour. Il en rapportait
une magnifique collection de notes sur la géographie,
l'histoire, les antiquités, la religion, l'agriculture, le commerce et les institutions du pays qui, rédigées par une
main étrangère, furent publiées en 1811.

Kirkpatrick inaugurait au Népal une phase nouvelle de
l'expansion européenne. Le zèle de l'apostolat avait amené
d'abord dans l'Himalaya les missionnaires, uniquement
préoccupés de prêcher et d'étendre leur doctrine, obstinément fermés aux curiosités profanes. Avec Kirkpatrick la
politique moderne prend pied au Népal, inspirée par l'ambition commerciale et l'esprit d'entreprise, fécondée et
ennoblie par le concours de toutes les connaissances
humaines. En 1802, les Anglais tirent à nouveau parti des
circonstances pour essayer d'installer un résident au Népal;
l'essai avorte encore, mais il a pu se prolonger une année;
Hamilton, qui accompagnait le résident, a repris et étendu
les recherches de Kirkpatrick; sa *Relation* parue en 1818
jette une nouvelle lumière sur ce pays encore si peu connu.
Enfin, après le traité de 1816, la résidence britannique est
définitivement établie; dès 1820, Hodgson y est attaché.
Pendant vingt-cinq années d'une carrière qui se développe
tout entière au Népal, Brian Houghton Hodgson explore
avec le même bonheur, la même divination, la même
patience, la même sûreté tous les domaines de la science;
il est grammairien, géographe, ethnographe, géologue,

botaniste, zoologiste, archéologue, juriste, philosophe, théologien ; partout il crée, et partout il excelle. L'indianisme français ne peut pas oublier que sans les matériaux découverts par Hodgson et mis généreusement au service de l'érudition, le grand Burnouf n'aurait pas composé son admirable Introduction à l'histoire du bouddhisme indien. Le nom de Hodgson reste indissolublement lié dans la science au nom du Népal. Récemment encore (1877) un médecin de la résidence, le Dr Wright, perpétuant la noble tradition des fonctionnaires britanniques au service de l'Inde, a enrichi la bibliothèque de Cambridge d'un trésor d'anciens manuscrits, surtout bouddhiques, et a rendu la chronique locale, la Vaṃçâvalî commodément accessible aux savants européens par une traduction anglaise.

Les conditions du traité de Segowlie, d'accord avec la méfiance prudente des Gourkhas, réservent presque exclusivement au personnel de la résidence britannique l'étude du Népal sur place. En dehors du résident, de son assistant et du médecin, aucun Européen n'est autorisé à pénétrer au Népal, encore moins à y séjourner. Au reste, le résident lui-même est astreint à des conditions de vie assez déplaisantes ; il vit, en dehors et à distance de la capitale, dans un enclos qui lui est assigné, sous la protection d'une compagnie de cipayes britanniques, et sous la garde d'un poste népalais tenu d'interdire l'accès à tout indigène qui n'est pas muni d'un permis du Darbar ; ses promenades, toujours sous la garde et la surveillance d'un soldat gourkha, sont circonscrites au périmètre de la vallée ; ses excursions, à quelques districts du Téraï. Ses relations officielles avec le Darbar se bornent à un échange périodique de visites de cérémonie et à la discussion des affaires courantes.

En dehors de ces hôtes officiels, admis et subis à contrecœur, quelques rares privilégiés qui doivent à leur bonne fortune de n'effaroucher ni les susceptibilités des Anglais, ni celles des Gourkhas, obtiennent un permis temporaire de séjour. C'est aux hommes de science qu'échoit surtout cet avantage honorable. « Le marchand, dit un adage gourkha, amène la Bible ; la Bible amène la bayonnette. » La grande puissance d'Europe et le petit royaume asiatique s'entendent à reconnaître et à proclamer la neutralité de la science, qui appartient à l'humanité entière. Des Anglais, des Russes, des Allemands, des Français ont été autorisés à étudier ou à rechercher sur le territoire népalais les monuments du passé que le climat des montagnes et les institutions politiques ou religieuses du pays ont préservés contre toutes les causes de destruction qui sévissent dans l'Inde propre. Il y a six ans encore, le gouvernement gourkha a donné une nouvelle preuve du bienveillant intérêt qu'il porte à la science, en autorisant dans le Téraï les investigations archéologiques qui ont abouti à la découverte de Kapilavastu, l'antique berceau du Bouddha.

Ces concessions individuelles, accordées toujours à bon escient, après une enquête minutieuse, et contrôlées par une surveillance sévère, n'entament pas le principe de l'isolement systématique que le gouvernement gourkha suit avec une fidélité séculaire. Depuis la double épreuve de la guerre chinoise et de la guerre anglaise, les Gourkhas instruits de leur force réelle se sont assigné pour programme de maintenir l'indépendance de leur pays et de se réserver pour un avenir plus favorable. Ils n'ont pas renoncé à s'emparer du Tibet, comme l'atteste la grande guerre de 1856 ; vainqueurs, ils ont obtenu du Tibet plus qu'ils n'avaient accordé, vaincus, à l'Angleterre; suivant l'exemple donné par les nations européennes dans l'Extrême-Orient, ils ont exigé une concession de terrain à Lhasa et l'installation d'un agent diplomatique chargé de représenter les intérêts des résidents népalais ainsi que d'observer les affaires et les intrigues locales. Du côté de l'Inde, on a pu deviner leur main dans les machinations ourdies contre le pouvoir britannique, mais rien ne l'a dénoncée ; en 1857 quand la révolte des Cipayes semblait augurer la chute du régime anglais, ils ont mis au service du gouverneur général près de dix mille hommes de troupe qui ont contribué à éteindre la rébellion ; leur loyalisme ou tout au moins leur clairvoyance a reçu comme paiement plusieurs des riches districts du Téraï perdus en 1816.

C'est à l'intérieur de leurs frontières que les Gourkhas ont surtout, depuis la conquête, dépensé leur énergie ; l'organisation d'un nouvel empire en a réclamé la plus grande partie ; les intrigues de palais ont consommé le reste. En vertu de la loi fatale qui pèse sur les dynasties asiatiques, les héritiers de Prithi Narayan appartiennent plus à la pathologie qu'à l'histoire, dégénérés de types divers, nerveux, irritables, sanguinaires, impulsifs, alcooliques, érotiques, idiots ; une longue série de minorités laisse l'enfant-roi sous la tutelle redoutable d'un oncle, d'une mère ou d'un ministre jaloux du pouvoir, intéressés à prolonger jusqu'à l'épuisement prématuré les débauches précoces du souverain. Le roi fainéant fait le maire du palais. Deux clans, les Thapas et les Panrés, se sont disputé l'autorité réelle ; tous deux se sont montrés dignes de l'exercer. Damodar Panré et son père Amar Singh comptent parmi les gloires militaires des Gourkhas, chez qui la bravoure est pourtant banale. Depuis le commencement du xixe siècle, les Thapas ont réussi à garder presque constamment le pouvoir ; Bhim Sen (Bhîmasena) se maintint plus de trente ans dans les fonctions de premier ministre ; tombé brusquement en disgrâce, il fut jeté dans les fers, et se trancha la gorge dans sa prison. Son neveu, Jang Bahadur, soutint mieux sa fortune : il est le héros du Népal moderne, l'idéal du Gourkha nouveau style ; la littérature et la presse ont rendu ses aventures et ses prouesses populaires, même en Occident. Brave autant que dissimulé, le coup d'œil rapide, l'esprit perspicace, toujours sur ses gardes et maître de lui, expert aux mœurs des bêtes et des hommes, chasseur de fauves sans rival, cavalier incomparable, il endort ou déconcerte ses adversaires, frappe sans scrupule le coup décisif, et fait face partout à la fois. S'il le faut, il pirouette à cheval sur une planche au-dessus d'un abîme, il passe une journée accroché de ses ongles crispés au mur d'un puits, suit le tigre dans les hautes herbes, abat d'un coup de feu ses concurrents au pouvoir ou les livre à la tuerie d'une soldatesque effrénée. Il ne craint pas de heurter les préjugés de la caste, si rigoureux chez les Gourkhas, ou de laisser vacant un poste convoité ; il se rend en Europe, est « le lion » de la saison à Londres et à Paris, et rentre au Népal avec un prestige doublé. Par prudence, il n'usurpe pas le trône ; il est premier ministre, dictateur ; il se fait octroyer le titre de mahârâja, joue la comédie de l'abdication pour éprouver son entourage et reconnaître ses forces, et reparaît plus puissant que jamais. Après lui la dictature échappe à sa lignée directe et passe à ses neveux par un drame de famille sanglant. Le premier ministre actuel, Chander Sham Sher Jang (Čandra Çama Çera Jaṅga) Rana Bahadur, a succédé à ses deux frères Bir (Vîra) Sham Sher et Deb (Deva) Sham Sher, l'un mort, l'autre déposé ; il porte les titres de mahârâja, premier ministre et maréchal du Népal. Le roi, Pṛthvî Vîra Vikrama Sâha porte le titre d'Adhirâja (vulg. Dhirâj) ; il vit confiné dans son palais, livré aux femmes et à la boisson, exhibé comme une poupée inconsciente aux jours de grande cérémonie.

Ce régime despotique, qui concentre tous les pouvoirs

dans la main du mahârâja, se complète et se corrige par
une institution singulière où se manifeste le vieil esprit
féodal ; toutes les charges de l'État, du mahârâja jusqu'aux
plus humbles, sont annuelles. Chaque automne, une commission désignée par le roi revise la liste de tous les emplois, raye les incapables, les indignes, les suspects, pour-
voit à tous les postes, licencie la classe et choisit parmi les
candidats gourkhas les soldats appelés à servir dans l'armée.
Le Gourkha en effet par goût et par dignité laisse aux
Névars assujettis l'exercice des autres professions ; il est
né seulement pour porter les armes et pour remplir les
fonctions de l'État. Son ambition la plus modeste est de
recevoir en fief un des lopins de terre que l'État concède
aux soldats en service. Pour satisfaire tant d'appétits
déchaînés, le Darbar gourkha a dû recourir au procédé
ingénieux du roulement annuel qui tient en haleine les
bonnes volontés et permet d'exclure les autres. Le sceau
rouge du roi est nécessaire pour investir le mahârâja aussi
bien que le simple soldat ; afin de défendre son pouvoir
incessamment menacé, et de prévenir un caprice aveugle
du fantoche royal, le mahârâja prend soin de composer à
son gré la maison du souverain, lui donne pour serviteurs
ses créatures, pour femmes ses filles ou ses parentes. Mais
malheur si une rivalité de sérail déjoue ses calculs et détache
de ses intérêts, à l'heure critique de la signature annuelle,
la favorite du roi !

En dépit des révolutions de palais et des luttes de partis,
le régime gourkha poursuit avec continuité son œuvre de
réorganisation. La conquête créait une situation difficile :
Au sommet, une peuplade himalayenne, mais mâtinée de
sang indien, façonnée par les brahmanes qui lui avaient
appris leur langue, inculqué leurs préjugés, imposé leurs
institutions, leurs cérémonies et leurs divinités, experte au
métier des armes, mais incapable de vivre autrement que

par la guerre et les razzias ; au-dessous, une nation déjà
compacte, amalgame de races étrangères à l'Inde, sorties
d'un commun berceau dans les montagnes du Nord, entamée à peine par le brahmane, en passe de se convertir à
un hindouisme bâtard, mais fidèle encore aux croyances,
aux lois, aux pratiques du bouddhisme indien, que l'Inde
avait déjà désavoué ; initiée par les moines et les savants à
la langue littéraire de l'Inde aryenne, le sanscrit, mais
attachée dans l'usage réel à des idiomes de souche tibétaine ; éprise des arts de la paix, de la culture, des pompes
et des fêtes religieuses, mais indocile et remuante par goût
d'indépendance autant que par frivolité. La main de fer
du Gourkha comprima toutes les résistances ; le nouveau
maître n'eut pas à réprimer une seule révolte. Des exemples formidables enseignèrent aux vaincus, d'un bout à
l'autre du royaume, les lois fondamentales du régime
gourkha : dans l'ordre politique, l'obéissance servile au
Gourkha, détenteur unique du pouvoir ; dans l'ordre social,
le respect de la vache et du brahmane, créatures sacrées
et intangibles. Les rudes pasteurs des alpes qui menaient
à coup de fouet leur bétail, et les Névars de la vallée qui
aimaient à se régaler de viande succulente, apprirent à
honorer le symbole de l'orthodoxie triomphante. Le bouddhisme, suspect à deux titres, comme doctrine d'hérésie
et comme église nationale des Névars, perdit son influence
et ses privilèges ; les couvents, les temples se virent déposs-
sédés de leurs biens, privés des donations accumulées qui
servaient à leur entretien ; appauvris, négligés, ils tombèrent en décadence ; les pandits bouddhistes, réduits à
vivre des aumônes d'une communauté réduite, cessèrent
de recruter et de former des élèves. Les faveurs publiques,
réservées aux fidèles de l'hindouisme, amenèrent aux dieux
brahmaniques des croyants que la prédication n'aurait pas
suffi à convertir. La langue des Névars, et ses congénères

des autres vallées, battirent en retraite devant la langue
des Gourkhas, le Khas ou Parbatiya, né, comme les Gourkhas eux-mêmes, d'une fusion entre les éléments himalayens et les éléments hindous, graduellement envahi par
l'Hindi des plaines au détriment du vieux fonds indigène,
et colporté dans les districts les plus retirés par l'administration et par l'armée. Les corporations des Névars,
déjà réglementées à l'hindoue par les conseillers de Jaya
Sthiti le Malla, furent assimilées aux castes orthodoxes,
et soumises comme elles à la juridiction d'un prêtre
brahmanique.

La victoire des Gourkhas a consommé l'annexion du
Népal à l'Inde brahmanique. Peuplé par des races an-
aryennes, converti et civilisé par le bouddhisme indien,
conquis et absorbé par le brahmanisme hindou, le Népal
a déjà parcouru les trois premières étapes de l'histoire de
l'Inde ; entré tardivement dans le cycle, il lui reste encore
à connaître la dernière phase, qu'il entrevoit dès maintenant, mais où l'Inde est depuis longtemps engagée : la lutte
contre l'Islam et la mainmise de l'Europe. C'est là justement le trait original et l'intérêt essentiel de l'histoire du
Népal. Ceylan est l'Inde arrêtée au stage du bouddhisme
et déviée par la force prépondérante des influences étrangères ; le Cachemire est l'Inde même. Le Népal, c'est l'Inde
qui se fait. Sur un territoire restreint à souhait comme un
laboratoire, l'observateur embrasse commodément la suite
des faits qui de l'Inde primitive ont tiré l'Inde moderne. Il
comprend par quel mécanisme une poignée d'Aryens portée
par une marche aventureuse au Penjab, entrée en contact
avec une multitude barbare, a pu la subjuguer, l'encadrer,
l'assouplir, l'organiser, et propager sa langue avec tant de
succès que les trois quarts de l'Inde parlent aujourd'hui
des idiomes aryens : un d'entre eux, l'hindi, est pratiqué
par plus de quatre-vingt millions d'hommes !

La religion dans ce progrès a joué le rôle essentiel : le brahmanisme a défendu d'abord l'intégrité aryenne, et laissé l'offensive aux hérésies. Le formalisme magique du culte avait favorisé de bonne heure la naissance d'une caste sacerdotale, où les connaissances héréditaires se transmettaient du père aux fils. Les prétentions croissantes du clergé provoquèrent l'aristocratie féodale à s'unir pour défendre son pouvoir menacé : l'imitation fit le reste. Un réseau de castes se créa, consacré par le prêtre, fermé par la barrière de la pureté rituelle.

Cependant, sur les confins du groupe élu, une avant-garde interlope rompait l'isolement rêvé : aventuriers, écumeurs, forbans, pionniers venaient y confondre leurs goûts d'émancipation et reliaient par une chaîne suspecte l'Aryen à l'aborigène. Vers le vi⁰ siècle avant l'ère chrétienne, quand l'expansion brahmanique avait entamé déjà plus qu'à moitié la vallée du Gange, le « Piémont » himalayen bordait les communautés orthodoxes ; c'est là que le Bouddha et le Jina conçurent le rêve généreux et hardi d'une doctrine de salut ouverte à tous les hommes, sans acception de naissance. Leur prédication recueillie avec enthousiasme par des disciples ardents suscita des missionnaires impatients d'éclairer et de délivrer les âmes. Les révolutions politiques de l'Inde servirent leur zèle : les grands États naissants réclamaient des cadres religieux élargis. Après le passage d'Alexandre, le premier empereur qui régna sur l'Inde entière fut aussi le premier patron du bouddhisme. Poursuivant sa carrière, l'Église du Bouddha se répand en dehors de l'Inde, catéchise les Grecs de Bactriane, range un Ménandre au nombre de ses saints, aborde les Scythes qui descendent du Pamir, prêche à ces rudes pillards des paroles de douceur et de charité, gagne à ses intérêts leur roi Kaniṣka qui ouvre aux missions l'Asie centrale : la Chine, la Corée, le Japon, l'Indo-Chine, l'Archipel indien, le Tibet entendent les vérités sublimes venues de l'Inde et nourrissent leur foi des saintes écritures et des saintes légendes que l'Inde leur envoie.

Mais, tandis qu'il triomphe en dehors de l'Inde, le bouddhisme recule, bat en retraite, expire dans l'Inde. Le brahmanisme s'est insinué derrière le rejeton qu'il désavouait, et recueille son héritage. Il se réclame des dieux communs que le bouddhisme lui a empruntés, du prestige séculaire de sa caste, dépositaire de sagesse et de puissance surnaturelles. Seigneurs, chefs, rois l'accueillent avec bienveillance, presque avec faveur; il apparaît comme un contrepoids et comme une sauvegarde. Les couvents du bouddhisme, sans cesse enrichis de pieuses donations, puissants par leur durée, leur stabilité, leur hiérarchie, maîtres des âmes et maîtres de vastes domaines, tiennent en échec l'autorité laïque et risquent de l'annuler. Le brahmane est moins redoutable; il n'a pas contracté de vœux ni d'engagement; il est libre, indépendant, isolé; il se mêle au siècle, il ne fonde pas d'ordre, il ne vit pas en communauté. Mais ce solitaire se trouve être l'ouvrier patient et sûr d'une tâche méthodique qui traverse les siècles: façonné par un long passé d'ancêtres pliés tous à la même doctrine comme aux mêmes pratiques, modelé par une éducation traditionnelle, contenu dans ses rapports sociaux par les prohibitions de la table et du lit, le brahmane incarne un idéal uniforme. Il ne rêve pas de la fraternité humaine ni du salut universel; il ne vise qu'à la suprématie, et pour la fonder il lui faut le système des castes; sa personne fait corps avec ses institutions, ses croyances, ses lois.

Poussé par le hasard ou les nécessités de la vie sur la terre des barbares, le brahmane tout d'abord consacre son nouveau domaine. Les docteurs de l'orthodoxie ont eu beau tracer autour des Aryens, comme un fossé, d'étroites limites où cesse la pureté rituelle ; la frontière a toujours avancé du Penjab au Gange, du Gange à la mer ; le pays aryen a fini par se confondre avec l'Inde. Les juristes modernes n'exigent plus, comme garantie, que la présence de l'antilope noire en liberté ; et l'antilope noire attend encore le Buffon hindou qui viendra la définir. La zoologie complaisante laisse le champ large aux casuistes. En 1854, au fort d'une guerre contre le Tibet, l'interprète officiel de la loi brahmanique au Népal eut à se prononcer par raison d'État, sur la nature du yak, bovidé authentique, cousin germain de la vache, *bos grunniens* des naturalistes ; il le rangea hardiment dans la famille des cervidés ; les soldats gourkhas, affamés, purent alors sans scrupule égorger l'animal et s'en nourrir.

La terre annexée, les dieux suivent. Le panthéon brahmanique, toujours ouvert, accueille volontiers les hôtes de rencontre ; les uns, moins favorisés, vont à l'aide d'une filiation hasardeuse grossir les rangs pressés de la plèbe divine ; les autres, mieux traités, s'absorbent sans s'y perdre dans les divinités suprêmes : la pierre, le fétiche, l'image consacrés par le culte local sont reconnus pour des avatars, et leurs légendes pieusement remaniées vont enrichir la littérature des récits édifiants et des miracles. Les pèlerins se mettent en branle, marchands, charlatans, mendiants, vagabonds, ascètes qui sillonnent incessamment l'Inde en quête de foires, d'âmes crédules, d'aumônes ou de graves méditations, tous férus d'orthodoxie et prompts à se scandaliser des infractions aux bonnes règles. Activée par des échanges plus fréquents, l'imitation de l'Inde se précipite ; la dynastie indigène ne se contente plus des ancêtres suspects qui suffisaient à son orgueil ; elle veut frayer de pair avec les princes de l'Inde. Le brahmane, toujours conciliant, sait greffer une branche adventice sur la souche antique des races du Soleil et de la Lune. Il ne réclame pour

prix de cette promotion qu'une adhésion expresse aux lois
de la caste. Prisonnière de sa grandeur, ambitieuse aussi
de la consacrer par de hautes alliances, la famille royale
multiplie les gages de son orthodoxie, s'isole dans les barrières qu'elle a consenties. Parti d'en haut, le mouvement
gagne de proche en proche ; le brahmane, réaliste, spé-
cule à jeu certain sur les sentiments mesquins de l'humanité, la vanité, le dédain, le goût des distinctions ; groupe à
groupe, la société se scinde en castes, professionnelles
d'abord, satisfaites d'une hiérarchie qui laisse presque à
tous des inférieurs à mépriser. La bataille est dès lors
gagnée. Le jour où les bonzes du Népal réclamèrent les
droits et les privilèges des brahmanes, ils abdiquèrent et
se vouèrent à la ruine ; le droit divin n'admet pas de partage ; si les brahmanes étaient admis à régner, ils devaient
régner seuls. L'événement le prouva.

Les Occidentaux, hantés de leurs préjugés et des souvenirs de leur histoire, se sont plu en général à expliquer
l'anéantissement du bouddhisme indien par des persécu-
tions imaginaires ; aucun document positif ne les a jamais
attestées. Que, dans leurs rivalités intéressées, les bonzes
et les brahmanes aient appelé jamais la violence à leur
aide, on n'en saurait équitablement douter, et les légendes
des deux partis ne cherchent pas à donner le change ;
souvent dans leurs récits, une controverse de doctrine a pour
enjeu l'expulsion des vaincus. Mais ces incidents n'ont
jamais pris le caractère d'une persécution méthodique,
systématique ; l'esprit hindou s'y opposait ; l'état politique
ne l'eût pas permis. Tolérance ou fanatisme sont des notions
qui manquent à l'Inde ; l'Hindou croit volontiers à tous les
dieux ; sa foi, comme sa raison, est assez large pour embrasser les contradictions. Il a ses préférences ; mais sa prudence ménage les divinités qu'il ignore, et prend garde
de les déchaîner contre lui. En outre l'Inde, morcelée à

l’infini vers le xe siècle, se prêtait alors moins que jamais
à des mesures d’ensemble contre une église. La volonté
consciente, que nous aimons par orgueil à considérer
comme le ressort de l’histoire, ne joua qu’un rôle médiocre
dans la catastrophe du bouddhisme. Le bouddhisme disparut de l’Inde quand il y perdit sa raison d’être. Ses couvents et ses missions avaient pénétré, relié l’Inde entière,
l’avaient initiée à l’unité par la foi et par le clergé ; ils
avaient pu créer une communauté mondiale, « l’Église des
quatre points cardinaux ». Leur œuvre s’arrêtait là ; leur
discipline, uniforme et rigide, n’allait qu’à des moines ; la
société laïque, trop souple, trop diverse, leur échappait.
Pour préparer un nouveau progrès, il fallait le brahmanisme, ondoyant comme le monde hindou, apte à toutes
les transformations, immuable seulement dans sa Loi
sociale comme le bouddhisme dans sa Loi monastique ;
c’est par lui que l’Inde allait réaliser l’unité sociale. Le
bouddhisme, il est vrai, pouvait rendre encore à l’Inde un
autre service à la veille d’une nouvelle invasion : pendant
dix siècles il avait eu la gloire d’arrêter, d’adoucir, d’apaiser, d’absorber les conquérants barbares. Mais les nouveaux
venus ne ressemblaient pas à leurs devanciers ; ils ne
venaient ni de l’hellénisme élégant, ni des steppes crédules ; ils sortaient de l’Arabie farouche, soldats d’un dieu
jaloux qui ne souffrait pas de rival. Au premier choc, la
Perse, le Turkestan épouvantés avaient abjuré leurs vieilles
croyances ; les avant-postes du bouddhisme avaient capi-
tulé ; les couvents étaient incendiés, les moines dispersés ;
avec eux l’Église du Bouddha s’était évanouie. Pour résis-
ter à cet élan furieux, le brahmanisme était un rempart
plus solide. La rage de l’Islam devait s’épuiser en vain
contre un adversaire insaisissable, sans chef, sans cohésion,
invincible par sa dispersion même. Elle allait même le
servir, grandir son prestige et sa force : la haine de

l'étranger où s'exalte l'orgueil du brahmane allait éveiller l'Inde à la conscience, obscure et rudimentaire, il est vrai, de l'unité nationale.

Déjà, sous les auspices des religions aryennes, l'Inde savante avait réalisé l'unité linguistique ; le sanscrit, tiré des dialectes aryens, élaboré par les écoles grammaticales, réservé d'abord à l'orthodoxie brahmanique, avait été adopté ou usurpé par toutes les églises, s'était étendu à la littérature profane, s'était imposé aux chancelleries comme une langue officielle, et avait créé dans le chaos des parlers de l'Inde un moyen de communication universel entre les hommes d'étude et les « honnêtes gens » ; véhicule d'une pensée robuste et d'un art délicat, il avait propagé dans toutes les contrées de l'Inde un idéal commun de raison, de sentiment et de beauté. Côte à côte avec le sanscrit, d'autres langues, issues comme lui de la souche aryenne, mais qui ne prétendaient pas comme lui à la « perfection », avaient cheminé parmi les peuples, délogé les idiomes d'une grande moitié de l'Inde ; nourries de la sève aryenne, mais nées et grandies sur le sol hindou, elles étaient naturellement adaptées à servir de trait d'union entre les Aryas victorieux et les indigènes soumis.

Ainsi le génie aryen se manifeste, dans l'histoire du Népal aussi bien que dans l'histoire générale de l'Inde, comme l'agent essentiel du progrès, et le brahmanisme comme le représentant le plus authentique et le plus accompli du génie aryen. Mais, son œuvre à peine achevée, le brahmane voit surgir des concurrents qui prétendent la reprendre et la continuer. D'autres Aryens, parents oubliés et reniés, arrivent des extrémités de l'Occident, portant comme un signe de reconnaissance, après une séparation tant de fois séculaire, leur langage, frère germain du sanscrit, et leur soif fiévreuse de conquêtes. L'Inde impassible les a vus déjà se disputer entre eux par les armes le droit d'y répandre les bienfaits de leur civilisation. Le Népal retardataire leur échappe encore, mais il n'a plus longtemps à les attendre. Le triomphe du brahmanisme présage la crise prochaine. Déjà les Anglais sont installés en protecteurs plus qu'en voisins sur les frontières du Sud, de l'Est et de l'Ouest ; pour leur faire équilibre, le Gourkha comptait sur la Chine suzeraine, qu'il croyait toute-puissante ; les ambassades envoyées tous les cinq ans à Pékin ne voyageaient-elles pas pendant neuf mois sans interruption sur les domaines du Fils du Ciel ? Mais les derniers événements, suivis de près à Katmandou, y ont ébranlé le prestige de la Chine. La décadence de l'Empire du Milieu semble ouvrir au Népal la route convoitée de Lhasa, comme un débouché pour écouler le trop-plein de ses forces militaires. Soldat, et rien autre que soldat, le Gourkha vainqueur étouffe dans son cercle de montagnes ; la terre, trop rare, ne suffit pas à l'entretien d'une population tout agricole, et d'une nation armée toujours sur le pied de guerre. Serviteur dévoué de sa patrie, ami clairvoyant du Népal, l'Anglais Hodgson se préoccupait dès 1830 d'un danger menaçant pour la paix britannique ; il proposait pour remède d'embaucher les soldats gourkhas comme mercenaires au service de l'Inde ; ses conseils, écoutés, ont valu aux Anglais ces magnifiques régiments qui seuls rivalisent de bravoure et d'endurance avec les redoutables Sikhs. Mais un contingent de 15 000 hommes à peine, engagé sous les bannières britanniques, ne soulage pas assez les charges du Népal et prépare peut-être un autre péril : quel que soit le loyalisme éprouvé de ces mercenaires, ils restent, comme les Suisses d'autrefois, fidèles avant tout à leur patrie. Ils y rentrent, leur service accompli, formés à la discipline et la tactique de l'Europe, ayant appris à lire, à écrire, à calculer, à reconnaître et lever le terrain, et renforcent les troupes gourkhas d'un supplément précieux.

Avec eux, avec l'armement et les munitions que les arsenaux népalais ne cessent pas de produire, le pillage du
Tibet ne serait pas impossible, malgré les formidables
obstacles dressés par la nature.

Mais à défaut du Chinois affaibli, une autre puissance,
la Russie, qui refait l'Empire des Mongols, se charge de
veiller sur le Grand-Lama. La vieille division des deux
Églises bouddhiques reparaît en Asie, manifestée par le
jeu de la politique Européenne : au Sud, l'Angleterre,
maîtresse de Ceylan, tient sous son autorité directe la Birmanie, sous son influence le Siam, les deux grandes
annexes de l'Église pâlie ; au Nord, la Russie réunit sous
sa domination ou sa protection les tronçons épars de
l'Église lamaïque, attachée au Grand Véhicule ; déjà, sous
les tentes des Mongols, la grande Catherine passe pour
une incarnation de la déesse Târâ, et le tzar pour un
Bodhisattva. Le moindre mouvement des Gourkhas met-
trait la Russie en branle, et provoquerait au Tibet une
intervention que l'Angleterre veut en écarter à tout prix.
Le Tibet entamé par les Russes, l'Angleterre serait entraî-
née à mettre aussitôt la main sur le Népal pour assurer au
moins sa frontière. Voudra-t-elle devancer les événements, céder aux invitations pressantes des chauvins
exaltés et succomber à la tentation d'arrondir par une conquête son domaine hindou ? On peut en douter. Le Népal
n'a pas de quoi payer les frais d'une conquête. « Le jeu
n'en vaut pas la chandelle », déclare expressément un
familier du Népal, le Dr Wright. Le pays n'a d'intérêt que
par ses cols, comme la voie de commerce la plus directe
entre l'Hindoustan et l'Asie centrale ; mais la clientèle du
Tibet, misérable et disséminée, ne promet à ses fournis-
seurs que de maigres bénéfices, et le jour n'est pas encore
venu où l'industrie européenne mettra en exploitation les
métaux précieux enfouis dans le sol tibétain.

L'indépendance du Népal est ainsi liée en partie aux combinaisons de la politique européenne ; elle dépend en partie de la sagesse de ses gouvernants. La famille des Sham Sher, qui détient le pouvoir effectif, est restée fidèle aux traditions de Jang Bahadur et de Bhim Sen Thapa ; elle a su préserver l'intégrité du pays par une attitude de réserve prudente, écarter l'étranger sans le repousser brutalement, isoler le royaume sans s'isoler elle-même. Le mahârâja actuel, comme ses aînés, lit et parle l'anglais, reçoit les journaux apportés de la frontière anglaise par un coureur de poste, descend à l'occasion dans l'Inde, rend visite au vice-roi ; il s'intéresse aux affaires d'Europe, cause sans embarras de l'empereur Guillaume et de la revanche. Pénétré de ses devoirs de chef et de Gourkha, il passe ses journées sur le champ de manœuvres à dresser les troupes, rend la justice, contrôle l'administration. Mais une tragédie de palais, comme le Népal en a tant vu, peut brusquement porter au pouvoir le parti de l'isolement à outrance, hostile aux gens comme aux idées du dehors, entêté d'orgueil intraitable et de mépris insultant. A l'extérieur une guerre, à l'intérieur une révolution, et c'en est fait peut-être du dernier État indépendant de l'Inde.

Amené au Népal en 1898 par la recherche des antiquités et des manuscrits bouddhiques, j'ai senti sur place l'intérêt imprévu du drame qui s'y joue. Familier par mes études avec le passé de l'Inde, j'ai cru le voir ressusciter dans ce duel de races, de langues, de religions qu'abrite une vallée perdue de l'Himalaya. Avant l'heure incertaine du dénouement probable, j'ai cru opportun de tracer dans un tableau d'ensemble les singulières destinées de ce coin de terre où semblent se répéter en réduction les destinées générales de l'Inde. L'histoire du Népal ainsi conçue m'apparaît moins comme une monographie locale que

comme un prélude à cette histoire générale de l'Inde qui
décourage les meilleures volontés par son étendue, et ses
lacunes, mais qu'il serait injuste et fâcheux de négliger :
à voir les problèmes que pose et que résout en partie
l'étude d'une simple vallée, on devine ce que promet l'étude
d'un pays immense, peuplé de deux cents millions d'hommes, berceau d'une civilisation originale, sol d'élection du
sentiment religieux, trésor convoité par tous les conquérants. J'ai abordé ma tâche en philologue, par l'examen
du passé, des inscriptions, des textes, des manuscrits ;
mais j'aurais failli à mon dessein si je n'avais pas poursuivi
le passé jusque dans le présent, qui en est le prolongement
logique et réel ; la division d'un bloc de temps en époques
successives, ancienne, moyenne, moderne, contemporaine,
tout arbitraire qu'elle est, peut se justifier en certains cas
par des raisons de pratique ou de pédagogie ; sur le
domaine indien, où la littérature a par principe esthétique
préservé si peu de souvenirs de la vie réelle, le passé isolé
du présent reste une énigme indéchiffrable. J'ai dû faire un
appel constant aux travaux de mes devanciers ; les noms
de Kirkpatrick, de Hamilton, de Hodgson, d'Oldfield, de
Wright, de Bendall reviendront presque à chaque page ;
mon livre est en grande partie un index méthodique de
leurs ouvrages, complété par des connaissances nouvelles
et contrôlé dans une faible mesure par mes propres observations. Deux mois passés au Népal en compagnie des
pandits indigènes m'ont donné la sensation de la vie locale ;
mais je n'ai pas pu entreprendre sur place une enquête
approfondie. Admis à visiter le pays comme archéologue,
j'aurais abusé de l'hospitalité en sortant du programme
convenu, et la faute n'aurait pas même eu pour excuse le
profit ; j'ai dit quelles difficultés insurmontables paraly-
saient la curiosité trop éveillée du voyageur. J'ai tenu à
répondre par une loyauté sans réserve à la confiance

bienveillante du Darbar. Mon journal de voyage que j'ai reproduit sous sa forme un peu fruste, complétera peut-être, comme une suite de photographies instantanées, l'impression qui se dégage lentement des matériaux accumulés. Le lecteur y saisira, notés au hasard des rencontres, les menus incidents de la vie népalaise, telle qu'elle s'offre au regard d'un philologue en mission, tenu par profession de fréquenter surtout les princes et les pandits, arrêté au seuil de la société par les préjugés formidables de la caste, mais qui du dehors observe avec passion le défilé des hommes et des choses comme le commentaire animé des âges évanouis.

Bronze népalais.

LE NÉPAL

LE ROYAUME

Le Népal est un royaume indépendant situé au Nord de l'Inde, sur le versant méridional de l'Himalaya ; il consiste en une bande étroite de terrain qui suit fidèlement la direction de la chaîne. Il mesure environ 800 kilomètres de longueur et 160 kilomètres de largeur moyenne. Il s'étend du 78e au 86e degré de longitude Est, touche à son extrémité Sud-Est 26°25′ de latitude Nord, et dépasse à son extrémité Nord-Ouest le 30e degré. Il est compris entre les possessions britanniques, le Sikkim et le Tibet. Depuis le traité de Segowlie (1816) et la convention de 1860, la limite entre le Népal et l'Inde anglaise suit à l'Ouest le cours de la Kali, au Sud les Collines de Grès parallèles à l'Himalaya et les terres marécageuses du Téraï découpées en trois tronçons, à l'Est le cours de la Mechi et les pics élevés du Singalila, qui bordent le Sikkim. Au Nord, la frontière du Tibet, à peu près inconnue, semble être assez mal définie ; elle se perd dans les solitudes inaccessibles des glaciers et ne prend de précision qu'aux environs des passes, tantôt en avance, tantôt en recul sur le plateau tibétain, au hasard des circonstances.

En dépit des révolutions et des conquêtes qui ont bouleversé les pays voisins, Inde et Tibet, le Népal est resté depuis de longs siècles presque immuable dans ses limites traditionnelles. La nature même les avait tracées en lignes nettes. Au Nord, l'Himalaya dresse ses murailles colossales, couronnées de cimes géantes. Les rares passes qui traversent le massif et qui escaladent le plateau du Tibet ne sont praticables que de mai à septembre ; la neige les obstrue sept mois par an, et le voyageur qui s'y aventure en bonne saison court encore mille risques. L'avalanche le menace, le précipice le guette ; il lui faut s'accrocher aux roches, se suspendre à des cordes tendues au-dessus des abîmes, gravir des altitudes de 4 000 à 5 000 mètres. Au Sud, sur les confins de l'Hindoustan, les terres basses du Téraï sont plus redoutables encore ; les eaux entraînées des pentes voisines s'arrêtent, stagnantes, dans leur cuvette d'argile creusée au pied des monts, chargées de pourritures végétales. La malaria, mortelle, rampe dans l'air humide huit mois par an, de mars à novembre, et chasse l'homme, aussi bien l'Hindou des plaines que le montagnard du Népal ; en hiver les troupeaux des districts voisins viennent brouter l'herbe grasse ; mais, le printemps arrivé, la jongle appartient aux bêtes fauves. Derniers vestiges de l'humanité, des groupes clairsemés de races maudites ont pu seuls s'accommoder à ce séjour de pestilence et de mort. En arrière du Téraï, la nature a préparé d'autres lignes de défense : une forêt continue de sâls rejoint les Collines de Grès et en couvre les pentes ; les hauts fûts des arbres vigoureux jaillissent du sol poussiéreux et blanchâtre, et sous leur ombrage opaque pullulent à l'aise éléphants, tigres et rhinocéros ; l'homme n'y paraît qu'à la saison froide pour chasser ou pour couper le bois précieux. Entre les Collines de Grès et les premiers soulèvements de l'Himalaya, le terrain se recourbe et se

creuse en vallées parallèles à la chaîne ; l'altitude en varie
de 700 à 800 mètres ; la malaria les ravage et les empoi-
sonne. Des villages éphémères et des garnisons s'y installent de novembre à mars ; à la date fatale, tout fuit devant
l'*aoul*, la fièvre meurtrière.

Passé le creux des Dhouns et des Maris, la montagne se
dresse d'un bond brusque, et s'étage en gradins puissants
jusqu'au rempart de glace qui ferme l'horizon. C'est, au
premier coup d'œil, un chaos formidable de sommets, de
plateaux, de ravins, sans unité, sans ordonnance, sans
système. Le Népal n'est encore qu'une région géographique, définie par des frontières naturelles. Une observation plus attentive découvre sous cette robuste et mas-
sive ossature la charpente harmonieuse d'un organisme
réel. Les innombrables cours d'eau qui semblent ruisseler
à l'aventure dans ce dédale montagneux se répartissent en
trois grands bassins, qui reproduisent uniformément le
même type : un torrent vigoureux, né sur les hauteurs du
plateau tibétain, force par l'érosion la ligne des grandes
cimes, pénètre au Népal, y recueille une partie du drainage local ; arrivé au seuil des Collines de Grès, il rencontre
un éventail d'affluents trop faibles pour s'ouvrir isolément
un passage, les absorbe, franchit le défilé, puis le Téraï, et
va s'étaler majestueusement dans les plaines en nappes
fécondantes. A l'Ouest, la Karnali ou Kauriala, qui adosse
ses sources aux sources de la Satledj, entre au Népal par
la passe de Takla Khar ou Yari, sort des collines à Gola
Ghat, rejoint sur le territoire britannique la Kali ou Sarda,
prend alors le nom de Gogra, et va porter au Gange
toutes les eaux qui descendent entre le Nandadevi
(7 820 m.) et le Dhaulagiri (8 180 m.). Les sept branches
de la Gandaki rayonnent entre le Dhaulagiri et le Gosain-
than (8 050 m.); la Tirsuli, la plus orientale, est aussi la
plus forte ; elle sort du Tibet par la passe de Kirong, et,

grossie des six autres rivières, ses sœurs de nom et de sainteté, traverse les collines à Tribeni Ghat pour tomber dans le Gange en face de Patna. Tout le Népal oriental, du Gosainthan au Kanchanjanga (8 580 m.), verse ses eaux dans les sept branches de la Kusi ; deux d'entre elles naissent au Tibet, la Bhotia Kusi, qui entre au Népal par la passe de Kuti, et l'Arun qui draine un bassin étendu sur le plateau tibétain avant de pénétrer au Népal par la passe de Hatia. Réunies en un seul lit, les sept Kusis tombent en cataractes des Collines de Grès dans la plaine et poursuivent leur course impétueuse dans un réseau de bras capricieux jusqu'à leur confluent avec le Gange.

Entre la région des sept Gandakis et la région des sept Kusis s'insère un bassin médiocre d'étendue et de drainage, mais original d'aspect. La Bagmati (Vâgmatî) qui en recueille les eaux ne sort pas de la chaîne principale ; elle naît à mi-chemin entre le haut Himalaya et les Collines de Grès, dans les replis d'un contrefort qui surplombe la rive droite de la Malamchi Kusi et la rive gauche de la Tirsuli Gandaki, échappe à l'attraction de ses puissantes voisines, et va porter elle-même au Gange le tribut de ses eaux sacrées. A peine née, la Bagmati baigne une vallée spacieuse, longue de vingt-cinq kilomètres, large de seize, unie comme la plaine, mais close à l'entour par des murailles de 2 500 à 3 000 mètres ; seule une brèche étroite, ouverte au Midi, laisse une issue aux eaux d'amont. Fertile, riante, la vallée nourricière abrite sans en être encombrée trois cent mille habitants, une capitale prospère, deux grandes villes, des bourgs populeux, de gros villages, des plantations, des champs, des bosquets. L'altitude, de 1 300 à 1 400 mètres, est trop haute pour l'aoul, trop basse pour la neige ; en hiver la bise y souffle, salubre, sans âpreté ; en été les forêts voisines et les glaciers au delà tempèrent la chaleur tropicale ; la moyenne y oscille entre 10° en janvier et 25° en juillet, sans fortes variations diurnes. Des ruisseaux sinueux, limpides et fécondants, fouillent le sol d'alluvion et s'y creusent un lit souvent trop vaste. Le riz largement arrosé donne de splendides moissons ; les autres céréales réussissent à souhait. L'oranger, l'ananas, le bananier y donnent des fruits exquis. La vie, simple et douce, laisse à l'esprit le loisir de s'affiner. Au Sud, les barrières qui ferment l'accès aux armées de l'Inde laissent passer par une lente et sûre infiltration les bienfaits de la civilisation hindoue, les arts, les lettres, les religions, l'ordre social. Au Nord, deux passes, l'une praticable même aux chevaux, ouvrent la voie la plus aisée et la plus fréquentée entre l'Inde et Lhasa. A l'Est et à l'Ouest, des cols faciles mènent aux vallées latérales des Gandakis et des Kusis. Là, le contraste est brutal : des districts montagneux, des ravins profonds, des gorges sauvages, des pentes rapides où le sol est rare, où l'eau roule en torrents et dévaste sans irriguer ; en été l'aoul désole les bas-fonds ; en hiver la neige recouvre le haut pays. La population dispersée au hasard des maigres cultures vit en hameaux, souvent à demi nomade. Les villes, accrochées aux flancs des monts, y sont des bourgades avec un bazar et un château fort. Une féodalité oppressive morcèle le pays : le bassin de la Karnali est le territoire des vingt-deux Râjas (Baisi Raj) ; les Sept-Gandakis, le territoire des vingt-quatre Râjas (Chaubisi Raj). Les tribus des Sept-Kusis, à demi barbares, n'ont qu'une organisation rudimentaire de clans. La vallée centrale était naturellement désignée pour être le siège de l'hégémonie ; le pouvoir qui en dispose est sûr de s'imposer, par la supériorité de ses ressources, à la masse chaotique et indisciplinée des principautés voisines. Il est maître de s'étendre, vers l'Orient et l'Occident, aussi loin que le permettent la nature du sol, les nécessités du ravi-

taillement et les difficultés des communications. Ces limites, en pratique, sont restées constantes, et les efforts
tentés par les Gourkhas au début du XIXe siècle pour absorber le Sikkim d'une part et le Kumaon de l'autre ont
échoué. Vallée et royaume sont si étroitement solidaires
que le même nom sert couramment à les désigner l'une et
l'autre ; mais la pratique officielle plus précise les distingue, elle donne au royaume le nom de Gorkhâ râj
« royaume des Gourkhas » et, d'accord avec l'usage local,
réserve exclusivement à la vallée la désignation de Népal.
Hors du Népal proprement dit, le pays n'est connu que
par ouï-dire ; jamais Européen n'a visité les régions de
montagnes qui s'étendent à l'Est et à l'Ouest de la vallée centrale. Un simple coup d'œil jeté sur la carte du
royaume, telle que l'a dressée le Service trigonométrique
de l'Inde, révèle l'état des connaissances actuelles. De
vastes espaces restent blancs : les cotes d'altitude qui les
jalonnent indiquent les sommets qu'on a pu mesurer par
le calcul en les visant du territoire britannique ; les lignes
capricieuses, où s'échelonnent à des distances probléma-
tiques les noms des localités, traduisent les informations
recueillies par le service d'espionnage anglo-indien à
l'aide des pandits hindous qu'il emploie comme agents
secrets, ou des mercenaires embauchés dans les régiments
britanniques. Le passé de ces régions interdites n'est
guère mieux connu que le sol même ; l'archéologie, l'épigraphie sont encore à créer ; les rares informations
recueillies jusqu'ici viennent d'indigènes suspects et de
documents tardifs. La vallée seule, visitée, observée, étu-
diée depuis un siècle, appartient à la science.

LA VALLÉE DU NÉPAL

La vallée du Népal (*Nepâla*) s'ouvre à mi-chemin entre
les plaines de l'Hindoustan et les hauts sommets de l'Himalaya. Elle dessine un ovale assez régulier, allongé dans
le même sens que la chaîne ; le grand axe, de l'Est à l'Ouest,
mesure environ vingt-cinq kilomètres ; le petit axe, du Nord
au Sud, seize kilomètres. Les pentes septentrionales s'arc-
boutent contre une arête transversale de l'Himalaya pro-
jetée par le Gosainthan (7 714 m.) et qui culmine au Daya-
bhang ou Jibjibia (7 244 m.) à distance égale des passes
de Kirong et de Kuti, entre les eaux des Kosis et les eaux
des Gandakis. Jadis un vaste lac couvrait, dit-on, toute la
vallée ; l'intervention d'une divinité aurait ouvert une brèche
aux eaux et livré le sol aux hommes. L'aspect du Népal
explique la légende. Les montagnes, dressées à l'entour en
cirque continu, dissimulent même la passe étroite qui laisse
échapper au Sud le drainage local. Leurs sommets, comparés aux géants de l'Himalaya, n'ont qu'une altitude
modeste de 2 000 à 3 000 mètres. Une puissante végétation
les couvre jusqu'au faîte : les arbres d'Europe, et surtout
les chênes, s'y étagent au-dessus des arbres tropicaux. Le
mont Manichur (*Maṇičûḍa*) occupe l'extrémité Nord-Est de
la vallée ; une chaîne de hauteurs secondaires le relie vers
l'Ouest au mont Sheopuri (*Çivapurî*) haut de 2 500 mètres,
et par delà, au mont Kokni ou Kukani ; derrière ce rideau
se creusent des vallées inexplorées que couronne au loin la

ligne blanche des neiges et des glaces. La masse impo-
sante du Nagarjun (*Nâgârjuna*) se dresse vis-à-vis du
Kokni, vers l'Ouest-Sud-Ouest ; la dépression qui se creuse
dans l'intervalle offre un chemin commode entre le Népal
et la vallée de Nayakot (*Navakûṭa*), son annexe naturelle.
A l'Ouest, le Dhochôk, rangée de collines onduleuses, qui
n'atteint pas 1 800 mètres, réunit les contreforts occidentaux du Nagarjun aux épaulements du Chandragiri (*Čandragiri*). Les affluents de la Tirsuli Gandaki, qui descendent
de son versant occidental, ouvrent une seconde voie de
communication entre Nayakot et le Népal. Le Chandragiri
élève ses pentes abruptes à l'angle Sud-Ouest de la vallée ;
la route de l'Inde gravit ses escarpements, franchit la ligne
de faîte à peu de distance du sommet (un peu moins de
2 500 m.) et redescend sur le versant méridional au village
de Chitlaung, dans la vallée du Petit-Népal. Le Chandragiri se soude vers le Sud-Est au Champadevi (*Čampâdêvî*).
La vallée latérale qui longe leur revers méridional a été
fréquemment parcourue par les voyageurs européens jusqu'à la fin du xviiie siècle ; leur témoignage unanime la
représente comme une gorge étroite, pénible, misérable.
Entre le Champadevi et le mont Mahabharat (*Mahâ-
bhârata*) s'ouvre la brèche de Kotpâl (ou Kotvâl), unique
fissure de ce vaste mur de montagnes, et juste assez large
pour donner passage à la rivière Bagmati. Le Mahabharat
n'est lui-même qu'un contrefort du Phulchôk. Le Phulchôk
est la plus élevée des cimes qui regardent la vallée ; son
altitude est exactement de 3 000 mètres. Enfin, du côté de
l'Est, le mont Mahadeo-pokhri (*Mahâdeva-puṣkariṇî*) s'étale
entre le Phulchôk et le Manichur. Une passe facile, qui se
creuse entre le Phulchôk et le Mahadeo-pokhri, mène du
Népal oriental à la vallée de Banepa, que les souvenirs
historiques rattachent directement, comme Nayakot, à
l'histoire du Népal.

La Bagmati (*Vâgmatî*) recueille toutes les eaux qui descendent de ces pentes pour arroser le Népal. Elle naît sur le versant septentrional du Sheopuri, coule d'abord dans une gorge profonde entre le Sheopuri et le Manichur, tombe en cascade dans la vallée, y serpente ; puis, grossi de nombreux affluents, le torrent se transforme en rivière, force une première fois le passage au pied des collines qui portent Chobbar, se dirige vers le renflement méridional da la vallée, s'échappe par la brèche étroite de Kotpal, et pénètre alors dans une région entièrement inconnue, que des rapports contradictoires représentent tantôt comme impraticable, tantôt comme aisément accessible ; elle atteint les Collines de Grès à Hariharpur, traverse le Téraï, entre en territoire britannique, traîne ses eaux ralenties en des canaux inconstants, et va s'unir au Gange en aval de Monghyr, entre le confluent de la Gandaki et le confluent de la Kosi.

Le principal des affluents népalais de la Bagmati est la Bitsnumati (*Viṣṇumatî*) qui naît sur le flanc méridional du Sheopuri, suit assez fidèlement le pied des montagnes et va se déverser dans la Bagmati presque au centre de la vallée. Les autres cours d'eau ne sont, pendant la saison sèche, que d'humbles ruisselets ; leur importance religieuse oblige pourtant à les mentionner : sur la rive droite le Dhobi-Khola et le Tukhucha, sur la rive gauche la Manhaura (*Manoharâ*) ou Manmati (*Maṇimatî*) qui sort du mont Manichur, la Hanmatî (*Hanumatî*) qui sort du Mahadeo-pokhri, et la Nikhu qui vient du Phulchôk.

Tous ces cours d'eau présentent le même caractère ; nés en dehors de la région des neiges, nourris par des sources, ils s'enflent brusquement à la saison des pluies ; le ruisseau de la veille devient alors un torrent impétueux qui se fraie sans effort un vaste lit dans le sol d'alluvions ; à la longue, le lit, creusé toujours plus profondément, prend

l'aspect d'un fossé, bordé sur ses deux rives de hautes
parois. Les pluies passées, il ne reste plus qu'un filet d'eau
perdu dans les sables. Seule la Bagmati remplit toute
l'année son lit de ses flots bruyants qui lui ont valu son nom,
« la Parlante. »

Sur ce terrain heureux, l'humanité pullule. Des passes
qui découvrent brusquement la vallée, l'œil surpris con-
temple un immense jardin égayé de constructions pittoresques. Parmi les champs riants et les bosquets touffus,
les hameaux, les bourgs, les villes étalent leurs toitures
aux angles retroussés que dominent les pyramides étagées
des temples en bois, avec leur flèche d'or éblouissante.
Le charme du spectacle est inoubliable. Les missionnaires
capucins du xviiie siècle paraissent eux-mêmes l'avoir res-
senti. Le P. Marco della Tomba, qui n'avait pas visité le
pays, mais qui avait recueilli les informations et les impressions de ses confrères, écrit : « Passé d'autres petits monts
couverts d'arbres, on découvre la vallée du Népal « *valle
bellissima* » qui semble au premier regard être d'or, avec
toutes ses pagodes et ses palais dorés... La vallée jouit
d'un air doux et très sain, elle abonde en toutes sortes de
vivres ; on y trouve à peu près tous les fruits que nous
avons en Europe [1]. » Un siècle plus tôt le jésuite Grueber
s'était contenté d'observer, en esprit pratique, que le Népal
« abonde en toutes les choses qui sont nécessaires pour
soutenir la vie ». Sur une surface de 700 kilomètres carrés,
le chiffre de la population approche de 500 000 âmes [2],

1. *Gli Scritti...*, p. 50 sq.
2. Le *Cheng-ou-ki* attribue au Népal une population de 54 000 familles
estimation que M. Rockhill (*Tibet from Chinese sources*, p. 129) juge
beaucoup trop basse. Mais il ne s'agit évidemment dans ce nombre que
des habitants du Népal proprement dit, et le chiffre semble avoir une
origine officielle, car il correspond exactement au total des 3 nombres
donnés séparément par les Capucins pour la population des trois villes
(autrement dit, des trois royaumes) : Katmandou 18 000 + Patan
24 000 + Bhatgaon 12 000 = 54 000. Kirkpatrick d'autre part admet une

soit une densité de 700 habitants par kilomètre carré, dans une région sans industrie. Une moitié de la population vit rassemblée dans les villes et les bourgs ; l'autre moitié est dispersée dans d'innombrables hameaux, qu'il serait fastidieux et vain de prétendre énumérer.

La ville principale du Népal est Katmandou, séjour du gouvernement et capitale du royaume. Katmandou n'est pas la plus ancienne des villes du Népal ; sans parler des capitales antérieures qui ont disparu, Patan dépasse en antiquité sa rivale triomphante. La tradition fixe la fondation de Katmandou en l'an 3824 écoulé du Kali-yuga = 724 J.-C.); et cette date semble plausible. Un jour, à en croire la chronique, comme le roi Guṇakâma jeûnait en l'honneur de Mahâ-Lakṣmî, la déesse lui apparut en songe, et lui prescrivit de bâtir une ville au confluent de la Viṣṇumatî et de la Vâgmatî, sur un emplacement qu'avait consacré déjà la présence de nombreuses divinités. La ville devait avoir la forme recourbée du « khaḍga », le cimeterre que la sanguinaire Devî brandit dans une de ses multiples mains contre ses ennemis terrifiés[1] ; elle contiendrait 18 000 maisons, et tous les jours il devait s'y traiter un chiffre d'affaires de 100 000 roupies ! La nouvelle cité reçut d'abord le nom de *Kânti-pura* « Ville de Grâce[2] ». Elle eut à souffrir de la longue période d'anarchie féodale que le Népal traversa durant le moyen âge, et forma pendant plusieurs siècles une sorte de fédération oligarchique,

moyenne de 10 personnes par maison ou famille. L'évaluation officielle du siècle dernier paraît donc bien se rapprocher de la vérité.

1. Les Bouddhistes prétendent que le cimeterre proposé comme modèle au roi était celui de Mañjuçrî.

2. La Bṛhat-Saṃhitâ de Varâha-Mihira mentionne une ville du même nom, mais située dans le Dekkhan, car elle paraît dans la même énumération que Koṅkaṇa, Kuntala, Kerala, Daṇḍaka (XVI, 11). — Le Kârtika-mâhâtmya du Padmapurâṇa cite également une ville de Kântipura ; Aufrecht (*Ox. Mss.* 16ᵇ) substitue par correction Kâñci-pura « Conjeveram ».

comme la célèbre Vaiçâlî au temps du Bouddha ; douze
nobles *(Thâkurîs)* y exerçaient l'autorité à titre de râjas.
Ratna Malla s'empara de la ville à la fin du xv⁰ siècle,
grâce au pouvoir magique d'une formule qu'il avait déloya-
lement apprise de son père et surtout grâce à une perfidie
sans scrupules ; il gagna le principal fonctionnaire (« *Kâjî* »,
cadi) des Thâkurîs, les fit empoisonner au cours d'un ban-
quet, assassina son complice et se proclama roi. Il fonda la
dynastie Malla de Katmandou, qui dura jusqu'à la conquête
Gourkha. Un siècle après Ratna Malla, sous le règne de
Lakṣmî Narasiṃha Malla, un édifice miraculeux s'éleva
dans la capitale : un simple particulier avait reconnu, dans
la foule qui suivait la procession de Matsyendra Nâtha,
l'Arbre-aux-Souhaits (*Kalpavṛkṣa*) en personne venu
comme un vulgaire badaud pour admirer le spectacle ; il
bondit sur le visiteur divin, le maintint prisonnier et réclama
comme rançon une faveur singulière ; son ambition était
de bâtir avec un seul arbre un abri pour les religieux
errants. L'Arbre-aux-Souhaits donna sa parole et la tint ;
avec le bois d'un seul arbre on put construire un édifice
spacieux, qui subsiste encore aujourd'hui et reste affecté à
son usage primitif ; il est voisin des temples élégants qui
font vis-à-vis au Darbar, le long d'une rue pavée qui mène
à la Bitsnumati. La célébrité légitime de ce hangar miraculeux valut à la ville un changement de nom ; on l'appela
dès lors *Kâṣṭha-Maṇḍapa* (Halle-de-bois) en sanscrit, en
langue vulgaire *Kâṭhmaṇḍo,* d'où les Européens ont tiré
Cadmendu (Grueber), *Katmandù* (Georgi) *Khâtmândù*
(Kirkpatrick), *Kathmandu* (Hamilton), etc. En dehors des
langues indiennes, la ville est désignée sous des noms tout
différents. Les Névars l'appellent *Yin(-daise)*, d'après Kirkpatrick ; *Tinya*, d'après Bhagvanlal [1] ; les Tibétains, d'après

1. *Ind. Ant.* IX, 171, n. 29.

Georgi, *Jang-bu* ou *Jà-he* ; j'ignore à quelle forme réelle correspond *Jà-he* ; *Jang-bu* n'est qu'une transcription altérée de *Yam-pu* « nom de l'ancienne capitale du Népal, appliqué aussi dans l'usage du Tibet oriental à Katmandou [1] ». C'est ce nom que les Chinois ont transcrit par *Yang pou* [2]. Katmandou est également désigné en tibétain sous le nom de *Kho bóm* [3]. En outre Jäschke cite comme une périphrase employée parfois au lieu de Kho-bóm : *Klui pho-brán*, « le palais du Nâga » ; il explique ce nom par les trésors de métaux précieux qu'on croit abonder dans la contrée ; mais, en étudiant la religion du Népal, nous verrons quelle place considérable les Nâgas occupent dans la légende et dans les croyances actuelles. Le souvenir des Nâgas reparaît dans le nom attribué par le Bodhimör mongol au palais d'Amçuvarman, roi du Népal au viie siècle : *Kukum glui* [4] ; et le premier élément de cette désignation figure, dans une histoire chinoise, comme le nom même de Katmandou : *Kou-k'ou- mou* [5]. Ce mot peut être en rapport avec le nom de *Gongool-putten* (Gongul-pattana) qui désigne Katmandou « dans les anciens livres » d'après les informateurs de Kirkpatrick.

1. Sarat Chandra Das, *Tibetan-English dictionary,* s. v. Yam-pu.
2. M. Parker a rapproché, avec plus d'ingéniosité que de vraisemblance, le nom *Yang-pou* du sanscrit *Svayambhû.* C'est sans doute le même nom qui se retrouve dans le colophon du ms. du Pingalâ mata, *Br. Mus.* 550, écrit en sam. 313 sous le règne de Lakṣmîkâma deva « çrī Yambu-kramāyām ». Cf. la désignation « *Lalita-kramāyām* » qui se rapporte sans doute à Lalita-Pattana dans un ms. du règne de Çivadeva sam. 240. Le nom de Yang-pou (Yan-pu) rappelle, au moins par une ressemblance frappante, le nom de Yãpu-nagara donné à une ville du royaume de Čampâ, en Indo-Chine (aujourd'hui Po-Nagar, sans doute) ; cf. Bergaigne, *Inscrps. sanscrites du Campâ,* nᵒˢ xxviii, xxxi-xxxiii.
3. *Kho-bóm* rappelle d'assez près le nom névar de Bhatgaon : *Khôpô (daise)* dans Kirkpatrick, *Kui-pò* dans Georgi.
4. V. inf. vol. II, [Histoire.]
5. Rockhill, *Tibet from Chinese sources,* p. 129. — M. Parker, qui reproduit le même passage, relatif à l'ambassade de 1732, écrit seulement : *Kou-mou.*

Sous les Mallas, Katmandou s'enrichit et s'étendit rapidement. Au xviiie siècle les Capucins lui attribuent un total
de 18 000 maisons ou familles [1] ; c'est exactement, trop
exactement même, le chiffre prédit par la déesse Lakṣmî.
Kirkpatrick rapporte sans l'admettre un chiffre plus élevé
encore : sous le dernier Malla de Katmandou, Jaya Prakâça, la ville aurait compté 22 000 maisons. Si on tient
compte du grand nombre des enfants dans les familles
népalaises, et des habitants dans chaque maison, il faudrait
multiplier les nombres donnés par 10 (c'est la moyenne
qu'accepte Kirkpatrick) ; mais il est évident qu'une population aussi considérable n'aurait pu vivre à l'intérieur
d'une ville qui couvre à peine un kilomètre carré et qui
est encombrée de temples innombrables : les habitants
des bourgs et villages (au nombre de 97 [2], sans compter les
lieux subalternes) soumis à Katmandou et situés dans la
vallée ont été certainement compris dans ce recensement
approximatif.

A l'heure présente, la population de Katmandou peut
s'élever à 40 000 âmes ; adoptée comme capitale par les
rois Gourkhas, depuis le fondateur de la dynastie, elle a
gagné au nouveau régime tout ce qu'y perdaient ses
anciennes rivales. La ville des Mallas n'a pas cependant
changé d'aspect dans l'intérieur de son enceinte blanche :
elle a gardé le vieux darbar qui forme une ville au centre
de la ville avec ses bâtiments restaurés ou agrandis, les
hautes pagodes dorées qui s'en dégagent et les dominent,
ses cinquante cours séparées par des portes basses et par
des corridors obliques, affectées chacune en propre aux
princes, aux femmes, aux chevaux, aux éléphants, aux
spectacles, aux cérémonies, aux prêtres, aux serviteurs ;

1. Georgi et le P. Marc donnent exactement les mêmes chiffres (Cf.
sup., p. 51, n. 2). Le P. Marc spécifie « 18 000 fuochi o siano famiglie ».
2. *Gli Scritti..*, p. 51.

elle a gardé les temples pittoresques élevés par les Mallas ou sous leur règne ; elle a gardé ses ruelles étroites, obscures, malpropres et grouillantes, où la chaussée n'est guère qu'un sentier entre deux fossés d'immondices stagnantes. La seule rue pavée de pierres traverse en oblique la ville de l'Est à l'Ouest, jusqu'au pont de la Bitsnumati, en longeant le darbar. Les maisons décrépites étalent encore sur leur façade de briques nues leurs balcons et leurs loges de bois ouvragé, où la verve truculente d'une imagination joyeuse a prodigué les paons, les nymphes, les nâgas, les éléphants, les fleurs, les feuillages et les monstruosités érotiques. Au rez-de-chaussée, surélevé, les boutiques, ouvertes à même sur la rue ; le marchand ou l'artisan, accroupi, en attendant la clientèle, cause, travaille, fume sa courte pipe ; au-dessus, deux ou trois étages, que desservent en guise d'escalier des échelles et des trappes ; là, des chambres surbaissées qu'éclaire et qu'aère une étroite fenêtre, avec un volet de bois plein qui la calfeutre dans les temps froids ; pêle-mêle, dans la confusion de ces intérieurs misérables, des familles nombreuses, sordides, en loques, nourries d'ail et de radis fermenté. La ville garde aussi ses monastères d'autrefois, construits en rectangle autour d'une cour intérieure, prudemment reliée à la rue par un corridor étroit et bas. Enfin la voirie a conservé la division traditionnelle en « *tols* », îlots de maisons groupés sous un seul nom et qui formaient jadis une unité de combat ; chacun des tols était chargé d'une porte de la cité en temps de guerre. Comme jadis, et plus sévèrement encore, les basses castes et les hors-castes sont exclus de la ville ; bouchers, corroyeurs, balayeurs, et tout le groupe des corporations méprisées entourent la ville d'une ceinture nauséabonde.

Le nouveau Katmandou a poussé plus loin, dans les faubourgs et la banlieue. A l'angle Nord-Est, le roi (*Dhiráj* =

adhirâja) demeure dans un palais neuf, stuqué, peinturluré, combinaison hybride de la Grèce, de Rome, de l'Angleterre et de l'Inde. Le maire du palais (*mahârâja*) s'est fait élever, à côté du prince qu'il tient en tutelle, un palais du même goût, éclairé à l'électricité ; de vastes jardins enclos de murs dérobent ces édifices aux regards indiscrets. A l'angle Sud-Est s'étendent les bâtiments compliqués de Thapathali, le palais édifié par le célèbre ministre Jang Bahadur au milieu du xixe siècle. Entre ces deux groupes de constructions, un immense terrain découvert : c'est le champ de manœuvres où tous les jours, et la journée entière, les recrues gourkhas font l'exercice, initiés à des commandements soi-disant anglais par des instructeurs qui ne sont pas linguistes ; au Nord de ce Champ-de-Mars hindou, l'étang de Rani-Pokhri, creusé au xviie siècle et jadis bordé de petits temples ; Jang les a rasés, a emprisonné l'étang dans une maçonnerie profonde ; une étroite chaussée mène du bord Ouest au pavillon central, qui découvre une des plus belles perspectives du monde. Des pagodes, des chapelles, des čaityas, anciens ou récents, monumentaux ou rudimentaires, s'égrènent au long de ce quadrilatère énorme. Le nouveau régime a marqué ici en traits éloquents son empreinte bienfaisante ; en face de Rani-Pokhri, vers l'Ouest, le Darbar a fondé une sorte de collège népalais (*Darbar School*) où sont enseignés côte à côte le sanscrit et l'anglais, la tradition et la vie moderne. En arrière et au Nord l'hôpital. Les casernes, les ateliers militaires, l'arsenal font pendant, vers le Sud, aux institutions d'éducation et de charité ; dans l'intervalle se dresse la blanche colonne de pierre, haute de 75 mètres, que le ministre Bhim Sen fit élever vers 1835 ; on y monte par un long colimaçon ; mais la vue qui s'offre brusquement au sommet paie largement l'ennui de la montée.

La route qui longe le champ de manœuvres mène, vers

le Nord, à la résidence britannique par le faubourg de
Thamel et par une grande prairie où les jeunes Gourkhas
aiment à exercer leurs chevaux. La résidence est située
sur un plateau qui s'incline doucement à l'Est vers le
Tukhucha, à l'Ouest vers la Bitsnumati. La maison du
résident, une sorte de cottage en style indo-gothique, est
entourée d'un parc magnifique où domine la verdure
sombre de pins gigantesques ; sur ce terrain que les Népalais avaient tenu pour insalubre, stérile et hanté, la persé-
vérance britannique a su créer un coin d'Europe : le potager même donne en abondance tous les légumes de
l'Occident. Le médecin de la résidence demeure dans un
autre cottage, plus petit, à côté du résident. Une compagnie de cipayes au service du gouvernement britannique
est installée dans des baraquements ; elle est chargée de
protéger la personne et les biens du résident et de défendre
l'accès du territoire concédé. Les bureaux de la résidence,
logés dans une petite annexe, emploient un personnel
restreint : deux scribes hindous et un interprète névar, qui
traduit en hindoustani les pièces et les documents rédigés
dans les langues indigènes du Népal. Le poste eut jadis
pour titulaire Amṛtânanda, le célèbre pandit bouddhiste
qui instruisit Hodgson et l'assista dans ses recherches ;
depuis, ses descendants l'ont occupé de père en fils, mais
sans hériter du savoir de l'aïeul ; j'ai seulement entrevu en
1898, dans le camp du colonel Wylie qu'il accompagnait,
Indrânanda, fils de Guṇânanda ; le bonhomme n'a pas
même essayé de me donner le change sur ses connaissances. Son fils, son coadjuteur et son successeur désigné,
Mitrânanda (Maitreyânanda) est certainement plein de zèle
et de bonne volonté ; il a même étudié l'alphabet latin !
Mais pour porter le titre de pandit, il a bien fait de naître
au Népal et dans la communauté bouddhiste.

La résidence possède encore trois dépendances : l'hô-

pital, la poste, le bangalow. L'hôpital, destiné en principe
au personnel de la résidence, s'ouvre cependant aux
malades du dehors ; le médecin britannique y a pour assistant un docteur bengali, qui concilie dans un large éclec-
tisme la science occidentale et les méthodes ayourvédiques.

Un hameau népalais : Haltsok.

Le bureau de poste est l'unique intermédiaire entre le
Népal tout entier et les pays de l'union postale ; il est dirigé
par un babou hindou qui se débrouille à merveille dans la
confusion presque inextricable des adresses polyglottes et
polygraphiques. Des coureurs à grelots (*dâk-runners*),
disposés de relai en relai, transportent journellement dans
un sac le courrier entre Katmandou et Segauli, le dernier

bureau du territoire britannique sur le chemin du Népal. Le Darbar a toujours refusé l'autorisation d'installer le télégraphe[1]. Le bangalow, modeste, mais suffisant, loge les hôtes de passage, indianistes en mission ou fonctionnaires envoyés de la plaine pour les besoins accidentels de la résidence : ingénieurs, architectes, etc. Un corps de garde gourkha surveille l'entrée de la résidence, à l'entrée du seul chemin carrossable qui y mène.

Un pont de briques jeté sur la Bagmati, au Sud de Katmandou, tout près de Thapatali, relie le faubourg de la capitale au faubourg de Patan. En face de Katmandou, active, rajeunie, grandissante, Patan est la capitale du passé, des splendeurs éteintes et des souvenirs mourants ; c'est la ville des Névars subjugués et du bouddhisme vaincu. Ses origines remontent à des siècles lointains. Le roi Vîra deva, qui passe pour l'avoir fondée, fut couronné, dit-on, en l'an 3 400 de l'ère Kali Yuga (= 300 J.-C.). Mais, dans la liste traditionnelle des rois népalais, Vîra deva suit Amçu varman qui régnait vers 630 de J.-C. et précède Narendra deva qui reçut des ambassadeurs chinois vers 646. Les détails du récit en valent la chronologie : Un brave homme, pieux et dévot, qui gagnait sa vie à vendre des herbes, s'en allait chaque jour les cueillir au Joli-Bois (*Lalita-vana*), puis il s'en retournait à la capitale, où régnait Vîra deva. Sa laideur l'avait rendu populaire ; on le saluait comme une connaissance au passage. Un beau jour, tandis qu'il cueillait ses herbes, il se sent pris d'une soif ardente ; il jette bas la perche où pendaient ses paniers, pour courir chercher de l'eau. Il aperçoit un petit étang frais et limpide ; il s'y abreuve, il s'y baigne, et, ragaillardi, reprend

---

1. Dernièrement encore (1902), faute d'être avisé en temps opportun, le Népal a célébré par les salves de canon usuelles le couronnement d'Édouard VII au jour primitivement fixé. Le Darbar n'a su qu'après coup la remise de la cérémonie, et a tenu la politesse pour faite.

la besogne interrompue. Il tire à lui sa perche. Elle est collée àu sol ! Tant pis ; il s'en passera. Il ramasse ses herbes dans les mains et rentre en ville. Vîra deva, qui le voit passer, ne le reconnaît plus. La laideur s'est muée en beauté merveilleuse. Le râja est ébahi : sois désormais le Joli (*Lalita*) ! s'écrie-t-il, et il l'adopte pour favori. La même nuit, une vision prescrit à Vîra deva de fonder sur l'emplacement enchanté une ville qui sera nommée la Ville-Jolie (*Lalita-pattana*). Il obéit, remet à Lalita une somme énorme, et l'envoie fonder une ville assez grande pour loger 20000 habitants. Mais la ville surpassa encore ces ambitieuses espérances : sous Vara deva, fils de Narendra deva, Lalita-pattana remplaça Madhyalakhu désertée comme capitale et comme résidence royale. Le viie siècle était alors un peu plus qu'à demi écoulé. La chronique semble avoir dédoublé les personnages et les événements. Vîra deva, qui fonde Patan, et Vara deva qui y établit sa capitale, ne doivent faire au total qu'un seul roi. La nouvelle ville atteignit le faîte de la gloire ; elle perdit son nom ; la ville de Lalita ne fut plus que la ville, la ville par excellence (Pattana, Pâtan). Les Névars, dans leur langue, lui donnent toutefois un autre nom : l'épitaphe en névari d'Horace de Penna, reproduite par Georgi, représente ce nom en caractères dévanagaris par *Elâ desa* ; la transcription en lettres latines donnée par Georgi porte *Helà des* ; la traduction latine rétablit la désignation commune : *in Civitate Patanæ*. Kirkpatrick écrit : *Yulloo daisi* ; Wright, *Yellon-desi*. Les Tibétains ont emprunté cette appellation, qu'ils écrivent *Ye-rañ*[1] ; les Chinois, à l'imitation des Tibétains, emploient la forme *Ye-leng*. Bhagvanlal mentionne une autre désignation névarie : *Tinya-la* qu'il interprète

____

1. JÄSCHKE, *Tib. Dict.* s. v. *Ye-rañ* : name of a city next to Kho-bom (Katmandu) the first in Nepal. Et il cite comme référence Milaraspa.

ainsi : « dans la direction (*la*) de Katmandou (*Tinya*) [en venant de Bhatgaon][1] ».

Patan reste, à travers toute l'histoire du Népal, la forteresse d'une aristocratie turbulente et indocile. Vers le xii⁰ siècle, elle avait autant de rois que de *tols* (îlots de maisons). La dynastie des Mallas en expulsa l'oligarchie des Thâkurîs vers le milieu du xiv⁰ siècle ; à la fin du xvi⁰ siècle, elle eut une dynastie locale, issue des rois Mallas de Katmandou ; mais l'aristocratie qui avait longtemps gouverné la vieille cité resta fidèle à ses souvenirs et à ses espérances. Les luttes de la noblesse et du pouvoir royal, exaspérées au cours du xviii⁰ siècle, aboutirent à la conquête gourkha. Maître de Katmandou, Prithi Narayan s'empara aussitôt de Patan sans coup férir, en 1768. A ce moment-là, Patan était encore la plus grande ville du Népal, et le royaume de Patan possédait le domaine le plus étendu dans l'intérieur de la vallée. Les Capucins, se conformant à l'estimation courante, attribuaient à la ville (avec ses dépendances, comme dans le cas de Katmandou) une population de 24 000 familles[2]. Le bouddhisme y dominait. Tandis que le brahmanisme lui faisait équilibre à Katmandou, et le tenait en échec à Bhatgaon (d'après les informations de Georgi), à Patan les bouddhistes formaient les trois quarts de la population. Le pillage de la ville se recommandait en même temps à la rapacité et au fanatisme des Gourkhas. Patan ne s'est pas relevée du désastre qu'elle subit alors. La déchéance se lit sur le visage des habitants comme sur la façade des édifices. Le Névar bouddhiste, industrieux, délicat, affiné, courbe la tête sous le joug, et assiste impuissant, appauvri, à l'écroulement

---

1. *Ind. And.* IX, 171, n. 29. Cette désignation semble bien contenir les mêmes éléments que les précédentes : [*Tin*] *Ya-la* (*E-lâ*, *Ye-rañ*, etc.).

2. La Vamçâvali donne le même chiffre au temps de Siddhi Narasiṃha Malla, au xvii⁰ siècle (WRIGHT, p. 238).

lamentable de ses temples, de ses monastères, de ses
palais. Le temps achève l'œuvre des hommes. Mais les
derniers restes d'un passé qui meurt évoquent encore des
visions éblouissantes. La place du darbar est une merveille
qui défie la description ; sous la vive clarté d'un ciel qui
n'éblouit pas, le palais royal étale sa façade ouvragée,
sculptée, bariolée à plaisir, où les ors, les bleus, les
rouges éclairent le ton sombre des boiseries ; vis-à-vis,
comme enfanté par un caprice d'artiste, un monde de
pierre rayonnant de blancheur, piliers que couronnent des
images de bronze, colonnades ajourées, temples de rêves,
légers et frêles, sous la garde d'une armée de chimères et
de griffons. Je reviendrai dans la suite aux monuments de
Patan qui intéressent surtout l'histoire et l'étude du bouddhisme[1].

Bhatgaon, la troisième ville du Népal, est située à quatorze kilomètres Est de Katmandou. Elle est construite
sur un plateau onduleux qui s'incline au Nord-Est vers la
Kansavati, au Sud-Ouest vers la Hanmati, un peu en amont
du confluent des deux ruisseaux. Une grande et large route,
trop irrégulière et trop raboteuse pour être praticable aux
voitures, la relie à Katmandou. Elle est la dernière en date
des grandes villes népalaises. Elle eut pour fondateur
Ânanda Malla, frère de Jaya Deva Malla qui régnait sur
Patan et Katmandou, et que la tradition associe à l'institution de l'ère népalaise, en 880 J.-C. Mais la date
d'Ânanda Malla soulève de graves difficultés chronologiques. M. Wright, sans indiquer la source de son information, place la fondation de Bhatgaon en 865, quinze ans
avant le point de départ de l'ère népalaise. En tout état
de cause, c'est là une date vraisemblable. Le fondateur

---

1. Les Bouddhistes de Patan prétendent que la forme originale de la
ville représentait le čakra « roue » du Bouddha.

de Bhatgaon passe pour avoir fondé en outre sept autres villes, toutes situées dans la vallée de Banépa, l'annexe orientale du Népal ; la fondation de la nouvelle capitale marque donc l'expansion de la civilisation indo-névare vers l'Est de la vallée ; Bhatgaon est la métropole d'une sorte de colonie orientale. Elle a conservé ce rôle à travers toute l'histoire du Népal. Pendant que l'anarchie sévissait à Katmandou et à Patan, Bhatgaon restait le siège de dynasties régulières qui étendaient leur autorité à l'Est, en dehors de la vallée. La famille de Nânya deva, qui exerça la suzeraineté sur le Népal du XIIe au XIVe siècle, passe pour avoir régné à Bhatgaon ; mais il est probable que le pouvoir réel appartenait aux Mallas comme vassaux tandis que Nânya deva et ses successeurs régnaient à Simraun-garh dans le Téraï. Après la mort de Yakṣa Malla (1472) qui avait réuni sous son sceptre le Népal tout entier, Bhatgaon et Banépa devinrent les capitales de deux royaumes ; le royaume de Banépa n'eut qu'une existence éphémère, et s'absorba au bout d'une génération dans le royaume de Bhatgaon. Les rois de Bhatgaon s'aperçurent par la force des circonstances qu'ils devaient renoncer à s'étendre dans la vallée ; ils n'y possédaient qu'une seule bourgade (Timi), mais ils poussèrent leur domaine en dehors de la vallée jusqu'à la Dudh-Kosi à l'Est, et au Nord jusqu'à la passe de Kuti (que Katmandou leur enleva au commencement du XVIIe siècle). Quand le Népal fut conquis par les Gourkhas, Bhatgaon eut moins à souffrir que ses deux rivales : la ville livrée par trahison n'eut pas à soutenir de siège ; Prithi Narayan qui avait vécu plusieurs années à la cour du roi Ranajit Malla le traita avec respect et lui proposa même de conserver le trône ; enfin la population aux trois quarts brahmanique avait au moins les sympathies religieuses des Gourkhas. Aussi la ville a gardé un aspect florissant et prospère. Les

rues sont propres, bien entretenues, régulièrement pavées
de briques ; les bazars sont achalandés ; les places déco-
rées de temples splendides ; le darbar, moins grand qu'à
Katmandou, est plus somptueux ; la célèbre « porte d'or »
qui en orne l'entrée est un pur chef-d'œuvre de l'orfèvrerie
népalaise.

Bhatgaon porte dans la langue littéraire le nom de
Bhaktapura ; on l'appelle aussi *Dharma-pattana* « la Ville
de la Loi ». L'un et l'autre nom fait sans doute allusion à
l'orthodoxie brahmanique des habitants. Les Névars la
nomment *Kui-pò* (Georgi), *Khôpô[daise]* (Kirkpatrick)[1]. Le
plan de Bhatgaon reproduit, soit le « damaru », le tam-
bourin de Mahâ-Deva ; soit le « çankha » la conque de
Viṣṇu. Son fondateur entendait en faire une ville de
12 000 maisons ; les Capucins, au xviii° siècle, répètent le
même chiffre, qui doit s'interpréter comme dans les cas
précédents. La population réelle de la ville est estimée à
30 000 ou 40.000 âmes.

Outre ces trois grandes villes, la vallée du Népal contient encore une soixantaine de fortes bourgades, sans parler des simples villages. Cependant, malgré l'activité des
relations dans la vallée, le nombre des routes y est dérisoire. De Katmandou, une chaussée carrossable de 14 kilomètres mène à Thankot, au pied de la passe du Chandragiri ; une autre, d'une lieue environ, mène à Balaji, au
pied du mont Nagarjun, et permet au roi de se rendre en
voiture à la villa et aux tirés qu'il y possède ; une autre
encore va jusqu'au pied de Syambunath ; une chaussée

---

1. Ce nom rappelle étroitement le nom de *Kho-bôm* que Jäschke
et Sarat Chandra Das donnent comme l'équivalent tibétain de Katmandu (v. sup. p. 54). On est tenté de croire que les lexicographes
ont par erreur substitué Katmandou à Bhatgaon. — Si *Ye-leng* est
Patan, et *Kou-k'ou-mou* Katmandu, *Pou-yen* cité comme le troisième royaume du Népal dans le Wei-tsang t'ou ki doit représenter
Bhatgaon.

empierrée conduit au temple de Paçupati ; j'ai déjà signalé la route qui relie Katmandou à Bhatgaon. Le reste des chemins se réduit, en général, à des sentiers, à des foulées dans l'herbe, à des levées de terre entre les champs : les meilleurs ne sauraient se comparer à nos plus humbles chemins vicinaux.

La plus occidentale des bourgades du Népal est Thankot, où la route de l'Inde entre dans la vallée. A droite de la route qui joint Thankot à Katmandou se dresse sur une hauteur abrupte la petite ville de Kirtipur qui a trop bien mérité par ses malheurs la célébrité que lui promettait son nom (*Kîrti-pura*, Ville de Gloire). Fondée au milieu du IXe siècle par le roi Sadâ Çiva deva, elle dépendait du royaume de Patan, mais elle avait sans aucun doute son roitelet local ; le sommet de la colline porte encore les débris d'un darbar ruiné de fond en comble. Prithi Narayan voulut, pour préluder à la conquête du Népal, s'emparer de Kirtipur ; les habitants, soutenus par des contingents accourus du reste de la vallée, repoussèrent tous les assauts ; un des chefs gourkhas fut tué ; le frère de Prithi Narayan eut un œil crevé ; le roi même ne dut son salut qu'à la fuite. Renouvelée trois ans de suite, l'attaque échoua toujours ; enfin la trahison livra la ville aux Gourkhas ; mais retranchés dans la citadelle, les gens de Kirtipur tenaient encore : il fallut leur promettre une amnistie générale pour les décider à cesser le combat. Puis le Gourkha, parjure une fois de plus, ordonna de couper le nez et les lèvres à toute la population ; on recueillit, dit-on, près de 80 livres de ces dépouilles sanglantes. Un pillage féroce dévasta la ville (1767). Après un siècle et demi, Kirtipur ne s'est point relevée de sa ruine ; ni la fraîcheur de l'air, ni la pureté des sources n'ont pu ramener la prospérité sur ce champ des martyrs. Kirtipur, qui comptait jadis 6 000 familles sous sa juridiction, n'a

plus que 4 000 habitants à peine. Près de Kirtipur, Chaubahal ou Chobbar (1 000 habitants environ) occupe le
sommet d'un plateau qui surplombe la gorge de la Bagmati.
En aval, à une lieue, sur la rive gauche, Bugmati, une des
localités les plus populaires de la religion népalaise. Plus
au Sud, dans le fond de la vallée, Phirphing, au débouché
de l'ancienne route de l'Inde.

De Patan partent deux routes : l'une se dirige vers le
Sud et mène par Sonagutti et Thecho à Chapagaon ; l'autre,
vers le Sud-Est, traverse Harsiddhi, Thyba, Bandegaon et
aboutit à Godavari, au pied du mont Phulchôk.

La route qui conduit de Katmandou à Bhatgaon passe
par Nadi, Budi et Timi, petite ville qui doit sa richesse à
la fabrication des objets en terre cuite. La route de Katmandou à Paçupati dessert Navasagar, Nandigaon, Harigaon, Chabahil et Deo-Patan (*Deva-pattana*) la plus vieille
des villes du Népal, car elle se flatte d'avoir été fondée au
temps d'Açoka, par le gendre même du puissant monarque
qui gouvernait l'Inde entière. La sainteté de Paçupati,
consacrée par une tradition immémoriale, a dû, en effet,
grouper de bonne heure dans le voisinage immédiat du
temple les premiers habitants de la Ville des Dieux.

De Paçupati un chemin de six kilomètres mène vers l'Est
à la colline et au village de Changu-Narayan, presque aussi
vénéré que Paçupati même. Au Nord-Est de Changu-
Narayan, et à une petite lieue, la ville de Sanku fondée au
début du viii° siècle par Çankara deva ou par son successeur Vardhamâna deva ; la route du Tibet par la passe de
Kuti quitte la vallée à Sanku. En retournant de Sanku vers
l'Ouest, on trouve à une lieue et demie le village de
Gokarna fréquenté par les pèlerins et situé sur la Bagmati, non loin de son entrée au Népal. Entre Gokarna et
Paçupati, le village de Budhnath groupe ses maisons
autour de son temple tibétain. En continuant à longer le

bas des montagnes, on rencontre d'abord au pied du
Sheopuri Barâ-Nilkanth « le Grand Nilkanth » et au pied
du Nagarjun Bâla-Nilkanth ou Bâlaji « le Petit Nilkanth »,
lieux de pèlerinages célèbres. Bâlaji fait pendant à
Sanku ; le chemin du Tibet par la voie de Kirong part de
là. Enfin, sur un contrefort du Nagarjun, à une demi-lieue
de Katmandou, Syambunath (*Svayambhû-nâtha*), l'honneur
et la gloire du bouddhisme népalais, appartient par excellence à l'histoire religieuse de la vallée.

LES CARTES

Je n'ai pas pu songer à donner ici une carte originale du
Népal. Les conditions du séjour et du travail dans le pays
interdisent la plus modeste entreprise de topographie
locale. Minayeff rapporte à ce sujet une anecdote significa-
tive qu'il a évidemment recueillie à la résidence. « Il y
a quelques années on a voulu dans l'Inde publier une carte
du Népal ; pour la préparer on envoya au Népal un topographe ; c'était un Hindou, un Bengali, paraît-il ; on comptait qu'à ce titre il pourrait circuler dans le pays sans restriction et observer à son aise. Mais il n'eut pas le temps
de voir beaucoup. Arrivé à Katmandou, il se présenta
chez le résident. L'affaire était gâtée. Le gouvernement
népalais apprit la visite que l'Hindou avait rendue au résident ; il soupçonna qu'il ne s'agissait pas d'un Hindou
quelconque, ni d'un simple pèlerin. On le surveilla, et
bientôt après on le renvoya dans l'Inde. Le topographe
rentra chez lui sans avoir rempli sa tâche. Les Anglais
n'en éditèrent pas moins une carte du Népal ; reste à savoir
ce qu'elle vaut. » (*Voyage*, p. 254). La carte en question
est probablement la feuille ix des Transfrontier Maps
publiée par le Service Trigonométrique ; elle est datée de

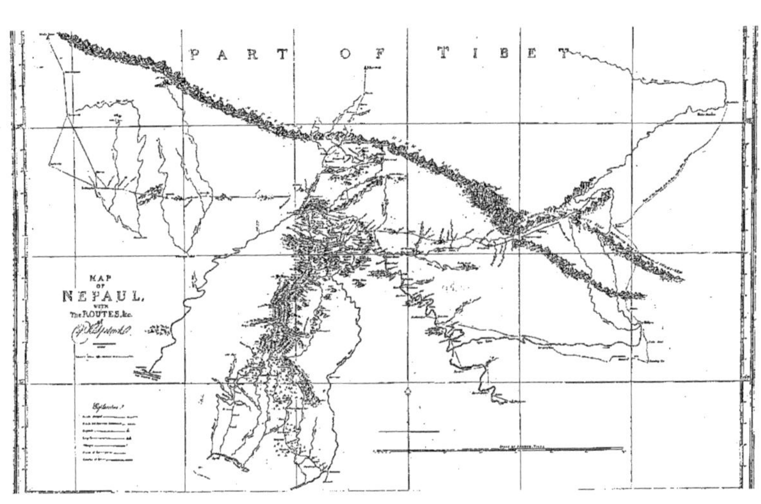

PART OF TIBET
MAP
OF
NEPAUL,
WITH The ROUTES, &c.
Explanation

Dehra Dun 1873, et antérieure de quelques années seulement au voyage de Minayeff. Il en a paru une seconde édition, datée de Dehra Dun, mars 1882. La légende qui l'accompagne la déclare « compilée d'après les relevés de route et les observations astronomiques émanant d'explorateurs anglais et asiatiques du côté de l'Inde, et basée sur le grand Relevé du Service Trigonométrique ». J'ai déjà signalé le caractère franchement hypothétique de cette carte où les données positives se réduisent aux altitudes mesurées par le calcul en deçà de la frontière, aux régions du Téraï visitées par le résident, à la grande route transversale qui va de Darjiling à Pitoragarh en passant par Katmandou, enfin à la vallée centrale. Mais l'échelle étant au $\frac{1}{1\,013\,760}$, la vallée n'y tient que peu de place et manque de détails.

M. Markham a donné dans son « Tibet » une liste des cartes du Népal qu'il peut être utile de reproduire en partie ici. La première, manuscrite, est conservée au Service géographique de l'India Office ; elle est datée de 1793 et représente (4' au pouce) l'itinéraire de la mission Kirkpatrick. Elle est accompagnée d'un mémoire manuscrit « illustrant l'esquisse géographique du Népal et des pays voisins » par Kirkpatrick, en 400 pages. C'est sur ces matériaux qu'est basée la carte publiée dans la Relation de Kirkpatrick et que je reproduis. Le major Crawford a laissé diverses cartes manuscrites qui ont trait au Népal : l'une, de la vallée de Népal ($\frac{3}{4}$ au pouce) ; une autre de la route qui conduit au Népal, y compris la vallée ; une des territoires népalais, avec les sources du Gange ; une autre du territoire népalais avec un grand nombre de cimes ($7\frac{1}{3}$ milles au pouce), datée 1811. La campagne du Népal (1814-1816) a produit la carte du lieutenant Lindesay, donnant la marche du général Ochterlony sur Makwanpur. Les travaux de délimitation ont naturellement abouti à des

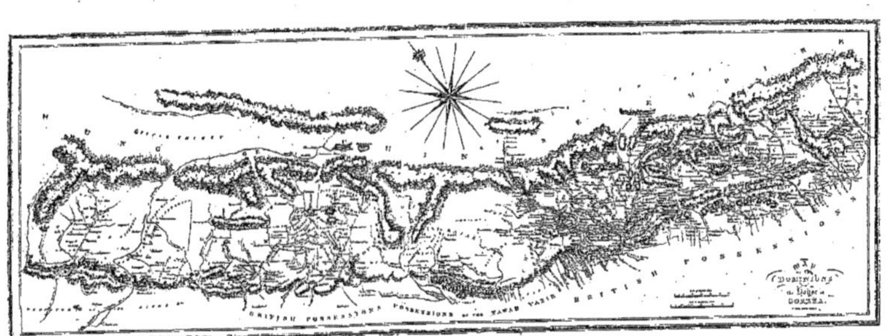

Carte du Népal (1819) jointe à la Relation de Hamilton.

cartes assez nombreuses de la frontière, dues à Garden,
Boileau, J.-A. Hodgson, Pickersgill et Anderson (1861).
La carte de Hamilton (1819) jointe à sa Relation est fondée
en partie sur ses observations personnelles, en partie sur
des matériaux et des informations indigènes. Hodgson a
donné une carte physique du Népal, illustrant son mémoire sur l'hydrographie, dans les Selections from the
Records of the Government of Bengal, n° 27 (1857). Enfin
le Bureau du Surveyor General de l'Inde a publié, en
1856, une « Esquisse préliminaire du Népal et des pays
voisins » datée d'octobre 1855.

Je me suis contenté de reproduire la carte de Kirkpatrick et celle de Hamilton, comme des documents historiques et aussi parce qu'elles suffisent encore à donner
une idée sommaire de la vallée et du royaume. Pour une
représentation plus détaillée de la vallée, j'ai reproduit
une carte indigène, acquise par Minayeff, et dont je dois
la communication à l'obligeante amitié de M. Serge
d'Oldenbourg. Cette carte pose le problème, intéressant,
mais obscur, des origines de la cartographie indigène.
Wilford décrit dans les Asiatic Researches (j'emprunte
cette citation à l'excellent ouvrage de M. Pullé : *Disegno
della cartografia antica dell'India,* Firenze, 1901 ; p. 13)
une carte du royaume de « Napal » qui avait été présentée
à Hastings (donc entre 1772 et 1785). « C'est, dit-il, la
meilleure carte d'origine hindoue que j'aie jamais vue ;
ces cartes ont pour caractères communs qu'elles négligent
latitude et longitude, et qu'elles n'emploient pas d'échelle
régulière ; les côtes, les rivières, les montagnes sont
représentées en général par des lignes étroites. La carte
du « Napal » avait à peu près 4 pieds de long sur 2 et
demi de large, en carton ; les montagnes faisaient un relief
d'un pouce environ, avec des arbres peints tout autour.
Les routes étaient représentées par une ligne rouge, et les

1. Ičaṃku Nârâyaṇa.
2. Bâlâ Nîlakaṇṭha.
3. Résidence britannique.
4. Buḍhâ Nîlakaṇṭha.
5. Temple de Gokarṇeçvara.
6. Ville de Sâkhu (Sankou).
7. Temple de Ugra Târâ.
8. Temple de Čâṅgu Nârâyaṇa.
9. Ville de Bhâdgâuṃ (Bhatgaon).
10. Godâvarî du Nord.
11. Çikhara Nârâyaṇa.
12. Dakṣiṇa Kâlî.
13. Ghâṭ (Escaliers de bains sa-
    crés).
14. Temple de Tripureçvara.
15. Temple de Pûrṇeçvara.
16. Pačaulî Bhairava.
17. Lakṣmeçvara.
18. Dikudobhâna, confluent.
19. Ṭharačala, résidence.
20. Étang.
21. Palais du gouvernement.
22. Kântipura, capitale (Katman-
    dou).

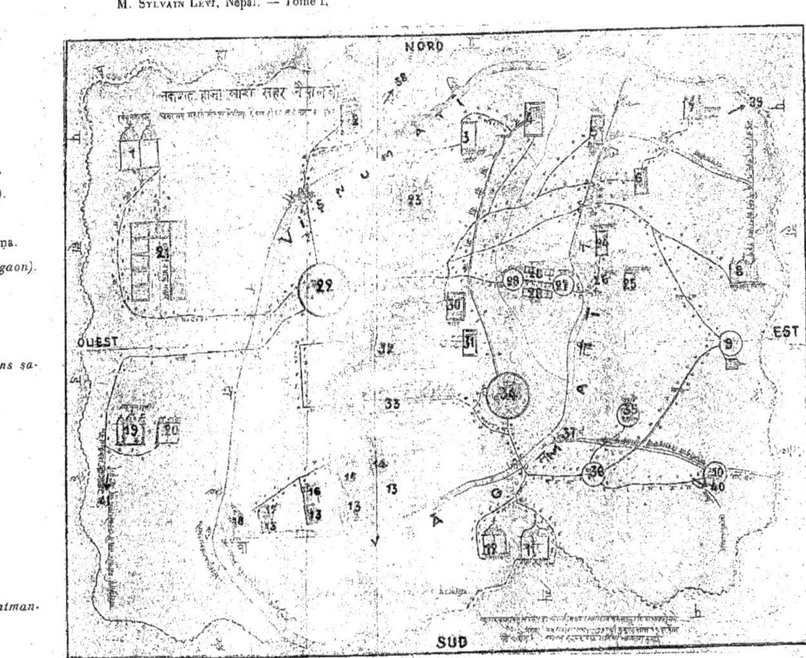

CARTE INDIGÈNE DU NÉPAL (voir volume I, page 72).

23. Nârâyana heti (fosse à ablutions),
    et résidence des Čautariyas.

24. Guhya Kâlî.

25. Temple de Viçvarûpa.

26. Mrgasthalî.

27. Temple de Paçupati.

28. Bazar.

29. Devapâtana, bourg *(Dep Patan)*.

30. Temple de Bhairava Mahâkâla.

31. Lumdi *(Lomri)*-Devî.

32. Thûm khel *(Tundi khel)*.

33. Bazar.

34. Thâpâthali.

35. Viçamku Nârâyana.

36. Ville de Pâtan.

37. Çankhamûla tîrtha.

38. Route Nord, direction de Jitpur,
    4 ¼ *kos* de Katmandou.

39. Route Est, direction de Nagarkot,
    5 *kos* de Katmandou.

40. Route Sud, direction de Godâ-
    vari, 5 *kos* de Katmandou.

41. Route Ouest, direction de Than-
    kot, 4 ¼ *kos* de Katmandou.

rivières par une ligne bleue. Les diverses chaînes étaient nettement distinctes, avec les passes étroites qui les traversent ; il n'y manquait que l'échelle. La vallée de Napal était soigneusement tracée ; mais vers les bords de la carte tout était embarrassé et confus. » Hamilton, pendant son séjour à Katmandou (1802-1803) s'était procuré cinq cartes indigènes du Népal et du Sikkim qu'il déposa plus tard à la bibliothèque de l'East India Company. Malheureusement, elles se sont perdues.

Les Népalais avaient-ils appris cet art des missionnaires européens ? Les Capucins ne semblent guère avoir contribué à développer les connaissances des Népalais. Les modèles sont-ils venus des Jésuites qui levaient la carte officielle de l'Empire chinois ? Dès 1704, le pape Clément XI se faisait montrer la route de l'Inde à Lhasa sur des cartes conservées au Vatican. (« At PP. Capuccini Lhassam profecti sunt per Indorum terras ea plane via quam nos hucusque descripsimus quamque ex Tabulis Geographicis in Vaticanis ædibus asservatis sibi ostenderat an. 1704 Pontifex SS. Clemens XI ». Georgi, *Alph. Tibet.*, p. 455). Les Musulmans de l'Inde ont-ils été les intermédiaires, et les cartes népalaises dérivent-elles de la cartographie arabe et persane ? ou nous trouvons-nous en présence d'une tradition plus ancienne encore, sinon autochtone ? Dès l'année 648, le roi du Kâmarûpa, voisin oriental du Népal, offrait en présent à l'empereur de Chine, par l'entremise de Wang Hiuen-ts'e, « une carte du pays ». L'art de dresser des cartes avait donc pénétré dès cette époque dans les régions indiennes de l'Himalaya. S'agit-il d'une création nationale ? Les Hindous avaient aussi pu recevoir l'impulsion soit des Grecs, à qui ils avaient emprunté le système astronomique de Ptolémée, soit des Chinois, qui pratiquaient depuis longtemps la cartographie (cf. Chavannes, *Bulletin de l'École Française d'Extrême-Orient*, III,

236 sqq.). Il ne me paraît pas inadmissible, en tout cas, que les longues listes du Mahâ-Bhârata, celles des Purânas et des Çâstras astronomiques dérivent en principe de tables géographiques qui accompagnaient des cartes, comme c'est le cas chez Ptolémée. — Je signale ici, comme un élément utile à la solution, l'emploi sur la carte indigène d'une main avec l'index étendu pour marquer la direction des cours d'eau.

LES DOCUMENTS

I. Européens. — II. Chinois et Tibétains. —
III. Indigènes.

L'étude des matériaux disponibles doit naturellement précéder l'étude historique du Népal ; il est indispensable avant de mettre les documents en œuvre, d'en fixer la nature, la portée et la valeur. La solidité éprouvée des matériaux garantit la stabilité de l'édifice. L'examen des matériaux offre encore un autre avantage : il laisse entrevoir d'avance les traits saillants de l'histoire à étudier, et dénonce les grandes époques ou les grandes crises qui donnent naissance aux documents. Les documents sont de deux catégories : les uns, indigènes ; les autres, étrangers. Si claire que semble cette division, elle ne laisse pas de créer un léger embarras. Les matériaux fournis par l'Inde peuvent être considérés soit comme des documents étrangers puisque le Népal est politiquement séparé du reste de l'Inde, soit comme des documents indigènes puisque le Népal fait régulièrement partie du monde hindou. En fait le débat serait oiseux, tant l'apport de l'Inde est insignifiant ; il se borne à de rares et brèves indications, éparses au cours des siècles.

La logique semble appeler en première ligne les documents indigènes, qui par leur nombre, leur étendue et leur importance forment le corps et la contexture de l'histoire népalaise. J'ai préféré cependant passer d'abord en revue les documents d'origine étrangère, issus des peuples qui sont entrés en rapport avec le Népal. Les Tibétains et les Chinois sont les premiers en date : leurs premières relations avec le Népal datent du début du viiᵉ siècle. Les Européens n'ont connu le Népal que très tard, après le milieu du xviiᵉ siècle. Je les ai néanmoins classés au premier rang, pour des raisons fort diverses. Une raison de clarté, d'abord : avant d'exposer les menus détails d'une histoire locale où rien n'est familier à l'esprit occidental, j'ai cru opportun de tracer un historique des découvertes et des recherches qui relient la période la plus récente de l'histoire népalaise à des noms et des faits connus de l'Europe. Une raison de méthode et de conscience à la fois : les matériaux dont j'ai fait usage sont, en dehors de mon apport personnel, empruntés à mes devanciers ; j'étais tenu de déclarer ce que je leur dois et de marquer nettement la part qui revient à chacun d'eux dans ce travail que j'ai conçu et tâché de réaliser comme une véritable collaboration. Le tableau de l'œuvre poursuivie au Népal depuis deux siècles et demi par les Européens sert en outre à définir l'état actuel des connaissances ; il explique, il excuse peut-être les incertitudes, les lacunes, les erreurs mêmes qui pourront être constatées dans ce livre. Le Népal n'est pas encore un domaine banal, ouvert à toutes les curiosités, librement exploré par une armée de chercheurs. Depuis le xviiᵉ siècle, il n'a vu passer qu'un nombre minime d'Européens, presque toujours traités en suspects, tenus à l'écart, et paralysés dans leurs recherches. Ces rares visiteurs, amenés les uns par le zèle religieux, d'autres par la politique, d'autres par le goût de l'érudition, n'ont guère songé à se contrôler entre eux. On est ainsi réduit à se fonder souvent sur un témoignage isolé. Le danger serait grave, jusqu'à

rendre l'entreprise impossible, si les témoins ne s'appe-
laient pas Kirkpatrick, Hamilton, et par-dessus tout
Hodgson..

La liste des Européens qui ont visité et étudié le Népal
depuis le xviiᵉ siècle illustre et confirme par un nouvel
exemple l'idée qui a inspiré ce livre et qui le pénètre : de
même que l'enchaînement des faits au Népal reproduit, sur
une échelle restreinte, la succession des grands phénomènes de l'histoire hindoue, le défilé des personnages qui
passent au Népal réfléchit les mouvements et les transformations de l'Europe, de Louis XIV au xxᵉ siècle ; ainsi,
pour emprunter à l'Inde une de ses comparaisons classiques,
une flaque d'eau mire le soleil tout entier. La Société de
Jésus, toute-puissante en Europe, presque aussi puissante
en Chine, lance à travers l'Asie ses missionnaires transformés en explorateurs. Un Père jésuite, au Tibet, entend
parler du Népal : deux autres, partis de Pékin pour l'Inde
et l'Europe, traversent le Népal du Nord au Sud et croient
préparer le terrain pour une mission prochaine. Presque
en même temps, un voyageur français, entraîné par l'activité commerciale jusqu'aux États du Grand-Mogol, signale
au trafic européen la route du Népal pour pénétrer au centre
de l'Asie. Les désastres et les fautes de Louis XIV au déclin
arrêtent brusquement l'expansion de la France ; le siècle
du Grand Roi s'achève, comme Voltaire le représente, dans
les disputes sur les cérémonies chinoises. C'est à tort qu'on
a mis en cause l'ironie ou l'impiété de l'historien ; les événements eux-mêmes ont parfois de l'esprit. Condamnés à
la cour de Rome, les Jésuites en disgrâce cèdent le pas aux
ordres rivaux ; la volonté du Saint-Père assigne la mission
du Népal aux Capucins. L'Église a fait son choix ; elle s'est
prononcée en faveur du passé contre les tendances modernes.
Héritiers d'une tradition surannée, les Capucins restent
soixante années en pure perte dans l'Himalaya ; la conquête

Gourkha les rejette dans l'Inde, où les Anglais fondent leur empire.

Une ère nouvelle s'ouvre alors dans la connaissance de l'Orient. Déjà, sans doute, l'esprit d'apostolat, cultivé par une congrégation d'élite, avait enrichi la science d'un nouveau domaine ; les Jésuites ont révélé à l'Europe les antiquités chinoises. Mais leur œuvre, toute méritoire qu'elle est, poursuit un intérêt pratique qui en restreint la portée ; les apôtres de la Chine se sont mis à l'école des lettrés chinois pour apprendre à les combattre. Les Encyclopédistes du xviiie siècle usent à leur tour de la même tactique contre les Jésuites, leurs adversaires ; ils leur demandent des armes pour ruiner leurs dogmes. Insurgés contre la révélation, ils fouillent avec une passion généreuse les archives suspectes des races que l'histoire universelle se croyait en droit de négliger jusque-là ; il leur tarde de mettre en lumière la solidarité de l'espèce humaine. Sous leur impulsion féconde, les découvertes jaillissent partout ; la France marque son passage dans l'Inde par Anquetil et l'Avesta retrouvé, en Égypte par Champollion et les hiéroglyphes déchiffrés. Maîtresse de l'Inde à son tour, l'Angleterre y enfante les Wilkins, les William Jones, les Colebrooke, créateurs glorieux de l'érudition sanscrite. Par le sanscrit, un Allemand, Bopp, fonde la grammaire comparée, et brisant les cadres factices qu'avait consacrés l'éloquence théologique de Bossuet, il montre les ancêtres, longtemps privilégiés, des Grecs et des Romains confondus dans une seule famille avec les Celtes, les Germains, les Slaves, les Perses, les Hindous. Le génie de l'Europe a élargi la conscience du monde. Détaché des légendes qui l'avaient bercé, l'homme scrute dans le passé le secret de son histoire et de ses origines. Le Népal voit alors des Européens, que les Capucins n'avaient point annoncés, interroger ses annales, ses traditions, ses inscriptions, ses manuscrits. Les Hindous mêmes, gagnés par la contagion, entraînés surtout peut-être par ce goût d'imitation (φιλοτεχνια) que Néarque observait chez eux dès le temps d'Alexandre, secondent la curiosité de l'Occident et prennent une place honorable dans l'étude des antiquités népalaises.

1. — *LES DOCUMENTS EUROPÉENS*

Le Népal ne semble pas avoir été visité par des Européens avant 1662. Cependant dès 1626, un missionnaire jésuite, le P. d'Andrada, avait recueilli de vagues indications sur le pays. Parti d'Agra en 1624 pour porter l'Évangile au Tibet, il remonta la haute vallée du Gange, gravit les passes redoutables qui dominent les sources du fleuve céleste, et fonda une église à Chaprang, sur la rive gauche de la Satledj supérieure. Ce succès fut de courte durée ; deux ans plus tard, d'Andrada qui avait réussi à pénétrer jusqu'en Chine par la voie de Rudok et du Tangut retournait définitivement dans l'Inde. Au cours de son séjour à Chaprang, d'Andrada eut occasion d'entrer en rapport avec des artisans népalais émigrés au Tibet. « Le roi d'ici [de Caparangue, c'est-à-dire Chaprang] a trois ou quatre orfèvres natifs d'un pays éloigné d'ici de deux mois de marche et soumis à deux rois, chacun en particulier plus puissant que celui-ci, mais de la même religion. Je donnai à ces orfèvres de l'argent pour en faire une croix, d'après un modèle que je leur montrai. Ils m'assurèrent qu'il s'en trouvait beaucoup de semblables dans leur pays natal, et que l'on en faisait de différentes grandeurs en bois et en divers métaux. Elles sont ordinairement placées dans les temples, et pendant cinq jours de l'année on les plante sur les chemins publics où le peuple vient en foule les

adorer, y jette des fleurs et y allume une innombrable
quantité de lampes. Ces croix se nomment dans leur langue
Iandar[1]. »

Le nom du Népal n'est pas prononcé ici ; mais il ne saurait être question d'un autre pays. La profession même des
orfèvres dénote leur origine ; le Népal alors comme aujour-
d'hui excellait au travail des métaux, et ses ouvriers comme
ses produits étaient recherchés par les peuples plus barbares du Nord[2]. La distance de deux mois de chemin correspond bien à l'éloignement réel. Le partage du royaume
entre deux souverains est une autre caractéristique du
Népal : depuis la fin du xvᵉ siècle jusqu'au début du xviiᵉ,
la dynastie de Katmandou et celle de Bhatgaon régnèrent
simultanément sur les deux moitiés du pays ; la dynastie
de Katmandou, il est vrai, se scinda vers 1600, et Patan
devint le siège d'une troisième dynastie. Mais en fait les
rois de Katmandou et de Patan ne formaient qu'une famille
et qu'un groupe, comme l'atteste trente-cinq ans après
d'Andrada la relation du P. Grueber. Enfin les prétendues
croix désignées sous le nom d'*Iandar* appartiennent en
propre, et exclusivement, à la religion du Népal ; les missionnaires capucins installés au Népal pendant le xviiiᵉ
siècle ne manquèrent pas d'en être frappés ; leur historien,
Georgi, en donne même la description et le dessin à l'appui de ses théories sur l'origine manichéenne du bouddhisme[3]. Le mot *Iandar* reproduit assez exactement le nom
sanscrit du dieu Indra (vulg. *Inder*), en l'honneur de qui
ces images sont dressées.

En 1661 deux des missionnaires jésuites établis à Pékin,

---

1. *Voyages au Thibet faits en 1625 et 1626, par le Père* d'Andrada, *et en 1774, 1784 et 1785, par* Bogle, Turner *et* Pourúnguir,
traduits par Parraud et Billecocq. Paris, l'an IV ; p. 65 (Relation
du deuxième voyage du P. d'Andrada).

2. Cf. Huc, II, p. 262, cité plus bas, sur les Pé-boun de Lhasa.

3. *Alphab. Tibet.*, p. 203.

le P. Grueber et le P. Dorville[1], recevaient l'ordre de retourner en Europe pour prendre à Rome les instructions de leur général. La flotte hollandaise bloquait les ports chinois ; ils résolurent de s'acheminer par terre. Partis en juin 1661[2], ils passèrent par Si-ning, le Tangout, Lhasa où ils résidèrent deux mois, et de là gagnèrent l'Inde par la voie du Népal. Dorville mourut en arrivant à Agra après 214 journées de route effective[3], au commencement de l'année 1662. L'infatigable Grueber poursuivit désormais seul son voyage par Lahore, l'Indus, le golfe Arabique, Ormus, Smyrne. Il ne s'arrêta à Rome que le temps d'accomplir sa mission ; mis en goût par un succès sans précédent, et qui reste aujourd'hui sans rival après deux siècles et demi d'explorations asiatiques, il tenta d'ouvrir des voies nouvelles vers la Chine, en traversant la Moscovie. Obligé par les circonstances de battre en retraite, il se rejeta sur Constantinople et finit par mourir en 1665 sur la route de Chine. Malheureusement tant de courses intrépides n'avaient pas laissé au P. Grueber le loisir de rédiger ses souvenirs ; les rares informations qu'il ait pu communiquer se trouvent dispersées dans plusieurs lettres adressées à des confrères, un résumé condensé par le P. Athanase Kircher[4], et le compte rendu d'une sorte d'*interview* prise au P. Grueber à Rome en janvier 1665.

---

1. La *Lettre au P. J. Gamans* porte, au lieu de Dorville, « Albert de Bouville ».

2. C'est la date donnée par le résumé de Kircher. La *Lettre au P. Gamans* fixe la date du départ de Pékin au 13 avril 1661.

3. Et onze mois écoulés depuis le départ de Pékin, d'après la même lettre. Leur arrivée à Agra tombe donc en mars 1662. Le résumé de Kircher dit, d'autre part, qu'en tenant compte des arrêts des caravanes, il faut environ un an et deux mois de Pékin à Agra.

4. *China Illustrata*, ch. ii, 2e partie. — Les diverses pièces relatives au voyage de Grueber sont rassemblées dans les *Relations de divers Voyages curieux... données au public par les soins de Melchissédec* THÉVENOT. Paris, 1663-1672, t. II. 2e partie.

Le résumé de Kircher donne un itinéraire assez détaillé de Lhasa à Agra. « De *Lassa* ou *Barantola*, situé par 29°6', ils vinrent en quatre jours au pied du mont *Langur*. Le mont *Langur* est d'une hauteur incomparable, si bien que les voyageurs peuvent à peine respirer au sommet, tant l'air y est subtil ; en été on ne saurait le traverser sans exposer gravement sa vie, à cause des exhalaisons empoisonnées de certaines herbes. Ni voiture, ni cheval ne peuvent passer par cette montagne, en raison des précipices horribles et des étendues de rochers, mais il faut faire tout le chemin à pied ; on met ainsi presque un mois jusqu'à *Cuthi*, la première ville du royaume de *Necbal*. Quoique cette région montueuse soit difficile à traverser, la nature y fournit cependant des eaux abondantes qui jaillissent, tant chaudes que froides, de tous les creux des montagnes, et beaucoup de poissons pour les hommes, beaucoup de pâturages pour les bêtes… De *Cuthi* en cinq jours de route on arrive à la ville de *Nesti*, du royaume de *Necbal*, dans lequel tous vivent enveloppés par les ténèbres de l'idolâtrie, sans aucun signe de la foi chrétienne ; pourtant il abonde en toutes les choses qui sont nécessaires pour soutenir la vie, à ce point qu'on a couramment pour un écu 30 ou 40 poulets. De *Nesti* on parvient en 6 jours de route à la capitale du royaume de *Necbal* qui est appelée *Cadmendu*, située par 27°5'. Le roi qui y demeure est puissant ; il est païen, mais n'est pas opposé à la loi du Christ. De *Cadmendu* en une demi-journée de chemin on parvient à la ville de *Necbal* qui est le siège de tout le royaume, et qu'on appelle aussi *Baddan*. De *Necbal* après cinq jours de chemin on rencontre *Hedonda*, bourgade du royaume de *Maranga*, par 26°36'. De *Hedonda* en huit jours on arrive à *Mutgari* qui est la première cité du royaume de *Mogor*. De *Mutgari* il y a dix jours jusqu'à *Battana*, qui est une ville du royaume de *Bengale*, sur le Gange, par 25°44'.

(De Battana à Bénarès, 8 jours ; de Bénarès à Catampor,
11 jours ; de Catampor à Agra, 7 jours...) Voici une coutume du pays de *Necbal* : quand un homme boit à la même
coupe qu'une femme pour lui faire honneur, d'autres personnes, hommes ou femmes, leur versent trois fois à boire
du *chà* [thé] ou du vin, et tandis qu'ils boivent collent au
bord de la coupe trois morceaux de beurre ; les buveurs
les y prennent et se les plaquent au front[1]. Il y a encore
dans ces royaumes un usage d'une cruauté monstrueuse :
si un malade touche à la mort et ne laisse plus d'espoir, on
le transporte hors de sa maison dans les champs ; on l'y
jette dans une fosse déjà pleine de moribonds ; il y reste
exposé aux intempéries, sans piété ni pitié, on le laisse
mourir, et on donne ensuite son cadavre à dévorer aux
oiseaux de proie, aux loups, aux chiens et autres bêtes
pareilles. Ils se persuadent que l'unique monument d'une
mort glorieuse, c'est d'obtenir une sépulture dans le ventre
des animaux vivants. Les femmes de ces royaumes sont si
horribles qu'elles ressemblent plutôt à des démons qu'à
des êtres humains : en effet, par idée religieuse elles ne se
lavent jamais à l'eau, mais bien avec une huile fort puante ;
ajoutez-y qu'elles ont une odeur fétide ; avec l'huile en
plus, on ne dirait pas des êtres humains, mais des goules.

« D'ailleurs, le roi montra aux Pères une bienveillance
notable, surtout à cause d'un télescope, objet dont ils ne

---

1. Pour cet usage, cf. *Alph. Tibet.* p. 458-459 : « Matrimonium his
ritibus contrahunt. Juvenis, comite genitore, vel, si genitor desit, avo,
patruo aut alio quovis e familiæ senioribus, domum adit designatæ
sponsæ. Ibi datis oblatisque conditionibus pro uxorio fœdere ineundo
tabulæ matrimoniales conficiuntur. Mox genitor petitoris rogat puellam
an nubere consentiat filio ? Annuit illa. Tum sponsus portiunculam
accipit butyri, eoque linit frontem annuentis puellæ. Eodem ritu filiæ
genitor de consensu interrogat juvenem. Ut ille assensum præbuit, ado-
lescentula accepto butyro verticem sponsi et ipsa linit. » L'auteur de
l'Alphabetum Tibetanum rapporte cet usage comme propre au Tibet ; sa
description éclaire le témoignage plutôt obscur de Grueber.

savaient encore rien jusque-là, et des autres instruments curieux de mathématiques, dont il fut séduit à ce point qu'il voulut absolument retenir les Pères près de lui, et il ne leur permit de partir qu'après avoir exigé d'eux l'engagement de revenir ; il leur promettait en ce cas d'y construire une maison à l'usage et service des nôtres, fournir de larges revenus, et de les autoriser à introduire la loi du Christ dans son domaine. »

L'interview de Rome nous renseigne mieux sur l'épisode du télescope et sur l'état politique du Népal. « De *Barantola* le P. Grüeber passa dans le royaume de *Nekpal,* qui a un mois de chemin d'étendue. Il y a deux villes capitales dans ce royaume, *Catmandir* et *Patan,* qui ne sont séparées que par une rivière qui les divise. Le roi de ce pays s'appelle *Partasmal,* il fait sa résidence dans la ville de *Catmandir,* et son frère nommé *Nevagmal* (qui est un jeune prince fort bien fait) dans celle de *Patan* : il a le commandement de toute la milice du royaume ; et dans le temps que le P. Grueber était dans cette ville, il avait une grande armée sur pied pour opposer à un petit roi nommé *Varcam,* qui incommodait son pays par de fréquentes courses qu'il y faisait. Le Père présenta à ce prince une petite lunette d'approche, avec laquelle il avait découvert un lieu où *Varcam* s'était fortifié, et le fit regarder avec la lunette de ce côté-là ; ce prince le voyant si proche cria aussitôt qu'on marchât contre l'ennemi et n'aperçut pas que cet approchement était un effet des verres de la lunette. Il ne serait pas aisé de dire combien ce présent lui fut agréable. De *Nekpal* en cinq jours de temps, il vint au royaume de *Moranga* ; il n'y vit aucune ville, mais des maisons de paille ou plutôt des huttes et entre autres une douane. Le roi de *Moranga* paye tous les ans au Mogol un tribut de 250 000 richedales et de sept éléphants. »

Au sujet de ce dernier royaume, la notice de Kircher

ajoute : « Le royaume de *Muranga* s'insère dans le royaume de *Tebet* ; sa capitale, *Radoc,* est la dernière station atteinte autrefois par le P. Dandrada dans son voyage au *Tebet* ; ils y retrouvèrent de nombreux indices de la foi chrétienne qui y avait été plantée, dans les noms d'homme encore en usage : Dominique, François, Antoine. »

Les noms géographiques cités dans ces documents sont en général aisés à reconnaître. Le mont *Langur,* à quatre jours de Lhasa, désigne la longue série de chaînes qui se succèdent dans la direction de l'Ouest-Sud-Ouest à partir de la passe de Khamba (Kambala des Capucins) que l'itinéraire de Georgi place à trois jours de distance de Lhasa[1]. Georgi, il est vrai, donne le nom de Lhangur à la première des hautes montagnes qui se rencontrent vers l'Est, en allant du Népal à Lhasa, à 50 mille pas de Kuti. Le désaccord n'est qu'apparent ; car Langur est un nom générique qui signifie, en langue parbatiya, « une chaîne de montagnes ». En abordant les hauts massifs qui se dressent entre Kuti et Lhasa, Jésuites et Capucins ont entendu aux extrémités opposées le même cri sortir de la bouche de leur guide : Langur ! « La montagne ! » Ainsi, tandis que le Langur de Grueber est le Khamba-la (passe de Khamba), le Langur de Georgi est le Thang-la ou Nya-nyam-thang-la (passe de Thang). *Cuthi* n'a changé que de forme graphique ; l'influence savante a fait prévaloir l'orthographe Kuti. *Nesti,* entre Kuti et Katmandou, est sur les cartes modernes écrit Listi, en vertu d'une confusion fréquente entre la nasale et la liquide dentale. *Cadmendu* transcrit aussi bien que notre Katmandou le nom de la capitale ; l'interview présente une autre forme, *Catmandir,* d'apparence plus sanscrite *(Kâṣṭha-mandira)* et qui peut être un doublet de la première, si elle ne résulte pas d'une simple erreur.

—————

1. *Alph. Tibet.* p. 451 et 452.

Baddan, désigné comme la seconde capitale du pays, ne peut pas être Bhatgaon qui s'adapterait pourtant mieux à la distance indiquée de Katmandou. Grueber ne connaît au royaume de Népal que deux capitales, et les détails qu'il donne sur les deux rois qui y résident prouvent au-dessus de toute contestation qu'il s'agit de Katmandou et de Patan ; c'est même sous cette dernière forme que la seconde capitale est désignée dans l'interview. L'alternance de *Baddan* et *Patan,* dans les récits du Jésuite, en face du mot indigène Pattan(a), semble déceler la persistance de l'accent allemand chez Grueber qui était né à Linz en Autriche. *Hedonda* est chez les modernes Hetaura. La différence entre les deux formes est plus apparente que réelle ; elles notent toutes deux, en l'exagérant dans des sens opposés, le son des cérébrales indiennes, intermédiaires entre les dentales et l'*r*, et qui se retrouvent dans le nom même de Katmandou (dont la prononciation réelle se rapproche de Kârmanrô).

Le nom du Népal, qui paraît ici pour la première fois en Europe, prend un aspect inattendu : *Nekpal* ou *Necbal* (avec l'alternance du *p* et du *b,* comme dans le cas de *Baddan* et *Patan*). On serait tenté de croire à une erreur d'écriture ou d'imprimerie ; justement la lettre au P. Gamans porte *Neopal,* d'où Necpal aurait pu sortir par une confusion graphique entre les deux lettres *c* et *o*. Tavernier, contemporain de Grueber, écrit *Nupal*. Nupal d'une part, Neopal de l'autre sembleraient ramener à un original voisin à la fois du son *u* et du son *eo*. Mais il faut renoncer à cette conjecture, car la forme *Nekpal,* avec une série de dérivés, reparaît dans plusieurs publications du xviiie siècle, indépendantes de la tradition du P. Grueber, et issues des missionnaires capucins. Cependant, ni la prononciation savante ni la prononciation vulgaire du mot *Népal* ne peuvent rendre raison de cette lettre adventice ; il semble que ce soit une notation trop vigoureuse du temps qui suit l'*ē* du mot *Nēpāl(a)*. Le royaume de *Maranga* ou *Moranga* est sans aucun doute le royaume de Makwanpur, comme les Capucins l'ont bien reconnu ; mais le nom qui lui est donné ici surprend, car il désigne en fait la région orientale du Téraï comprise entre la Kosi et la Tista[1].

Les rois mentionnés par le P. Grueber sont parfaitement connus. Le roi de Katmandou *Partasmal* est en réalité Pratâpa Malla ; son frère, le roi de Patan, *Nevagmal* est [Çrî] Nivâsa Malla. Pratâpa Malla était un esprit curieux, féru de poésie ; plus jaloux de la gloire littéraire que de la gloire militaire, il avait pris avec conviction le titre de « Kavîndra » « prince des poètes » ; ambitieux d'immortaliser son nom et ses œuvres, il les fit soigneusement graver sur des pierres dans toute l'étendue de son domaine. Avant le passage des Pères, il avait entendu parler des lointains pays de l'Occident ; une inscription encore encastrée dans la façade du palais de Katmandou, qui porte une prière à la déesse Kâlikâ, montre des spécimens de quinze écritures que Pratâpa Malla se flattait de connaître, entre autres l'écriture *phiringi*, qui vient la dernière, aussitôt après la *kaspiri* (cachemirienne). Le spécimen de l'écriture « phiringi » consiste en ces trois mots :

AVTOM

NE WINTERLHIVERT

« Automne, Winter, L'Hiver. » L'inscription est datée

1. HAMILTON, p. 151. Le P. Horace de Penna mentionne « *Maronga et Nekpal* » comme formant la limite occidentale du royaume de *Bramashon* (Sikkim). *(Brève notice du royaume de Tibet.)* En réalité *Morang* est comme Téraï un terme générique appliqué aux terres basses qui bordent l'Himalaya au Sud ; mais Morang est plutôt en usage dans la partie orientale et Téraï dans la partie centrale. — S'il est difficile de s'expliquer pourquoi le nom de Maranga est attribué dans notre texte au pays de Makwanpur, il est impossible de comprendre comment une confusion a pu se produire entre ce pays et le royaume de *Radoc* (Rutok) évangélisé par d'Andrada. Quel que soit l'auteur responsable de cette confusion, ou Grueber en personne ou Kircher son interprète, elle n'en est pas moins déconcertante.

du vendredi 14 janvier 1654 *(Saṃval 774 māgha çuklă çrī pañcamī çukravāre).* Ces trois simples mots, où l'indigène croit lire une sorte de *Mané Técel Pharès* tracé dans un grimoire mystérieux, évoquent dans leur émouvante naïveté la première entrée en contact de l'Europe avec ce coin d'Himalaya ; et la présence de deux noms français sur un total de trois vocables rappelle comme par un symbole expressif la prépondérance universelle de la langue française au xvii° siècle. Qui donc les avait enseignés à Pratâpa Malla ? Peut-être un des marchands arméniens que mentionne Tavernier, et qui servaient alors de courtiers entre l'Occident et la Haute-Asie.

Le récit du P. Grueber confirme au moins sur un point l'exactitude de la chronique népalaise. La Vamçâvalî rapporte en détail la guerre où les Jésuites se trouvèrent un instant mêlés. Depuis les derniers jours de l'an 1659, Pratâpa Malla et Çrî Nivâsa Malla s'étaient alliés pour repousser les incursions de Jagat Prakâça Malla, roi de Bhatgaon. Suspendues en novembre 1660, les hostilités avaient repris un an plus tard, en novembre 1661, et Jagat Prakâça Malla avait subi revers sur revers. Enfin le 19 janvier 1662 (18 māgha sudi 782), Çrî Nivâsa Malla, qui commandait en effet les forces alliées, prit le bourg de Themi (Timi) à son adversaire ; le 20 janvier, Pratâpa Malla et Çrî Nivâsa Malla retournèrent dans leurs capitales respectives. Le passage des Jésuites a donc précédé, mais de peu de jours, la date du 20 janvier, et la lunette d'approche qu'ils mirent au service des deux rois coalisés hâta peut-être au détriment du prince de Bhatgaon le dénouement de cette campagne. Le « petit roi *Varcam* » est sans aucun doute Jagat Prakâça Malla (prononciation vulgaire : Parkas Mall) ; le changement du *p* en *v,* par l'intermédiaire du *b,* est constant ; l'alternance des formes Népal et Névar en montre un autre exemple. Si le P. Grueber ne parle pas de Bhatgaon, qui

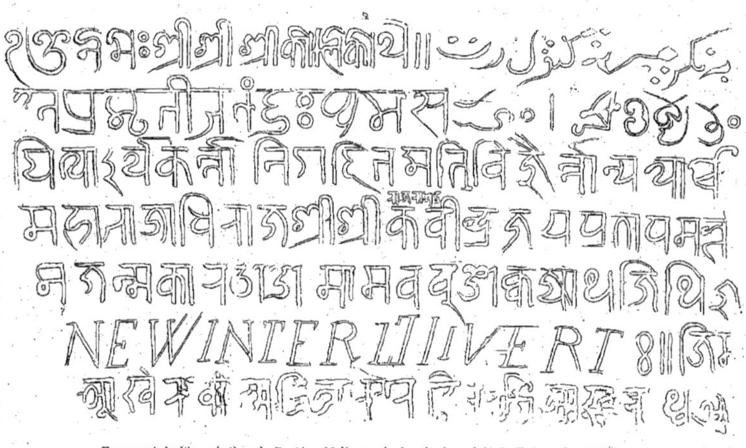

Fragment de l'inscription de Pratâpa Malla sur la façade du palais de Katmandou (1654).

pourtant égalait en importance les deux autres capitales, c'est que la guerre avait obligé les deux voyageurs à éviter le territoire de Jagat Prakâça.

Les résultats du voyage du P. Grueber ne tardèrent pas à s'inscrire sur les cartes géographiques. Nicolas Visscher semble avoir été le premier à les mettre en œuvre dans son *Indiæ Orientalis nec non Insularum adjacentium nova descriptio*, qui fait partie de l'*Atlas Minor sive totius orbis terrarum contracta delineatio, ex conatibus Nic. Visscher. (Amst. Bat. apud Nicolaum Visscher.)* L'Atlas Minor ne porte pas de date. L'éditeur des *Remarkable maps of the XV-XVII*[th] *century* [1], qui reproduit cette carte, prétend qu'elle est extraite du *Novus Atlas* [2] de Janson, daté de 1657-1658. Cette assertion est inacceptable. La carte est manifestement fondée sur les données de Grueber, et ne peut pas être antérieure à l'arrivée de Grueber en Europe; elle date au plus tôt de 1663. Les étapes du P. Grueber s'y échelonnent comme une illustration de son itinéraire; les noms de localités y gardent les particularités de forme qui tiennent à Grueber lui-même; les positions sont déterminées par ses observations. Les erreurs commises accusent encore l'origine de l'emprunt. *Cutlu* (=Kuti), la station entre *Lassa* et *Cadmenda,* doit manifestement son existence à une confusion de lettres fondée sur la graphie de Grueber: *Cuthi. Cadmenda* aussi n'est qu'une modification graphique de *Cadmendu.* Il y a mieux: Visscher, trompé par la notation germanique du P. Grueber, n'a pas reconnu Patna dans la ville de *Battana,* étape intermédiaire entre *Mutgari* (Motihari) et *Bénarès* ; il a porté sur sa carte *Patna* et *Battana* en les séparant même par une longue distance. De plus, obligé d'encadrer les connaissances nouvelles dans

1. Publié par Fréd. Muller, Amsterdam, 1895. Part. III, n° 4.
2. *Novus Atlas, das ist Weltbeschreibung,* 5ᵉ vol. *Grosse Atlas,* 8ᵉ part. *Wasserwelt.* Amsterdam, 1657-1658, fol.

les données traditionnelles de la cartographie antérieure, Visscher a logé le *Necbal* entre le Gange à l'O., et à l'E. un des 5 fleuves par où le lac *Chiamay* épanche ses eaux dans l'*India extra Gangem*. Le pays de *Bengala* le limite au Sud, le pays d'*Udessa*[1] (Orissa) au Nord-Ouest! *Cirote*, situé juste au Sud de *Cadmenda*, entre le *Necbal* et le pays de *Verma* (Birmanie) est le pays des Kirâtas, qui

Le Népal et les pays voisins sur la carte de l'Inde de Nicolas Visscher.

occupent les vallées à l'E. de Katmandu. *Caor*, placé entre *Lassa* et *Cutlu* (Cuthi, Kuti), vient également des géographes antérieurs.

Peu de temps après le voyage de Grueber à travers l'Asie,

1. « *Udezà*, che riconosce per luogo piu celebre *Iekanar* ». Tosi, *Dellè India Orientale descrittione...* Roma, 1669, t. I, p. 45. — *Iekanar* n'est autre que le célèbre temple de Jagannath ; *Udezà*, comme *Udessa*, est la reproduction approximative de *Uḍadeça*. Udessa se trouve ici, comme il arrive fréquemment à la même époque, distingué de l'Orixa, autre désignation du même pays.

le Français Tavernier prenait pour la sixième fois la route
de l'Orient. Joaillier du Grand-Mogol et de ses principaux
officiers, déjà familier avec les langues, les mœurs, le climat de l'Hindoustan, il put atteindre les derniers confins
de l'Inde orientale. Il eut l'heureuse fortune de descendre
le cours du Gange en compagnie d'un autre Français, également illustre, Bernier, qui était depuis cinq ans engagé à
la solde d'Aureng-Zeb en qualité de médecin. Le 13 décembre 1665, ils étaient à Benarès ; le 20, à Patna ; le 4 janvier
1666, à Rajmahal. Au cours de ce long et lent voyage, Tavernier ne négligeait pas de se renseigner sur le pays ; observateur judicieux et commerçant avisé, il arrêtait de préférence son attention sur les questions d'affaires. Il fut ainsi
le premier à recueillir des détails précis et minutieux sur le
commerce entre l'Inde et le Tibet par la voie du Népal. « A
cinq ou six lieues au delà de *Gorrochepour* (Gorakhpur) on
entre sur les terres du Raja de *Nupal* qui vont jusqu'aux
frontières du royaume de *Boutan* (Tibet). Ce prince est vassal du Grand-Mogol et lui envoye tous les ans un éléphant
pour tribut. Il fait sa résidence dans la ville de *Nupal* de
laquelle il prend le nom et il y a fort peu de négoce et d'argent dans son païs qui n'est que bois et de montagnes[1]. »
Les informateurs indigènes de Tavernier n'avaient pas manqué de lui signaler comme une abomination les croyances
religieuses qui distinguaient ces populations montagnardes
des gens de la plaine. « Au delà du Gange, en tirant au
Nord vers les montagnes de *Naugrocot,* il y a deux
ou trois Rajas qui comme leurs peuples ne croyent ni
Dieu ni diablé. Leurs Bramins ont un certain livre qui
contient leur créance et qui n'est rempli que de sottise,
dont l'auteur qui s'appelle *Baudou* ne donne point de

---

1. *Les six Voyages de Jean-Baptiste* Tavernier... A Paris, MDCXCII,
2ᵉ partie, ch. xv.

raison [1]. » Telle est la première notion qui parvint en Europe sur le bouddhisme népalais.

La description tracée par Tavernier du trafic entre l'Inde et le Tibet par le Népal est à la fois si pittoresque, si exacte, et si peu différente des conditions actuelles du même trafic qu'il est utile de la reproduire presque tout entière.

« Le royaume de *Boutan* (Tibet) est de fort grande étendue, mais nous n'avons pu encore en avoir une exacte connaissance. Voicy ce que j'en ay pu apprendre dans plusieurs voyages que j'ay faits aux Indes de quelques gens du païs qui en sortent pour trafiquer ; mais je m'en suis mieux instruit cette dernière fois que je n'avais fait auparavant, m'étant trouvé à *Patna*, la plus grande ville de *Bengala* et la plus fameuse pour le négoce, dans le temps que les marchands de *Boutan* y viennent pour vendre leur musc. Pendant les deux mois que j'y demeuray, je leur en achetay pour vingt-six mille roupies… et n'était les douanes qu'il faut payer des Indes jusqu'en Europe, il y aurait un grand profit sur le musc… Pour ce qui est du musc, pendant les chaleurs le marchand n'y trouve pas son compte parce qu'il devient trop sec et qu'il perd de son poids. Comme cette marchandise paye d'ordinaire vingt-cinq pour cent de douane à *Gorrochepour* (Gorakhpur), dernière ville des estats du Grand-Mogol du côté du royaume de *Boutan*, bien qu'il s'étende encore cinq ou six lieues plus loin, quand les marchands indiens sont en cette ville, ils vont trouver d'abord le douanier et lui disent qu'ils vont au royaume de *Boutan*, l'un pour acheter du musc, l'autre de

____

1. *Ib.*, ch. xiv, fin. — Les monts de *Naugrocot* sont l'Himalaya. Naugrocot, sous la forme moderne : Nagarkot, est un temple et un pèlerinage célèbre du pays de Kangra, qui est situé à l'Ouest de Simla, au Sud-Est du Cachemire. Au xviie siècle, on étend ce nom à toute la chaîne qui sépare l'Inde du Tibet.

la rhubarbe, chacun déclarant la somme qu'il veut employer, ce que le douanier met sur son registre avec le nom du marchand. Alors les marchands au lieu de vingt-cinq pour cent que l'on devrait donner accordent à sept ou huit et prennent un certificat du douanier ou du cadi afin qu'à leur retour on ne leur demande pas davantage. S'il arrive qu'ils ne puissent obtenir du douanier une honneste composition ils prennent un autre chemin qui est véritablement bien long et bien incommode, à cause des montagnes qui sont presque toujours couvertes de neiges, et que dans le païs plat il y a de grands déserts à traverser. Il faut qu'ils aillent jusqu'à la hauteur de soixante degrez, puis qu'ils tournent vers le couchant jusques à *Caboul* qui est au quarantième, et c'est en cette ville-là que la caravane se sépare, une partie allant à *Balch,* et l'autre dans la grande *Tartarie.* C'est où ceux qui viennent de *Boutan* troquent leurs marchandises contre des chevaux, des mulets et des chameaux ; car il y a peu d'argent en ces païs-là. Puis ces Tartares apportent ces marchandises dans la Perse jusqu'à *Ardeuil* et à *Tauris...* Une partie des marchands qui viennent de *Boutan* et de *Caboul* va à *Candahar* et de là à *Ispahan,* et ceux-cy d'ordinaire remportent du corail en grains, de l'ambre jaune et du lapis travaillé en grains quand ils en peuvent trouver. Les autres marchands qui vont du côté de *Multan,* de *Lahor* et d'*Agra* remportent des toiles, de l'indigo et quantité de grains de cornaline et de crystal. Enfin ceux qui retournent par *Gorrochepour* et qui sont d'accord avec le douanier remportent de *Patna* et de *Daca* du corail, de l'ambre jaune, des brasselets d'écaille de tortue et d'autres de coquilles de mer, avec quantité de pièces rondes et carrées de la grandeur de nos pièces de quinze sols qui sont aussi d'écaille de tortue et de ces mêmes coquilles. Comme j'estois à *Patna,* quatre Arméniens qui avaient déjà fait un voyage au Royaume de *Boutan* venaient

de *Dantzic* où ils avaient fait faire quantité de figures
d'ambre jaune qui représentaient toutes sortes d'animaux
et de monstres qu'ils allaient porter au Roy de *Boutan,* qui
de mesme que son peuple est grandement idolâtre, pour
mettre dans ses pagodes. Où les Arméniens trouvent
quelque chose à gagner, ils ne font point de scrupule de
fournir de matière à l'idolâtrie et ils me dirent que s'ils
avaient pu faire l'idole que le Roy leur avait recommandé
ils se seraient enrichis. C'estait faire faire une teste en
forme de monstre qui eût six cornes, quatre oreilles, et
quatre bras avec six doigts à chaque main, le tout d'ambre
jaune, mais qu'ils n'avaient pas trouvé des pièces assez
grosses pour cela[1]. Je crus plutôt que l'argent leur avait
manqué, car il ne paraissait pas qu'ils en eussent beaucoup,
et d'ailleurs c'est un infâme commerce de fournir des
instruments d'idolâtrie à ce pauvre peuple.

« Venons maintenant au chemin qu'il faut tenir pour se
rendre de *Patna* au royaume de *Boutan* à quoy la caravane
employe trois mois. Elle part d'ordinaire de *Patna* sur la
fin de décembre et arrive le huitième jour à *Gorrochepour.*
C'est comme j'ay dit la dernière ville de ce costé-là des
estats du Grand-Mogol, et où les marchands font leurs
provisions pour une partie du voyage. De *Gorrochepour*
jusques au pied des hautes montagnes il y a encore huit
ou neuf journées pendant lesquelles la caravane souffre
beaucoup parce que le païs est plein de forests où il y a
quantité d'éléphants sauvages, et il faut que les marchands
au lieu de se reposer la nuit se tiennent sur leurs gardes
en faisant de grands feux et tirant leurs mousquets pour
épouvanter ces animaux. Comme l'Éléfant marche sans
bruit, il surprend le monde et est auprès de la caravane

---

1. Tout récemment (1902), un joaillier de Paris a fabriqué un objet
de culte destiné au grand-lama du Tibet et fait en corail de Naples. La
pièce a été exposée au Musée Guimet.

avant qu'on s'en soit aperçu. Ce n'est pas qu'il vienne pour faire du mal à l'homme, et il se contente d'emporter les vivres dont il se peut saisir, comme un sac de ris ou de farine, ou un pot de beurre dont il y a toujours grande provision. On peut aller de *Patna* jusqu'au pied de ces montagnes dans les carrosses des Indes ou en *Pallekis* ; mais on se sert ordinairement de bœufs, de chameaux et de chevaux du païs.. Ces chevaux de leur nature sont si petits que quand un homme est dessus il s'en faut de peu que ses pieds n'aillent à terre, mais d'ailleurs ils sont forts et vont tous l'amble, faisant jusqu'à vingt lieues d'une traite et ne mangeant et ne buvant que fort peu. Il y a de ces chevaux qui coûtent jusques à deux cents écus, et quand on entre dans les montagnes, on ne peut plus se servir que de cette seule voiture, et il faut quitter toutes les autres qui y seraient inutiles à cause de quantité de passages qui sont trop étroits. Les chevaux mesmes, quoy que forts et petits, ont souvent de la peine à en sortir, et c'est pour cette raison, comme je diray bien tost, qu'on a ordinairement recours à d'autres expédiens pour traverser ces hautes montagnes.

« [On traverse le « Napal », puis] la caravane estant donc arrivée au pied des hautes montagnes connues aujourd'hui sous le nom de *Naugrocot* et que l'on ne peut passer en moins de neuf ou dix jours, comme elles sont fort hautes et fort étroites avec de grands précipices, quantité de gens descendent de divers lieux, et la plus grande partie est de femmes et de filles qui viennent faire marché avec ceux de la caravane pour porter les hommes, les marchandises et les provisions au delà de ces montagnes. Voicy la manière dont elles s'y prennent. Ces femmes ont un bourlet sur les deux épaules, auquel est attaché un gros coussin pendant sur le dos sur lequel l'homme est assis. Elles sont trois femmes qui se relayent pour porter un homme tour à

tour, et pour ce qui est du bagage et des provisions on les
charge sur des boucs qui portent jusqu'à cent cinquante
livres. Ceux qui veulent mener des chevaux dans ces montagnes sont souvent obligés dans des passages étroits et
dangereux de les faire guinder avec des cordes ; c'est
comme j'ay dit pour cette difficulté qu'on ne se sert mesme
guère de chevaux dans ce païs-là. On ne leur donne à
manger que le matin et le soir. Le matin on prend une
livre de farine avec demi-livre de sucre noir et demi-livre
de beurre, et on pétrit tout cela ensemble avec de l'eau
pour le donner au cheval. Le soir, il faut qu'il se contente
d'un peu de poids cornus cassez et trempez demi-heure
dans l'eau ; et voilà en quoy consiste toute leur nourriture
en vingt-quatre heures. Ces femmes qui portent les hommes
ne gagnent chacune que deux roupies en ces dix jours de
traverse, et l'on en paye autant pour chaque quintal que
portent les boucs ou les chèvres et pour chaque cheval
que l'on veut faire mener.

« Après qu'on a passé ces montagnes on a pour voitures jusques à *Boutan* des bœufs, des chameaux et des
chevaux, et mesme des *Pallekis* pour ceux qui veulent
aller plus à leur aise. »

On ne sait en vérité ce qu'il convient d'admirer le plus
dans cette longue notice, de l'art et de l'adresse de Tavernier à s'enquérir, de l'exactitude et de la précision de ses
informations, et de sa fidélité scrupuleuse à reproduire les
informations obtenues. La véracité parfois contestée du
grand voyageur français sort triomphante de cette épreuve.

Le commerce français ne sut pas profiter des routes que
Tavernier lui avait en partie frayées, en partie indiquées
vers l'Extrême-Orient et l'Asie centrale. Les missionnaires
du Christ, plus entreprenants, et mieux dirigés, ne per-
dirent point de vue les régions ouvertes à la foi par le zèle
du P. d'Andrada, et que le voyage du P. Grueber avait

rendues plus aisément accessibles. Le Tibet, avec ses dépendances, n'offrait pas seulement un nouveau domaine à l'activité des missions. Les notions acquises sur la religion des lamas, et qui se précisaient sans cesse par les recherches des Jésuites de Chine, représentaient le Lama de Lhasa comme une figure de l'Antéchrist; la ressemblance des rites, des pratiques, des offices s'expliquait comme une contrefaçon de l'Église catholique inspirée par le démon même. Chacun des ordres aspirait à l'honneur de remporter sur Satan une victoire difficile; c'est aux Capucins qu'échut cette lourde charge.

En 1703 la Congrégation de la Propagande confia le Tibet aux Capucins. Sur les six religieux qui furent expédiés, deux seulement atteignirent le but: le P. Joseph d'Ascoli et le P. François Marie de Tours[1]. Ils débarquèrent à Chandernagor en juin 1707 et s'acheminèrent vers Lhasa. Les circonstances étaient particulièrement défavorables; le Tibet était travaillé par des luttes intestines, des rivalités

---

1. A défaut d'indication spéciale, les renseignements sur la mission des Capucins au Tibet sont empruntés à l'ouvrage suivant: *Missio Apostolica thibetano-seraphica, das ist Neue durch Päbstlichen Gewalt in dem Grossen Thibetanischen Reich von denen P. P. Capucinern aufgerichtete Mission und über solche von R. P. Francisco Horatio della Penna præfecto missionis der heil. Congregation de Propaganda Fide anno 1738 beschehene Vorstellung von Rev^{mo} et Illust^{mo} D. P. Philippo de Montibus damahligen S. Congregat. Secretario in Rom zum offentlichen Druck beforderet... aus dem Welschen in das Teutsche und dise Geschichts-Form übersetzt.* München, 1740. — Je dois la communication de ce volume très rare à l'obligeance amicale de M. Cordier, professeur à l'École des Langues Orientales. — Le texte allemand est la traduction d'un original italien qui a pour titre: *Alla sagra Congregazione de Propaganda Fide, deputata sopra la missione del Gran Thibet, rapprezentanza de' Padri Capuccini missionari, dello stato presente della medesima e de' provedimenti per mantenerla ed accrescerla,* 1738, gr. in-4, s. l. ni nom d'imprimeur ni d'éditeur. — Mon ami, M. Félix Mathieu, a bien voulu examiner pour moi l'exemplaire de cet ouvrage qui se trouve à Grenoble, Bibl. de la ville, G 1491 (Catal., 2e vol., n° 20438) et constater l'accord des deux rédactions sur les points qui m'intéressent.

religieuses et des compétitions politiques. Un régent ambitieux, installé à côté du Grand-Lama, avait confisqué le pouvoir ; menacé par les empereurs mandchous et par les chefs des hordes mongoles, qui tous entendaient mettre au service de leurs intérêts particuliers la puissance spirituelle du Grand-Lama, il les avait tous subtilement joués, et longtemps il avait réussi à lancer ses adversaires les uns sur les autres. Cependant, en 1706, La-tsan Khan, chef de la horde mongole des Khoskhotes, s'empara par une attaque soudaine de Lhasa, tua l'usurpateur, et fit élire un nouveau Grand-Lama pour remplacer celui que le régent avait imposé et qu'il refusait de reconnaître. Mais le protégé du vainqueur se heurta aux résistances d'une partie de l'Église ; le Lama dépossédé vit se grouper autour de lui les adversaires des Khoskhotes, et des Chinois leurs alliés. Le pays fut bouleversé ; à Lhasa, la vie était si précaire que les deux Capucins durent quitter la ville, où les vivres manquaient, et retourner dans l'Inde. Ils passèrent à Patna, et de là au Bengale. Isolés, réduits à l'impuissance, ils adressèrent à Rome un appel de secours, en 1712. La Propagande décida d'affecter douze religieux à la mission tibétaine, avec une allocation annuelle de 1 000 écus, et de leur attribuer cinq paroisses : « *Chandernagor* au Bengale, *Pathna* en Béhar, *Nekpal*, capitale du royaume ainsi nommé, *Lhasa*, et *Trogn-gne* en Tak-po. » Chaque paroisse recevait deux capucins, sauf Lhasa qui en recevait quatre. Les prêtres désignés pour prêcher l'Évangile « à *Katmandù*, dans le royaume de Nekpal », étaient le P. François Félix de Moro et le P. Antoine Marie de Jesi. Des six Pères destinés au Tibet, un, le P. Grégoire de Pedona, mourut en chemin à Katmandou. Les cinq autres étaient : le P. Dominique de Fano, préfet de la mission ; le P. Joseph d'Ascoli, le P. François Marie de Tours, le P. François Horace de Penna, le P. Jean François de Fossenbrun.

Les Capucins, à peine installés, eurent à lutter contre des rivaux [1]. Deux Jésuites, le P. Desideri et le P. Freyre, gagnaient Lhasa en 1715-1716 par le Ladakh et la passe de Mariam-la. La pieuse émulation des deux ordres ne profita guère à la foi. Jésuites et Capucins se targuent à l'envi d'être accueillis en amis et se promettent à brève échéance de splendides triomphes ; en fait leur zèle se brisait devant l'indifférence rieuse des Tibétains. Après de longs et rudes efforts, ils n'avaient converti qu'un petit nombre de Népalais, établis à Lhasa pour y faire le commerce [2]. Les Capucins s'en prirent aux Jésuites de leur échec, réclamèrent à Rome. Les Jésuites, à la suite des affaires de Chine, étaient alors mal en cour. Desideri reçut en 1721 un ordre de rappel. Il prit pour redescendre dans l'Inde le chemin du Népal, que les Capucins lui avaient enseigné, passa par Katmandou et Bhatgaon, visita longuement l'Inde et rentra dans sa patrie en 1727 [3]. Débarrassés de leurs concurrents, les Capucins n'en continuèrent pas moins à végéter misérablement ; le pouvoir temporel leur refusait même le

1. Plusieurs des dates que j'indique diffèrent de celles que donne M. MARKHAM dans l'excellente introduction de son volume sur le *Tibet*. D'après M. Markham, Desideri serait resté à Lhasa jusqu'en 1729. C'est certainement une erreur, car l'extrait de son journal, cité par M. de Gubernatis (*Gli Scritti del Padre* MARCO DELLA TOMBA, p. XVIII, note) marque qu'il partit de Katmandou, en revenant du Tibet pour rentrer définitivement dans l'Inde, le 14 janvier 1722, ce qui concorde bien avec toutes les autres données (V. Carlo Puini, dans *Bolletino italiano degli studi orientali*, 1876, p. 33). — D'autre part, M. Markham place l'arrivée du P. Horace de Penna et de ses compagnons à Lhasa en 1719, par la voie du Népal. J'ignore d'où cette date est tirée ; mais je constate que l'épitaphe d'Horace de Penna porte qu'il mourut en 1747, « après 33 ans de séjour en ces contrées » ; ce qui fixe son arrivée à 1714. De même la *Missio Apostolica...* mentionne le retour du même Père à Rome en 1738, après vingt-quatre ans de pratique apostolique, ce qui ramène au même point de départ : 1714. Enfin d'après le même ouvrage, l'hospice de Katmandou avait été fondé par les Capucins en 1715.

2. *Missio Apostolica...*, II, p. 49 et aussi p. 172.

3. Sur le voyage de Desideri, v. PUINI, *Rivista Geografica Italiana*, décembre 1900.

prestige de la persécution. En 1716 le « roi du Tibet Ginghir Khagn le Tartare [1] » avait rendu un édit qui les exemptait de taxes. En 1725, après la défaite des Dzoungares qui avaient renversé « Ginghir Khagn », le nouveau roi installé par la Chine triomphante, « Telcihin Bathur », confirma ce privilège. En 1732, le P. Horace de Penna, qui descendait au Népal, se vit octroyer un passeport qui prescrivait « à tous Gabeliers de n'exiger aucun impôt du Lama Européen qui était venu à Lassa, capitale du riche royaume de Tibet, pour aider et pour faire du bien à tous [2] ». Mais leur succès s'arrêtait à ces politesses officielles d'une valeur banale.

La succursale népalaise de la mission du Tibet avait eu une existence un peu plus agitée, un peu moins terne aussi. En 1715 les Capucins avaient fondé un hospice à Katman-

1. Ginghir Khagn (Gengis Khan) n'est autre que Latsan Khan, chef des Khoskhotes, mentionné plus haut. — V. KOEPPEN, *Die Religion des Buddha*, II, 190, n. 1. — Telcihin Bathur (Teldjin Bagathur) était un ancien ministre de ce prince. Cf. KOEPPEN, II, 196, n. 3.

2. Le passeport tout entier est publié dans : *Relazione del principio e stato presente della missione del vasto Regno del Tibet ed altri due Regni confinanti, raccommandata alla Vigilanza e Zelo de Padri Capuccini, della Provincia della Marca nello Stato della Chiesa. — In Roma, nella Stamperia di Antonio de Rossi*, 1742, 12 pages petit in-4. — Je n'ai pas vu l'ouvrage original ; mes citations sont empruntées à la traduction presque intégrale insérée dans *Nouvelle Bibliothèque ou Histoire littéraire des principaux écrits qui se publient*. T. XIV, janvier-février-mars MDCCXLIII, à la Haye, chez Pierre Gosse, p. 46-97. — La plaquette, publiée par les soins de la Propagande, à l'aide des informations fournies par le P. Horace de Penna, avait pour objet, comme la *Missio Apostolica* citée plus haut, d'attirer des souscriptions à la mission du Tibet. Le P. CASSIEN (*Relazione inedita*, Riv. Geogr. Ital., IX, 112) montre bien à quoi se réduisaient dans la pratique ces privilèges si facilement octroyés. Le roi du Tibet avait donné à la petite troupe des Pères qui se rendait à Lhasa une réquisition qui les autorisait à s'approvisionner de combustible et de fourrage partout et chez tous, exempts ou non exempts, privilégiés ou non privilégiés. Mais, dans presque toutes les localités qu'ils traversèrent, les Pères trouvèrent les chefs nantis de documents également authentiques et formels qui les dispensaient expressément de toute obligation à l'égard des réquisitions ; si bien que de Kuti à Lhasa les Pères ne furent approvisionnés que six ou sept fois.

dou ; mais « l'effroyable persécution soulevée par les Brahmanes » les contraignit à fuir pour chercher ailleurs un asile. Ils mirent à profit la rivalité constante entre les rois de Katmandou et ceux de Bhatgaon. Bhûpatîndra Malla, qui régnait alors à Bhatgaon, les accueillit avec bienveillance ; en 1722, les missionnaires substituèrent officiellement Bhatgaon à Katmandou comme siège de la succursale du Népal ; mais ils ne renoncèrent pas définitivement à leur premier poste. Le P. Horace de Penna, appelé de Lhasa au Népal avec le titre de « Préfet de la mission », réussit à force d'adresse et d'énergie à reprendre possession de la place. Arrêté, mis en prison, réduit comme tous les prisonniers à la condition d'esclave royal et astreint aux plus dures besognes, il sut faire parvenir au roi de Katmandou un catéchisme en langue névare qu'il avait sans doute composé lui-même, car il possédait à la fois le tibétain et le névari. La lecture de l'opuscule dissipa les préventions du roi ; il autorisa les Capucins à s'établir dans sa capitale et à y prêcher.

La mort réduisait le nombre des Pères. En 1727, il n'en restait plus que neuf ; trois autres succombèrent peu de temps après, suivis d'un autre encore. La mission ne comptait plus au total que cinq Capucins usés et vieillis. En 1731 le P. Joachim de Santa Natoglia (de Lhasa), le P. Horace de Penna, « Préfet de la mission du Nekpal (de Battgao) », et le P. Pierre de Serra Petrona (de Chandernagor), expédièrent une supplique à Rome pour demander du renfort. En 1735, la Propagande autorisa un nouvel envoi de missionnaires, mais au nombre de trois seulement. Le P. Vito de Recanati fut désigné pour en être le supérieur. Les pauvres Capucins de l'Himalaya durent éprouver une déception à se voir si pauvrement secourus. Le P. Horace de Penna, qui comptait 24 ans de séjour continu dans ces régions, s'embarqua pour l'Europe, et arriva à

Rome en 1738. Il multiplia ses efforts pour intéresser les bonnes âmes à la mission du Tibet, inspira plusieurs publications de propagande, et rédigea nombre de notes qui servirent plus tard à la compilation de l'*Alphabetum Tibetanum*. Puis il s'en alla courageusement, à soixante ans passés, rejoindre son poste de combat[1].

La mission, grâce à l'impulsion qu'il lui avait donnée, n'avait pas souffert de son absence. Le P. de Recanati avait obtenu du roi de Bhatgaon, Raṇajita Malla, les mêmes faveurs que ses devanciers[2]. « Se trouvant avec deux de ses compagnons à Népal, la capitale, la doctrine qu'ils y prêchèrent touchant notre sainte Loi plut si fort au monarque qu'après leur avoir accordé, par instrument public, pour leur habitation un grand Palais qu'il avait confisqué sur un de ses Grands, il leur octroya encore pour la liberté de conscience un privilège qu'il fit publier dans son Royaume et que le Père Supérieur fit remettre au Père Procureur Général de son ordre. La traduction en est ainsi conçue :

« Nous Zaervanegitta Malla, Roi de Batgao dans Népal, accordons en vertu de ces présentes à tous les Pères Européens de pouvoir prêcher, enseigner et attirer à leur Reli-

---

1. Il ramenait avec lui une escouade de nouveaux missionnaires : P. Cassiano da Macerata, P. Floriano da Jesi, P. Innocenzo d'Ascoli, P. Tranquillo d'Apecchio, P. Daniele da Morciano, P. Giuseppe Maria de' Bernini da Gargnano, P. Paolo di Firenze. Partis en mars 1739 de Lorient, ils arrivèrent à Pondichéry en août, à Chandernagor le 27 septembre, à Patna en deux groupes le 8 et le 16 décembre, à Bhatgaon le 6 février 1740. Le P. Horace dut y attendre les passeports tibétains jusqu'au 4 octobre ; il se mit alors en route et entra à Lhasa le 6 janvier 1741 (*Memorie Istoriche*, p. 3-16).

2. A en croire le P. CASSIEN (*Memorie Istoriche*, p. 16) le roi de « Batgao » avait envoyé un de ses parents à la maison de Patna pour demander des Capucins. Le P. Joachim da Santa Natoglia et le P. Vito da Recanato étaient venus à son appel, et avaient « rouvert l'hospice abandonné depuis plusieurs années », en 1739. En 1740, il autorisa les Pères à dresser sur la façade de leur maison une croix en fer. Les Pères de la maison étaient alors Vito da Recanati et Innocenzo d'Ascoli, avec le F. Liborio da Fermo.

gion les peuples qui nous sont soumis, et femmes sembla-
blement. Nous permettons à nos sujets de pouvoir embrasser
la Loi des Pères Européens sans crainte d'être molestés
ni par nous ni par ceux qui ont quelque autorité dans notre
Royaume. Les Pères ne recevront de ma part aucun dégoût
et ne seront point empêchés dans leur ministère. Cependant tout ceci doit se faire sans violence et d'une pure et
libre volonté. Il est ainsi. Casinat, le Docteur, a été l'Écrivain. Grisnanfrangh, gouverneur général, le confirme. Biso-
rage, grand prêtre, le confirme et l'approuve. Donné à
Népal l'an 861 au mois de Margsies. Bon jour. Salut[1]. »

L'occasion s'offrit même au P. de Recanati de fonder
en dehors du Népal une succursale nouvelle. Le raja de
Bettia qui possédait un petit domaine au débouché des
montagnes, sur la route de l'Hindoustan, sollicita l'établissement d'une mission par une lettre « donnée à Battia,
l'an 184, au mois de Busadabi[2] ». Cette lettre, l'édit de
Raṇajita Malla, et d'autres pièces analogues, « furent
envoyées au Procureur Général afin que, comme il le fit,
il les rendît au Pape qui en reçut une grande consolation
et remit tous ces paquets à la Sacrée Congrégation de la
Propagande. S. S. a décidé d'envoyer à ses frais propres
quelques religieux. Elle a écrit au roi de Battia un très beau
bref..., et il lui a aussi paru convenable d'écrire un autre
bref au roi de Batgao en Népal pour le remercier du Privilège rapporté ci-dessus et pour lui adresser la même
exhortation [qu'au roi de Battia][3] ».

1. Le mois de Margsies, c'est-à-dire Mârgaçîrṣa de l'an 861 (écoulé,
selon l'usage) correspond à peu près à novembre 1740. Le nom du roi,
Zaervanegitta Malla, transcrit assez fidèlement Jaya Raṇajita Malla. —
J'ai emprunté ce document et la citation qui le précède à la *Relazione
del principio e stato presente*.

2. La date de 184 se rapporte clairement à l'une des deux ères
fondées par Akbar et qui partent de son avènement, ère Fazli ou ère
Ilâhi. L'une et l'autre donnent comme équivalent 1740-1741 A.-D.

3. *Relazione del principio...*, etc.

La mission de Battia fut, en effet, fondée en 1743 et confiée
au P. Joseph Marie di Bernini da Garignano, qui la dirigea
jusqu'à sa mort, en 1761[1]. La nouvelle mission allait
bientôt servir de refuge à ses aînées. En 1745[2] les Chinois

1. Les faits qui en amenèrent la fondation sont racontés en détail par
le P. Marco della Tomba. V. *Gli Scritti del Padre* MARCO DELLA TOMBA,
*missionario nelle Indie Orientali, raccolti ordinati ed illustrati
sopra gli autografi del Museo Borgiano da Angelo* DE GUBERNATIS.
Firenze, 1878, p. 14 sqq. — Sur le chef de la mission, v. l'ouvrage du
P. Cassien que j'ai déjà cité sous le titre abrégé de *Memorie istoriche.*
Le titre plein est : *Memorie istoriche delle Virtù, Viaggj, e fatiche
del P. Giuseppe Maria de' Bernini da Gargnano, Cappuccino della
provincia di Brescia e Vice-prefetto delle missioni del Thibet,
scritte ad un amico dal* P. CASSIANO DA MACERATA, *stato suo compagno
e data alla luce con una Prefazione... del P. Silvio da Brescia del
medesimo ordine. In Verona,* MDCCLXVII, xxxi et 277 pages. C'est
également à l'extrême obligeance de M. Cordier que je dois la communication de cet ouvrage si difficile à trouver. — Le P. Giuseppe-Maria
da Gargnano était arrivé dans l'Inde avec le P. Cassien en 1739. Il résida
six mois au Népal, au cours de l'année 1745, en descendant du Tibet,
mais sans apprendre la langue indigène. Il mourut à Bettia le 17 janvier 1761. C'est le P. Marco della Tomba qui lui ferma les yeux. Le P.
da Gargnano avait désiré traduire les quatre « *Bed* » (Védas), mais il ne
put se les procurer. Il traduisit donc l'*Adi admâ Ramahen* (Adhyâtma
Râmâyana), le Lhalecc (? qui décrit la huitième incarnation de Visenù) ;
le Visenù Purana (Viṣṇu Purâṇa), et le Ghian Sagher (Jñâna Sâgara).
2. Le P. CASSIEN *(Relazione inedita)* donne des dates précises : le
13 août 1742, en présence des mauvaises dispositions du roi du Tibet, le
Préfet de la mission se décide à renvoyer quelques Pères ; trois missionnaires, avec le P. Cassien, retournèrent au Népal. De nouvelles exigences obligèrent le reste de la mission à quitter Lhasa le 20 avril 1745 ;
les voyageurs atteignirent Patan le 4 juin 1745. Le P. Cassien répète les
mêmes dates dans ses *Memorie Istoriche*, p. 43. — Marco DELLA TOMBA
donne une date très légèrement différente : « Prima avevamo un ospizio
aperto in Lassa, dopo il 1744 non l'abbiamo piu. Nell' anno dunque
sopradetto il Re del Gran Tibet, vicino alla sua morte, volle rimettere
la corona al primo de' suoi figli, etc. » En dehors de la date, tous les
détails rapportés par della Tomba sont parfaitement exacts. Le roi dont
il s'agit est P'o-lo-nai, nommé aussi Mi-Wang, qui mourut en 1746, et
qui eut en effet pour héritier son second fils à défaut de l'aîné qui s'était
récusé comme le raconte della Tomba. D'après M. Markham (*loc. laud.*,
p. LXVI) les Capucins furent expulsés de Lhasa, « in about 1760 ». Cependant la *Relation de* BOGLE, éditée par M. MARKHAM lui-même, rapporte
que le Teshu Lama, dans une conversation avec Bogle en avril 1775 :
« told that the missionaries were expelled Tibet about forty years ago,
ou account of some disputes with the fakirs. » (p. 167). Il est vrai que

installés en maîtres à Lhasa après avoir écrasé le soulève-
ment de 1736 inauguraient leur politique d'exclusion
systématique à l'égard de tous les étrangers. Les missionnaires durent se retirer au Népal, et la route de Lhasa à
Katmandou par Kuti vit passer pour la dernière fois des
Européens. Les voyageurs de cette triste caravane étaient
le P. Horace, préfet de la mission, le P. Tranquillo
d'Apecchio [1], le P. da Gargnano (qui avait temporairement
quitté Bettia), et le F. Paolo de Florence [2]. On ne permit
pas même aux malheureux Pères d'emmener avec eux les
indigènes qu'ils avaient convertis. Aussitôt après leur
départ, leur maison fut démolie de fond en comble. Le
vénérable P. Horace de Penna, qui était depuis tant d'années l'âme de la mission tibétaine, vécut assez pour assister
à l'avortement douloureux de ses pieux et patients efforts.
Sorti de Lhasa malade et déjà moribond, transporté à dos
d'homme, et souvent par ses compagnons mêmes, au travers
des montagnes, il arriva le 4 juin au Népal, et quarante-cinq
jours après [3], il expira à Patan, le 20 juillet 1745, à l'âge de

les Capucins durent tenter plus d'un effort pour rentrer au Tibet. Georgi
(p. 441) semble l'impliquer clairement : « Kal. novembris 1754, quo
anno Lhasam adibant Pater Cassianus aliique missionarii ex ordine
Capuccinorum... »

1. Le P. Tranquillo avait rédigé un itinéraire du Népal et du Tibet que
Marco della Tomba a utilisé (« P. Tranquillo che molto a percorse quelle
parti da Nepal al Tibet... », p. 55). Après son expulsion de Lhasa, il resta
dix-huit ans au Népal, et ne quitta ce pays qu'en 1763 pour rentrer en
Europe (Marco DELLA TOMBA, p. 19).

2. *Memorie Istoriche,* p. 46.

3. L'inscription latine publiée par GEORGI et que je reproduis à la
page 107 indique comme date de la mort du P. Horace : XX Julii
MDCCXLVII. Le névari d'autre part porte : Samvat 865 āṣā 8 badi 6 agāṃ,
mots qui sont traduits ainsi dans GEORGI : « Anno a solutis debitis 865,
Cycl. (Aacha) 8 Lun. deficient. 6 novembr. (quo die Balgobinda scripsit). »
Les derniers mots entre parenthèses sont une annotation destinée à faire
disparaître la contradiction évidente des dates indiquées de part et
d'autre. Mais la date exprimée en comput indigène me semble inintelli-
gible aussi bien dans le texte que dans la traduction de Georgi. Il ne me
paraît pas douteux qu'il faut lire dans le texte même : aṣāḍha. badi 6. au

65 ans. Il fut enterré dans le cimetière chrétien, qui était

A R. P. FRANCISCVS HORATIVS A PINNA BILLORVM
PICENÆ PROVINCIÆ CAPVCCINORVM ALVMNVS
MDCLXXX. NATVS
INFIDELIVM CONVERSIONES OPTANS
A S. C. D. P. F. AD TIBETI MISSIONES MISSVS
XXXIII. AN. INTER INFIDELES VERSATVS
XX. EISDEM MISSIONIBVS PRÆFVIT
TANDEM
SENIO AC MORBO CONFECTVS ET MERITIS CVMVLATVS
LXV. AN. AGENS SECESSIT E VIVIS
XX. JVLII MDCCXLVII.
SVPERSTITES MISSIONARII
M. H. P.
A. M. D. G.

Sambat 865. Akhà 8. badi 6. Agan

Balkunha Padri Phrancefco Voracio

Dajamhan Phringhi

Tuoà bart kahnufa fuja fuoàdatò 33. fabjamhan

Parmefuor ja Marg bakhalha

danli Helà Des fcità.

Épitaphe du P. Horace de Penna (d'après l'*Alphabetum Tibetanum*).

situé en dehors des murs de la ville, au Nord, et qui a com-

lieu de ᶠaṣa̍8. La lettre dha a pu très facilement être prise pour le chiffre 8 qui lui ressemble beaucoup dans l'écriture devanâgarî du Népal. La date doit alors être traduite : An 865, mois aṣâdha, 6e tithi de la quin-

plètement disparu sans laisser même un souvenir local. Les Pères de la Mission firent graver sur sa tombe une double épitaphe, en latin et en névare ; le brahmane Bâlagovinda, qui était attaché à la mission comme professeur de langue indigène, rédigea l'inscription névari. L'*Alphabetum Tibetanum* reproduit une copie de ce double texte, digne de figurer au premier rang des curiosités du Corpus népalais.

Malgré leur prédilection pour Patan, les Pères n'y avaient pas encore obtenu le droit de propriété quand le P. Horace y mourut. A Katmandou [1], ils occupaient depuis 1742 « un beau jardin et un immeuble grand comme quatre maisons moyennes, avec une cour centrale ». La charte de concession rédigée en névari, mais toute farcie de sanscrit, vaut d'être reproduite ici pour son intérêt particulier et

---

zaine noire. Or le mois d'âṣâḍha répond en gros à juillet. L'indication du mois concorde bien de part et d'autre. Mais Samvat 865 du Népal ne peut pas correspondre à l'an MDCCXLVII ; il y a là une contradiction formelle ; 865 écoulé (les années, en ère népalaise, étant régulièrement comptées comme telles) répond à l'année comprise entre octobre 1744 et octobre 1745 ; âṣâḍha 865 répond, en gros, à juillet 1745. L'erreur, *a priori*, semble plutôt imputable au texte latin qu'au texte névari, car le copiste était plus apte à modifier les signes qui lui étaient le plus familiers ; mais nous pouvons atteindre ici mieux qu'une probabilité. Le texte latin dit formellement que le P. Horace était né en 1680 (MDCLXXX natus) et qu'il mourut dans le cours de sa 65e année (LXV an. agens) ; 65 ans ajoutés à 1680 font 1745 de J.-C. Il n'est donc pas douteux qu'il faut lire MDCCXLV au lieu de MDCCXLVII. — Au reste le P. Cassien *(Relazione inedita* et *Memorie Istoriche)* donne comme date le 20 juillet 1745. Cependant cette date du 20 juillet soulève elle aussi une difficulté ; en 1745, le 20 juillet correspond à samedi, 3e tithi de la quinzaine claire du mois de çrâvaṇa, tandis que le 6 âṣâḍha badi répond au 8 juillet.

1. D'après le récit du P. Cassien *(Memorie Istoriche,* p. 20), le roi de Katmandou avait sollicité l'établissement d'un « hospice » quand le P. Joachim da Santa Natoglia avait traversé la ville en descendant de Lhasa pour porter au Saint-Père une réponse du roi et du Grand-Lama. « Le P. Joachim n'osa pas refuser, par crainte d'exposer à des périls certains les missionnaires du Tibet, car les Pères de la mission devaient passer par le Népal, comme aussi le vin nécessaire à la messe, et bien d'autres choses indispensables. Il assigna donc cet hospice au P. Innocent d'Ascoli ; et le roi du pays donna aux Pères une maison, un puits, et un jardin, et il fit graver sa donation sur cuivre pour la rendre irrévocable. »

aussi comme un excellent spécimen de la précision méti-
culeuse réalisée par les arpenteurs népalais :

« Salut ! Le roi Jaya Prakâça Malla — sa tête est poussié-
reuse du pollen des lotus qui sont les pieds du divin Paçupati ; la sainte Mâneçvarî, sa divinité favorite, lui a octroyé
la faveur de ses grâces qui portent au plus haut point de
splendeur sa dignité ; il descend de la race de Râma ; il est
le grain de beauté de la dynastie solaire ; il porte Hanumat
comme étendard ; il est souverain du Népal, roi suzerain
des grands rois, empereur et triomphateur — consent à
assigner pour l'établissement des Pâdris Kâpŭčinis (Capucins) un beau jardin situé dans le Çromtu Tol, à Sithali,
dans un endroit inoccupé, et de plus une maison quadrangulaire à deux étages. Les limites du terrain sont Ouest de
la maison de Jaya Dharma Simha, Sud des maisons de
Dhumju et de Çûryadhana et de Pûrneçvara, Est et Nord
du grand chemin. Et voici l'étendue du terrain assigné :
pour la maison elle-même, la mesure fixée pour quatre
maisons plus 16 coudées 7 doigts en largeur, et pour la
cour à l'intérieur de la maison, trois quarts du terrain régulier d'une maison, plus 12 coudées et demie, sans compter
un chemin d'accès, privé, qui mesure les trois quarts d'un
terrain de maison en superficie, plus 22 coudées. Pour le
jardin, la superficie allouée équivaut à celle de 13 maisons
trois quarts, plus 3 coudées et 4 doigts de largeur. Telles
sont les limites. Était témoin Râjya Prakâça Malla Deva,
l'an 862, mois mârgaçira, quinzaine claire, 10ᵉ jour. »

C'est seulement douze ans plus tard, en 1754, que les
Pères purent obtenir la même faveur à Patan, sous le règne
éphémère du malheureux Râjya Prakâça Malla, qui avait
justement servi de témoin dans l'acte précédent. Par une
charte datée de l'an 874, au mois de čaitra, rédigée par
l'astrologue Koṭirâja, avec Čandra çekhara Malla Thâkura
comme témoin, le roi Râjya Prakâça (aux mêmes titres que

ci-dessus) « donne pour l'établissement des Pâdris Kâpŭčinis un beau jardin situé dans un terrain libre en dehors
et au-dessus de la fontaine de Tânigra Tol, et aussi une
maison quadrangulaire de quatre étages. Les limites sont :
Ouest de la Route du char (de Matsyendra Nâtha), Nord
du chemin de Tava Bahâl, Est du terrain du Kâyastha
Kačiṃgla, Sud de la maison et du terrain d'Amvarasiṃ
Bâbû. En tout, pour la maison, la superficie régulière de
6 maisons plus 38 coudées carrées, et pour le jardin la
superficie de 14 maisons plus 21 coudées[1] ».

1. C'est Hodgson qui a découvert ces deux chartes chez le Dr Hart-
mann, évêque catholique de Patna, et qui les a publiées dans le
Journ. of the Bengal As. Soc. XVII, 1848, p. 228. Comme ce volume
est assez difficile à trouver, on me saura peut-être gré de reproduire ici
le texte des deux chartes, tel qu'il est donné par Hodgson.

I. — Svasti çrīmat Paçupati caraṇa kamala dhūli dhūsarita çiroruha çrīman
Māneçvarīṣṭadevatāvara labdhaprasāda dedivyamāna mānonnata çrī Raghu vaṃ-
çāvatāra ravikulatilaka Hanumaddhvaja Nepāleçvara mahārājādhirājarājendra
sakalarājacakrādhīçvaranijéṣṭadevadeveçvarīkṛpākaṭākṣabalitavikramopārjita pā-
lanakarasamudbhūta gajendrapati çrī çrī çrī jaya Jaya Prakāça Malla deva parama
bhaṭṭārakānāṃ samaravijayināṃ pramūthākulasana vanarayata sacodaṃ Pādri
kāpūcini ākrāktatrocibane nāma prasādīkṛtaṃ çroṃtuṭolasithalilanattājābagṛha-
nāma saṃjñakaṃ Jayadharma siṃhayāgahanapaçcimataḥ Dhuṃju Çūryadhana
Pūrṇeçvarathva patisyahnasyāgṛhana dakṣiṇataḥ mārganṛ pūrva uttarataḥ
eteṣāṃ madhye thvatecātrāghātanadusaptāṃgulisārdhaṣodaçahastādhika catuḥ
khāparimitaṃ cūkāpātāla sārdhadvādaçahastādhikatripādaparamita lavopātāla
dvāviṃçati hastādhika tripādaparimita puṣpavāṭikā caturaṃguli trihastatripādā-
dhika trayodaçakhāparimitaṃ aṃkato vicchakā 4 ku 16 aṃgula 7 cūkapātāla
cūla 3 ku 12 lavopātāla cūla 3 ku 22 kavakhā 13 cūla 3 ku 3 aṃgu 4 tuthiso-
vogulo || prattaita çrī çrī navakasīsaprasannajuyā tatra patrārthe dṛṣṭasākṣi çrī çrī
Rājya Prakāça Malla Deva Saṃvat 862 mārgaçīra çudī 10 çubham | .
II. — Svasti (Protocole comme ci-dessus jusqu'à) Hanumaddhvaja Nepāleçvara sakala rājacakrādhīçvara mahārājādhirāja çrī çrī jaya Rāja Prakāça Malla
Deva paramabhaṭṭārakānāṃ sadā samara vijayināṃ | pramūthakurasana bana-
rayata sacodaṃ Pādri kāpūcini çvākrākvaṃgre gochibane nāmne prasādīkṛtaṃ
Tānigraṭola īti phusacākalaṃcautājāvagṛhasaṃjñakaṃ rathamārgana paçcimataḥ
tabavāhāra one mārgana uttarataḥ kaciṃgla kāyaṣṭyayā bhūmyā pūrvataḥ
amvarasiṃ vāvuyā gṛhabhūmyā dakṣiṇataḥ eteṣāṃ madhye thvate cātrā ghā-
tana du astatriṃsahastādhika ṣaṣṭhikhāparimitaṃ puṣpavāṭikā ekaviṃçati has-
tādhikacaturdaçakhāparimitam | aṃkato pi chekhāṣu 6 kusuyacmā 38 keva-
khāçlaram api 14 kunīyāche 21 bate yulo | pratītaçrīçrīnavakasīsaprasannajuyā
atra patrārthe dṛṣṭasākṣi çrī Candra Çekhara Malla Thākura saṃ 874 caitra badi
daivajña koṭirājena likhitaṃ | çubham | .

La fortune semblait sourire aux Capucins ; la catastrophe cependant était prochaine. La révolution politique de 1768 qui renversa les petites dynasties des trois capitales et qui fit passer le pouvoir aux mains des Gourkhas entraîna pour la mission népalaise les mêmes conséquences que la révolution du Tibet pour la mission de Lhasa, par l'application du même système de politique. Quand le roi des Gourkhas Prithi Narayan vint mettre le siège devant Katmandou, les Pères de la Mission étaient : le P. Séraphin de Côme, le P. Michel-Ange de Tabiago, le P. Jean-Albert de Massa et le P. Joseph de Rovato[1]. Ils avaient déjà dû évacuer Patan, où leur maison était trop exposée au feu des assiégeants[2]. Réfugiés à Katmandou, les Pères et leurs chrétiens n'y eurent point à souffrir des rigueurs d'un blocus rigoureux ; Prithi Narayan leur permit de faire entrer dans la ville les subsistances nécessaires à leur entretien ; il récompensait par ce privilège les services médicaux rendus par les missionnaires. Le P. Michel-Ange avait réussi à guérir le frère même de Prithi Narayan, Surûparatna, d'une blessure reçue à l'assaut de Kirtipur[3] ; ce Père était en outre lié d'amitié avec un fils de Prithi Narayan[4]. Il avait essayé, mais sans succès, d'intervenir en faveur des habitants de Kirtipur, quand le farouche conquérant eut donné l'ordre de couper le nez et les lèvres à toute la population de la ville, sans distinction d'âge ni de sexe ; il dut se borner, avec ses confrères, à soigner les lamentables victimes de cette vengeance barbare.

L'intervention des Anglais dans les affaires du Népal, l'envoi d'une colonne sous les ordres du major Kinloch changèrent les dispositions du roi Gourkha à l'égard des

---

1. D'après DELLA TOMBA, p. 23.
2. *Description*, p. 359.
3. *Ib.*, p. 358.
4. DELLA TOMBA, p. 23.

missionnaires ; il confondit dans la même suspicion tous les Européens, commença par intercepter les lettres destinées aux Pères [1], et quand il fut devenu le maître du Népal tout entier, en 1769, il enjoignit aux Capucins de quitter le pays avec leurs convertis. Ce suprême exode conduisit les derniers débris de la mission tibétaine à Bettia, par delà le Téraï, sur le seuil de l'Hindoustan. La montagne se fermait à jamais derrière eux [2]. Après tant d'efforts poursuivis pendant soixante ans, les pasteurs ne ramenaient qu'un nombre dérisoire d'ouailles. Le capitaine Alexandre Rose qui visita la mission de Bettia vers le milieu de l'année 1769, y trouva le préfet de la mission entouré « de deux misérables familles qu'il appelait ses convertis [3] ».

Pour soixante ans de prédications, de dépenses, de voyages entre Rome et l'Himalaya, le résultat était au moins médiocre. La science n'y avait pas gagné beaucoup plus que la religion. Les Capucins avaient trouvé sous la dynastie des Mallas une situation exceptionnellement favorable, la route de Lhasa ouverte, le Népal accueillant, le bouddhisme florissant, le pays prospère, la science et l'art en honneur, les lettres en faveur. Tant d'avantages demeurèrent pourtant stériles. Pour mesurer ce que coûte à la science l'impéritie ou l'incurie des Capucins, qu'on se rappelle les circonstances où, vers 1820, l'Anglais Hodgson

---

1, *Ib.*, p. 25.

2. En 1857, deux missionnaires français, MM. Bernard et Desgodins essayèrent d'obtenir l'autorisation de passer par le Népal pour gagner le Tibet ; ils sollicitèrent à cet effet le frère du mahârâja qui se trouvait en même temps qu'eux à Darjiling. Le jeune prince répondit carrément : « Pour le moment, c'est impossible », et il se refusa à donner aucune raison de son refus. *Le Thibet d'après la correspondance des missionnaires*, par C.-H. Desgodins, 2ᵉ éd. Paris, 1885, p. 35.

3. Rose, *Briefe über das Königreich Nepal*, t. III des *Beiträge zur Völker und Länderkunde hersggb. von J.-R. Forster und M. C. Sprengel*. Leipzig, 1783. 12°. — La lettre que je cite ici est la seconde ; elle est datée de Muradabad. Bengale, 20 août 1769.

entreprit ses travaux sur le Népal : le pays, conquis par les
Gourkhas, était sévèrement fermé, le bouddhisme disgracié
et déchu ; la suspicion, la violence, la brutalité régnaient
en souveraines ; les ruines du pillage continuaient à encom-
brer les villes mises à sac ; et cependant le labeur persé-
vérant d'un seul homme, entrepris et poursuivi sous d'aussi
fâcheux auspices, révélait à l'Europe une littérature, une
religion, un chapitre considérable de l'histoire humaine.
Une bizarre fatalité, qui n'est peut-être pas sans rapport
avec la désastreuse négligence des communautés francis-
caines, s'est encore acharnée sur les rares monuments de
leur médiocre activité. Le P. Horace de Penna, le mieux
doué de tous, « avait traduit en italien des livres tibétains
sur la transmigration, et composé des livres en tibétain
comme aussi en nivarrais ou nekpalais, à savoir un dictionnaire tibétain-français de 35 000 mots, avec un dictionnaire
français-tibétain, une adaptation du Manuel du Cardinal
Bellarmin et du Trésor du Christianisme de Turlot [1] » ; il
ne subsiste [2] que les lettres sur le Tibet, si précieuses au
reste, recueillies et publiées par Klaproth [3]. Le P. Constantin
d'Ascoli avait compilé en 1747 des « Notices sur quelques
usages, sacrifices, et idoles du royaume de Népal » qui
étaient encore conservées à Rome en 1792 dans la bibliothèque de la Propagande [4]. Le manuscrit, qui était orné de

---

1. *Missio Apostolica*, II, p. 80-81. — Georgi mentionne le dictionnaire,
p. lviii : « Lexicon tibetanum triginta tria millium vocabulorum jacet
ms. in hospitio PP. Cappucinorum, Nekpal. »

2. Outre la traduction d'un petit traité sur les voies de la sagesse
inséré dans la publication de 1738 : *Alla sacra Congregazione...*

3. *Journal asiatique*, 2ᵉ série, vol. XIV.

4. Le P. Paulin de Saint-Barthélemy en signale un ms. dans l'*Examen
Historico-criticum Codicum Indicorum Bibliothecæ Sacræ Congregationis de Propaganda Fide*. Rome, 1792. Avant lui, Amaduzio dans
la préface de l'*Alphabetum Brahmanicum*, Rome, 1771, signale également ce ms. « At hos dein codices omnes pro sui munificentia una cum
altero codice ex charta radicis arboreæ in quo Indica idola, ritus, vestes,
aliaque hujusmodi Nepalensibus characteribus et expositionibus illus

dessins, a disparu depuis. M. de Gubernatis, qui l'a recherché sans succès, a trouvé à la Bibliothèque Victor-Emma-
nuel un résumé de ce mémoire, réduit à une simple table
des matières ; il l'a publié à la suite des papiers de Marco
della Tomba [1]. Le P. Joseph d'Ascoli et le P. François de
Tours, qui étaient montés les premiers à Lhasa en 1707-
1709, avaient écrit une relation de leur voyage [2] ; le P. Tranquillo d'Apecchio, qui était Préfet de la mission en 1757 [3],
avait également rédigé un journal de route [4]. La Relation
et le Journal se sont perdus. Le P. Cassien de Macerata
avait recueilli « des notes abondantes sur les Népalais et les
Tibétains, leurs mœurs, leur littérature, leur religion [5] » ;
ces notes se sont aussi perdues [6]. Le seul ouvrage issu

trata (quibus ad calcem nepalense insuper alphabetum additum est) in
laudatam Collegii Urbani Bibliothecam illatos voluit Præsul beneme-
rentissimus » (p. xviii).

1. *Gli Scritti*, p. 300-304.

2. L'auteur de la *Missio Apostolica* connaissait cette relation et l'avait
sous la main ; il annonce au vol. II, p. 5 son intention de la publier en
tête du troisième volume, qui n'a jamais paru.

3. *Gli Scritti*, p. 3.

4. Le P. Marco della Tomba se sert de ce journal pour décrire la
route du Bengale à Lhasa. *Gli Scritti*, p. 55.

5. Au témoignage de Georgi, *Alph. Tib.*, p. 11.

6. M. Alberto Managhi en a retrouvé une partie à la Bibliothèque
communale de Macerata. Le manuscrit a pour titre : *Giornale di Fra
Cassiano da Macerata nella Marca di Ancona, missionario aposto-
lico Cappucino nel Tibet e Regni adiacenti della sua partenza da
Macerata seguita gli 17 agosto 1738 fino al suo ritorno nel 1756
diviso in due libri.* Il se composait de deux livres ; mais il n'en reste
plus que le premier, qui traite spécialement de l'itinéraire entre l'Inde
et Lhasa, avec quelques indications sur les coutumes et les fêtes de la
capitale tibétaine ; le manuscrit est orné de dessins et d'aquarelles qui
se rapportent aux objets et aux pratiques du culte tibétain, et d'une
carte qui marque la position relative des trois capitales du Népal. C'est
au P. Cassien que Georgi a emprunté les illustrations de son *Alphabetum
Tibetanum*. Le deuxième livre contenait une autre série de notices sur
les coutumes tibétaines, le récit de la persécution qui chassa les Capucins du Tibet, et la description du Népal avec la religion et les coutumes
du pays. Malheureusement ce livre, qui aurait intéressé spécialement
nos recherches, a disparu. M. Managhi a en partie analysé, en partie

directement de la mission du Népal qui se soit conservé jusqu'à nous est la *Description du royaume de Népal* par le P. Giuseppe, Préfet de la mission romaine ; elle fut communiquée par John Shore à la Société asiatique du Bengale, et publiée dans le second volume des *Asiatic Researches* en 1790[1]. La Description a été composée quand les Capucins avaient déjà quitté le Népal ; l'auteur rapporte en témoin oculaire les événements qui ont préparé et amené la conquête du pays par les Gourkhas jusqu'à la prise de Patan. « Nous obtînmes alors, ajoute-t-il, de nous retirer avec tous les Chrétiens dans les possessions britanniques. » Le P. Giuseppe de Garignano, à qui on attribue souvent cette notice, est forcément hors de cause ; nous savons par le P. Marco della Tomba qu'il était mort en 1760[2], dans la mission de Bettia qu'il avait fondée. Le personnage désigné simplement comme le P. Giuseppe, en tête de la Description, est sans aucun doute le P. Joseph de Rovato[3], un des

édité le premier livre dans la *Rivista Geografica Italiana*, nov. 1901-mai 1902 sous ce titre : *Relazione inedita di un viaggio al Tibet.*

1. Langlès, dans la note bibliographique qu'il a jointe à ce mémoire dans la traduction française des Asiatic Researches (*Recherches asiatiques*, vol. II, p. 348) confond la *Description du Népal* avec les *Notizie laconiche* du P. Constantin d'Ascoli, qu'il connaissait seulement par les indications du P. Paulin de Saint-Barthélemy. L'erreur a été assez fréquemment répétée depuis, en dépit de l'évidence même. Le titre des *Notizie*, rapporté par le P. Paulin, signale qu'elles furent recueillies en 1747 ; la *Description* raconte les événements qui se sont accomplis entre 1765 et 1769.

2. *Gli Scritti*, p. 12.

3. L'auteur de la *Description* dit qu'il a fait à Patan « un séjour d'environ quatre ans » et que « Delmerden Sâh » gouvernait la ville quand il arriva au Népal. Dala Mardana Sâh règne à Patan de 1761 à 1765 : or le P. Marc (*Gli Scritti*, p. 19) nous apprend que, en décembre 1763, le P. Michel-Ange partit de Bettia pour le Népal avec le Père Préfet (P. Tranquillo d'Apecchio ?) et le P. Joseph de Rovato. La mission dut évacuer Patan pendant le siège de cette ville pour se retirer à Katmandou au cours de l'année 1767 (avant l'intervention désastreuse du capitaine Kinloch, octobre-décembre 1767). Le nombre des années écoulées correspond bien au temps indiqué par l'auteur de la *Description*. Les « douze années de séjour » mentionnées par le capitaine

quatre missionnaires qui assistèrent au désastre final et ramenèrent dans l'Inde les débris de la mission. Le P. Joseph n'était pas homme à s'intéresser aux antiquités du pays ; il n'entendait pas pactiser avec le démon. Le capitaine Rose en a tracé un portrait cruel : « Je rencontrai par hasard les quelques missionnaires italiens qu'on avait récemment chassés du Népal ; je me flattais d'en tirer des renseignements utiles ; je fus bien déçu. Leur préfet, qui semblait être le plus intelligent, ne put pas me donner la moindre information sur une localité ou un objet situés en dehors de la ville où il demeurait. Et pourtant il y avait douze ans qu'il vivait dans le pays ! Mais, pour me montrer son zèle missionnaire, il me raconta qu'il avait brûlé 3 000 manuscrits pendant son séjour là-bas[1]. » C'est une heureuse fortune que le pauvre Capucin n'ait pas eu l'occasion d'exercer plus longtemps sur les collections népalaises ses pieux ravages. La rencontre du P. Joseph et du capitaine Rose, sur ce coin de terre perdu, opposait dans un épisode piquant les deux tendances du xviiie siècle. Rose représentait l'Encyclopédie et annonçait la génération, déjà prochaine, des premiers indianistes. Chargé d'un relevé topographique du Téraï, il avait aussitôt cherché à arracher au passé encore mystérieux de l'Inde une part de son secret. « J'ai trouvé chez les montagnards, mandait-il à un ami, divers manuscrits, entre autres une histoire vieille de 3 000 ans. Je suis convaincu que pour arriver à la véritable histoire ancienne de ce pays, il faut résolument s'adresser aux livres qui sont écrits dans la langue du pays. Je m'efforce en ce moment de m'en faire traduire plusieurs. » Le P. Joseph aurait condamné ces paroles, mais William Jones les eût volontiers contresignées.

Rose comprennent probablement le temps passé par le P. Joseph de Rovato à Bettia.

1. Rose, *Briefe*, n° 2.

Le P. Joseph écrivait en dehors du Népal, mais sur des souvenirs personnels. Le P. Marc della Tomba n'eut pour traiter du Népal et du Tibet que les informations recueillies et communiquées par les autres Capucins de la mission. Arrivé dans l'Inde en 1756, le P. Marc resta attaché à la maison de Bettia de 1758 à 1768 ; il l'avait déjà quittée quand les chrétiens du Népal vinrent y chercher asile[1]. Malgré son vif désir de visiter le Népal, auquel il était destiné dès 1762, il dut s'arrêter sur le seuil de la Terre-Promise, sans avoir le bonheur de le franchir. Il aurait pu y rendre service à la science, car il aimait à s'instruire et n'avait pas voué aux manuscrits la haine intransigeante du P. Joseph. Il lut et analysa un certain nombre d'ouvrages indiens, choisis avec assez de goût ou de bonheur ; un de ces textes, intéressant pour l'étude du bouddhisme népalais, le Buddha-Purâṇa, n'est connu jusqu'ici que par la notice du P. Marc. De Bettia il passa d'abord à Patna, puis à Chandernagor où il s'embarqua en 1773 ; en 1774 il arrivait à Paris, d'où il retournait à Rome. Ses papiers conservés au Musée Borgia ont été retrouvés et publiés par le maître de l'indianisme en Italie, M. A. de Gubernatis.

Mais c'est un Augustin, en résidence à Rome, à qui revient l'honneur d'avoir su mettre en œuvre les renseignements sur le Népal et le Tibet dus aux missions des Capucins. Le P. Georgi les a fait entrer dans cette bizarre machine de guerre dirigée contre le Manichéisme, qui porte le nom inattendu d'*Alphabetum Tibetanum*[2], fatras

---

1. *Gli Scritti,* p. 27.

2. *Alphabetum Tibetanum Missionum Apostolicarum commodo editum. Præmissa est disquisitio qua de vario litterarum ac regionum nomine, gentis origine, moribus, superstitione ac Manichœismo fuse disseritur. Beausobrii calumniæ in Sanctum Augus tinum aliosque Ecclesiæ Patres refutantur. Studio et labore Fr. Augustini Antonii* GEORGII *Eremitæ Augustiniani. Romæ MDCCLXII. Typis Sacræ Congregationis de Propaganda Fide.* 4º.

polyglotte où la linguistique prend un air de grimoire, où la scolastique manie et fausse l'érudition. C'est dans ce pot-pourri déconcertant que se retrouvent un routier complet de Chandernagor à Lhasa par le Népal et nombre de détails, jetés au hasard de la controverse, touchant les divinités et le culte du Népal[1].

De Chandernagor à Patna, l'itinéraire est double : par eau et par terre. Le missionnaire, ou le voyageur, arrivant d'Europe fait escale à *Calcatà* et prend terre à *Chandernagor*, où il se rembarque sur un bateau plus petit pour remonter le Gange. Les étapes valent d'être rapportées une à une ; elles n'ont pas trait directement, il est vrai, à notre sujet, mais ce défilé de noms a la mélancolie éloquente des ruines ; il résume en traits saisissants les jeux capricieux de la nature et de la politique sur le sol de l'Inde. Il n'a fallu qu'un siècle et demi pour abolir tant de grandeurs. Que restera-t-il, après un siècle et demi, des splendeurs d'aujourd'hui ?

Chandernagor, colonie française, était une paroisse des Jésuites ; mais un décret de la Propagande y avait concédé un couvent et une église aux Capucins pour leurs relations avec les missions tibétaines. De là à *Cionciurat* [Chinsurah], colonie hollandaise, avec un couvent et une église d'Augustins ; puis *Bandel* et le fort d'*Hugli*, jadis aux Portugais, avec un couvent ruiné d'Augustins ; *Saedabat* [Sayyidabad], comptoir français ; *Calcapur*, comptoir hollandais ; *Casimbazar*, comptoir anglais [aujourd'hui désert] ; *Moxudabat* [Maksudabad appelé surtout Murshidabad], résidence du nabab, marché opulent, avec une population de 1 500 000 habitants [aujourd'hui 40 000 h. ; le fleuve a déserté le lit

---

1. Le routier du P. Georgi est emprunté au moins pour la plus grande partie (et aussi pour les illustrations) à la Relation du P. Cassien, comme le démontre l'analyse donnée par M. Managhi, *Rivista Geografica Italiana*, 1901, p. 611, sqq. Cf. sup. p. 114, n. 6.

de la Bhagirathi] ; *Bagankolà* [Bhagwangola ; en amont on rejoint le lit présent du Gange] ; puis *Godagari* « magna ac celebris » [un village de batellerie] ; *Mortusahanadi; Raggmol* [Rajmahal], à la limite entre le nabab d'Hugli et le nabab de Béhar ; *Sacrigali* [Sikrigali], forteresse à la frontière du royaume de Bengale ; *Galiagali,* en Béhar ; *Baghalpor* [Bhagalpur] ; *Giankirà; Gorgàt* « Gangis impetu pene dirutum » ; confluent de la Bagmati ; *Mongher* [Monghyr] ; *Sita Kun* « sive Sitæ Kunnus » [Sitakund] ; *Surggaraha* [Surajgarha] ; *Deriapur; Caladirà* « oppidum incolis frequentissimum », en aval du confluent du *Kandok* ou *Kandak* [Gandaki], qui vient du Turut [Tirhut] ; *Patna,* avec un couvent de Capucins, des comptoirs français, anglais, hollandais, et une population de 1 million d'âmes. Au total 900 M. P. [milliers de pas] ; 8 jours de navigation pour descendre, 40 jours pour monter de Chandernagor.

La route de terre bifurque à *Casimbazar,* passe par *Moxudabat* M. P. II, *Saraidivan* XIV, *Aurangabad* XXII, *Sarcebad* XVI, *Raggmol* XVI, *Sacrigali* XVIII, *Sanbad* XVIII, *Colsnon* XXIV [Colgong], *Basalpur* XXIV [Bhagalpur], *Sultan-sansè* XVIII, *Safiesevad* XVIII, *Navabgansà* XXVIII, *Tersanpur* XXVI, *Bahr* XX, *Daicentpur* X [Baikanthpur], *Patna* X ; au total 360 milliers de pas.

De Patna part la route du Népal et du Tibet.

Tout d'abord on remonte le *Kandac* [Gandaki] en bateau presque une journée entière, jusqu'à *Singhia* [Singeah] sur la rive gauche de la Gandaki, comptoir hollandais. Toute la suite du voyage se fait par voie de terre. A mille pas de Singhia, *Lalganj* ; puis *Patara* VII, *Dubiai* VI, *Shain* XII, *Messi* XIV [Maisi, sur la rive droite de la Buri Gandaki]. Les Capucins mettaient cinq jours pour y aller de Patna. C'est la dernière ville de l'Hindoustan quand on se rend au Népal. Le raja de Bettia la possède à charge de payer un tribut de 10 000 roupies au Mogol. [Georgi propose à tort de l'identifier avec Motigar de l'itinéraire de Grueber, car Mutigar est Motihari situé au N.-N.-O.] Ensuite *Kalpaghur* XIV; *Barrihuà* XVI, qui est la frontière de l'Empire du Mogol[1]. On passe ensuite sur le territoire du raja de *Maquampur*; on traverse une forêt épaisse large de 28 mille pas, longue de 100 de l'E. à l'O.; les éléphants, les rhinocéros, les tigres, les buffles y gîtent, et bien d'autres bêtes sauvages, si bien qu'on y court risque de mort. La nuit on porte sur les quatre côtés du palanquin de grands feux, on crie, on bat le tambour, on fait du bruit avec les armes pour écarter les tigres. Mais les porteurs et les guides qui sont idolâtres font usage surtout de figures superstitieuses et de charmes magiques. La chasse des fauves donne de gros profits au raja de Maquampur. Au milieu de la forêt on voit nombre de ruines; c'est, dit-on, les restes de la grande et antique ville de *Scimangada*. On rapporte bien des histoires sur cette ville, et on en montre un plan gravé sur une pierre à *Batgao* [Bhatgaon], sur la grande place. On trouve aussi, mais rarement, de vieilles monnaies qui la représentent de même construite en forme de labyrinthe.

[*Scimangada* est la ville de Simraun ou Simraun-garh, où le roi Harisimha régnait avant de conquérir le Népal, et d'où il fut chassé par les Musulmans.]

Hetondà ou *Hedondà* est une ville célèbre et une garnison à la limite du royaume de Maquampur. Le pays de

---

1. Le P. Cassien écrit: Barikuà. Au témoignage du P. CASSIEN (*Riv. Geogr. Ital.*, 1901, 614), l'itinéraire dans cette région avait pour objet principal d'esquiver les douaniers « qui cherchaient à extorquer le plus possible aux Népalais chaque fois qu'ils descendaient dans l'Hindoustan; aussi les frères évitaient soigneusement les lieux habités pour se soustraire aux rigueurs des *cioki* (douaniers); mais à chaque lieu où ils passaient, ils les trouvaient toujours là, et ils devaient toujours soutenir des contestations et des disputes sans fin ».

Maquampur, tout en forêts, s'étend de l'E. à l'O. entre les deux royaumes de *Nekpal* et de *Bettia.*

Giorgiur [Jurjur] au pied des montagnes de Maquampur. XV.

Les chars et les muletiers s'arrêtent là. Jusqu'aux confins du royaume des Tibétains on ne peut employer que des porteurs au transport des marchandises et de tout le matériel de route. On les appelle en Hindoustan *Barià.* Tous les ans, au retour d'avril, une maladie nommée *Ollà* (aoul) sévit sur l'indigène comme sur l'étranger ; elle se déchaîne sur tout le pays qui s'étend de l'Hindoustan aux frontières du Nekpal ; et elle ne cesse complètement qu'à la fin de novembre. Beaucoup de gens, surtout dans les lieux bas et marécageux, périssent frappés de cette maladie ; il faut se tenir toute la nuit dans les maisons, les fenêtres closes, et pendant toute la durée du fléau émigrer ailleurs et monter assez haut sur les montagnes pour y respirer un air salubre. Encore avec tous ces moyens on n'échappe pas toujours au mal ; il en est qui ont beau changer de séjour et chercher un ciel plus clément, ils emportent avec eux le germe morbide et sont en fin de compte atteints. Ceux qui ont échappé une fois peuvent habiter impunément le pays en toute saison et circuler sur les routes en pleine période de contagion. Le mal, dès son premier assaut, secoue le corps entier, abat toutes les forces ; on souffre d'un affreux mal de tête ; on a des hémorragies, et la fin ne tarde pas [1].

---

1. Pour contrôler le témoignage de Georgi, il faut lire la description de la Grande Forêt et de l'aoul qui y sévit, telle que la rapporte le P. Desideri (cité dans *Gli Scritti,* p. xviii-xix). Le P. Desideri traversa le Téraï en janvier-février 1722. Le P. Marc a également dépeint les dangers formidables de la région (*Gli Scritti,* p. 48) ; il les connaissait par expérience, car il faillit en être victime. Pour avoir traversé le Téraï en décembre, afin de rejoindre le major Kinloch qui le mandait avec insistance (1767) il attrapa une fièvre putride qui le tint malade six mois et dont il pensa mourir (*Gli Scritti,* p. 25). Les précautions qu'il indique

En outre le royaume du Nekpal est sujet pendant toute l'année à des épidémies de varioles ou rougeoles, en langue indigène *Sizilà*. Pour empêcher la contagion de se propager au Tibet, le gouverneur de la province limitrophe prend de sévères mesures ; c'est que le mal une fois introduit fait des ravages dans cette population, qui n'y est pas naturellement sujette.

On voit tout le long du chemin des singes, des paons, des perroquets, des tourterelles et des pigeons verts et d'autres oiseaux qui amusent les yeux et adoucissent les difficultés du chemin. Qu'on se garde de tuer les singes ; tuer un singe, c'est un sacrilège, comme de tuer une vache ; pour l'expier il faut la vie et le sang du meurtrier.

Possè : aldea. VI.

Maquampur est en dehors du chemin à 10 mille pas de *Possè*. « Iter plane horridum. »

Thegam : castrum. X.

C'est la limite du domaine du raja de Maquampur.

Bagmati : fleuve sacré du royaume de Nekpal.

Kakokù : cours d'eau.

Khuà : bourg qui dépend du raja de Patan. XIV.

On peut comparer la construction des édifices et des murs à ce qui se fait chez nous.

Le royaume de *Nekpal* est tout entier divisé entre trois dynasties : *Patan, Batgao* et *Katmandù*. Les trois rois règnent chacun sur leur territoire propre ; mais ils se haïssent si fort qu'ils se font constamment la guerre et se portent une inimitié implacable. Les marchands et autres voyageurs qui viennent de l'Hindoustan en passant par

valent d'être signalées : il ne faut pas boire d'eau de la région ; il faut avoir un morceau de camphre à la bouche. Au reste, le pays n'a guère changé d'aspect depuis le xviii° siècle ; mais, grâce aux Anglais, on y peut voyager plus vite et rester moins longtemps exposé aux dangers de la route.

Khuà avec l'intention d'aller à *Batgao* sont avertis par le *Pardan* [Pradhâna], qui est le maire, d'avoir à se diriger sur *Patan*. Les gens de Patan pensent ménager ainsi, en temps de guerre, et la sécurité publique et la rentrée des impôts. Entre Khuà et Batgao la route est facile et délicieuse, par des collines charmantes.

Il y a six tourelles le long de la route jusqu'à Patan, avec des corps de garde[1].

Le P. Marc décrit un autre itinéraire qui mène également au Népal, mais en partant de Bettia. « On va vers le N.-E. ; pendant trois jours on traverse un terrain de hautes herbes qui servent de repaire aux tigres, aux ours, aux rhinocéros, aux buffles. On n'y trouve pas de grandes routes, mais de tout petits sentiers qu'on a peine à reconnaître. On arrive enfin au pied des monts où se trouve un petit fort de montagne appelé *Parsa,* qui est dans les forêts ; c'est là que les voyageurs doivent payer le tribut. De Parsa on traverse encore ces forêts et on arrive le soir à *Bisciacor,* qui est à l'encontre d'un petit ruisseau qui descend des montagnes ; on y reste la nuit pour être à l'abri des tigres ; à cet effet on allume de grands feux et on fait bonne garde. De là commencent les montagnes. La seconde nuit on fait halte à *Etondà,* où finit le royaume de *Macuampur,* qu'on laisse à droite. C'est là qu'en 1763 l'armée de Casmalican, voulant aller prendre furtivement le Népal, se trompa de chemin. A Etondà ils prirent à droite, se trouvèrent en Macuampur, assaillirent une des trois forteresses qui défendent Macuampur. Ils ne purent la prendre parce qu'un seul homme et deux femmes qui s'y trouvaient se défendirent vaillamment. Avec des pierres seulement ils forcèrent 10 000 personnes à se retirer. Deux jours après il entra dans la forteresse cinq autres hommes,

1. *Alph. Tibet.* 425-434,

et un mois après cinq autres. Et alors ces 12 hommes seuls firent une sortie de nuit, tombèrent sur les postes des Musulmans, tuèrent mille personnes ; les autres se précipitèrent par les roches, tant que l'armée de Casmalican perdit cette nuit-là 6 000 personnes, des plus braves, et fut obligée de se retirer le jour après, sans que ces gens leur fissent aucun mal : ils leur avaient promis que s'ils sortaient des montagnes dans le délai de trois jours ils ne les molesteraient pas, mais que s'ils tardaient davantage, personne ne sortirait, car ils fermeraient les passes et les massacreraient tous.

« De Bettia au Népal, le chemin est de huit journées. [Le P. Marc décrit en détail les dangers de la malaria qui rend la traversée du Téraï impossible de la mi-mars à la mi-novembre.] D'*Etondà,* qui consiste en quelques paillottes pour la garde dudit lieu et d'où commence le royaume de Népal, en poursuivant le voyage il n'y a pas d'autre chemin que par le lit d'un ruisseau qui vient du Nord et s'écoule vers l'Occident ; ce ruisseau, ou plutôt ce fossé, qui se creuse entre des escarpements très élevés, roule deux pieds d'eau en saison sèche ; aux autres saisons il est impraticable. Il est rempli de rocs et de grosses pierres qui s'éboulent journellement d'en haut ; l'eau est très rapide. Il faut passer une journée entière dans ce lit de ruisseau en le passant et le repassant trente-cinq fois. Au bout du ruisseau, on monte une montagne vers le milieu de laquelle se trouve le premier lieu du Népal, appelé *Bimpedi,* et à la cime dudit mont se trouve un autre fort appelé *Sisapani* où se trouve une eau très limpide et froide, que les gens appellent « eau de plomb » ; puis montant et descendant pendant deux jours on arrive au dernier lieu des montagnes, nommées *Tambacani* (mines de cuivre considérables), lieu fort difficile à passer et bien fortifié pour observer attentivement les voyageurs ; la situation en est

telle que dix hommes peuvent facilement en repousser
20 000 avec des pierres seulement. En passant encore
d'autres petites montagnes bien couvertes d'arbres, on
découvre la vallée du Népal[1]. »

La route de l'Hindoustan au Népal a, depuis le temps
des Capucins, été parcourue assez fréquemment par des
Européens ; la route du Népal au Tibet est demeurée, au
contraire, obstinément fermée aux Européens depuis le
passage des missionnaires. Les informations qu'ils ont
laissées sur cette partie du chemin sont donc particulièrement précieuses et méritent d'être recueillies avec soin.
C'est la compilation de Georgi qui en a préservé l'essentiel[2] ; les détails empruntés par le P. Marc au Journal du
P. Tranquille n'ont qu'un médiocre intérêt.

De *Katmandù* à *Sankù,* XII Mille Pas. Tous ceux qui
veulent aller de l'Hindoustan au Tibet doivent nécessaire-
ment passer par *Sankù.* [« Aussi Sankù est la pomme de
discorde entre les rois du Népal », dit le P. Cassien.] De
Sankù à *Langur* (une ferme) VIII M. P. Le chemin, orienté
vers le N.-E., est très difficile ; il faut passer la rivière de
Koskà en bateau [évidemment la Malamcha ou Indravati,
la plus occidentale des sept Kusis ; *Koskà* est peut-être
Kuçika ou Kauçika]. De *Langur* à *Sipa* (une ferme), XVIII
M. P. ; d'où à *Ciopra* (une ferme) XVIII M. P. [*Ciopra* est
certainement une erreur d'écriture pour Ciotra, c'est-à-dire
Chautara ou Chautariya, première étape après Sipa] ; on
passe la rivière de *Kitzhik* [Miangdia Kola de la carte de
Kirkpatrick] et on arrive au bangalow de *Nogliakot,* XX
M. P. ; on y voit beaucoup de caityas, beaucoup de pierres

1. *Gli Scritti,* 46-50.
2. Cette section de l'itinéraire est traduite par Georgi presque exclusivement de la *Relazione* du P. Cassien ; l'original est un peu plus
étendu, mais sans addition importante. V. *Riv. Geogr. Ital.,* 1901,
p. 623-627.

où on a gravé la formule *oṃ maṇi padme huṃ*, et une pagode où une religieuse bouddhiste tourne la roue à prière.

Puis Paldù à VIII M. P. ; le chemin va plus au Nord. Enfin *Nesti* [Listi], bangalow, fort et garnison à la limite du Népal, VI M. P.

Puis une campagne habitée par des Tibétains, au pied des roches, II M. P. A deux milles de là, on grimpe et on descend par des échelles très étroites, faites de pierres taillées et mobiles, le long de roches très hautes et constamment au bord d'un affreux précipice. Au bas, des vallées, des pâturages, des champs marécageux où on cultive le riz. Puis *Dunnà*, bangalow [Dhoogna de Kirkpatrick, Túguna des itinéraires indigènes], XIV M. P. Le chemin va directement au Nord. Les routes sont très étroites, sur des pentes abruptes, et tournent constamment autour de montagnes extrêmement élevées. Souvent des roches écartées sont réunies par des ponts suspendus sans appui latéral. Il faut traverser douze fois par ces petits ponts étroits et tremblants faits de perches et de branchages. La terreur du voyageur s'accroît encore à voir au-dessous de lui d'immenses abîmes à pic et à entendre le fracas des eaux qui dévalent au fond parmi les pierres. Il y a surtout un endroit particulièrement difficile, qui épouvante au plus haut degré les timides ou les novices, tant que la peur de tomber augmente encore pour eux le risque d'une chute. C'est un rocher saillant, en énorme déclivité, ouvrant sur le précipice, long d'environ 16 pieds, et d'autant plus glissant que les eaux découlant du sommet le lavent et le polissent. On y a gratté et excavé de pas en pas des creux où le voyageur peut poser, sinon le pied entier, au moins la plante du pied.

La rivière *Nohothà* s'élance d'une poussée impétueuse entre deux montagnes. Le lit en est large de 100 pieds et plus. On traverse sur un pont fait de grandes chaînes très solides. Les gens vont en sécurité sur le tablier en se soutenant, de droite et de gauche, à deux chaînes fortement attachées au rocher des deux parts. Mais le mouvement d'ondulation, surtout s'il se combine avec des secousses fréquentes comme c'est le cas quand plusieurs personnes passent en même temps sans aller du même pas, les unes allant, les autres venant, inspire une terreur à peine supportable.

Kansà, bangalow [Khásá, Khangsa], XVI M. P. Le chemin va droit au Nord, aussi étroit que la veille et plus horrible encore. Vingt-neuf passerelles à traverser sur des crevasses énormes de rochers, et les parois à grimper sont aussi vertigineuses et plus nombreuses encore. Ici commencent les montagnes couvertes de neige. [Le traité de 1792, entre la Chine et le Népal, avait fixé la frontière à ce point sur la route de Kuti.]

Sciuscha, ou *Chuscha,* localité d'environ vingt familles [Chósyáng]. Région très froide ; elle est baignée par une rivière sur la rive orientale de laquelle est une source jaillissante d'eau chaude ; l'eau chaude est recueillie en plusieurs fosses, comme dans des thermes. Les indigènes s'y tiennent longtemps plongés pour réchauffer leurs membres raidis. La route est, comme la veille, abrupte et exposée aux périls, car on monte sans cesse des montagnes presque chauves et neigeuses, avec la rivière *Nohothà* coulant au fond parmi les roches. Enfin on arrive à *Kuti,* ou peut-être aussi *Kut,* limite et garnison septentrionale du Népal. Elle appartenait autrefois au royaume de Népal[1] ; mais les trois roitelets l'ont cédée aux Tibétains quand le chemin de l'Hindoustan par le Népal a été ouvert. Car

1. En effet, les Népalais avaient acquis Kuti sous le règne de Lakṣmî Narasiṃha Malla, aux environs de l'an 1600. V. *Vaṃçáv.*, p. 211, 212 et 237.

auparavant le chemin du Tibet passait par le *Bramascion* [Sikkim], et cet ancien chemin était plus facile et plus commode. Les gens de l'Hindoustan pouvaient y passer avec des bêtes de somme et porter leurs marchandises au Tibet par une voie plus courte. Mais les voyageurs périssaient en plus grand nombre des atteintes de l'*olla* [aoul, malaria] qui sévissait avec vigueur et constamment par toute saison. La voie ouverte par le Népal permet d'échapper à ce danger quatre mois de l'année, ou même cinq, de novembre à avril. Les porteurs qui retournent au Népal sont tenus de rapporter une mesure fixe de sel, dans l'intérêt du pays, car le sel y manque [1].

A partir de *Kuti* on chemine sur des bêtes de somme ou à cheval, quoique en approchant de Lhasa les hauteurs aillent toujours en se relevant vers le Nord. La seule diffi-

1. La *Relazione* du P. Cassien donne ici, sur le commerce du Népal et du Tibet, des détails précis et importants que Georgi n'a pas recueillis. « Pour fermer le chemin du Brhamasciò on a créé un droit de douane du 1/10, de sorte que si un marchand passe par Brhamasciò avec dix charges de marchandises, le douanier prend pour droit une des dix charges ad placitum sans pourtant l'ouvrir ; un si gros droit, ajouté au danger de mourir par l'Ollà, a définitivement établi le chemin du Tibet par le Népal ; et à l'occasion de ce changement de route les Népalais ont cédé Kuti au roi du Tibet sous de nombreuses conditions avantageuses pour les deux parties, comme par exemple de charger tous les porteurs (barià) qui y vont d'un mandarmeli [la valeur d'un mahendramalla] de sel, lequel ne se trouve pas au Népal ; aussi que les Népalais auront a Kuti, Gigazè, Gianzè et Lhassa un chef de leur religion pour chacun des trois royaumes respectifs du Népal, qui juge les causes civiles des Népalais de leurs royaumes respectifs, c'est-à-dire un de Katmandù, un de Batgao, et un de Patan ; que la monnaie du Népal soit l'argent frappé qui aura cours au Tibet ; et autres conditions semblables, spécialement que le roi du Népal choisira les chefs des lieux situés entre le Népal et Kuti, quoique les gouverneurs de Kuti aient cherché à usurper ce droit spécialement pour les lieux du côté de Kuti après Nesti. Le roi du Népal se contente de confirmer la nomination du gouverneur de Kuti en le nommant encore pour chef et d'en retirer ce qu'il peut, attendu que la situation des lieux ne rend pas possible l'usage de la force, puisqu'il suffit de lever un pont ou de retirer une passerelle pour empêcher toute communication d'une nation à l'autre. » (*Riv. Geogr. Ital.*, 1902, p. 40-41.)

culté qui subsiste tient à l'extrême altitude qui affecte aussi bien les bêtes que les gens, chaque fois qu'on traverse une chaîne de montagnes ; mais les vallées sont étendues, verdoyantes et peuplées. Un mois de route mène de *Kuti* à *Lhasa*[1].

Temples de Mañjuçrî et de Sarasvatî sur le flanc du mont Mahadeo-pokhri élevés, dit-on, sur le site où Mañjuçrî s'arrêta en arrivant de la Chine.

La description du P. Marc, d'après le P. Tranquille, néglige les indications d'étapes, et insiste sur les dangers du voyage : « Du Népal, pour aller à Lassa, capitale du Grand-Tibet, et où nous avions un hospice, le chemin se

1. *Alphab. Tibet.* 436-452.

dirige vers le N.-E. par des montagnes, des rivières et des forêts si difficiles qu'en bien des endroits ni bœufs ni ânes n'y peuvent passer. C'est pourquoi les marchands du Népal, qui ont grande correspondance avec Lassa, n'ont pas d'autre moyen de transporter leurs affaires que sur leurs propres épaules, ou sur certains boucs qui sont très grands et qui portent un poids médiocre. On va en montant et en descendant les montagnes, passant avec difficulté les cours d'eau qui, parmi de telles montagnes, ont une violence très grande, tout pleins de roches et de grosses pierres, parti-culièrement en deux endroits où il faut passer sur des chaînes qui sont assez mal attachées de part et d'autre, d'un roc à l'autre, tandis que le torrent roule à une pro-fondeur telle que la tête tourne à le regarder. Et bien des voyageurs se bandent les yeux et se font lier sur une planche qu'on assujettit bien aux chaînes, et ils se font ainsi passer par quelque indigène expert. En cheminant ainsi pendant dix jours, en ne trouvant que peu de lieux habités, on arrive à la fin à une ville nommée *Cuti*, située sur un mont aride où finit la terre du Népal et commence celle du Tibet, de sorte que la ville même est divisée par le milieu, une moitié faisant partie du Népal, une moitié du Tibet[1]. A cette ville de *Cuti* finissent les montagnes ; on sent en cet endroit un changement complet et subit de climat ; on a brusquement des froids très intenses, de la glace et de la neige. De ce lieu cheminant encore un mois, par d'autres montagnes petites et remplies de neige toute l'année, mais avec une route assez facile et habitée, si bien que chaque jour on trouve des endroits habités où on peut avoir tout le néces-saire, et qu'on peut aller à âne ou à cheval, etc., la route est sûre, et à peu de frais on peut faire commodément le voyage.

1. Ainsi, au moment du passage du P. Tranquille, la frontière du Népal dépassait *Nesti,* indiquée par Georgi comme la limite du royaume, et atteignait *Kuti.*

Il faut seulement prendre bien garde aux eaux qui causent ordinairement l'hydropisie ; c'est pourquoi il faut les bouillir ou les mêler avec quelque liqueur [1]. »

Outre l'ancienne route de l'Inde au Tibet par le Sikkim, que Georgi mentionne, les missionnaires avaient eu connaissance d'une autre route par le pays des Kirâtas. « Plusieurs des anciens missionnaires y avaient passé plusieurs fois [2] », au témoignage du P. Marc ; « mais ils ont laissé par écrit que c'est une route très difficile, inconnue et périlleuse, et c'est pourquoi depuis bien des années on ne la tente plus. » Il s'agit probablement de la passe de Hatia, par où l'Aran entre dans le Népal, ou de la passe plus orientale de Wallanchun, appelée aussi Tipta-la. Mais les Capucins semblent avoir entièrement ignoré la passe de Kirong (tibétain *Kyi-ron* « gorge du chien ») qui n'a, du reste, jamais été franchie par aucun explorateur, soit européen, soit indien. Elle est cependant réputée pour la route la plus facile entre Katmandou et Lhasa ; elle ne s'élève qu'à 3 000 mètres et même elle est praticable aux chevaux. L'ambassade népalaise qui va porter tous les cinq ans le tribut à la cour de Pékin passe au départ par Kuti et revient par Kirong afin de ramener à Katmandou les poneys offerts en cadeau par l'empereur de Chine. C'est aussi par la passe de Kirong que les troupes chinoises, déjà maîtresses de Kuti, pénétrèrent au Népal en 1792. La méfiance réciproque des Népalais et des Tibétains s'est trouvée d'accord pour fermer cette passe, en raison de sa commodité même, afin de parer des deux côtés à des tentatives trop faciles.

La mort de Prithi Narayan, en 1775, huit ans après l'expulsion des Capucins, ne changea rien à la politique d'isolement rigoureux adoptée par les Gourkhas. De Bettia,

1. *Gli Scritti*, 55-57.
2. *Ib.*, 55.

leur retraite, les missionnaires suivaient inutilement les
révolutions de palais qui se succédaient à Katmandou.
L'occasion souhaitée persistait à se dérober. Un jour pourtant les Pères crurent l'avoir trouvée. Bahâdur Sâh, qui
faisait fonction de régent pendant la minorité de son neveu
Raṇa Bạhâdur Sâh, petit-fils de Prithi Narayan, fut renversé par une intrigue de cour et se retira en exil à Bettia.
Il s'intéressait à la minéralogie et à la métallurgie, à cause
des avantages pratiques qu'il en espérait tirer. Les Pères
s'offrirent à l'instruire s'il se faisait chrétien. Il répondit,
avec une bonhomie narquoise, que son rang l'empêchait
absolument d'accepter cette condition, mais qu'il était
tout prêt à donner en compensation deux ou trois hommes
qui feraient, après tout, d'aussi bons chrétiens que lui. Les
Pères, à leur tour, n'acceptèrent pas l'échange ; et le régent
en conclut qu'ils avaient voulu le duper en se targuant
d'une science qu'ils ne possédaient pas [1].

Vingt-quatre ans s'écoulèrent sans qu'un seul Européen
fût admis à visiter le Népal. Cependant, la Compagnie Britannique des Indes Orientales, déjà maîtresse d'un immense
domaine et souveraine dans l'Hindoustan depuis la ruine
de sa rivale française, se préoccupait du royaume mystérieux qui commandait les passes entre l'Inde et le Tibet, et
que sur de vagues rumeurs on tenait pour « un nouvel
El Dorado [2] ». Déjà une première tentative d'intervention
avait échoué ; en 1768 les trois rois du Népal, menacés par
les Gourkhas, avaient sollicité le secours des Anglais ;
mais le détachement envoyé à leur aide sous les ordres du
capitaine Kinloch, décimé par la malaria du Téraï, errant

---

1. KIRKPATRICK, 120. — Cependant, en 1802, Hamilton à son arrivée
trouva « l'église réduite à un Padre italien et à un indigène portugais,
qui avait été attiré de Patna par de belles promesses, promesses qui
n'avaient pas été tenues, et qui aurait été bien heureux d'être autorisé
à quitter le pays » (*Account of Nepal*, p. 38). — Et cf. inf. p. 149, note.

2. KIRKPATRICK, p. III.

sans guide dans le dédale des premières vallées, s'était vu finalement contraint à une retraite désastreuse. Warren Hastings, le premier et le plus glorieux des Gouverneurs Généraux de l'Inde, aspirait à ouvrir au commerce britannique l'Asie Centrale sans recourir à la force des armes ; il noua des relations diplomatiques avec le Bhoutan et le Tibet. Le Népal resta impénétrable. Lord Cornwallis (1786-1793) s'appliqua à continuer l'œuvre de Hastings. En 1792, un premier résultat fut atteint : le résident britannique à Bénarès, Jonathan Duncan, signait avec les représentants du Darbar népalais un traité de commerce, destiné à rester toujours lettre morte (1er mars 1792)[1]. Les marchandises passant d'un des pays à l'autre devaient payer un droit d'entrée de 2 et demi pour cent. Peu de temps après, une guerre éclatait entre le Népal et le Tibet ; le Dalai Lama appela à son aide l'Empereur de Chine, son défenseur temporel. Les Gourkhas durent battre en retraite devant une immense armée accourue du fond de la Tartarie et implorèrent l'assistance du gouvernement du Bengale. Lord Cornwallis était perplexe : il voyait avec satisfaction l'humiliation des Gourkhas et l'affaiblissement d'un pouvoir qu'il redoutait ; mais il ne se souciait pas de laisser un état-tampon disparaître, et l'autorité chinoise s'installer à la lisière même des possessions britanniques ; enfin il craignait de compromettre, par une intervention trop active, le commerce anglo-indien avec Canton. Il s'arrêta à un parti moyen ; il chargea le capitaine Kirkpatrick de se rendre au Népal et d'agir comme médiateur entre les deux adversaires. Mais les Chinois et les Gourkhas répugnaient

---

1. Le recueil de Sir Charles AITCHISON, *Treaties and Engagements* (éd. 1876, vol. II, p. 159) donne la date, toujours et partout reproduite, du 1er mars 1792. Cependant les articles additionnels proposés par Kirkpatrick et imprimés en appendice à son ouvrage (p. 377-379) portent deux fois l'indication « the commercial treaty of March, 1791 ».

également à introduire un tiers dans leurs débats ; ils se hâtèrent de conclure la paix en septembre 1792. La mission Kirkpatrick n'était pas même en route encore. Lord Cornwallis ne voulut pas pourtant perdre tout le profit de l'occasion qui s'était offerte ; il somma les Gourkhas de recevoir officiellement son plénipotentiaire, en retour des bonnes dispositions qu'il leur avait témoignées au temps de leur détresse. Les Gourkhas essayèrent en vain de traîner l'affaire en longueur ; ils durent s'exécuter. Le 13 février 1793, la mission Kirkpatrick pénétrait sur le territoire népalais, accompagnée d'une escorte d'honneur sous le commandement de Bhîma Sâh et Rudra Vîra Sâh, membres de la famille royale ; elle s'acheminait à petites journées vers Nayakot, où le roi résidait en quartiers d'hiver, y séjournait du 2 au 15 mars, passait ensuite dans la vallée du Népal, campait du 18 au 23 à Syambhunath, près de Katmandou, prenait le 24 la voie du retour, et rentrait dans les possessions britanniques à Segauli le 3 avril 1793. Elle était restée un mois et demi en terre népalaise ; sur ces cinquante jours, elle en avait passé trente à voyager, et ne s'était arrêtée à demeure que vingt jours, quinze à Nayakot, cinq à Syambhunath-Katmandou. Elle se composait, outre Kirkpatrick lui-même, du lieutenant Samuel Scott, assistant, du lieutenant W. D. Knox, commandant de l'escorte militaire, du lieutenant J. Gérard, attaché, du chirurgien Adam Freer, et de Maulvi Abdul Kadir Khan qui avait déjà pris part à la préparation du traité de commerce de 1792, et résidé pour cet objet à Katmandou. La Compagnie avait à son service tant d'hommes remarquables, et le choix du personnel avait été si heureux que la mission put rapporter de cette courte visite un trésor d'informations substantielles et précises. L'ouvrage où elles sont rassemblées ne parut que dix-huit ans plus tard, en 1811, et dans des conditions qui risquaient de lui nuire ; Kirkpatrick rentré en 1803 en

Angleterre avait remis ses notes toutes brutes à un éditeur, qui les confia à un homme de lettres pour en faire un livre[1]. L'homme de lettres mourut avant l'impression du volume ; Kirkpatrick n'en vit pas les épreuves. L'éditeur, Miller, dut s'en tirer tout seul. Pourtant, en dépit d'erreurs manifestes qui défigurent surtout les noms propres, l'ouvrage garde encore une valeur considérable ; il atteste une curiosité générale, la sagacité de l'observation, la sûreté de l'information. Il embrasse toutes les questions relatives au Népal : religion, langue, institutions sociales, administration, histoire, géographie ; il fait état de sources qui ont malheureusement disparu depuis, et dont la valeur a été mise en évidence par les recherches postérieures. De plus il contient un itinéraire, relevé et décrit avec soin, des routes suivies à l'aller et au retour, et une carte du Népal[2] dressée par le lieutenant Gérard, en partie sur les relevés de la mission, en partie sur les indications des indigènes. Le chemin de la mission se lit clairement sur cette carte : à l'aller, il est d'abord parallèle à l'itinéraire de Georgi qu'il suit de près, franchit le Téraï aux environs des ruines de Simraun-garh, passe par Jhurjhury [Giurgiur de G.], Makwanpur-mâri ; puis il rejoint à Etonda [Hétaura] l'itinéraire donné par le P. Marc, et le suit jusqu'à Chitlong et la passe du Chandragiri ; mais au lieu de redescendre dans la vallée du Népal, il s'engage à l'Ouest, longe par le dehors la ligne de hauteurs qui sépare le Népal de la Tirsuli-Gandak, et aboutit à Noakota (Nayakot) ; de là, par un chemin facile, il passe dans la vallée du Népal, la traverse du Nord-Ouest au Sud, par Katmandou, Patan et

----

1. *An Account of the Kingdom of Nepaul, being the substance of observations made during a mission to that country in the year 1793 by Colonel* KIRKPATRICK. *Illustrated with a map and other engravings.* London, 1811, 4°. *Printed for William Miller, Albemarle Street.*

2. Cf. sup. p. 69.

Phirphing, contourne extérieurement la vallée au Midi, rejoint à Marku la route d'aller et se confond alors avec la route actuellement en usage jusqu'à Segauli, dans les possessions britanniques.

En 1800, le roi Raṇa Bahâdur Sâh vint se retirer à Bénarès ; ses excentricités, ses violences, ses impiétés avaient soulevé la haine et l'horreur universelles ; pour échapper à la vengeance des dieux et des hommes, il avait dû abdiquer, sous prétexte de folie. Mais le prestige de la naissance, les intérêts de clan, et surtout les adroites manœuvres de la mahârânî, sa femme, lui conservaient encore au Népal un groupe redoutable de partisans. La faction maîtresse du pouvoir crut urgent de s'assurer l'appui, ou du moins la bienveillance des Anglais. Le gouverneur général, Lord Wellesley, saisit l'occasion ; il proposa au Népal de renouveler le traité négocié par John Duncan, en stipulant que chacune des puissances contractantes aurait un représentant permanent près de l'autre puissance. En conséquence, le capitaine Knox, qui avait fait partie de la mission Kirkpatrick, fut envoyé comme ministre britannique à la cour de Katmandou. Knox entra au Népal en février 1802 ; en mars 1803, il retournait dans l'Inde avec tout son personnel. Les Gourkhas n'entendaient pas plus que la première fois prendre au sérieux le traité signé ; sans se compromettre officiellement, ils laissèrent leurs agents inférieurs multiplier les vexations à l'égard de la Compagnie, de son représentant et de ses protégés. Le 24 janvier 1804, Lord Wellesley annula expressément le traité de commerce et d'alliance avec le Darbar. Mais les onze mois passés à Katmandou par la légation britannique n'étaient point perdus ; un des auxiliaires de Knox, Francis (Buchanan) Hamilton, une des gloires du Service Civil et « le père de la statistique indienne », avait employé l'année à une enquête patiente et minutieuse sur le royaume de Népal et particulièrement sur les régions, encore entièrement inconnues, situées à l'Est et à l'Ouest de la vallée centrale. Hamilton profita, pour compléter ses notes, d'un séjour de deux ans qu'il fit plus tard comme fonctionnaire de la Compagnie sur la frontière du Népal, et ne se décida qu'en 1819 à publier le livre qu'il avait si laborieusement préparé[1]. La carte jointe au volume[2], comparée à celle de Kirkpatrick, marque clairement les progrès dus à Hamilton. L'itinéraire adopté d'un commun accord pour le passage de la mission coïncide entièrement avec la route actuellement en usage à partir de Bichako, à l'entrée des premières hauteurs ; il ne s'en écarte, et de très peu, qu'à travers le Téraï où il passe par Galpasra, légèrement à l'Ouest du tracé actuel.

L'ouvrage de Hamilton avait paru depuis un an seulement quand la Résidence britannique, rétablie au Népal, vit arriver à titre d'assistant un jeune homme de vingt ans, qui devait associer son nom au nom du Népal dans la mémoire des hommes et conquérir à la science un pays, une littérature et une religion. Depuis le passage de Knox et de Hamilton, les circonstances avaient changé. L'insolence croissante des Gourkhas, leurs empiètements continus sur la frontière britannique avaient fini par rendre une guerre inévitable ; elle éclata en novembre 1814. Elle se prolongea deux hivers, héroïque des deux parts ; mais la stratégie du général Ochterlony triompha de la vaillance des Gourkhas, et le Darbar dut signer le 4 mars 1816 le traité de Segauli qui marquait au Népal ses limites définitives. En outre le Raja du Népal s'engageait « à ne jamais prendre

---

1. *An Account of the Kingdom of Nepal and of the territories annexed to this dominion by the House of Gorkha by Francis* Hamilton *(formerly Buchanan) M. D., etc. Illustrated with engravings.* Edinburg, 1819, 4°. *Printed for Archibald Constable.*
2. Cf. sup. p. 71.

ni retenir à son service aucun sujet britannique, ni aucun sujet d'un État d'Europe ou d'Amérique, sans le consentement du Gouvernement Britannique » (art. VII). « En vue d'assurer et de consolider les relations d'amitié et de paix établies entre les deux États, il était convenu que des ministres accrédités de chacun d'eux résideraient à la cour de l'autre » (art. VIII). Edward Gardner fut désigné par Lord Hastings comme résident britannique à la cour du Népal. Quatre ans plus tard, Brian Houghton Hodgson vint l'y rejoindre à titre d'assistant ; mais la vie oisive de la résidence et l'isolement dans ce coin montagneux ne répondaient pas plus à ses goûts d'activité juvénile qu'à ses ambitions légitimes. Il réussit à obtenir un poste à Calcutta en 1822 et prit congé du Népal sans espoir de retour ; mais la constitution de Hodgson — qui mourut centenaire — ne pouvait s'accommoder au climat du Bengale ; les médecins lui donnèrent à choisir entre « un poste dans les hauteurs ou une tombe dans la plaine ». Il se résigna à retourner dans les montagnes. L'emploi qu'il avait quitté à Katmandou était occupé ; il se contenta d'y rentrer comme directeur du bureau de poste, en 1824. Un an après, il était appelé pour la seconde fois aux fonctions d'assistant de résidence ; en 1833, il fut promu résident et conserva ces fonctions jusqu'à 1843. Une révocation brutale et injuste interrompit à ce moment une carrière déjà merveilleusement féconde en résultats, et qui promettait encore d'autres fruits. Mais la retraite de Hodgson ne fut pas moins laborieuse que sa période de service actif ; installé à Darjiling, sur la frontière du Népal, il poursuivit ses recherches et ses observations, consulté comme un trésor d'expérience par les hommes d'État, salué par les savants comme un bienfaiteur et comme un créateur. Son œuvre, considérable, reflète la souplesse et la variété de son intelligence ; elle n'embrasse pas moins de 4 volumes et 184 articles dispersés dans les journaux savants : les uns ont trait à la géographie et la topographie, d'autres à l'ethnographie et l'anthropologie, d'autres à la linguistique, d'autres au bouddhisme, d'autres aux institutions, d'autres à l'économie politique, d'autres enfin (127) à l'histoire naturelle du Népal[1]. C'est à sa clairvoyance et à son initiative pressante que l'Angleterre doit ses contingents Gourkhas, les troupes les plus solides et les plus sûres de l'armée indienne ; c'est à sa patiente sagacité que l'histoire des religions doit la découverte des originaux sanscrits de la littérature bouddhique ; c'est à sa libéralité que la Société Asiatique de Paris doit cette masse de manuscrits qui fournirent à Eugène Burnouf la matière de ses immortels travaux. Avant Hodgson, presque tout restait à faire ; après lui, ses successeurs ne trouvent qu'à glaner.

Trois ans après la malencontreuse révocation de Hodgson, une effroyable tragédie de palais amenait au pouvoir un ministre de vingt-quatre ans, Jang Bahadur. Une période nouvelle s'ouvrait avec lui dans l'histoire du Népal. Héros d'épopée ou de roman, mais en même temps esprit pratique, Jang comprit nettement le rôle qu'imposaient au Népal les circonstances nouvelles. La politique d'isolement farouche avait fait son temps ; il n'était plus permis d'ignorer de parti pris la puissance formidable qui exerçait déjà sa souveraineté sur l'Inde presque entière et qui avait fait sentir à son voisin montagnard le poids écrasant de ses armes. Une attitude d'amitié loyale et réservée valait mieux pour rassurer les Anglais et les tenir à l'écart qu'une bouderie morne et suspecte. Jang resta fidèle jusqu'à sa mort

1. On trouvera la liste complète de ces travaux, comme aussi le catalogue des manuscrits distribués par Hodgson aux sociétés savantes, dans l'excellent livre de Sir William Hunter : *Life of Brian Houghton Hodgson, British Resident at the Court of Nepal, Member of the Institute of France, fellow of the Royal Asiatic Society*, etc. London, 1896.

au principe politique qu'il avait adopté dès son avènement. La révolte des cipayes en 1857 lui donna l'occasion de prouver sa sincérité : tandis que l'Inde s'ébranlait et que les États vassaux hésitaient, Jang offrit résolument à l'Angleterre le concours des troupes népalaises contre les mutins, et les Gourkhas descendirent dans les plaines enviées de l'Inde en auxiliaires des soldats britanniques. Jang ne s'était engagé à fond qu'après avoir reconnu en personne la valeur et le crédit de l'Angleterre. Dès 1850, il était parti visiter l'Europe au mépris des règles intransigeantes de la caste et des prohibitions formelles du code brahmanique. Sept officiers népalais l'accompagnaient. Le gouvernement de l'Inde désigna pour être attaché à la mission que la cour de Katmandou adressait à Sa Très Gracieuse Majesté, le capitaine O. Cavenagh, de l'infanterie indigène du Bengale. Cavenagh accompagna la mission à Londres et à Paris, et la ramena jusqu'à Katmandou. Au cours des longues conversations qu'il eut en route avec les officiers Gourkhas, il ne négligea pas de se renseigner sur le Népal ; soldat, il s'intéressait surtout à l'armée, et cherchait à s'instruire, en vue d'une guerre éventuelle, sur le pays, sur les ressources, sur les routes, sur les partis, sur les races, etc... Ses notes, réunies sans prétention, forment un excellent petit volume[1]. Au même épisode de l'histoire népalaise se rattache la relation d'Oliphant : *Voyage à Katmandou*[2]. C'est une simple collection d'anecdotes de chasse ou de sport relatives à Jang contées par un « reporter » amusant. Le voyage de Jang, qui avait été le lion de

---

1. *Rough Notes on the State of Nepal, its government, army and resources by Captain Orfeur* CAVENAGH... *late in political charge of a mission from the court at Kathmandhoo to Her most Gracious Majesty.* Calcutta, 1851, W. Palmer.

2. OLIPHANT. *A Journey to Katmandu.* London, 1852, in-16. On peut y ajouter encore : Hon. Capt. F. EGERTON, *Journal of a Winter's Tour in India, with a Visit to the Court of Nepaul.* London, 1852, 2 volumes.

la saison à Londres en 1850, avait mis le Népal à la mode.
En même temps qu'Oliphant, le capitaine Smith publiait
sur le Népal un ouvrage en deux volumes[1]. Le capitaine
Smith avait séjourné cinq ans à Katmandou comme assistant
du résident; il y avait servi deux ans sous Hodgson. Peut-
être il n'avait pas été étranger à la disgrâce brutale de
Hodgson sous le gouvernement de Lord Ellenborough[2].
Adroit, actif, intrigant, beau parleur, beau conteur, il ne
lui manquait guère que le sens de l'honnêteté. Son livre
est un monument de vantardise, de hâblerie, d'ignorance,
de plagiat et d'erreur[3].

L'année même où Jang s'embarquait pour l'Europe, le
Dr Oldfield était nommé chirurgien de la résidence, sous les
ordres du résident Erskine. Il conserva ce poste treize ans
(1850-1863). Épris de dessin et d'aquarelle, il se plut à
courir la vallée et à en reproduire les paysages et les monuments jusqu'au jour où ses yeux affaiblis le condamnèrent
au repos. Rentré en Angleterre en 1866, il charma les
loisirs de sa retraite à rédiger ses souvenirs ; mais ses notes
ne parurent qu'après sa mort, par les soins de ses héritiers, en 1880. Ses deux volumes d'Esquisses comprennent
un Essai sans originalité sur le bouddhisme népalais, plusieurs articles empruntés, et parfois textuellement, à Hodg-

1. *Narrative of a Five Years' Residence at Nepaul by Captain
Thomas* Smith *assistant political-resident at Nepaul from 1841 to
1845.* London, 1852. Colburn and C°. 2 volumes. — La traduction
française que les éditeurs se réservaient de publier n'a jamais paru.

2. Hodgson, à qui sa santé interdisait de traverser le Téraï hors de la
saison froide, avait dû envoyer Smith pour expliquer sa conduite à Lord
Ellenborough.

3. L'exemplaire de l'India Office que j'ai pu consulter à loisir grâce à
l'obligeance de M. Tawney est criblé de notes marginales, dues sans
aucun doute à Hodgson, qui critiquent et anéantissent le livre pièce à
pièce. Une indication en tête du second volume nous apprend que Smith
« après avoir gravement induit en erreur Lord Ellenborough et Major
(Sir H.) Laurence fut à la fin éventé par ce dernier qui le fit partir du
Népal et juger par une cour martiale ». L'homme valait le livre.

son, des récits de chasse et des fragments de Journal où la
forte personnalité de Jang Bahadur occupe la première
place, mais surtout un véritable guide de la vallée, tel qu'on
pouvait l'attendre d'un amateur de dessin. Oldfield voit ce
qui frappe les yeux et ne va pas plus loin ; il esquisse avec
précision la surface du pays, de la religion et de la société,
catalogue les ruisseaux, les montagnes, les fêtes, les
castes, les temples, les villes. Il convient de reconnaître
que ces indications sont exactes et sûres ; tel qu'il est,
l'ouvrage est indispensable pour une étude complète du
Népal[1].

Après Oldfield, un autre chirurgien de la résidence, le
D Wright, s'est acquis des titres éclatants à la reconnaissance des indianistes. Ce n'était point un Hodgson, mais
il continua utilement l'œuvre de Hodgson. Pendant un
séjour de dix années au Népal (1866-1876), il eut l'adresse
et la patience de recueillir un à un les manuscrits originaux
que Hodgson avait pu seulement faire connaître à l'Europe
par des copies ; grâce à ses efforts persévérants, la Bibliothèque de l'Université de Cambridge est entrée en possession d'une admirable collection de manuscrits sanscrits
bouddhiques. De plus il fit traduire par les interprètes indigènes de la Résidence la Chronique du Népal, et il joignit
à leur traduction une introduction substantielle sur le pays
et le peuple népalais. Les spécialistes eurent désormais
entre les mains un instrument de travail indispensable, et

---

1. *Sketches from Nipal, historical and descriptive with anecdotes
of the court life and wild sports of the country in the time of
Maharaja Jang Bahadur G. C. B. to which is added an Essay on
Nipalese Buddhism and illustrations of religious monuments,
architecture and scenery from the author's own drawings. by the
late Henry Ambrose* Oldfield *M. D. of. H. M. Indian Army, many
years residency surgeon at Katmandu, Nipal.* London, 1880, W.-H.
Allen and C⁰, 2 vol.

qui leur était interdit jusque-là par le dialecte de l'original autant que par la rareté des manuscrits[1].

Le personnel de la Résidence fait vraiment honneur à l'administration britannique. Sans parler même des mérites de Kirkpatrick et de Cavenagh, chargés l'un et l'autre de missions temporaires, les noms de Hamilton, Hodgson, Oldfield et Wright forment une noble chaîne à travers le xix⁰ siècle. Leur œuvre paraît plus digne encore d'estime et de respect si on songe aux conditions où elle s'est poursuivie. Isolés à l'écart de Katmandou dans un enclos gardé par un poste népalais, où les indigènes ne pénètrent qu'avec une autorisation expresse, espionnés et surveillés par le gouvernement gourkha, occupés par la paperasse formaliste des bureaux britanniques, emprisonnés dans une vallée que les hautes montagnes ferment de toutes parts, et que les traités ne leur permettent pas de franchir, entravés jusque dans leurs promenades par la suspicion du Darbar toujours en éveil, condamnés à passer leurs journées dans un tête-à-tête obsédant, le résident, l'assistant et le chirurgien de la Résidence seraient aisément excusables de se laisser aller à l'indolence, à l'inertie et à l'indifférence. Mais l'énergie britannique tient bon ; l'enclos même de la Résidence en fait foi. Quand le Darbar le lui assigna, l'endroit était stérile, et passait pour malsain et hanté. Aujourd'hui la vallée n'a pas de jardin plus fleuri, de potager plus fertile, ni de parc plus ombreux.

Une nouvelle période s'ouvre alors dans l'histoire de la connaissance du Népal. Le terrain est reconnu, les cadres sont tracés, les notions indispensables à la pratique des

<hr>

1. *History of Nepāl, translated from the Parbatiyā by Munshī Shew Shunker Singh and Pandit Shrī Gunānand ; with an intro-ductory sketch of the Country and People of Nepāl by the Editor, Daniel* WRIGHT, *M. A. M. D. late surgeon-major H. M.'s Indian medical service, and Residency Surgeon at Kāṭhmāṇḍū.* Cambridge, 1877. *University Press.*

affaires sont acquises. Les savants de profession viennent reprendre le travail en sous-œuvre, contrôler les résultats, explorer le passé mort. L'Inde si longtemps étrangère au sentiment historique eut ici le piquant honneur de prendre l'initiative et de donner l'exemple. Le petit État de Jounagadh en Kathiavar, qui s'enorgueillit de posséder le roc de Girnar où trois antiques dynasties ont gravé leurs souvenirs, chargea le Pandit Bhagvanlal Indraji de rechercher les monuments de l'épigraphie népalaise. Élève de Bhau Daji qui lui avait communiqué sa passion enthousiaste de l'archéologie, Bhagvanlal excellait par un instinct critique et une sûreté de méthode qui le classent en dehors des pandits hindous. Jang Bahadur comprit le réel intérêt de ces recherches ; il accueillit Bhagvanlal, l'encouragea, l'aida ; Bhagvanlal put recueillir parmi la masse encombrante des inscriptions népalaises vingt inscriptions qui conduisaient l'histoire authentique du Népal jusqu'au iv° siècle de l'ère chrétienne (si du moins on admet ses théories chronologiques). Le pandit les publia avec la collaboration de Bühler et ce double patronage leur valut de provoquer aussitôt l'attention que leur importance méritait[1].

En 1875, M. Minayeff, professeur de sanscrit à l'Université de Pétersbourg, qui portait à l'étude du bouddhisme indien un zèle ardent et une compétence sans rivale, obtint au cours d'un voyage dans l'Inde l'autorisation de visiter le Népal. Il y acquit un grand nombre de manuscrits importants qu'il utilisa dans ses travaux ultérieurs. L'impulsion qu'il avait donnée aux études bouddhiques ne s'est heureusement pas ralentie à sa mort ; l'Académie des sciences de

---

1. *Twenty-three inscriptions from Nepâl collected at the expense of H. H. the Navâb of Junâgaḍh. Edited under the patronage of the Government of Bombay by Pandit* Bhagvânlâl Indrâjî, *Ph. D. etc., together with some considerations on the Chronology of Nepâl. Translated from Gujarâtî by. Dr. G. Bühler. — Indian Antiquary,* vol. IX, p. 160 sqq. ; vol. XIII, p. 411 sqq.

Pétersbourg, sur la demande de M. Serge d'Oldenbourg, élève et successeur de Minayeff, a créé la collection de la *Bibliotheca Buddhica* où doivent être imprimés tous les textes encore inédits du bouddhisme népalais. Les notes de voyage recueillies au Népal par Minayeff ont été réunies dans une notice substantielle sur le Népal publiée d'abord dans le *Vyestnik Evropi*, et réimprimée dans les *Esquisses de Ceylan et de l'Inde*[1].

L'Université de Cambridge, qui avait acquis la collection de manuscrits népalais réunie par Wright, confia en 1884 une mission à M. Cecil Bendall à l'effet de rechercher les manuscrits et les inscriptions qui auraient échappé à Wright ou à Bhagvanlal. M. Bendall avait déjà fait ses preuves comme spécialiste ès Népal. Chargé de classer les manuscrits sanscrits bouddhiques de Cambridge, il en avait publié dès 1883 un Catalogue excellent[2]; dans une double introduction, historique et paléographique, il avait coordonné les nombreuses informations apportées par les manuscrits, et comblé en partie les lacunes de la chronologie établie par Bhagvanlal. Les nouvelles inscriptions découvertes par M. Bendall au cours de l'hiver 1884-1885 parurent ruiner le système chronologique du pandit[3], et conduisirent M. Fleet à proposer un nouvel arrangement des anciennes

1. *V' Nepalye iz' putevyich' zamyetok' Russkago*, dans *Vyestnik Evropi*, 1875, nº 9; — *Nepal*, dans *Očerki C'eilona i Indii*. Petersburg, 1878, vol. I. p. 231-284. Une partie de cette notice se retrouve encore dans : *Nepal i ego istoriya* (compte rendu de l'*History of Nepal*, publiée par Wright) dans le *Jurnal Ministerstva Narodnago Prosvyeč'enia*, 1878.

2. *Catalogue of the Buddhist Sanskrit Manuscripts in the University Library, Cambridge, with introductory notices and illustrations of the palæography and chronology of Nepal and Bengal. by Cecil* Bendall, *M. A., etc.* Cambridge, 1883. *University Press.*

3. *A Journey of Literary and Archæological Research in Nepal and Northern India during the winter of 1884-1885, by Cecil* Bendall. *M. A., etc.* Cambridge, 1886. *University Press.*

dynasties du Népal[1]. M. Bendall a fait un nouveau voyage
au Népal pendant l'hiver 1898-1899 ; les résultats, connus
seulement jusqu'ici par un rapport sommaire, intéressent
en particulier la paléographie, où M. Bendall est passé
maître et jouit d'une autorité incontestée[2].

En 1885, le Dr Le Bon, chargé d'une mission du Ministère de l'Instruction publique en vue d'étudier les monuments de l'Inde, obtint l'autorisation de visiter le Népal.
Il y resta une semaine, occupé à reproduire les plus remarquables monuments de la vallée ; opérateur habile et
amateur éclairé, il rapporta du Népal un choix de photographies excellentes qui forment encore le meilleur recueil
relatif à l'architecture népalaise[3].

Le capitaine Vansittart a visité Katmandou en 1888, mais
sans y séjourner. Il a étudié le Népal surtout en deçà de la
frontière, et néanmoins il peut se flatter de connaître
les Gourkhas presque comme un Gourkha. Officier de
recrutement, il a eu l'occasion d'examiner et d'interroger
longuement les robustes et vaillants montagnards qui

1. *Corpus Inscriptionum Indicarum*, vol. III: *The Inscriptions of
the Guptas. Introduction: On the chronology of Nepal, by J. F.*
Fleet.

2. *Outline Report on a Tour in Northern India in the winter*
1898-1899 ; dans le *Cambridge University Reporter*, 5 décembre 1899.
— Et cf. aussi *Proceedings Asiat. Soc. Beng. for February*, 1899.

3. *Voyage au Népal*, par le Dr Gustave Le Bon. *Tour du Monde*,
1886, 1er semestre. — M. Le Bon n'était pas, comme il se l'imagine, le
premier Français qu'on vit au Népal. Sans remonter au xviii siècle et
au P. François de Tours, Capucin, la musique militaire du Népal a été
organisée vers 1850 par un Français, Ventnon, que le Darbar avait
engagé (Oldfield, 1, 219). En outre, d'après Cavenagh, « tout ce que les
Népalais savent de la fabrication de l'artillerie leur a été communiqué
en toute probabilité par des officiers français ; deux en particulier
auraient été engagés par le Népal subséquemment à la ratification du
présent traité avec les Anglais ; je suis porté à le croire. » (*Rough
Notes*, p. 15.) Il s'agissait sans doute de quelques-uns de ces officiers de
fortune qui se répandirent à travers le monde après la chute de Napo-
léon, et dont plusieurs (Court, Allard, Ventura) ont laissé un souvenir
durable dans les fastes de l'Inde.

viennent gagner sous les bannières anglaises une solde et
une pension ; attaché aux fusiliers gourkhas, il a vu à
l'œuvre ces soldats résistants et loyaux qui sont la force et
l'âme de l'armée indigène. Les *Notes* du capitaine Vansittart, à écouter l'aveu candide de l'auteur, consistent pour
moitié en extraits empruntés çà et là et cousus bout à bout ;
mais il reste une large moitié d'informations originales et
neuves sur les peuplades, les tribus et les classes du Népal,
leurs usages, leurs mœurs, leurs religions. La modestie
exagérée de l'auteur ne doit pas donner le change sur la
sérieuse valeur du livre [1].

En mai 1897, le Pandit (depuis : Mahâmahopâdhyâya)
Haraprasad Shastri, un des secrétaires de la Société Asiatique du Bengale, chargé par le Gouvernement du Bengale
de rechercher les manuscrits sanscrits sur toute l'étendue
de la Présidence, sollicita et obtint d'étendre ses recherches
au Népal. Le Pandit Haraprasad, brahmane orthodoxe
autant que savant, avait déjà rendu de précieux services
à l'étude du bouddhisme népalais ; il avait été le principal
collaborateur du Catalogue des ouvrages sanscrits bouddhiques du Népal publié en 1882 sous la direction et sous le
nom de Rajendra Lala Mitra [2], où se trouve analysée en
détail la masse vraiment colossale des manuscrits découverts par Hodgson et adressés par ses soins à la Société du
Bengale. Haraprasad Shastri retourna au Népal en décembre
1898 ; il y accompagnait M. Bendall qui y venait aussi
pour la seconde fois. Les manuscrits les plus intéressants
découverts au cours de ces deux voyages sont décrits dans

1. *Notes on Gourkha's,* dans *Journ. Roy. As. Soc. Bengal,* 1889. —
Nouvelle édition remaniée et augmentée, sous le titre : *Notes on Nepal,
by Captain Eden* Vansittart *2/5ᵗʰ Gurkhá Rifles (late district recrui-
ting officer). With an introduction by H. H. Risley, Indian Civil
Service,* etc. Calcutta, 1896. *Government Printing, India.*

2. *The Sanskrit Buddhist literature of Nepal. by* Râjendralâla
Mitra, *LL. D., C. I. E.* Calcutta, 1882. *Baptist Mission Press.*

un rapport sommaire, que doit suivre un catalogue détaillé, fâcheusement retardé jusqu'ici[1].

Moi-même enfin, chargé par le Ministère de l'Instruction publique et l'Académie des Inscriptions et Belles-Lettres d'une mission scientifique dans l'Inde et au Japon, j'ai pu séjourner deux mois au Népal en 1898. Le haut patronage de Sir Alfred Lyall et la bienveillance active du Résident, Colonel H. Wylie, me valurent d'obtenir l'indispensable passeport d'admission. Installé à Katmandou, en l'absence du personnel européen de la Résidence, je rencontrai au Darbar un accueil gracieux, un intérêt amical, une aide incessante. J'ai déjà eu l'occasion d'en témoigner publiquement ma reconnaissance et de signaler sommairement les principaux résultats que j'avais obtenus[2].

1. *Report on the search of sanskrit Manuscripts (1895 to 1900) by Mahāmahopādhyāya* Haraprasad Shâstrî, *honorary joint Philological Secretary, Asiatic Society of Bengal.* Calcutta, 1901, 4°.

2. *Rapport de M. Sylvain* Lévi *sur sa mission dans l'Inde et au Japon*; dans les *Comptes rendus de l'Académie des Inscriptions et Belles-Lettres*, 1899.
Parmi les visiteurs du Népal, je dois encore mentionner Schlagintweit qui (d'après Wright, p. 63) y vint en 1856 et y fit un certain nombre d'observations. — L'ouvrage de *Sir Richard* Temple: *Journals Kept in Hyderabad, Kashmir, Sikkim and Nepal.* Londres, 1887, 2 vol., ne tient pas pour le Népal au moins ce que le titre semble promettre. M. Temple a passé une semaine en touriste à la résidence de Katmandou, et les quarante pages qu'il a écrites sur le Népal se partagent en une introduction banale, qui occupe 26 pages (vol. II, 221-247) et des remarques « on a tour through Nepal » qui tiennent en 14 pages (249-262). — Je ne connais que par la bibliographie un article de Mrs. Lockwood de Forest: *A little known country of Asia. A Visit to Nepaul*, paru dans le *Century*, LXII, 1901, p. 74-82. — Je mentionne enfin, pour n'être pas suspect de les ignorer, les articles de M. Saleure dans les *Missions catholiques*, XX, 1888, p. 550-551, 560-562, 573-574, 583-584, 593-596, 605-608:*Un coin des Himalayas. Le royaume de Népal.* Il n'y a rien à tirer de cette compilation sans originalité et sans critique. — Le livre de M. Henry Ballantine: *On India's frontier, or, Nepal, the Gorkhas' mysterious land*, New-York, 1895, n'a rien de commun avec la science. — *Durch Indien ins verschlossene Land Nepal, Ethnographische und photographische Studienblätter*, par Kurt Boeck, Leipzig, 1902,

II. — *DOCUMENTS CHINOIS ET TIBÉTAINS*

Les voyages des Européens au Népal ont déjà mis en lumière les attaches qui lient ce royaume aux pays trans-himalayens. C'est de la Chine, par la voie du Tibet, que les premiers voyageurs européens sont arrivés au Népal ; c'est Lhasa que la Congrégation de la Propagande avait désignée comme la métropole de la mission franciscaine au Népal ; c'est pour ouvrir des relations commerciales avec le Tibet

est un récit de voyage sans intérêt pour la science, mais qui vaut par les illustrations.

D'après un article anonyme des *Missions Catholiques*, XXXIII, 1901, p. 451-455, 464-466, 475 ; 485-492 ; 502-504 ; 514 sur *la Mission de Bettiah et du Népaul*, la Sacrée Congrégation de la Propagande a confié le 20 avril 1892 aux Capucins du Nord du Tyrol la mission de Bettiah, en y joignant les districts de Champaran, de Saran, de Mozaffarpur et de Darbhanga, et en partie ceux de Baghalpur et de Monghir ; le 19 mai 1893, elle y a encore adjoint le royaume du Népal. S'il faut en croire l'auteur de l'article, le Népal est à la veille de se convertir car « récemment le roi du Népaul a tout à fait renoncé aux faux dieux ». L'assertion est au moins inattendue ; mais la preuve suit. « En 1898, sa femme qu'il chérissait tendrement fut atteinte de la petite vérole. Elle guérit heureusement, il est vrai, mais son visage garda les traces indélébiles de cette affreuse maladie. Vaniteuse comme elle l'était, la reine ne put se résigner à être ainsi défigurée, et dans un moment de désespoir elle se donna la mort. Le roi en fut profondément affligé ; sa colère se déchaîna d'abord contre les médecins. Cela ne lui suffit point. Dans sa fureur il ordonna qu'on sortît toutes les idoles de leurs temples et qu'on les laissât exposées en plein air. Puis il fit amener des canons chargés et commanda le feu contre ces statues des faux dieux. Les canonniers devinrent pâles de stupeur en entendant cet ordre criminel. Ils refusèrent d'obéir. Alors le roi porta contre plusieurs d'entre eux la sentence de mort et les fit pendre sur-le-champ. La résistance des autres fut vaincue. On entendit une formidable détonation. Les idoles volèrent en miettes et retombèrent pulvérisées sur le sol. Cet événement est peut-être pour le Népaul le premier pas de sa conversion au christianisme ». L'histoire est exacte, à un détail près : l'acte sacrilège raconté ici, et resté célèbre dans les traditions du Népal, ne date pas de 1898, mais de 1798 !

et la Chine intérieure que la Compagnie Britannique des Indes Orientales envoyait à Katmandou son premier agent. La légende indigène exprime la même orientation : c'est de la Chine que les premiers colons du Népal arrivent sous la conduite du Bodhisattva Mañjuçrî. En fait, les premières relations positives entre le Népal d'une part, le Tibet et la Chine de l'autre datent du viiᵉ siècle ; elles commencent le jour même où les peuplades du Tibet émergent à la civilisation et s'organisent en État. Suspendues, reprises, interrompues encore pour être à nouveau renouées, elles inscrivent régulièrement leur empreinte dans les Annales chinoises. Les notices sur le Népal insérées dans l'Histoire des T'ang et dans l'Histoire des Ming sont des modèles de précision et d'exactitude ; elles réfléchissent le génie pratique de la race impériale qui a pétri et formé l'Extrême-Orient avec autant de vigueur et de bonheur que le génie romain a fait l'Occident. Les pèlerins, les fonctionnaires complètent par leurs observations les documents officiels. Tous ces textes, disséminés sur un espace de treize siècles, éclairent à la fois du dedans et du dehors l'histoire du Népal. Sans une indication expresse de Hiouen-tsang, la chronologie ancienne du Népal resterait encore le jouet des spéculations fantaisistes ; il a suffi d'une date insérée dans l'histoire des T'ang pour renverser un échafaudage de combinaisons savantes. Aux temps modernes, la guerre de 1792 qui brisa l'expansion des Gourkhas au Nord de l'Himalaya n'est connue que par les sources chinoises ; la chronique népalaise se garde bien d'entrer dans les détails d'une entreprise qui aboutit à une humiliation durable. Les rapports chinois révèlent les sourdes menées du gouvernement gourkha au cœur même du xixᵉ siècle, et trahissent les secrets d'État que le Darbar se flattait de dissimuler. La littérature tibétaine, si mal connue encore, réserve certainement de précieuses informations aux

chercheurs à venir ; je n'ai pu lui emprunter que de trop
rares données.

Les rapports du Népal avec la Chine et le Tibet reflètent
dans leur vicissitudes les grands mouvements de l'Asie
Centrale. Le Népal, en effet, marque l'extrême limite où

Le stûpa de Budhnâth, le grand temple des Tibétains au Népal.

l'influence chinoise peut atteindre, à l'apogée de son
expansion. Les grandes dynasties impériales, les T'ang, les
Ming, les Mandchous, réussissent seules à inscrire le Népal
parmi les royaumes tributaires: Dès que l'empire s'affaiblit, son action s'épuise et se perd sur la vaste étendue des
plateaux tibétains. Pour rattacher les documents entre
eux, j'ai dû par conséquent retracer sommairement dans

ce chapitre les destinées du Tibet, dans la mesure où elles
intéressent les destinées mêmes du Népal; mais cet exposé
ne vise qu'à rétablir l'enchaînement des faits au point de
vue de l'histoire népalaise ; il n'est ni original, ni complet,
et n'a pour objet que d'encadrer les données tirées des
textes chinois ou tibétains sur le Népal.

Le célèbre pèlerin Hiouen-tsang, qui visita les pays
d'Occident de 629 à 644, paraît être le premier voyageur
chinois qui ait recueilli des informations sur le Népal. Son
devancier Fa-hien, venu deux siècles plus tôt dans l'Inde,
ne mentionne pas le Népal dans sa brève Relation des
Royaumes bouddhiques ; et pourtant sa tournée pieuse
l'avait conduit au pied même de l'Himalaya, dans ce Téraï,
mi-hindou, mi-népalais, où foisonnent les souvenirs du
Bouddha ; il y avait adoré les « vestiges sacrés » à Kapilavastu, à Çrâvastî. Mais il avait laissé le Népal en dehors de
son itinéraire et de ses recherches.

Hiouen-tsang n'a pas visité lui-même le Népal[1], mais il

1. Stanislas Julien (Préface de la *Vie de Hiouen-tsang*, p. xxxvii) a
eu le mérite de signaler et de mettre en pleine lumière la phrase décisive du *Ki-tsan*, Eloge des Mémoires (de Hiouen-tsang) qui permet de
distinguer avec certitude les pays que le pèlerin a visités en personne
et ceux qu'il a décrits sur la foi d'autrui. « Quand le texte emploie le
mot *hing* « marcher », c'est que Hiouen-tsang est allé lui-même dans
le pays ; quand il emploie *tcheu* « aller » c'est qu'il en parle d'après les
traditions et les on-dit. » 書 行 者 親 遊 踐 也 舉 至 者 傳 聞
記 也 (éd. jap. XXXV, 7. p. 67ᵃ, col. 11). D'après la notice bibliographique sur le Si-yu-ki extraite du Catalogue de la Bibliothèque de K'ien-
long que Julien a traduite en tête des Mémoires (I, xxiii sqq.) le *Ki-tsan* a
pour auteur le moine Pien-ki, contemporain de Hiouen-tsang, qui vivait
dans le même couvent, et que les catalogues désignent comme le « rédacteur » des Mémoires composés par Hiouen-tsang. Pien-ki était mieux
qualifié que personne pour indiquer la valeur précise des conventions
admises dans le texte. Or Julien, dans la liste qu'il a dressée à la fin de la
Vie (p. 463 sqq.) et où il se fonde sur ce principe de critique pour distinguer les deux catégories de notices insérées dans les Mémoires, classe le
Népal (n° 76) parmi les royaumes où Hiouen-tsang est allé en personne.
Il ajoute cependant: « De *Fo-li-chi* Hiouen-tsang retourne à *Fei-che-li* et
arrive à *Mo-kia-t'o*. » *Fo-li-chi* (n° 75), c'est-à-dire le pays des Vṛjjis

a trouvé plus d'une fois l'occasion de s'en informer, soit auprès des moines qui lui servaient de guides entre Ayodhyâ et Vaiçâlî, dans la région qui borde l'Himalaya, soit au couvent de Nâlanda où il séjourna près de deux ans et où se rencontraient des religieux venus de l'Inde entière, soit auprès des princes qui briguèrent l'honneur de le recevoir, Harṣa Çîlâditya et Kumâra Bhâskara varman. Kumâra, roi du Kâmarûpa, touchait de près au Népal ; des rapports n'avaient pu manquer de s'établir entre les deux

précède immédiatement le Népal, et *Fei-che-li*, c'est-à-dire Vaiçâlî (n° 74), précède Fo-li-chi. Si Julien avait cru que Hiouen-tsang était allé réellement au Népal, il n'aurait pas manqué de dire, par une formule analogue à celle qu'il emploie en pareil cas (n°s 94, 108, 113, 125, 127, 138) : « De là, Hiouen-tsang revient à *Fo-li-chi* et à *Fei-che-li* » ; il n'aurait pas repris l'itinéraire en arrière du Népal, à *Fo-li-chi*. Je suis donc porté à croire que Julien a péché par inadvertance, et qu'il se proposait en réalité de désigner le Népal, par des lettres capitales, comme un des pays que Hiouen-tsang n'avait pas visités. Comme toujours, l'erreur consacrée par la haute autorité de Julien a fait fortune ; Cunningham dans la liste qu'il a dressée à son tour (*Ancient Geography of India*, p. 563) conduit Hiouen-tsang au Népal du 5 au 15 février 637. J'ai à mon tour répété l'assertion si précise de Cunningham dans ma *Note sur la chronologie du Népal* (*Journ. asiat.*, 1894, 2, p. 57) au risque d'ébranler par là même la chronologie rectifiée que je proposais (cf. p. ex. KIELHORN, *A List of Inscriptions of Northern India*, dans *Epigraphia Indica*, vol. V, Appendix, p. 73, note 3). L'examen du texte des Mémoires de Hiouen-tsang écarte définitivement ce semblant de difficulté. Tandis que la route de Vaiçâlî est indiquée en ces termes : « De là il marcha *(hing)* 140 à 150 li et arriva à Vaiçâlî » et celle de Vṛjji de même : « De là il marcha *(hing)* 500 li et arriva à Vṛjji », pour le Népal le mot caractéristique *hing* est omis : « De là, 1 400 li au Nord-Ouest, passant des montagnes, entrant dans une vallée, on arrive *(tcheu)* au Népal. » L'absence du mot *hing* atteste que Hiouen-tsang n'est pas allé au Népal.

On peut observer au surplus que la Vie de Hiouen-tsang laisse de côté le Népal, et conduit directement le pèlerin du royaume des Čaňčûs à Vaiçâlî, et de Vaiçâlî au Magadha. Julien lui-même signale cette omission et complète l'itinéraire, dans une note (p. 136) à l'aide des Mémoires, qu'il rend ainsi : « De là, à 1 400 ou 1 500 li au Nord-Ouest, on franchit des montagnes, on entre dans une vallée, et l'on arrive au Népal. » Je ne veux pas faire état en ma faveur de la forme employée ici par Julien : « On franchit…, on entre…, on arrive… » car il l'emploie également dans le cas du royaume de Vṛjji, alors que le texte emploie formellement le mot *hing*.

États. Quand Narendra deva, contemporain de Hiouen-tsang, installa au Népal le culte de Matsyendra Nâtha, il y amena le dieu « par le chemin du Kâmarûpa » selon le témoignage de la Chronique. La notice de Hiouen-tsang confirme pleinement par sa nature l'indication expresse du texte, qui la déclare fondée sur des informations de seconde main. Si Hiouen-tsang était monté au Népal, il y aurait vu davantage, et mieux ; il aurait constaté la prospérité du bouddhisme, que les inscriptions mettent hors de doute, et il aurait remarqué les anciens stûpas élevés dans la vallée, et tout d'abord le fameux stûpa de Svayambhû Nâtha. Comparée aux fragments de Wang Hiuen-ts'e, qui traversa le Népal au moment même où Hiouen-tsang quittait l'Inde, la notice du pèlerin manifeste plus clairement encore sa sécheresse et sa pauvreté. Elle réfléchit avec fidélité les préjugés malveillants de la plaine contre la montagne ; pour l'Hindou délicat, les rudes habitants de l'Himalaya sont des brutes épaisses, laides et grossières. Néanmoins, en dépit de ses imperfections, ce court chapitre est la clef de voûte de l'histoire népalaise, grâce au nom du roi Amçuvarman qui s'y trouve cité.

« Le royaume de *Ni-po-lo* (Nepâla) a environ quatre mille li de tour. Il est situé au milieu des montagnes neigeuses. La capitale a une vingtaine de li de circuit. Ce pays offre une suite de montagnes et de vallées ; il est favorable à la culture des grains et abonde en fleurs et en fruits. On en tire du cuivre rouge, des yaks et des oiseaux du nom de *ming-ming* (jîvaṃjîva). Dans le commerce on fait usage de monnaies de cuivre rouge. Le climat est glacial ; les mœurs sont empreintes de fausseté et de perfidie ; les habitants sont d'un naturel dur et farouche ; ils ne font aucun cas de la bonne foi et de la justice et n'ont aucunes connaissances littéraires ; mais ils sont doués d'adresse et d'habileté dans les arts. Leur corps est laid et leur figure ignoble. Il y a parmi eux des hérétiques et de vrais croyants. Les couvents et les temples des Devas se touchent les uns les autres. On compte environ deux mille religieux qui étudient à la fois le Grand et le Petit Véhicule. On ne connaît pas exactement le nombre des brahmanes et des dissidents. Le roi est de la caste des *T'sa-ti-li* (Kṣatriyas) et appartient à la race des *Li-tch'e-p'o* (Liččhavis). Ses sentiments sont purs et sa science éminente. Il a une foi sincère dans la loi du Bouddha. Dans ces derniers temps il y avait un roi appelé *Yang-chou-fa-mo* (Amçuvarman) qui se distinguait par la solidité de son savoir et la sagacité de son esprit. Il avait composé lui-même un Traité sur la connaissance des sons (Çabda vidyâ çâstra). Il estimait la science et respectait la vertu ; sa réputation s'était répandue en tous lieux.

« Au Sud-Est de la capitale, il y a un petit étang. Si l'on y jette du feu, une flamme brillante s'élève aussitôt à la surface de l'eau ; si l'on y jette d'autres objets, ils changent de nature et deviennent du feu [1]. »

Tandis que Hiouen-tsang, lié par un engagement ancien, rentrait en Chine par la voie détournée du Pamir, une ambassade chinoise s'acheminait vers l'Inde à travers le Tibet [2]. Li I-piao la commandait, avec Wang Hiuen-ts'e pour second, et vingt-deux hommes d'escorte. Elle ramenait dans l'Inde un brahmane, venu comme hôte officiel de l'Empire. La route qu'elle suivait n'avait pas encore été frayée ; des événements récents, et considérables, l'avaient presque soudainement ouverte. A la fin du vi[e] siècle, le Tibet barbare et sauvage s'était organisé en nation ; le second roi du Tibet, Srong-tsan Gam-po, avait fondé Lhasa, étendu son empire au loin, passé l'Himalaya, essayé sur le

---

1. HIOUEN-TSANG. *Mémoires sur les contrées occidentales*. Trad. *Stanislas Julien*, t. I, p. 407.

2. Sylvain LÉVI. *Les missions de Wang Hiuen-ts'e dans l'Inde*, dans le *Journ. asiat.* 1900, mars-avril et mai-juin.

Népal la force grandissante de ses armes ; vainqueur, il avait exigé du roi Amçuvarman la main de sa fille. Puis il s'était retourné contre les Chinois, avait osé réclamer à la famille des T'ang une princesse de sang impérial comme épouse, et avait fini par l'obtenir à force de victoires. Les deux reines, qu'une même fortune amenait des bouts de l'horizon à la cour d'un barbare de génie, avaient de commun un zèle ardent pour la foi bouddhique ; elles avaient l'une et l'autre apporté de leur patrie leurs idoles, leurs rites, leurs livres saints. Srong-tsan Gam-po se laissa gagner à leur influence, qui servait en réalité ses ambitions. Converti au bouddhisme avec son peuple, il frayait de pair avec ses voisins de l'Inde et de la Chine. Désormais une route continue, jalonnée de monastères et de chapelles, alla de l'Empire du Milieu à l'Hindoustan en passant par Lhasa. La mission de Li I-piao suivit d'abord la route qu'avait foulée en 641 le cortège de la princesse Wen-tch'eng ; après Lhasa elle rejoignit l'Himalaya et le franchit à la passe de Kirong par le chemin qu'avait pris le cortège de la princesse népalaise[1]. Elle atteignit ainsi le Népal. Li I-piao et ses compagnons y furent accueillis, soit à l'aller, soit au retour, par le roi Narendra deva qui se plut à leur en montrer les curiosités, entre autres la source flambante dont la description avait émerveillé déjà Hiouen-tsang.

La mission est à peine de retour que l'empereur T'ai-tsoung, satisfait des résultats obtenus, envoie une nouvelle mission au Magadha. Wang Hiuen-ts'e en est cette fois le chef, assisté de Tsiang Cheu-jenn comme second ; il dispose d'une escorte de trente cavaliers. Mais Harṣa Çîlâ-

---

1. Au témoignage du *Bodhimör*, « les grands Népalais accompagnèrent la princesse jusqu'à la ville de Dschirghalangtu du pays de Mangjul, et s'en retournèrent » (trad. Schmidt, p. 335). Mangjul est d'après Jäschke et Sarat Chandra Das, le pays où se trouve la passe de Kirong (*Tibet. Dict.* s. v. *Maṅ-yul*).

ditya meurt avant l'arrivée de l'ambassade ; le ministre qui a usurpé le trône vacant ne se soucie pas de demander l'investiture aux T'ang ; il se méfie du pouvoir lointain qui cherche à intervenir dans les affaires de l'Inde. Il attaque la mission, massacre l'escorte, pille le trésor ; l'envoyé et sons econd s'échappent à la faveur de la nuit. Heureusement pour Wang Hiuen-ts'e, et pour l'honneur de la Chine, le Népal est proche ; Srong-tsan Gam-po, l'allié de la famille impériale, est vite prévenu. Le Tibet donne à Wang Hiuen-ts'e 1 200 soldats, le Népal 7 000 cavaliers. A la tête de cette petite armée, l'envoyé chinois fond sur le Magadha, défait les troupes indiennes, emporte la capitale, s'empare de l'usurpateur et le ramène triomphalement en Chine, où il arrive en 648. Wang fut encore chargé d'une troisième mission dans « les pays d'Occident » (l'Inde) et passa encore une fois au Népal en 657. Rentré définitivement dans sa patrie, il publia vers 665 une Relation de ses voyages, malheureusement perdue. Parmi les rares fragments conservés par des citations, plusieurs ont trait aux merveilles du Népal et montrent avec quelle attention l'ambassade avait visité le pays.

I. — « Le *Si-kouo-hing-tchoan* de Wang Hiuen-ts'e dit : La seconde année Hien-king (657) un ordre impérial envoya Wang Hiuen-ts'e et d'autres dans les royaumes d'Occident pour offrir au Bouddha un kaṣâya. Ils allèrent au *Ni-po-lo* (Nepâla) vers le Sud-Ouest. Arrivés à *P'ouo-lo-tou,* ils vinrent à l'Est du village au fond d'une dépression. Il y avait là un petit lac d'eau en feu. Si l'on prend en main du feu allumé pour l'éclairer, soudain à sa surface paraît un feu éclatant qui sort du sein même de l'eau. Si on veut l'éteindre en l'arrosant avec de l'eau, l'eau se change en feu et brûle. L'envoyé chinois et sa suite y déposèrent une marmite et firent cuire ainsi leur nourriture. L'envoyé interrogea le roi du pays ; le roi lui répondit : Jadis, en frappant à coups de bâton, on fit paraître un coffret d'or ; ordre fut donné à un homme de le tirer au dehors. Mais chaque fois qu'on le retirait, il replongeait. La tradition dit que c'est l'or du diadème de *Mi-le P'ou-sa* (Maitreya Bodhisattva), lequel doit venir parfaire la voie. Le Nâga du feu le protège et le défend ; le feu de ce lac, c'est le feu du Nâga du feu [1]. »

II. — « Au Sud-Est de la capitale, à une petite distance, il y a un lac d'eau et de feu. En allant à un li vers l'Est, on trouve la fontaine *A-ki-po-li* [le *Fa-youen-tchou-lin* porte : *A-ki-po-mi* ; même alternance que dans les deux rédactions de l'*Histoire des T'ang*]. Le tour en est de 20 pou (40 pas). Au temps sec comme à la saison des pluies, elle est profonde ; elle ne s'écoule pas, mais bouillonne toujours. Si l'on tient en main du feu allumé, l'étang tout entier prend feu ; la fumée et la flamme s'élèvent à plusieurs pieds de haut. Si l'on arrose alors ce feu avec de l'eau, le feu devient plus intense. Si on y lance de la terre en poudre, la flamme cesse et ce qu'on y a jeté devient de la cendre. Si l'on place une marmite au-dessus de l'eau pour y faire cuire des aliments, ils sont bien cuits. Il y avait jadis dans cette fontaine un coffre d'or. Un roi ordonna de tirer ce coffre au dehors. Quand on l'eut amené hors de la bourbe, des hommes et des éléphants le hâlèrent sans réussir à le faire sortir. Et dans la nuit une voix surnaturelle dit : Ici est le diadème de Maitreya Bouddha ; les créatures ne peuvent assurément pas l'obtenir, car le Nâga du feu le garde.

« Au Sud de la ville, à plus de 10 li, se trouve une montagne isolée couverte d'une végétation extraordinaire ; des

---

1. *Missions de Wang...* Fragment IV, tiré du *Fa-youen-tchou-lin*, chap. xvi, p. 15[b], col. 17. — J'ai depuis retrouvé le même passage reproduit littéralement dans le *Tchou-king yao-tsi*, par Tao-che, auteur du *Fa-youen-tchou-lin*, édit. japon., XXXVI, 1, p. 5[a].

temples s'y disposent en étages nombreux qu'on prendrait pour une couronne de nuages. Sous les pins et les bambous, les poissons et les dragons suivent l'homme, apprivoisés et confiants. Ils approchent de l'homme et viennent recevoir à manger. Qui leur fait violence cause la ruine des siens.

« Récemment les ordres de l'Empire passaient par ce royaume et de là se répandaient au loin. Maintenant il dépend du *T'ou-fan* (Tibet)[1]. »

III. — « Dans la capitale du Népal il y a une construction à étages qui a plus de 200 tch'eu de hauteur et 80 pou (400 pieds) de tour. Dix mille hommes peuvent trouver place dessus. Elle est divisée en trois terrasses, et chaque terrasse est divisée en sept étages. Dans les quatre pavillons, il y a des sculptures à vous émerveiller. Des pierres et des perles les décorent[2]. »

En même temps que la Cour Impériale, l'Église bouddhique de Chine profitait de la voie qui venait de s'ouvrir sous les auspices de deux reines dévotes. Entraînés par l'exemple de Hiouen-tsang, que sa patrie avait salué au retour, après seize ans d'absence, comme un héros et comme un saint, emportés vers les Lieux Saints du Bouddhisme par un élan de ferveur qui évoque à la mémoire l'Europe des croisades, défendus contre les risques d'une longue route par le prestige encore récent d'une nouvelle

---

1. Les fragments II et III ne sont pas cités expressément sous le nom de Wang Hiuen-ts'e, mais il est peu douteux qu'ils lui soient empruntés par le *Fa-youen-tchou-lin*, chap. xxix, p. 96, col. 14 et le *Cheu-kia-fang-tchi*, chap. i, p. 97, col. 13. Cf. *Missions de Wang...*, p. 440 sqq.; aussi pour les identifications. Je pense que la colline décrite est celle de Svayambhû. L'étang est peut-être représenté aujourd'hui par l'étang de Taudâh, au S.-O. de la vallée. Cf. Wright, p. 178, n. « During the present reign an unsuccessful attempt was made to draw off the water with the view of getting the wealth supposed to be sunk in it. » Mais la superstition du trésor caché se retrouve partout au Népal.

2. *Cheu-kia-fang-tchi*, comme ci-dessus.

dynastie, une multitude de pèlerins foulaient alors tous les chemins qui vont de la Chine à l'Inde, ouvriers obscurs de l'expansion chinoise. Le Népal en vit passer plusieurs, et leur fut hospitalier. Le plus mystérieux de tous et le plus considérable était Hiuen-tchao ; parti de Chine vers 640, il avait pris par le Tokharestan et le Tibet ; la princesse chinoise qu'avait épousée Srong-tsan Gam-po lui donna une escorte pour le conduire dans l'Inde du Nord. Wang Hiuen-ts'e, au cours d'une de ses missions, avait entendu vanter les vertus de ce religieux ; il les signala dans son rapport au trône, et il reçut mandat de ramener Hiuen-tch'ao à la capitale. Hiuen-tch'ao rappelé par l'empereur « passa par le royaume de Népal ; le roi de ce pays lui donna une escorte qui l'accompagna jusque chez les Tibétains ; il y retrouva la princesse Wen-tch'eng [la reine] qui lui donna beaucoup de présents, le traita avec honneur, et lui procura les moyens de revenir dans le pays des T'ang. » Il mit neuf mois pour se rendre de l'Inde du Nord à Lo-yang, où il arriva en 664-665.

Il avait dû traverser le Népal à la fin de l'an 663. Un ordre de l'empereur le renvoya presque aussitôt dans l'Inde ; il passa cette fois sur les traces de Hiouen-tsang par le versant occidental du Pamir, franchit l'Indus, et s'en alla séjourner à la grande Université bouddhique de Nâlanda, en Magadha. C'est là qu'il fut rencontré, entre 675 et 685, par l'illustre émule de Hiouen-tsang, I-tsing, qui y poursuivait de laborieuses et fécondes études. Mais quand Hiuen-tch'ao songea au retour, l'Asie Centrale avait brusquement changé de face. L'Islam à peine fondé venait d'entrer en scène : « sur le chemin du Kapiça, les Arabes arrêtaient les gens. » Le Tibet s'était brouillé avec la Chine : « sur le chemin du Népal, les Tibétains s'étaient massés pour faire obstacle et empêcher de passer. » De toutes les routes de la veille, il ne restait plus que la voie de mer. Hiuen-tch'ao n'eut pas le temps de l'entreprendre. Il tomba malade et mourut dans l'Inde du Centre.

D'autres religieux avaient encore réussi à passer en temps opportun. Entre 650 et 655, un moine natif d'outre-Chine, parti de Corée, Hiuen-t'ai, traversa le Népal pour atteindre l'Inde Centrale. Vers le même temps, Tao-fang se rend au Magadha par la voie du Népal ; il séjourne plusieurs années au couvent de Mahâbodhi, puis retourne au Népal où il se fixe. Il y demeurait encore vers 690. Peut-être il aimait à y retrouver le dieu de son berceau, Mañjuçrî, adoré sur les hauteurs de l'Ou-t'ai chan, dans l'arrondissement de Ping où il était né, et que le bouddhisme népalais vénère aussi comme une sorte de divinité patronale. C'est aussi du même arrondissement de Ping que venait le religieux Tao-cheng qui s'achemina vers Nâlanda, peu de temps avant l'an 650, par le Tibet et le Népal. Sur le chemin du retour, il ne revit le Népal que pour y mourir, à l'âge de 50 ans. Le Népal fut encore funeste à Matisimha, natif de Tch'ang-ngan, qui vint mourir au Népal à 40 ans, tandis qu'il rentrait dans sa patrie, et aussi à Hiuen-hoei, qui revenait du couvent de Mahâbodhi, et n'avait que 30 ans quand il mourut au Népal. Sans doute affaiblis déjà par le climat de l'Inde, ils contractaient au passage du Téraï des fièvres mortelles. Les couvents népalais reçurent encore comme hôtes deux Chinois à demi tibétains déjà ; leur mère était la nourrice de « la princesse tibétaine ». L'un d'eux résidait encore au Népal dans le Çiva-vihâra, quand I-tsing était dans l'Inde [1].

Dès que le Népal avait connu la puissance de l'Empire

---

1. V. sur ces divers personnages : I-TSING. *Les religieux éminents qui allèrent chercher la loi dans l'Occident sous la dynastie des T'ang,* trad. Édouard Chavannes. Paris, 1894 ; § 1 (Hiuen-tch'ao) ; § 6 (Hiuen-t'ai) ; § 11 (Tao-fang) ; § 12 (Tao-cheng) ; § 15 (Matisimha) ; § 16 (Hiuen-hoei) ; § 18 et 19 (les deux derniers).

Chinois, il s'était empressé de rechercher la protection du
suzerain lointain qui pouvait le défendre contre les convoitises des Hindous et des Tibétains, sans menacer de trop
près son indépendance. Le roi Narendra deva, qui avait
accueilli avec déférence la mission de Li I-piao vers 644.
envoya en 651 une ambassade porter au Fils du Ciel ses
présents respectueux. L'Inde et la Chine à ce moment semblaient se chercher, s'appeler, et vouloir se fondre pour
élaborer en commun une forme supérieure de civilisation ;
l'œuvre patiente des apôtres et des pèlerins qui sillonnaient
depuis cinq siècles le centre de l'Asie allait porter ses
fruits. Un voisin du Népal, un prince hindou qui préten-
dait sortir d'une dynastie vieille de quatre mille ans, le
plus puissant vassal de l'empereur Harṣa Çîlâditya, Kumâra
Bhâskara varman, roi de Kâmarûpa, comblait de préve-
nances les Chinois qui passaient dans l'Inde, qu'ils fussent
des envoyés officiels comme Li I-piao et Wang Hiuen-ts'e
ou des moines comme Hiouen-tsang et Tao-cheng. Tout
attaché qu'il était aux doctrines orthodoxes du brahmanisme, il sollicitait de la faveur impériale une traduction
sanscrite des œuvres de Lao-tzeu [1]. Le mysticisme métaphysique de l'Inde et le réalisme vigoureux de la Chine mis
en contact pouvaient créer dans l'Extrême-Orient un monde
harmonieux de croyance et d'action. Les Arabes et les
Tibétains surgirent tout à coup pour anéantir à l'envi ce
beau rêve. Un demi-siècle avait suffi pour porter la vague
furieuse de l'Islam jusqu'au pied du Pamir, un demi-siècle
avait suffi pour créer sur les plateaux glacés du Tibet une
puissance rivale des T'ang. La Chine, humiliée, recule.
C'est en vain que trois fois, entre 713 et 741, le Centre et
le Sud de l'Inde sollicitent le secours de l'Empereur, qu'ils
croient encore tout-puissant, contre les deux ennemis qui

---

1. *Les missions de Wang Hiuen-ts'e*, p. 308, n. 1.

menacent leurs frontières. Le descendant de T'ai-tsong,
Hiuen-tsong, se contente d'octroyer aux armées hindoues
un titre d'honneur. L'Inde a compris cet aveu d'impuissance. « A dater de 760, les rois de l'Inde cessèrent de venir
à la cour[1]. »

A la chute de la dynastie T'ang, vers le début du xe siècle,
les relations entre le Népal et la Chine étaient suspendues
depuis deux cent cinquante ans ; mais les archives impériales avaient conservé les informations qu'on avait pu
recueillir sur le petit royaume de l'Himalaya, soit par
les rapports officiels, soit par les récits des voyageurs.
Quand la nouvelle dynastie entreprit, selon l'usage, d'écrire
l'histoire des T'ang qu'elle avait remplacés, on y inséra
dans la section géographique une notice sur le Népal,
compilée à l'aide de ces matériaux. La Relation de Wang
Hiuen-ts'e en a sans doute fourni la plus grande partie[2].

« Le royaume de *Ni-po-lo* (Népal) est droit à l'Ouest du
T'ou-fan (Tibet)[3]. Les habitants ont coutume de raser leurs
cheveux juste au niveau des sourcils ; ils se percent les
oreilles et y suspendent des tubes de bambou ou de la corne
de bœuf[4] ; c'est une marque de beauté que d'avoir les
oreilles tombant jusqu'aux épaules. Ils mangent avec leurs

1. Ma Toan-lin, *Notice sur l'Inde,* trad. Stanislas Julien, dans *Journ.
asiat.,* 1847, 2.

2. Je reproduis ici la traduction que j'ai déjà publiée dans ma *Note
sur la chronologie du Népal,* dans le *Journ. asiat.,* 1894, 2, p. 65.
Les Annales des T'ang existent en deux rédactions, désignées respectivement comme l'Ancienne et la Nouvelle Histoire. J'ai traduit le texte
que donne l'*Ancienne histoire,* chap. 221. Des Annales, la notice sur
le Népal a passé avec quelques variantes dans le T'ong-tien et dans l'encyclopédie de Ma Toan-lin ; Rémusat a traduit le texte de ce compilateur
dans ses *Nouveaux mélanges asiatiques,* t. 1, p. 193. J'indiquerai
dans les notes les variantes de la *Nouvelle histoire,* et aussi celles du
T'ong-tien rédigé au xe siècle et copié par Ma Toan-lin.

3. La *Nouv. hist.* insère ici : « Dans la vallée de Lo-ling, dans ce pays
on trouve en abondance le cuivre rouge et le yak ». Cf. Hiouen-tsang,
sup. p. 154.

4. Le *T'ong-tien* supprime « la corne de bœuf ».

mains, sans employer de cuillers ni de bâtonnets. Tous leurs ustensiles sont faits de cuivre. Les marchands, tant ambulants qu'établis, y sont nombreux ; les cultivateurs, rares[1]. Ils ont des monnaies de cuivre qui portent d'un côté une figure d'homme, et au revers un cheval[2]. Ils ne percent pas les narines des bœufs. Ils s'habillent d'une seule pièce de toile qui leur enveloppe le corps. Ils se baignent plusieurs fois par jour. Leurs maisons sont construites en bois ; les murs en sont sculptés et peints. Ils aiment beaucoup les jeux scéniques, se plaisent à souffler la trompette et à battre le tambour[3]. Ils s'entendent assez bien au calcul des destinées et aux recherches de philosophie physique. Ils sont également habiles dans l'art du calendrier[4]. Ils adorent cinq[5] esprits célestes, et sculptent leurs images en pierre ; chaque jour ils les lavent avec une eau purifiante. Ils font cuire un mouton et l'offrent en sacrifice.

« Leur roi *Na-ling ti-po* (Narendra deva) se pare de vraies perles, de cristal de roche, de nacre, de corail, d'ambre[6] ; il a aux oreilles des boucles d'or et des pendants de jade, et des breloques à sa ceinture, ornées d'un *Foutou* (Buddha). Il s'asseoit sur un siège à lions (simhâsana) ; à l'intérieur de la salle on répand des fleurs et des parfums.

1. La *Nouv. hist.* ajoute : « Parce qu'ils ne savent pas labourer avec les bœufs. »

2. La *Nouv. hist.* change le sens par suite d'une ponctuation erronée : « Ils ont des monnaies de cuivre qui portent d'un côté une figure d'homme, et au revers un cheval et un bœuf, et qui n'ont pas de trou au milieu. »

3. La *Nouv. hist.*, le *T'ong-tien* et MA TOAN-LIN suppriment cette dernière proposition.

4. La *Nouv. hist.* dit seulement : « Ils s'entendent à raisonner, à mesurer, à faire le calendrier. »

5. La *Nouv. hist.* omet le mot « cinq ».

6. Le *T'ong-tien* remplace cette énumération par ces simples mots : « Le roi porte un grand nombre d'ornements, de pierres précieuses et de perles. »

Les grands et les officiers et toute la cour sont assis à
droite et à gauche par terre ; à ses côtés sont rangés des
centaines de soldats en armes.

« Au milieu du palais il y a une tour de sept étages,
couverte de tuiles en cuivre. Balustrades, grilles, colonnes,
poutres, tout y est orné de pierres et de pierreries. A
chacun des quatre coins de la tour est suspendu un tuyau
de cuivre ; en bas il y a des dragons d'or qui jettent l'eau.
En haut de la tour on verse de l'eau dans des auges ; de la
bouche des dragons elle sort en jaillissant comme d'une
fontaine.

« Le père de *Na-ling ti-po* fut renversé du trône par son
frère puîné [1] ; *Na-ling ti-po* s'enfuit pour échapper à son
oncle. Les T'ou-fan lui donnèrent refuge et le rétablirent
sur son trône ; il devint en conséquence leur vassal. Dans
la période Tcheng-koan (627-649) Li I-piao, officier militaire de l'empereur envoyé en ambassade dans l'Inde, passa
par ce royaume. *Na-ling ti-po* le vit avec une grande joie ;
il sortit avec Li I-piao pour visiter l'étang *A-ki-po-li* [2] ;
cet étang a environ vingt pas de circonférence ; l'eau y
bouillonne constamment. Quoiqu'elle s'écoule en courant,
elle entraîne pêle-mêle les pierres brûlantes et le métal
échauffé. Elle n'a jamais de crues ni de maigres. Si on
y jette un objet, il en sort de la vapeur et de la flamme ; si
on y met un chaudron, la cuisson se fait en un instant.
Dans la suite [3], quand Wang Hiuen-ts'e fut pillé par les
Indiens, le Népal envoya de la cavalerie avec les T'ou-fan ;

1. Le texte de la *Nouv. hist.* prouve qu'il s'agit du frère puîné du
père de Narendra deva. La *Nouv. hist.* substitue à *tchouen* « rebelle
usurpateur » le mot « *cha* » « mettre à mort ».

2. Le *T'ong-tien* porte *A-ki-po-mi*. Cf. Wang Hiuen-ts'e, sup. p. 158.

3. La *Nouv. hist.* passe sous silence l'affaire de Wang Hiuen-ts'e et
intercale ici : « La 21ᵉ année (647) il envoya un ambassadeur présenter
(des objets que je ne puis identifier, 7 caractères). Dans la période
Yong-hoei..., etc. »

ensemble ils mirent les Indiens en déroute et remportèrent un succès. La seconde année de la période Yong-hoei (651) leur roi *Chi-li Na-lien-to-lo* (Çrî Narendra) envoya de nouveau une ambassade offrir ses hommages et ses présents. »

Isolé de la Chine [1] dès la fin du viie siècle, le Népal reste attaché au Tibet comme vassal et comme précepteur religieux. Converti à la doctrine du Bouddha, le Tibet en son zèle veut la connaître et l'étudier tout entière ; il demande aux couvents népalais des traducteurs (*lotsavas*) initiés aux arcanes des Tantras. Mais la littérature tibétaine est presque inexplorée encore ; son histoire est tout entière à faire. Elle ne saurait manquer d'enrichir un jour nos connaissances sur le passé du Népal. Le seul missionnaire dont nous puissions suivre l'itinéraire à travers le Népal est le célèbre pandit Atîça qui passa de l'Inde au Tibet vers le milieu du xie siècle. Atîça, le premier en date des fondateurs du lamaïsme tibétain, venait du monastère de Vikrama çîla, en Magadha. Mandé par le roi Lha Lama Jñâna raçmi (ou Gurei), qui régnait sur la province de Ngari, à l'extrême Occident du Tibet, Atîça choisit la route du Népal, malgré le détour qu'elle lui impose afin d'adorer le très saint sanctuaire de Svayambhû Nâtha, dans le voisinage de Katmandou. Il franchit la frontière entre l'Inde et le Népal près de Čindila krama, monte au Népal ; puis il se dirige à

1. Peu de temps encore après la chute des T'ang, vers la fin du xe siècle (964-976) une dernière mission de prêtres chinois passa encore au Népal. Ki-ye, parti en compagnie de trois cents çramaṇas pour chercher dans l'Inde des textes sacrés, se rendit à Pâṭaliputra, Vaiçâlî, Kuçinagara ; puis du bourg de To-lo franchissant plusieurs rangées de montagnes, il arriva au royaume de Népal. De là il passe au royaume de Mo-yu-li (le pays de Mayûratô de l'inscription de Svayambhû Nâtha, *Wright*, p. 230), franchit les montagnes neigeuses, arrive au temple San-ye, et rejoint la route de Khotan et Kachgar. V. Édouard HUBER, *l'Itinéraire du pèlerin Ki-ye dans l'Inde* dans le *Bulletin de l'École française d'Extrême-Orient*, II, 3, 256 sqq.

l'Ouest vers Palpa, pour aller y saluer le roi souverain du Népal, qui y tenait sa cour. Le roi le reçoit en grande pompe, lui fait cadeau de son propre éléphant, et lui donne une escorte de 425 personnes pour l'accompagner jusqu'au lac Mânasa (Manasarovar), probablement par les passes de Mastang[1].

L'anarchie qui déchira le Tibet jusqu'au xiiie siècle avait interrompu les relations politiques avec le Népal ; l'organisation du lamaïsme vers le milieu du xiiie siècle consomma la séparation religieuse des deux pays. Le clergé népalais, jaloux de ses privilèges et de ses prérogatives, repoussait avec énergie la suprématie du Grand-Lama du couvent de Sa-skya que le petit-fils de Gengis khan voulait imposer aux bouddhistes. L'intérêt monarchique avait pu décider le Mongol Khoubilai khan à créer une sorte de pape ; le Népal était assez loin pour sauvegarder son indépendance religieuse avec son indépendance politique. La ruine des Mongols et l'avènement d'une dynastie nationale en Chine en 1368 anéantirent le système de politique religieuse inauguré par Khoubilaï. Les Ming travaillèrent avec vigueur à supprimer un pouvoir qui finissait par faire échec à la puissance temporelle ; ils multiplièrent les dignités et les honneurs à côté du Grand-Lama pour affaiblir son prestige et lui susciter des concurrents. Le fondateur de la dynastie, Hong-wou (1368-1399), semble avoir élevé au même rang que le Lama lui-même trois autres patriarches tibétains ; le second de ses successeurs, Young-lo (1403-1425), conféra le titre de roi (*wang*) à huit lamas du Tibet.

Le Népal pouvait servir les desseins de la politique chinoise : les relations directes entre les deux pays avaient, il est vrai, cessé depuis de longs siècles, mais le panboud-

1. *Life of Atîça,* trad. Sarat Chandra Das, dans *Journ. Buddhist Text Soc.*, 1, 25-30.

dhisme mongol avait rappelé l'attention sur le dernier survivant des royaumes bouddhiques de l'Inde. Justement le bruit courait que « ses souverains étaient tous des bonzes » ; c'était une rivalité de plus à provoquer contre Lhasa. Seize ans après l'expulsion des Mongols, l'empereur Hong-wou « ordonna au bonze Tcheu-koang d'aller au Népal porter au roi un sceau qui lui conférait l'investiture officielle, une lettre, et des soieries, et de se rendre également dans le royaume de (Ti) Yong-ta, vassal du Népal ».

Il fallait de sérieuses et graves raisons pour décider le Fils du Ciel à prendre les devants et à honorer un petit potentat d'une amitié qui n'avait pas été sollicitée. « Grâce à la connaissance profonde qu'il avait des livres bouddhiques, Tcheu-koang sut répondre aux intentions de l'empereur et manifester sa vertu. Le roi du Népal nommé *Ma-ta-na lo-mo* envoya un ambassadeur à la cour porter des présents consistant en petites pagodes d'or, livres sacrés du Bouddha, chevaux renommés et productions du pays. Cet ambassadeur arriva à la capitale la vingtième année de Hong-wou (1387). L'Empereur en fut très content et lui conféra un sceau d'argent, un cachet de jade, une lettre, des amulettes et des soieries. » L'arrière-pensée de Hong-wou se marquait clairement au titre de « *lo-mo* » Lama, que les Annales accolent au nom du roi Ma-ta-na ; mais le souverain du Népal dut en être surpris, car la dynastie à laquelle il appartenait se piquait d'orthodoxie et de pureté brahmanique. En 1390 un autre ambassadeur vint apporter le tribut. L'Empereur lui fit cadeau d'un cachet de jade et d'un dais rouge. Pendant les dernières années de Hong-wou, il ne vint qu'un seul ambassadeur pour une période de plusieurs années. L'empereur Young-lo suivit l'exemple de son aïeul. « Il ordonna au bonze Tcheu-koang de retourner en ambassade au Népal ; ce pays envoya son tribut la septième année (1409). La onzième année, l'Empereur ordonna à Yang San-pao d'aller offrir en présent au nouveau roi du Népal Cha-ko-sin-ti et au roi de (Ti) Yong-t'a, Ko-pan, des lettres, des cadeaux en argent et en soie. L'année suivante (1414) Cha-ko- sin-i ayant envoyé son ambassadeur porteur de son tribut, l'empereur lui conféra le titre de roi du Népal (*Ni-pa-la kouo-wang*) et lui fit présent d'un diplôme contenant cette investiture, un sceau en or et un sceau en argent. La seizième année (1418) Cha-ko-sin-ti ayant envoyé de nouveau un ambassadeur porteur de son tribut, l'Empereur ordonna à l'eunuque Teng-tch'eng de se rendre au Népal et d'offrir au roi un cachet et des pièces de soie et de satin. Teng-tch'eng distribua des présents aux princes des différents pays qu'il traversa. » Le second successeur de Young-lo, Hiuen-te (1426-1435), essaya de continuer la tradition. « La seconde année (1427) l'eunuque Heou-hien fut envoyé de nouveau faire au roi du Népal des cadeaux consistant en pièces de soie et de lin. » Mais la cour de Pékin attendit en vain une politesse de retour. « Dès lors nul ambassadeur ne vint à la cour et nul tribut n'y fut envoyé[1]. »

C'est que l'Asie Centrale, perpétuellement en effervescence, recommençait à traverser une série de crises. Le descendant spirituel d'Atîça, Tsong kha pa (1355 à 1417 environ), venait de réformer l'Église tibétaine en créant la secte des Bonnets Jaunes ; héritier accompli des deux civilisations qui l'avaient formé, il avait fondé sur le dogme métaphysique de la transmigration une constitution hiérar-

---

1. Depuis le passage « les souverains du Népal étaient tous des bonzes », les extraits cités sont tirés des *Annales des Ming*, chap. cccxxi (= *Pien-i-tien*, ch. lxxxv). Je reproduis en général la traduction donnée par M. C. Imbault-Huart, dans une note de son *Histoire de la conquête du Népal*, dans le *Journ. asiat.*, 1878, 2, p. 357, n. 1. — M. Bretschneider a également donné une traduction de cette notice dans *Mediæval researches from Eastern Asiatic sources*. 1888 (Londres, Trübner's series), vol. II, p. 222.

chique du clergé qui combinait dans un compromis harmonieux les avantages contradictoires de l'élection et de
l'hérédité : deux papes, l'un à Lhasa, l'autre à Ta-chi-
loun-po, se partageaient à des titres divers l'autorité
suprême sur le clergé tout entier. L'organisation tentée par
Khoubilaï, renversée laborieusement par les Ming, se
reconstituait en dehors du contrôle impérial, prête à s'in-
surger contre lui. Les Ming, affaiblis déjà, durent pactiser
avec cette nouvelle puissance. Le huitième empereur de la
dynastie, Tch'eng-hoa (1465-1487), conféra le diplôme et le
sceau aux deux pontifes des Bonnets Jaunes, et leur
reconnut un droit de suprématie sur les autres dignitaires
de l'Église. Il pensait acheter à ce prix leur concours ou
leur neutralité, tandis qu'une rébellion sévissait sur les
confins septentrionaux du Tibet, au bord du Fleuve Jaune.
Mais la souveraineté accordée aux deux Grands-Lamas
souleva des résistances ; la secte des Bonnets-Rouges,
éclipsée par l'École de Tsong kha pa, n'avait pas cependant
disparu devant sa jeune rivale ; elle recourut au bras
séculier, et n'eut pas de peine à gagner la féodalité tibétaine, menacée par le même adversaire. La guerre civile
se déchaîna sur toute l'étendue de la contrée : elle durait
encore quand le Jésuite d'Andrada arriva à Chaparangue,
en 1625, et quand les Pères Grueber et Dorville passèrent
à Lhasa en 1661 ; elle se prolongeait encore quand les premiers Capucins arrivèrent à Lhasa en 1709. Mais elle s'était
alors compliquée d'interventions étrangères.

Les Mongols, soumis par les Ming et chassés dans la
Terre des Herbes, n'avaient pas oublié leur grandeur
passée ; ils attendaient la revanche : l'appui du clergé tibétain leur parut un appoint décisif ; ils se rangèrent solennellement sous l'autorité du Grand-Lama en 1577, et se
déclarèrent les champions de l'Église à la fois contre les
rebelles et contre les Chinois. L'empereur Wang-li (1573-

1620) s'empressa d'adresser au Grand-Lama une ambassade, des titres et des honneurs considérables ; sa précipi-
tation trahissait sa faiblesse. En 1644, le dernier des Ming,
traqué dans son propre palais, se donnait la mort. Depuis
dix ans déjà, le chef des Mandchous, T'ai-tsong, avait
usurpé le titre impérial. Le Dalai-Lama de Lhasa suivait
avec intérêt les progrès du nouveau pouvoir qui surgissait
à l'horizon dans le voisinage des Mongols déchus. En 1642,
avant la chute même de Pékin, une ambassade venait à
Moukden saluer T'ai-tsong le Mandchou (Manju) sous le
nom de Mañjuçrî : la flatterie prenait un tour ingénieux.
Un jeu de mots, qui semblait l'écho de la destinée, élevait
le triomphateur au plus haut rang du panthéon bouddhique.

Les relations entre le Grand-Lama et les premiers Mandchous se bornèrent longtemps à un échange de politesses ;
les nouveaux maîtres de la Chine étaient trop occupés chez
eux pour se soucier du Tibet. Un ministre audacieux alla
même jusqu'à dissimuler pendant quinze ans la mort du
Dalai-Lama, engagé, disait-il, dans une méditation surnaturelle, et sous ce couvert il exerça sans être inquiété un
pouvoir absolu (1682-1697). Il en profita pour exciter les
Mongols à la guerre sainte contre la Chine et pour soutenir
sans se compromettre la grande rébellion des Dzoungares.
Mais l'empereur K'ang-hi, l'illustre contemporain de
Louis XIV (1662-1722), réussit à réduire ces ennemis redoutables. Toutefois, avant d'intervenir en personne au Tibet,
il lança sur la capitale des Lamas le prince des Khoskhotes,
son allié, Latsan khan. La ville fut prise et le ministre
usurpateur tué (1706). Peu d'années après, les Capucins
fondaient leur mission népalaise (1707-1709). Un nouveau
mouvement des Dzoungares amena l'intervention directe
de l'Empire : les troupes de K'ang-hi, au nombre de 130 000
hommes, occupèrent Lhasa. Le pouvoir spirituel fut laissé
au Dalai-Lama ; mais un conseil de gouvernement fut chargé

de l'administration sous le contrôle chinois. Le Tibet perdait son autonomie ; la Chine s'étendait jusqu'aux frontières du Népal.

Les trois rois qui se partageaient le Népal crurent sage de se concilier au plus vite un voisin dangereux. « Durant la neuvième année Yong-tcheng (1731), les trois tribus qui composaient le pays de *Pa-lo-pou* (Népal), celles de *Ye-leng* (Patan), de *Pou-yen* (Bhatgaon) et de *K'ou*[-*kou*]-*mou* (Katmandou) adressèrent chacune à l'Empereur une pétition écrite sur feuilles d'or et offrirent en tribut des productions du pays[1]. » Le résident chinois au Tibet informa la cour de Pékin que « les trois khans d'outre-Tibet désiraient envoyer le tribut ». L'Empereur répondit que, vu la longueur du voyage, les choses devaient se faire au Tibet[2]. Sept ans plus tard, un nouveau rapport officiel annonce « que les trois khans du Népal sont en guerre[3] ».

Des relations commerciales unissaient le Népal et le Tibet depuis le début du xviie siècle. Vers l'an 1600, quand Çiva Siṃha Malla régnait à Katmandou, le voyage du Népal à Lhasa passait encore pour une entreprise difficile. Mais sous son successeur, Lakṣmî Narasiṃha Malla, Bhîma Malla, membre de la famille royale et ministre d'État, envoya des trafiquants au Tibet, puis il y alla en personne, et il en expédia des quantités d'or et d'argent à Katmandou. Il négocia même une sorte de traité de commerce en vertu duquel les biens des Népalais décédés à Lhasa devaient faire retour au gouvernement du Népal. Enfin il rangea la ville de Kuti sous la juridiction du Népal[4].

---

1. *Histoire de la conquête du Népal*, trad. Imbault-Huart, *loc. laud.*
2. *Nepaul and China*, by E.-H. Parker ; dans *Asiat. Quart. Review*, 1899, p. 64-82.
3. *Ib.* Cf. *Vaṃçâv.*, 197 : « At this time [Nepal Saṃ. 857 = 1737 A. D.] the Rājās of Bhātgāon, Lalit-patan, and Kāntipur were on bad terms with each other. »
4. *Vaṃçâv.*, 209 et 211.

Le trafic devint si actif que vers 1650 le pieux Siddhi Narasiṃha Malla, roi de Patan, se préoccupa d'assurer par un règlement spécial la purification des marchands indigènes qui revenaient du Tibet souillés par un voyage hors des pays orthodoxes et par le contact d'une

Stûpa de Svayambhû Nâtha. Entrée de la terrasse.

race que les brahmanes déclaraient impure[1]. Le Népal devint le monnayeur du Tibet : Mahendra Malla, roi de Katmandou, avait obtenu des Mogols de Delhi (vers 1550-1560) l'autorisation de battre monnaie en argent ; les pièces frappées à son effigie ou copiées sur ce type devinrent,

1. *Ib.*, 237.

sous le nom de *Mahendra-malli*, la seule monnaie en cours
au Tibet. Le Népal échangeait sa monnaie contre des espèces
brutes, et y gagnait gros. Le dernier roi de Bhatgaon,
Raṇajita Malla, « qui était prudent et entendu, envoyait à
Lhasa de grandes quantités d'argent monnayé, et recevait
en échange de grandes quantités d'or et d'argent [1] ». Tenté
par l'appât d'un gain facile, il ne craignit pas d'altérer le
titre de ses monnaies.

La conquête du Népal par les Gourkhas (1765-1768)
interrompit tout à coup ce commerce lucratif. Les nouveaux
maîtres du royaume se méfiaient de leurs sujets autant
que des étrangers ; il leur fallait rester sous les armes, et
les ressources naturelles du pays ne suffisaient pas à entretenir une multitude de soldats. Prithi Narayan établit des
taxes écrasantes sur les transactions ; sous les prétextes les
plus frivoles, les marchands étaient frappés de lourdes
amendes. Les religieux errants (*Gosdins*) qui colportaient
les marchandises entre l'Hindoustan et le Tibet furent
chassés du royaume ; les plus gros trafiquants du Népal
s'empressèrent de chercher ailleurs une patrie plus accom-
modante. Il ne restait plus en 1774 au Népal, pour com-
mercer avec le Tibet, que deux maisons tenues par des
Cachemiriens ; pour les empêcher de déserter à leur tour,
le roi Gourkha ne les laissait sortir du pays que sous caution. Les rares marchands qui osèrent se risquer désormais
au Népal en pâtirent : Prithi Narayan leur fit couper les
oreilles ; puis, il les expulsa. Le Teshu-Lama de Ta-chi-
loun-po, le second du Dalai-Lama, pouvait écrire au roi du
Népal : « Tous les marchands, Hindous aussi bien que
Musulmans, ont peur de toi ; personne ne veut entrer dans
ton pays ». On chercha d'autres voies entre l'Inde et le
Tibet ; on en revint à la route du Sikkim, que le commerce

1. *Ib.*, 196.

avait désertée depuis que le Népal s'était ouvert ; mais elle était décidément trop insalubre ; il fallut y renoncer. Au surplus, le Sikkim à son tour tomba sous la domination des Gourkhas. Le Bhoutan était en proie à des dissensions et ne se prêtait pas à un trafic régulier. Warren Hastings, qui voulait faire du Bengale le marché maritime de l'Asie Centrale, envoya en 1774 George Bogle en mission à Ta-chi-loun-po pour négocier un arrangement commercial entre la Compagnie, le Bhoutan et le Tibet.

Prithi Narayan en prit ombrage ; il voyait ses revenus se tarir. Il adressa une lettre officielle aux autorités tibétaines : « Il proposait d'établir à Kuti, Kerant (Kirâta ou Kirong ?) et dans un autre endroit, sur les frontières du Népal et du Tibet, des comptoirs où les marchands du Tibet pourraient acheter les produits du Népal et du Bengale ; il laisserait transporter à travers son royaume les articles ordinaires de commerce, à l'exclusion du verre et d'autres curiosités. Il désirait en retour que le Tibet n'eût pas de rapports avec les Fringhis ou les Mogols et leur interdît l'entrée du pays, comme c'était l'ancien usage et comme il était résolu à faire : un Fringhi était justement près de lui, à ce moment-là même, à propos d'une affaire, mais il avait l'intention de le renvoyer le plus tôt possible. » La suite de sa dépêche traitait une question qui le touchait plus vivement : maître du Népal, il avait fait rentrer toute la monnaie en circulation, l'avait fondue pour la frapper à son nom, et s'était empressé d'expédier au Tibet ses nouvelles roupies ; il entendait poursuivre à son compte les procédés d'exploitation inaugurés par les Mallas. Mais les marchands du Tibet avaient refusé la nouvelle monnaie ; le conquérant avait donné assez de preuves de sa mauvaise foi et de sa brutalité pour justifier leur méfiance et provoquer des représailles. Ils offrirent comme transaction d'échanger les roupies du Gourkha contre les roupies des Mallas qui circulaient au Tibet. Prithi Narayan ne gagnait rien à cette combinaison. Il déclara que l'argent de Ranajita Malla, étant falsifié, ne valait pas son propre argent, et il rejeta l'arrangement. Le commerce entre les deux pays cessa. La mort de Prithi Narayan en 1775 n'améliora pas les relations des deux États ; le Teshu-Lama prit l'initiative de nouvelles démarches, qui n'eurent pas d'effet [1].

Le Népal ne bougea pas ; mais le Teshu-Lama s'était compromis. Il avait accueilli en ami l'agent de Warren Hastings et du gouvernement britannique ; il s'occupait d'ouvrir le Tibet au commerce étranger, et même au commerce anglais. Il agissait en chef indépendant, comme s'il avait oublié les événements accomplis depuis 1750. Les Chinois se chargèrent de les lui rappeler. Une dernière et formidable révolte avait coûté au Tibet les derniers vestiges de son autonomie ; deux commissaires chinois résidaient à Lhasa et surveillaient les ministres du Lama, qu'on avait rétabli dans son pouvoir temporel ; une garnison chinoise occupait un faubourg de Lhasa ; des postes chinois gardaient toutes les passes des frontières. Le Teshu-Lama, coupable d'imprudence, était un personnage trop vénéré pour qu'on pût agir brutalement à son égard. L'empereur K'ien-long imagina un subterfuge ingénieux, digne de son adresse politique. Il allégua son grand âge, et demanda en termes pressants au Teshu-Lama de lui apporter avec sa bénédiction les instructions sublimes de la sainte doctrine. Le Lama s'excusa longtemps ; mais il dut enfin céder, quitta son monastère en 1779, gagna la Mandchourie par la voie plus courte et plus pénible du Koukou-nor, suivit l'Empereur de Jéhol à Pékin, traité comme un dieu plus que comme un homme, et mourut soudainement dans la

---

1. La plupart des détails sont empruntés à la *Relation de George Bogle* publiée par M. MARKHAM dans le volume déjà cité : *Tibet*, etc., en particulier, p. 127-159.

capitale impériale, en 1780, soit de la petite vérole, soit du poison. En attendant la majorité de l'enfant où il s'était réincarné, comme il sied aux Lamas, la cour confia la direction des affaires de Ta-chi-loun-po à un frère du Teshu-Lama, qui l'avait accompagné à Pékin et qui offrait les meilleures garanties.

Mais le défunt avait un autre frère, qui demeurait à Ta-chi-loun-po, et qui passait pour une mauvaise tête ; on l'appelait *Cha-mar-pa* « le Bonnet-Rouge », soit qu'il appartînt en effet à cette secte, soit par mépris. Quand il apprit la mort du Lama, Cha-mar-pa mit la main sur le trésor du couvent et s'enfuit au Népal ; là, il peignit aux Gourkhas éblouis un Tibet de fantaisie avec un sol rempli de métaux précieux et des monastères bourrés de richesses. Il n'en fallait pas tant pour enflammer la cupidité insatiable des Gourkhas : une troupe forte, dit-on, de 7 000 hommes franchit les passes à l'improviste en avril 1790, sous pré- texte de devancer une agression imminente des Tibétains, d'exiger une convention monétaire, enfin de protester contre une élévation des tarifs de douane et contre la mau- vaise qualité du sel fourni par les Tibétains : trop de raisons, et de raisons trop incohérentes pour être sérieuses. Ils avancèrent à marches forcées et parurent sous les murs de Shikar-Jong, à mi-chemin de Lhasa. Les Tibétains affolés essayèrent en vain de secourir la place. Les commissaires chinois, épouvantés de leur responsabilité, voulurent à tout prix régler l'affaire avant que l'Empereur en fût avisé : ils promirent aux Gourkhas un règlement avantageux ; les Gourkhas se retirèrent, et s'installèrent à Kuti, à Kirong et à Phullak, en possession des passes. Kirong fut choisi comme siège des négociations. Les Gourkhas réclamaient une indemnité de guerre de cinq millions de roupies, ou la cession de tout le territoire qu'ils avaient conquis au Sud du mont Langour, ou un tribut annuel de 100 000 roupies.

Après de longues résistances, les *k'an-po* (prieurs) tibétains cédèrent aux menaces des Gourkhas et aux instances pressantes des commissaires chinois ; ils promirent solennellement un tribut annuel de 50 000 roupies (ou 15 000 taëls). La première annuité payée, les Gourkhas évacuèrent les passes et rentrèrent au Népal. Pour se prémunir contre une rétractation éventuelle, ils s'empressèrent d'envoyer à l'Empereur deux ambassadeurs avec une escorte de vingt-cinq personnes, sous prétexte d'offrir le tribut et de solliciter l'investiture officielle du royaume. K'ien-long les reçut, souscrivit à leur demande et envoya de plus au roi du Népal un costume splendide. L'ambassade rentra au Népal après quatorze mois d'absence.

Mais, tandis que le commissaire chinois Tchong-pa annonçait triomphalement à l'Empereur la soumission des ennemis, et représentait l'ambassade des Gourkhas comme un acte de contrition, le Dalai-Lama refusait de souscrire aux engagements pris. Les Gourkhas frustrés réclamèrent en vain l'exécution du traité ; ils portèrent plainte au commissaire chinois qui, fidèle à sa tactique, intercepta la plainte et se garda d'en aviser le gouvernement de Pékin. Les Gourkhas enhardis reprirent en armes la route du Tibet (1791), pénétrèrent par la passe de Kuti et marchèrent droit sur Ta-chi-loun-po. Terrifié, le résident chinois voulait évacuer le Tibet : il n'essaya pas même de défendre le couvent du Teshu-Lama. Le Teshu-Lama, qui était tout jeune encore, ne dut son salut qu'à une fuite précipitée ; un fonctionnaire chinois fut pris et envoyé au Népal. Les Gourkhas pillèrent le couvent et se replièrent en arrière pour mettre leur butin en sûreté, sans profiter du désarroi général qui leur ouvrait le chemin de Lhasa. L'Empereur cependant avait sommé le gouvernement gourkha, par un envoyé spécial, de lui remettre le bonze Cha-mar-pa tenu pour l'instigateur et l'auteur de ces troubles. L'envoyé chi-

nois fut traité grossièrement ; sans respect des rites compliqués de l'étiquette chinoise, un simple huissier prit
livraison de la lettre impériale. La mesure était comble
(janvier 1792). K'ien-long donna l'ordre à 5 000 soldats des
principautés et des colonies militaires du Kin-tchoan de
rallier les 3 000 réguliers en garnison au Tibet ; et pour
opposer à la valeur éprouvée des Gourkhas de solides adversaires, il leva parmi ses fidèles Mandchous une troupe de
2 000 hommes recrutés parmi les tribus belliqueuses des
Solon, sur les bords de l'Argoun ; il fallait gagner du temps ;
on leur fit prendre la route du Koukou-nor, plus courte de
trente jours que la voie de Ta-tsien-lou, mais hérissée de
difficultés et d'obstacles. En mai 1793, les trois contingents
étaient réunis sous le commandement de Fou-k'ang ; l'armée chinoise ne comptait que 10 000 hommes, au témoignage de l'historien chinois ; la relation tibétaine lui attribue
70 000 hommes, partagés en deux divisions.

Une première rencontre se produisit à Tingri Meidan,
entre Shikarjong et Kuti ; les Gourkhas, vaincus après une
lutte acharnée, battirent en retraite ; Fou-k'ang occupa
sans lutte la passe de Kirong (juillet 1793), mais la montagne
coûta aux envahisseurs plus d'hommes que la bataille ;
l'avalanche et le précipice étaient plus meurtriers que les
Gourkhas. Une à une les positions des Gourkhas tombèrent
aux mains des Chinois ; Fou-k'ang avait à son service une
artillerie légère qui fit merveille : des canons de cuir qui
tiraient cinq ou six bombes, et qui éclataient ensuite. Enfin
l'armée chinoise apparut sur la hauteur de Dhebang, au-
dessus de Nayakot, à une journée de Katmandou (30 kilomètres), le 4 septembre 1792. Les Gourkhas massés tentèrent un suprême effort ; mais Fou-k'ang lança sur eux
ses troupes, soutenues et maintenues par son artillerie
qu'il avait fait installer en arrière, à la manière chinoise,
contre les ennemis et contre les fuyards. Le Népal était

définitivement vaincu ; il ne restait comme ressource que de recourir aux voisins détestés qui occupaient le Bengale. Le roi Gourkha sollicita le secours des Anglais ; mais Lord Cornwallis, en date du 15 septembre, se refusa à une intervention armée : il alléguait les goûts pacifiques de la Compagnie et l'intérêt du commerce anglais à Canton. Il s'offrait toutefois en médiateur entre les deux parties et annonçait l'envoi d'un représentant autorisé (Kirkpatrick). Le Népal n'avait plus qu'à choisir entre les ennemis de son indépendance ; il préféra s'arranger avec les Chinois. Fou-k'ang ne se montra pas trop exigeant ; son armée était réduite en nombre, épuisée par la fatigue et par le climat ; l'hiver approchait, qui allait fermer les passes ; une fois bloqués au Népal, sans ravitaillements et sans base d'opération, ses soldats étaient perdus. L'Empereur, il est vrai, avait d'abord eu l'intention de diviser le Népal en plusieurs principautés, à la façon des pays tartares et conformément aux traditions du pays. Fou-k'ang n'alla pas jusqu'à cette extrémité : les Gourkhas rendirent les conventions signées en 1790 et désavouées par le Dalai-Lama, les richesses : bijoux, sceaux d'or, boules dorées du faîte des pagodes, qu'ils avaient rapportées du pillage du Tibet, et aussi deux lamas : Tan-tsing et Pan-tchou-eul, qu'ils avaient faits prisonniers. Chamar-pa s'était empoisonné, de gré ou de force ; son cadavre fut remis aux Chinois. Enfin les Gourkhas offrirent en tribut des éléphants domestiques, des chevaux indigènes et des instruments de musique, demandant qu'il leur fût éternellement permis de vivre sous les lois de la Chine. L'Empereur profita de la victoire pour consolider l'autorité chinoise au Tibet : il y établit une garnison régulière de 3 000 soldats indigènes et de 1 000 soldats chinois et mandchous ; des postes chinois furent répartis tout le long de la frontière sous prétexte de veiller à la loyauté des échanges, mais avec la mission réelle d'interdire l'entrée du pays aux

Européens ou même à leurs sujets asiatiques. Un nouveau règlement sur l'élection du Grand-Lama restreignit encore les droits féodaux de l'Église. Le succès des Chinois coûta plus cher au Tibet qu'au Népal. L'Empereur avait appris par les rapports officiels le courage indomptable du petit peuple qui avait osé lui faire échec ; l'ambassadeur (Macartney) envoyé par les Anglais à la cour de Pékin « pour porter le tribut » en 1795 confirma et compléta ces informations. K'ien-long se le tint pour dit. Sur le point d'abdiquer après soixante ans de règne (1736-1796), il recommandait à son successeur de ne point intervenir sans nécessité absolue dans les affaires des Gourkhas [1].

Il est piquant de placer en face des faits le récit de la chronique gourkha : « Le roi Raṇ Bahādur Śāh, ayant appris les détails du pays septentrional de la bouche de Syāmarpā Lāmā, qu'il avait mandé, envoya des troupes à Sikhārjun qui pillèrent Digarchā et ne respectèrent pas l'autorité chinoise. L'Empereur de Chine, ne pouvant admettre cette insulte, envoya une grande armée sous le commandement du Kājī Dhurīn et du ministre Thumthām. Cette armée atteignit Dhēbun ; alors le Raja chargea un Lākhyā Bāndā de Bhinkshē Bahāl d'une cérémonie expiatoire (*puraçčaraṇa*) tandis que Mantrināyak Dāmōdar Pāṇde taillait les ennemis en pièces et obtenait une grande gloire. Après cela l'Empereur de Chine, pensant qu'il valait mieux vivre en amitié avec les Gourkhas, fit la paix avec eux [2]. »

1. L'histoire de la guerre entre le Népal et la Chine est fondée sur : 1° KIRKPATRICK, appendice I (récit gourkha) ; II (récit tibétain et correspondance de Lord Cornwallis avec le Dalai-Lama et le Raja du Népal) ; 2° TURNER, *Embassy to Thibet*, p. 437 ; 3° MARKHAM, *Tibet*, p. LXXVI-LXXVII (fondé sur les souvenirs de Hodgson qui s'était enquis auprès de Bhim Sen Thapa) ; 4° *Cheng-ou ki*, trad. Imbault-Huart, *loc. laud.* ; 5° PARKER, *Nepaul and China* (d'après les documents chinois), *loc. laud.* — Hamilton est seul à prétendre (*Nepal*, p. 249) que les Gourkhas durent remettre aux Chinois cinquante jeunes filles et des provisions de route, et qu'ils gardèrent leur butin.

2. *Vaṃçāv.*, 260-1.

Le traité de 1792 est encore en vigueur, et le Népal n'a pas cessé de payer tous les cinq ans un tribut à la Chine. Les Gourkhas en sont venus à tirer vanité de ce vasselage qui les rattache à un empire dont ils s'exagèrent la puissance actuelle, sans autre charge qu'une formalité indifférente. Leur esprit mercantile a su en tirer un avantage de lucre.

Tous les cinq ans, le Népal doit envoyer à Pékin une ambassade composée de plusieurs hauts dignitaires assistés d'une escorte ; elle va saluer le Bodhisattva Mañjuçrî dans la personne de l'Empereur, et déposer entre les « cinq griffes du Dragon » un placet écrit sur des feuilles d'or avec des cadeaux variés. Le nombre des personnes qui composent l'ambassade est fixe et constant ; il ne doit pécher ni par défaut ni par excès. Si par un fâcheux hasard un des membres de la mission tombe gravement malade en route, on ne lui permet pas de s'arrêter ou d'abandonner le voyage ; on le transporte en palanquin ; à défaut de palanquin, on le lie à la selle de son cheval. Le voyage doit s'effectuer en un temps donné, par des étapes déterminées : la complication des relais à organiser le long d'un parcours immense explique cette rigueur intransigeante. Au reste, on s'applique à rendre la route aisée, agréable même autant que possible ; on prend soin de ménager aux membres de la mission des distractions d'ordre intime qu'ils ne méprisent point. En douze étapes, la mission atteint la frontière du Tibet à Kuti (ou Nilam) dont les Gourkhas sont maîtres depuis 1853. Un officier chinois prend alors charge du convoi et le conduit en vingt-huit étapes jusqu'à Lhasa par Tingri et Shigatze. A Lhasa, un mois et demi de halte. Le commissaire impérial procède à l'inventaire des cadeaux, constate qu'ils sont conformes aux stipulations de 1792 et les fait soigneusement emballer. Il instruit ensuite les délégués des rites à suivre en présence de l'Empereur, leur

délivre leur indemnité de voyage, et leur donne de menus
présents à titre personnel (soie, satin, vêtements fourrés);
les délégués lui remettent en échange, ainsi qu'au Dalai
Lama, les présents personnels du roi népalais. De Lhasa à
Ta-tsien-lou, frontière de la Chine et du Tibet, en 64 étapes,
par Detsin dzong, Gya-la, Gyamdo dzong, Artsa, Lhari,
Alamdo, Chor-kong-la, Lhatse, Nganda, Lagong, Tchamdo,
Tag yab, Nyeba, Batang, Litang. L'escorte venue de Lhasa
s'arrête à Ta-tsien-lou, et les mandarins du Sse-tchoan
prennent alors la direction avec la responsabilité de l'ambassade. En soixante-douze étapes, elle arrive par la route
du Ho-nan à Pékin, après huit grands mois de chemin.
Elle séjourne quarante-cinq jours dans la capitale, et ses
chefs sont admis une fois à se prosterner devant l'Empereur
en personne. Puis elle s'en retourne par la même voie,
mais elle traverse l'Himalaya à la passe de Kirong. La terre
barbare a souillé les envoyés gourkhas ; il leur faut s'arrêter
trois jours à Nayakot, pour y subir les expiations rituelles
qui leur rendront, avec la pureté légale, la caste perdue.
Comme une consécration publique de leur pureté recouvrée,
le roi leur offre de l'eau avec sa propre aiguière. Une procession d'état va recevoir ensuite la missive impériale que
rapporte l'ambassade. Le roi marche en tête, accompagné
de cinquante nobles à cheval ; les conseillers du roi sont
montés sur des éléphants ; trois mille soldats encadrent le
cortège. A une lieue de la capitale, le roi descend de son
éléphant ; il prend la missive que l'envoyé portait à son
cou, suspendue dans un étui couvert de brocart ; la canon-
nade salue ce moment solennel. Le roi suspend de nouveau
la lettre au cou de l'envoyé. L'envoyé monte alors sur un
éléphant et prend à son tour la tête du défilé jusqu'à l'entrée du palais.

L'honneur d'aller à Pékin est très recherché. Ce n'est
pas que la passion du voyage sévisse au Népal ; mais les

Gourkhas, esprits pratiques, apprécient un autre avantage.
Le personnel de la mission est entretenu, pendant les
dix-huit mois d'absence, aux frais du trésor chinois, logé,
nourri, transporté gratuitement; et de plus il est tant à
l'aller qu'au retour exempté des droits d'entrée ou de sortie
sur ses colis : c'est une occasion de trafic lucratif. Un des
articles qui laisse le plus de profit, c'est les conques de
l'Inde ; elles sont peu encombrantes et se paient au poids
de l'or, de 3 000 à 4 000 francs. On les emploie surtout dans
les lamaseries; les esprits des tempêtes passent pour y
résider[1].

Les Gourkhas ont toujours cherché à tirer parti de leurs
relations avec la Chine : en 1815, au cours de la guerre
qu'ils soutenaient contre les Anglais, ils pressèrent l'empereur d'envoyer des troupes chinoises à leur secours.
Fidèle aux leçons de K'ien-long, l'Empereur refusa d'intervenir. En 1841, ils offrirent à la Chine, en guerre avec
les Anglais, d'opérer une diversion sur les frontières de
l'Inde ; la Chine repoussa cette aide compromettante ; les
Gourkhas n'hésitèrent pas à réclamer une compensation
pour le profit qu'ils auraient pu faire. En 1853, tandis que
la Chine luttait contre la révolte des T'ai ping, les Gourkhas
vinrent encore offrir leurs services sans plus de succès. Ils
réclamèrent alors, comme en 1841, une compensation, pour
se dédommager, et se saisirent de Kirong et de Kuti, qu'ils
gardèrent; ils poursuivirent leurs empiétements, mais se
virent contraints d'accepter un arrangement en 1858. Le
premier ministre du Népal, Jang Bahadur, reçut à cette

1. Sur la mission à Pékin, j'ai utilisé : CAVENAGH, 63-66 (après les
officiers népalais) ; HODGSON, *Miscellaneous Essays*, II, 167-190 (itinéraires népalais) ; HUNTER, *Life of Hodgson*, p. 78 (réception de l'ambassade à Katmandou) ; IMBAULT-HUART, *Un épisode des relations
diplomatiques de la Chine avec le Népal en 1842*, dans *Revue de
l'Extrême-Orient*, III (1887), 1-23 ; ROCKHILL, *The land of the Lamas*.
London, 1891 (rencontre avec l'ambassade).

occasion, avec un bouton de mandarin, le titre de « *T'ong lin pim ma ko kang wang syan*», général en chef de l'armée, prince vraiment brave et premier ministre. Bir Shamsher Jang, qui exerça les fonctions de premier ministre de 1886 à 1901, reçut la même distinction, et il n'en tirait pas médiocrement vanité.

Une convention conclue en 1856, complétée en 1860 à la suite d'une guerre sanglante entre le Népal et le Tibet (1854-1856), applique aux relations commerciales des deux pays les mêmes règlements qu'au commerce chinois-russe *via* Kiakhta. Une foire se tient tous les ans, au printemps, à Kuti et à Kirong ; les Tibétains viennent y échanger sous le contrôle officiel le thé et le sel contre les marchandises du Népal. Enfin le Népal, en vertu de ses droits traditionnels, conserve à Lhasa une concession administrée par un agent népalais, sous la garde d'un poste gourkha. Le gouvernement tibétain s'engage à payer aux Gourkhas un tribut annuel de 10 000 roupies.

Par ses démêlés avec la Chine et par ses ambassades au trône impérial, le Népal a deux fois acquis le droit de figurer un jour dans les Annales de la dynastie mandchoue. Quand une tourmente aura fait disparaître les héritiers dégénérés de K'ang-hi et de K'ien-long, une commission officielle sera chargée, conformément à la tradition, de compulser les archives des Ta-Tsing et de rédiger leur histoire. Sans attendre une éventualité qui ne paraît plus éloignée, il est aisé d'anticiper sur la notice qui sera consacrée au Népal dans la description géographique de l'Empire mandchou. Les documents chinois qui sont dès maintenant accessibles en contiennent presque toute la substance : tels le *Wei-tsang t'ou ki*[1], composé par un

1. Traduit en russe par le moine Hyacinthe ; mis en français et enrichi de notes nombreuses par Klaproth, *Nouveau journ. asiat.*, IV, p. 81 ; VI, p. 161 ; VII, p. 161 et 185. — Nouvelle traduction en anglais, par

fonctionnaire de l'intendance attaché au corps d'armée qui envahit le Népal ; le *Cheng-ou ki*[1], qui raconte les campagnes de la dynastie présente, et qui a pour auteur Wei Yuen, auquel on doit un traité classique de géographie, le Hai kouo t'ou tchi ; le *Si-tsang tseou sou*[2], Rapports et mémoires de Meng-Pao, commissaire chinois au Tibet de 1842 à 1850 ; et les pièces analysées par M. Parker[3].

Les Annalistes des Ming n'avaient pas reconnu dans le *Ni-pa-la* des documents contemporains le *Ni-po-lo* des T'ang ; les Annalistes des Ta-Tsing ne retrouveront pas davantage le Népal des histoires antérieures sous les noms modernes du pays. Certains textes reproduisent la désignation de *Bal-po,* attribuée au Népal par les Tibétains, en la figurant par des transcriptions diverses : *Pa-le-pou*[4] (巴 勒 布) ; *Pa-eul-pou* (| 爾 |) ; *Pei-pou* (白 布) ; on trouve encore le nom de *Pie-pang* qui semble transcrire (comme l'indique Imbault-Huart) le tibétain *h'bras spuns,* prononcé *Préboung,* nom qui désigne un monastère célèbre dans le voisinage de Lhasa, mais qui s'est étendu aux populations de l'Himalaya. Enfin le mot Gourkha est transcrit *K'o-eul-k'a* (廓 爾 喀). Égarés par ces noms, les historiens de la période mandchoue affirment que « de temps immémorial, ce pays n'a pas eu de relations avec la Chine », que « le royaume des Gourkhas, bien plus éloigné que les tribus mahométanes (du Turkestan chinois) est cette contrée que les troupes des dynasties des Han et des T'ang ne purent

W.-W. Rockhill : *Tibet from Chinese sources* dans *Journ. Roy. As. Soc.,* 1891.

1. *Histoire de la conquête du Népal (tirée du Cheng vou tçi)* par Imbault-Huart, dans *Journ. asiat.,* 1878, II; 348-377.

2. *Un épisode des relations diplomatiques...,* par Imbault-Huart (v. *sup.* p. 184, note).

3. V. *sup.,* p. 172, note 2.

4. M. Rockhill rapproche à tort cette désignation du nom de « *Parbatiya* », et le nom de *Pie-pang* du nom de la ville de Patan.

atteindre » (*Cheng-ou ki*). Il est situé au Sud-Ouest du Tibet et touche par le Sud-Ouest aux cinq Indes. Il est à deux mois de route de Lhasa ; la frontière passe par *Ni-lam* (Kuti) et par le pont de fer de *Ki-long* (Kirong), lequel est à sept ou huit jours de marche de la capitale Gourkha. La longueur du royaume, de l'Est à l'Ouest, est de plusieurs centaines de lieues ; sa largeur, du Nord au Sud, est de cent lieues environ. La population s'élève à cinquante-quatre mille familles. Jadis il portait le nom de *Pa-le-pou*, et il était divisé en trois tribus : *Ye-leng, Pou-yen, Kou-[kou-] mou* ; mais les Gourkhas ont réuni toutes les tribus sous leur autorité. La capitale s'appelle *Kia-te-man-tou* (加 得 曼 都) ou *Yang-pou* (陽 布).

Il y a dans cette contrée des empreintes du Bouddha ; aussi les habitants du *T'ong-kou-to* (Tangut) y vont chaque année visiter les pagodes. Les gens y sont d'un naturel intraitable. Ils se rasent la tête, et tressent leur chevelure d'une tempe à l'autre en une petite queue. Ils ont des barbes courtes comme les Mahométans de Si-ning. Ils tracent avec de l'argile blanche deux traits verticaux sur leur front et font un cercle rouge entre leurs sourcils (*tilaka*). Ils ont aussi des pendants d'oreille de perles ou d'or. Ils portent des turbans de coton, blancs s'ils sont pauvres, rouges s'ils sont riches ; leur tunique est bleu sombre ou blanche, avec des manches étroites ; ils mettent des ceintures de coton et des chaussures de cuir en pointe. Ils ont toujours sur eux un petit couteau dans une gaine (*kukri*), en forme de corne de bœuf. Les soldats marchent nu-pieds ; ils fixent d'avance un jour (propice) pour se rencontrer avec leurs ennemis ; nos soldats, qui n'agissaient pas ainsi, tombaient toujours sur eux à l'improviste. Les femmes laissent pousser leur chevelure, vont pieds nus, portent des anneaux d'or et d'argent au nez. Elles se peignent, se baignent, et sont fort propres. Les chemins dans

le pays sont si étroits que trois personnes peuvent difficile-
ment y cheminer de front. Le roi envoie tous les cinq ans
un tribut qui consiste en éléphants, chevaux, paons, tapis,
ivoire, cornes de rhinocéros, plumes de paon et autres
objets indéterminés.

Les Annales énuméreront à la suite de cette description
les ambassades qui ont paru à la Cour depuis 1732 (ambassade des trois Khans) ; 1790 (Raṇ Bahâdur demande et reçoit
l'investiture) ; 1793 (un envoyé du nom de *Ma-mou-sa-yeh*
apporte le tribut après la conclusion de la paix) ; 1799
(Raṇ Bahâdur demande et obtient le rang royal pour son
fils Gîrvân Yuddha Vikram Sâh) ; 1813 (tribut de Gîrvân) ;
1818 (tribut de Surendra Vikram Sâh, à qui l'empereur
envoie « un aimable message » en 1821) ; 1822 (Bhîm Sen
Thâpâ annonce sa régence) ; 1837 (le tribut, adressé de la
part de la Râṇî, est refusé comme venant d'une femme), etc.[1].

---

1. M. IMBAULT-HUART (v. *sup.*, p. 186, note 2) a étudié, à l'aide des
rapports et mémoires de Meng Pao, l'ambassade népalaise de 1842. Elle
se place au moment où l'Angleterre venait de faire la guerre à la Chine.
C'est à la fois un spécimen excellent du cérémonial de l'ambassade, du
style des placets adressés par le vassal au suzerain, comme aussi des
manœuvres ordinaires aux Gourkhas. J'en reproduis ici les documents
essentiels. On trouvera de plus, dans l'excellent article de M. Imbault-
Huart, une pétition adressée en 1840 par le roi Vikram Sâh : sur le faux
bruit que les Anglais auraient été battus, il offre de partir en guerre
contre eux. Les commissaires impériaux du Tibet jouent au plus rusé :
ils refusent officiellement la pétition comme inutile, mais ils la com-
muniquent officieusement à Pékin. Le conseil impérial ne se laisse pas
prendre aux avances intéressées du Gourkha et charge les commissaires
de communiquer à Vikram Sâh cette instruction pacifique : « Restez
sur la défensive, vivez en bonne harmonie avec vos voisins, et vous
jouirez éternellement des bienfaits de la cour céleste (de Pékin). »

PLACET DU ROI DES GOURKHAS A L'EMPEREUR DE LA CHINE

Moi, le roi Erdeni des Gourkhas, *Jo-tsoun-ta-eul-pi-ko-eul-ma-sa-ye*
(Surendra Vikrama Sâh) je présente à genoux et en faisant les neuf
prosternations le placet suivant : Votre empire est comme le Ciel, il
nous élève et nous nourrit ; votre intelligence nous éclaire aussi bril-

lamment que le Soleil et la Lune ; votre sollicitude s'étend à tous les
États ; votre âge est aussi durable que la montagne *Siu-mi* (Sumeru).

Ô très grand et très vénéré *Wen-chou P'ou-sa* (Mañjuçrî Bodhisattva), nous nous présentons avec respect devant le trône de Votre
Majesté et nous demandons de vos saintes nouvelles.

En conformité des règlements, je devais déléguer spécialement cette
année-ci des *ko-tsi* (kâji) pour aller à la cour vous offrir mes hommages.
En me reportant aux précédents, je viens donc de faire préparer les
objets destinés à être offerts en tribut et de déléguer le *ko-tsi Tso-ko-
to-pa-moung-pang-tcho*, petit-fils du *ko-tsi Ta-mou-ta-jo-pang-tcho*
(Dâmodar Pânde) qui possède toute ma confiance, et *Sa-eul-ta-eul*
(Sardâr) *Pi-jo-pa-ta-jo-ko-jo-ko*, ainsi que divers officiers de tous
grades, pour porter avec respect le placet et le tribut, et aller à la capitale demander audience à Votre Majesté.

Je me suis rappelé avec respect que l'un de nos prédécesseurs, après
sa soumission, avait reçu un décret impérial ainsi conçu :

« Vous êtes souverain d'un petit État ; vous viendrez à la cour une
fois tous les cinq ans. S'il y a des gens du dehors qui vous troublent ou
envahissent votre territoire, vous pourrez rédiger un placet pour porter
ces faits à ma connaissance : j'y enverrai alors des hommes et des chevaux ou je vous ferai don d'une certaine somme d'argent pour vous
venir en aide. Respectez ceci. »

Près de cinquante ans se sont écoulés depuis que mon grand-père
La-t'o-na-pa-tou-eul-sa-ye (Raṇa Bahâdur Sâh) a reçu, dans le courant
du huitième mois de la cinquante-huitième année *K'ien-long* (septembre 1793), le décret impérial précédent.

Les trois générations qui se sont succédé depuis mon grand-père ont
été protégées par la puissance céleste des empereurs de Chine : encore
que le pays des Gourkhas soit pressé, à l'Ouest, par les *Chen-pa*, au Sud
par les *Pi'-leng*, ses frontières ont pu cependant, grâce aux bienfaits
célestes (de la Chine), rester à l'abri de toute insulte.

Quand j'étais jeune, j'ignorais que mon grand-père, après avoir fait
sa soumission, avait reçu un décret de l'empereur de Chine lui accordant
l'investiture du royaume du Népal ; car toutes ces affaires avaient été
primitivement traitées par le *ko-tsi Ta-mou-ta-jo-pang-tcho* (Dâmodar
Pânde) qui avait toute la confiance du souverain (il était premier
ministre) ; nul, dans la suite, n'occupa le même poste ; un petit fonctionnaire nommé *Pi-mou-ching-t'a-pa* (Bhîmasena Thâpâ) remplit
seulement les fonctions de *ko-tsi*, et s'occupa des affaires : ce fonctionnaire entretint secrètement des relations amicales avec les *P'i-leng* et
permit à deux individus de ce pays, les nommés *Ko-jen* (Gardner) et
Pa-lou (Boileau), de résider dans la ville de *Yang-pou* (Katmandou).
Il donna ensuite aux *P'i-leng* trois endroits au Sud, à l'Ouest et à
l'Est du royaume des Gourkhas, où les *P'i-leng* ont résidé jusqu'à présent. La dix-septième année *Tao-kouang* (1838), je dégradai ce fonctionnaire et le fis mettre en prison.

D'après une lettre que les *P'i-leng* viennent de m'adresser, il paraîtrait
qu'ils se sont emparés de divers endroits de la province du Koang-toung.
Les *P'i-leng* veulent que j'aie des relations amicales avec eux et que je

me soumette à eux afin de pouvoir saisir le territoire des Tangouts, et, disent-ils, si je ne me conforme pas à leurs ordres, ils viendront envahir le pays des Gourkhas. Mais je ne me suis nullement conformé à ce qu'ils demandaient et j'ai renvoyé la lettre. D'après ce que les *P'i-leng* ont fait dans la province du Koang-toung et ce qu'ils viennent de m'écrire, il est facile de voir qu'ils veulent insulter à la puissance isolée des Gourkhas et qu'ils désirent que je me joigne à eux pour créer des difficultés. J'avais songé à faire part de ces circonstances au commissaire impérial en priant celui-ci d'adresser un rapport à la cour à ce sujet (mais je ne l'ai point fait), craignant la colère de Votre Majesté. Comme c'est maintenant le moment d'envoyer le tribut exigé par les règlements, je ne puis que supplier Votre Majesté de vouloir bien venir à mon aide en m'envoyant des troupes ou en me faisant don d'une somme d'argent afin que je puisse être à même d'expulser les *P'i-leng*, et que je sois en état de protéger le pays. Je suis intimement persuadé que Votre Majesté aura pitié de mon peuple, en butte aux insultes des *P'i-leng*, surtout si Elle veut bien considérer que depuis le règne de mon grand-père, qui a fait sa soumission à la Cour céleste, jusqu'à ce jour, les souverains du Népal n'ont jamais été animés que d'un seul esprit, d'une seule pensée, et n'ont jamais cessé d'être sincèrement respectueux et obéissants.

Trouvant en outre que le pays de *Ta-pa-ko-eul*, dépendant du Tangout, est limitrophe de mes frontières, je désirerais l'échanger contre le territoire de *Mo-tse-tang* (Mastang). S'il arrive que des gens de *Chen-pa* attaquent le Tangout, je suis tout disposé à aider ce dernier de mes armes. Quant au pays de *La-ta-ko* (Ladak), dont les gens de *Chen-pa* se sont autrefois emparés, s'il était placé aujourd'hui sous ma juridiction, il offrirait tribut, conformément aux règlements, à Votre Majesté.

Depuis longtemps les *P'i-leng* désirent le pays de Tangout : ils sont déjà sur les frontières de *Tcho-moung-chioung* (Demojong ou Sikkim) où ils font des routes, établissent des camps et construisent des maisons pour que les leurs s'y installent. Je supplie Votre Majesté de vouloir bien me faire don de dix lis de territoire pris dans les environs du *Pou-lou-ko-pa* (Bruk-pa ou Bhoutan) afin que j'y fasse camper des troupes : je pourrais de la sorte garantir la sécurité de la frontière du Tangout, et adresser des rapports sur les affaires, de quelque importance qu'elles soient, qui surviendraient. C'est dans ce dessein que j'adresse le présent rapport à Votre Majesté en la suppliant de vouloir bien l'approuver. Toutes les circonstances que je viens de relater sont parfaitement vraies.

Songeant que j'ai toujours mis mes efforts à obéir respectueusement aux ordres de la Cour, j'ose prier Votre Majesté de vouloir bien m'accorder ces nouveaux bienfaits qui me permettront d'assurer la sécurité des pays méridionaux : j'ai déjà écrit dans mon placet le récit de mes malheurs. Je supplie Votre Majesté de m'octroyer cette grâce, afin que je puisse me conformer en tout à ses instructions.

Dans ce dessein, moi, le roi Erdeni des Gourkhas, *Jo-tsoun-ta-eul-pi-ko-eul-ma-sa-ya* ai rédigé le présent placet, en faisant à genoux les neuf prosternations, à *Yang-pou*, le 23ᵉ jour du 5ᵉ mois de la 22ᵉ année *Tao-kouang* (1ᵉʳ juillet 1842). »

A la suite de ce placet, on trouve, dans la correspondance de Meng-Pao, la minute des instructions envoyées en réponse au roi des Gourkhas par les commissaires impériaux : en marge de ce texte sont les observations de l'empereur écrites au pinceau vermillon *(tchou-pi)*. Ces instructions sont suivies d'un décret impérial qui les approuve entièrement. Voici la substance de la réponse des commissaires :

« D'après les règlements, tout vassal qui adresse un placet à l'empereur ne doit pas parler de ses affaires particulières : le devoir des commissaires eût donc été, cette fois-ci, de renvoyer le placet du roi des Gourkhas; cependant, à la prière des ambassadeurs népalais les représentants de la cour de Pékin ont bien voulu ne pas refuser celui-ci afin d'éviter des retards.

« Quant à la demande d'argent, ces derniers font observer qu'aucun règlement n'autorise des dons de cette nature ; l'empereur regarde du même œil bienveillant tous les pays qui sont soumis à sa domination, mais il n'a jamais envoyé de troupes pour protéger le pays des barbares étrangers.

Pour ce qui regarde l'échange des territoires, les commissaires font remarquer que le pays de *Ta-pa-ko-eul* a de tout temps appartenu au Tangout, que l'échange de cette contrée entraînerait de nombreux inconvénients, et que jusqu'à présent on n'avait du reste jamais autorisé de tels actes : il est donc difficile d'accéder à la demande du roi des Gourkhas.

« Quant à l'affaire du *La-ta-ko*, les troubles qui s'y étaient élevés ayant été apaisés et les chefs du pays ayant fait leur soumission, il est inutile d'en parler.

« Il est impossible également de céder au roi dix lis du territoire de *Pou-lou-ko-pa*, car cet État ne dépend pas du Tangout et est en quelque sorte indépendant.

« Le refus que le roi a opposé aux demandes des *P'i-leng* est une nouvelle preuve de la sincérité et de la fidélité de ce souverain : les affaires du Kouang-toung sont d'ailleurs terminées et la tranquillité règne de nouveau dans la province. »

— 1ᵉʳ ambassadeur, *Tsa-ko-ta-pa-moung-pang-tcho* (... Pâṇḍe).

— 2ᵉ ambassadeur, *Pi-jo-pa-ta-jo-ko-jo-ko* (général de l'armée népalaise).

— Huit grands fonctionnaires :
Sou-pi-ta (Subahdâr) *jo-sou-jo-toun-pang-tcho* (Pâṇḍe ; officier népalais) ;

Pi-na-man-jo-toun (officier népalais) ;

Ha-je-ko-sseu-lang (officier népalais qui comprend le chinois) ;

Chi-ti-la-ching (officier népalais qui sait écrire les caractères népalais);

Sou-pi-ta (Subahdâr) *jo-ha-la-ha-ching-k'ia-ti* (officier) ;

Sou-pi-ta (Subahdâr) *jo-pou-tch'ou-jou-k'ia-ti* (officier) ;

Sou-pi-ta (Subahdâr) *jo-la-na-ching-k'ia-je* (officier);

Sou-pi-ta (Subahdâr) *jo-ing-leou-ta-ching* (officier).

— Six petits fonctionnaires :

Tsa-ma-ta (Jemadâr) *-jo-ti-pi-pa-sa-eul-ta-pang-tcho* (Pâṇḍe, officier);

Tsa-ma-ta (Jemadâr) *-jo-tsa-ha-pi-k'ia-ti* (officier) ;

Tsa-ma-ta (Jemadâr) *-jo-ing-ta-ching-k'ia-ti* (officier) ;

Tsa-ma-ta (Jemadâr) *-jo-ki-ti-ma* (officier) ;

Tsa-ma-ta (Jemadâr) *jo-pa-ta-ma* (officier);

Tsa-ma-ta (Jemadâr) *-jo-sou-lou* (officier).

— Dix-neuf soldats népalais.

— Dix domestiques.

En tout quarante-cinq personnes.

LISTE DES OBJETS ENVOYÉS EN TRIBUT A L'EMPEREUR TAO-KOUANG
PAR LE ROI DES GOURKHAS :

Un collier de corail (de cent neuf boules ; renfermé dans la boîte qui contient le placet du roi).

Deux pièces de satin doré (dans la même boîte).

Treize rouleaux de tapis de diverses couleurs.

Vingt pièces de satin de *K'ia-tsi*.

Quatre pièces de soie de *K'ia-tsi*.

Quatre défenses d'éléphant.

Deux cornes de rhinocéros.

Quatre épées.

Quatre sabres.

Deux poignards.

Deux épées ornées de nuages.

Un fusil à deux coups.

Deux canardières.

Une boîte de cannelle (trois cents onces).

Mille haricots médicinaux.

Six cents onces de bétel roulé.

Trois cent soixante onces de bétel plat.

III. — *LES DOCUMENTS INDIGÈNES*

Chroniques. — Purânas. — Inscriptions. — Manuscrits.
Monnaies.

Le Népal a une chronique locale, la *Vamçâvalî*[1]. L'ou-

[1]. Vaṃçâvalî : — Wright, *History of Nepāl translated from the Parbatiyā.* Cambridge, 1877. — Minayeff a publié un long compte rendu de cette traduction dans le *Journal du Ministère de l'Instruction publique* (de Russie), 1878 ; il reproche à Wright.(et non sans raison) d'avoir dans son *Introduction* complètement passé sous silence le nom et l'œuvre de Hodgson. En outre « les traducteurs indigènes ont moins traduit que rapporté l'original » (p. 8). Minayeff signale aussi des rapprochements inattendus, reproduits dans son article sur le Népal (*Očerki Zeilona i Indiy*, Petersbourg, 1878, I, 231-284), entre certains récits de la Vaṃçâvalî et des récits bibliques qui en auraient donné l'idée. Ainsi Krakučchanda qui frappe du doigt le rocher pour faire jaillir la Bagmati (W. p. 80) serait une copie de Moïse ; Virûpâkṣa qui arrête d'une main le soleil (W. p. 92) ne serait que Josué travesti. C'est crier un peu vite à l'emprunt, à propos de données qui peuvent appartenir au folk-lore universel. — Sur la Vaṃçâvalî cf. Bendall, *Cat. mss. Cambridge.* Add. 1160 et add. 1952. — Bhagwànlâl Indrâjî, *Some Considerations on the History of Nepâl* dans *Ind. Antiq.* XIII (1884), p. 411-428. — Fleet, *Ib.* XXX, p. 8.

Aucun des mss. de la Vaṃçâvalî n'a encore été décrit. Voici la description du ms. de la Vaṃçâvali brahmanique que m'a communiqué S. Exc. Deb Sham Sher :

Ms. de 83 feuilles réunies en livre. 0,27 × 0,15 ; 9 ou 10 lignes à la page. Caractère devanāgarī. Sur la couverture, images peintes (v. la reproduction au frontispice de ce volume) de « Syaṃbhu, Paçupati, Çrī Vacchlesvarī, Dakṣiṇa-çmaçāna, çrī Vāgmatī, Gaṃgāmātā, Asvattha-saṃyukta-Sveta-Vināyaka, Rājā Dharmadatta, Kalpavṛkṣa ».

Incip. — Çrī Gaṇeçāya namaḥ |

13

vrage est de date assez récente ; il existe en deux recensions : l'une, bouddhique, a pour auteur un moine qui résidait à Patan, dans le couvent de Mahâbuddha, au commencement du xix° siècle ; elle a été traduite en anglais sous la direction de M. Wright par l'interprète indigène (*munshi*) de la résidence britannique, Çiva Çaṃkara Siṃha (Shew Shunker Singh), assisté du Pandit Guṇânanda. L'autre, d'inspiration brahmanique, est seule reconnue comme authentique par le gouvernement Gourkha. Le

aviralamadajalanivahaṃ bhramarakulānekasevitakapolam |
abhimataphaladātāraṃ kāmeçaṃ Gaṇapatiṃ vande ||
atha naipālike devān prādurbhāva rājabhogamālā. yathākrameṇa vartamāna.
vidhau sakaladuḥkhārtajananāṃ narebhyaḥ çṛṇvante sati pāpānāṃ haranaṃ
hetukāraṇāt..... dine dine smaraṇena sakalatīrthadevarājamālā vaṃçāvalīsaṃ-
grahaṃ kuryāt.

Histoire divine jusqu'à Vikramājīta, comme dans Wright.

Atha nararājamālā.
[Quelques vers en sanscrit. Puis]: Nīlakaṇṭhaprakāçakrameṇa vartamānena
Kaliyugabhūpālasamastamālikācaraṇāmbujasya rājya çrīmat pṛthvīrājño Hima-
vataḥ çailamadhye vartate mahārathībhūtamaṇḍale Bhṛṅgeçvarabhaṭṭārake
prādurbhūtāḥ. tadanu Nemunyādibhiḥ ṛṣigaṇais tatra Gautamādayo devā.....
tena Nepālaprathamarājñāṃ bhuṃjitā Gopālānāṃ krameṇa rājyaṃ bhogaṃ
praçaçāsa.

Suit l'histoire des rois, sur le même plan que Wright, jusqu'à Vikrama Sāha (avènement en 1816).

Desin. — Svasti çrī Samvat 1891 Sālaṃ iti jyeṣṭhamāse çuklapakṣe çrī Daça-
harāparvadine somavāre Devapaṭṭanavāsī Siddhi Nārāyaṇadvijavareṇa idaṃ Vaṃ-
sāvalīrājopākhyāna apūrvagranthaṃ saṃpūrṇaṃ liṣitvā munsī guṇākara. paro-
pakāri. supuruṣāya. çrī Lakṣmīdāsanāmne. saṃpradattam | yasmai kasmai na
dātavyaṃ. çubhaṃ ||

L'inventaire sommaire des papiers de Hodgson, offerts par l'auteur à l'India Office en 1864, indique : « Vingt-trois Vasavalis, ou Chroniques indigènes, en partie traduites et disposées chronologiquement à l'aide des monnaies et des inscriptions. » L'ensemble est divisé en deux séries : 1° chroniques névaries ; 2° chroniques gourkhalies. La première comprend des chroniques générales des dynasties névaries, des chroniques particulières (la dynastie Gopāla), et des biographies royales (Pratāpa Malla, Viṣṇu Malla, Mahendra Malla, Siddhi Narasiṃha Malla); la seconde se rapporte uniquement aux Gourkhas (W.-W. HUNTER, *Life of Brian Houghton Hodgson*. London, 1896. Appendix B, p. 357-359).

Temple et couvent de Mahábuddha (Mahà-bodhi) à Patan.

mahârâja Deb Sham Sher m'en a communiqué un bel
exemplaire, daté de 1891 samvat (= 1834 J. C.) et qui a
pour rédacteur le brahmane Siddhi Nârâyaṇa, habitant de
Deo Patan ; le manuscrit en fut remis « à un excellent
homme, nommé Lakṣmî Dâsa » ; mais il ne devait « être
donné à personne ». Je n'en sais que plus de gré au mahârâja d'avoir violé cette prescription en ma faveur. Sur la
demande du mahârâja Chander Sham Sher, le grand
prêtre (*guru*) du royaume m'a confié son exemplaire personnel, qui est simplement une copie fidèle du même
texte.

Le brahmane et le bouddhiste pouvaient opter entre
trois langues pour écrire leur Vamçâvalî : le sanscrit,
recommandé par son prestige religieux et littéraire, mais
réservé aux savants ; le névar, la vieille langue indigène ;
enfin le parbatiya (ou : khas), nouveau venu dans la vallée,
où la conquête Gourkha venait de l'introduire. L'un et
l'autre ont choisi le parbatiya, et par là trahi la même
préoccupation. Ils ne visent point un succès d'école ; ils ne
s'adressent pas aux Névars assujettis ; ils veulent atteindre
les nouveaux maîtres du pays, également redoutés du
bouddhisme qu'ils détestent comme une hérésie, et des
brahmanes qu'ils dépouillent au nom de l'orthodoxie. Ce
n'est pas une curiosité de dilettante qui porte les deux
auteurs à recueillir les souvenirs et les traditions du passé ;
ils se soucient moins encore d'élever un monument à l'indépendance perdue. Ils ne cherchent qu'à détourner des
temples et des couvents la rapacité malveillante des vainqueurs ; ils rappellent la longue suite des miracles qui
consacrent l'origine des fondations religieuses, comme une
menace salutaire de la vengeance divine prête à châtier les
convoitises criminelles. La Vamçâvalî, malgré ses appa-
rences historiques, n'est qu'un rameau de la littérature
des Purâṇas.

Le compilateur de la Vaṃçâvalî bouddhique se flatte d'avoir « et vu et ouï bien des choses du passé en vue de son œuvre ». Le brahmane, d'autre part, se targue d'écrire « un ouvrage sans précédent ». Il est impossible cependant de croire à l'indépendance absolue des deux rédactions. La Vaṃçâvalî brahmanique n'ajoute rien d'original à la bouddhique ; elle se contente d'éliminer les récits et les épisodes qui tendent à glorifier l'église rivale. Elle adopte le même système de chronologie, les mêmes dates fondamentales. Elle indique, il est vrai, la durée du règne des Abhîras et des Kirâtas, omise dans la Vaṃçâvalî bouddhique ; mais il s'agit de dynasties légendaires où l'imagination est libre de se donner carrière ; l'invention arbitraire peut y suppléer aisément aux matériaux absents.

Le titre de l'ouvrage en marque expressément l'origine. Le mot *Vaṃçâvalî* (littéralement : « généalogie-en-file ») désigne dans l'usage des chancelleries royales les listes dynastiques où chacun des souverains vient successivement prendre place, enchâssé dans un panégyrique en général aussi pompeux que banal et vide. La collection de ces panégyriques, qui va naturellemen t en s'allongeant tant que dure la dynastie, figure souvent en tête des chartes et fournit à l'histoire de l'Inde un précieux appoint. La dynastie des Čalukyas Orientaux en est le plus parfait exemple ; elle s'est perpétuée durant six siècles ; les Vaṃçâvalîs inscrites en tête de ses donations ne donnent pas seulement la succession des princes à travers une si longue période ; elles énoncent encore la durée précise de chaque règne.

Au Népal même, la pratique des Vaṃçâvalîs est ancienne : l'inscription de Mâna deva à Changu Narayan, la première en date des inscriptions connues, s'ouvre par une vamçâvalî ; l'inscription de Jaya deva à Paçupati retrace les origines de la famille royale jusqu'aux dieux. Le roi Pratâpa

Malla deva « prince des poètes » applique formellement le nom de *vaṃçâvalî* à un historique de la dynastie Malla qu'il a composé lui-même (*Bhagv.* n° 19, l. 1). Les Névars affirment qu'il existe encore aujourd'hui à Patan de longues bandes où sont inscrits dans l'ordre de succession tous les rois du Népal. Bhagvanlal et Minayeff n'ont pas réussi à les voir, et je n'ai pas été plus heureux qu'eux. Il n'est pas douteux cependant que de pareils documents existent, ou qu'il en ait existé : la Vaṃçâvalî qui fut communiquée à Kirkpatrick, à la fin du xviii° siècle, surpassait en valeur, en richesse, en exactitude les Vaṃçâvalîs dont nous disposons.

Une récente trouvaille, due comme tant d'autres à M. Bendall[1], jette un peu de lumière sur les origines obscures de la Vaṃçâvalî. M. Bendall a découvert à la bibliothèque du Darbar un recueil de trois manuscrits tracés sur feuilles de palmier et datés, par leur contenu comme par leur écriture, de la fin du xiv° siècle. Le premier (V[1]) est une chronique rédigée dans un sanscrit incorrect, sans aucun souci de la syntaxe classique. Le compilateur y a mis bout à bout la suite des rois népalais, avec la durée de chaque règne, les faits principaux, et leur date. Les donations aux temples y tiennent une telle place que M. Bendall croit l'ouvrage en rapport avec les archives du sanctuaire de Paçupati. La seconde pièce du recueil (V[2]) est une liste où sont enregistrées les naissances des rois et des grands personnages ; elle est entièrement rédigée en langue névare ; elle embrasse la période de 177 à 396 N.-S. (ère névare de 880 J.-C.). Le troisième document (V[3]) continue le second, mais il en modifie le caractère ; il introduit d'autres détails, et tend à transformer la liste en

____

1. C. Bendall. *The history of Nepal and surrounding kingdoms* (1000-1600 A. D.) *compiled chiefly from mss. lately discovered,* dans *Journ. As. Soc. Beng.,* LXXII, I, 1 (1903).

annales. Il est également rédigé en névar, et s'étend de 379 à 508 (ère névare). M. Bendall rattache l'origine de ces annales (V¹ et V³) à la révolution politique qui porta au pouvoir souverain Jaya Sthiti Malla, et à la renaissance littéraire qui suivit.

Si l'histoire du Népal s'était déroulée sans accident, sans révolution, sous l'autorité continue d'une seule dynastie, les Vaṃçâvalîs auraient pu fournir à l'histoire un enchaînement solide de noms et de faits. Mais jusqu'au xvi⁰ siècle, l'anarchie semble être le régime régulier du Népal ; les familles suzeraines exercent un pouvoir éphémère ou illusoire ; les roitelets locaux pullulent et rarement arrivent à faire souche. Fidèles à la méthode ordinaire de l'Inde, telle qu'elle se manifeste déjà dans la chronologie des Purâṇas, les Vaṃçâvalîs disposent à la file, en ordre de succession, tous les noms dont le souvenir s'est conservé, sans se préoccuper de leur rapport réel. Ce système de déviation, déplorable pour l'histoire, s'accommode parfaitement aux exigences de la chronologie hindoue. Il faut que le passé réel aille s'accrocher, sans solution de continuité, au passé fabuleux ; les seuls faits qui comptent sont les exploits des héros épiques ou mythiques que la poésie a consacrés. Il est donc indispensable de remonter, coûte que coûte, jusqu'au début du quatrième âge du monde, en l'an 3000 av. J.-C. Aussi le poète de la Râja-taraṅgiṇî cachemirienne, qui se pique pourtant d'introduire la critique dans le classement des faits, transporte au second millénaire avant l'ère chrétienne l'empereur Açoka, petit-fils de ce Čandra gupta qui connut Alexandre le Grand ; l'Attila de l'Inde, le Hun Mihira kula, passe du vi⁰ siècle de l'ère chrétienne au vii⁰ av. J.-C. La Vaṃçâvalî du Népal fait de même : elle place 100 ans avant l'ère chrétienne le couronnement d'Aṃçuvarman qui régnait au vii⁰ siècle de J.-C. J'étudierai dans un chapitre spécial les obscurités de la chronologie népalaise; j'aurai à y signaler en détail les principes d'erreur qui vicient la Vaṃçâvalî, et surtout la multiplicité des ères, si désastreuse dans tous les domaines de l'histoire indienne.

L'auteur de la Vaṃçâvalî bouddhique ne s'est pas contenté de transcrire les listes dynastiques; il s'en est servi pour encadrer un résumé des Purâṇas et des Mâhâtmyas locaux. Il rapporte parfois des vers traditionnels qui fixent (ou déforment) le souvenir des événements considérables : l'introduction du dieu Matsyendra Nâtha, l'invasion de Nânya deva, la disparition de Siddhi Nara Siṃha. Il va même jusqu'à citer des inscriptions d'Aṃçuvarman, de Jaya Sthiti Malla, de Yakṣa Malla et de ses successeurs. Il consulte aussi des archives de famille; sa complaisance à relater les aventures de certains personnages assez insignifiants, comme Abhayarâja et Jîvarâja, décèle un de leurs descendants; l'auteur est sans aucun doute un des Ânandas, prêtres du Mahâ Buddha vihâra à Patan, qui exercent de père en fils la profession de pandit-interprète à la résidence britannique; peut-être Amṛtânanda, la gloire de la famille, qui composa plusieurs ouvrages en sanscrit et en névar, et qui initia Hodgson à la connaissance du bouddhisme.

Nous possédons plusieurs des ouvrages pouraniques que le rédacteur de la Vaṃçâvalî a mis en œuvre; j'en ai moi-même rapporté deux du Népal; il en existe encore bien d'autres qu'on se procurera quelque jour. Ces ouvrages, intéressants pour l'étude de la religion, du culte, des légendes populaires et de la géographie historique, ne procèdent pas en général d'une inspiration élevée; ils servent les intérêts financiers de la religion et du prêtre.

L'Inde est sur toute son étendue couverte de lieux saints qui se disputent la faveur du public pieux. Chacun d'eux a sa clientèle locale; mais l'ambition des prêtres et des princes convoite au delà de ce cercle restreint la multitude ambulante des pèlerins qui foulent sans répit les chemins de l'Inde en quête de menus profits. Un pèlerinage à la mode est une grande foire ; les brahmanes y vendent leurs prières, les fakirs y exploitent leur ascétisme truqué, les marchands y débitent des chapelets et de la mercerie, le chef y perçoit des impôts et des taxes. Et comme la concurrence suscite la réclame, la rivalité des sanctuaires enfante les *mâhâtmyas*. Le mot « mâhâtmya » signifie au propre : grandeur d'âme, noblesse, éminence. Dans la littérature religieuse, il s'applique aux ouvrages versifiés qui servent à la fois d'amorce, d'amusement, d'édification et de guide pratique aux fidèles. Le Mâhâtmya raconte l'origine du pèlerinage, l'apparition divine et le miracle qui l'ont consacré ; il énumère les points à visiter, les mérites à gagner, avec l'indication des jours spécialement propices. Le Mâhâtmya ne se présente pas comme un ouvrage humain ni comme une œuvre isolée ; il prétend se rattacher à quelqu'une des compilations nommées Purânas, traités versifiés d'histoire sainte, de cosmogonie, de théologie et de mythologie que l'hindouisme moderne tient pour révélés et vénère à l'égal des Védas. Parmi les dix-huit Purânas canoniques, le Skanda-Purâna a servi le plus fréquemment à couvrir la pieuse fraude des auteurs de Mâhâtmyas. Le Kâçî-khanda et l'Utkala-khanda qui glorifient les deux sites les plus sacrés de l'Inde : Bénarès et Jagannath (Jugernaut), se donnent comme des sections du Skanda-Purâna, et c'est au même ouvrage que le Mâhâtmya du Népal se flatte d'appartenir.

Le *Nepâla-mâhâtmya*[2] est divisé en trente lectures,

2. Le *Catalogus Catalogorum* d'Aufrecht signale deux mss. du Nepâlamâhâtmya ; l'un d'eux est à la bibliothèque du Queen's College à Bénarès, où je l'ai examiné. J'ai rapporté de Katmandou une excellente

groupées dans un cadre factice, à la manière des Purâṇas. Le célèbre sacrifice du roi Janamejaya, qui entendit parmi tant d'autres rhapsodies la récitation complète du Mahâ-Bhârata, a rassemblé une multitude de saints personnages.

copie, exécutée sur ma demande par les pandits de la bibliothèque du Darbar. Le ms., sur papier népalais, a 77 feuillets, de 11 à 14 lignes à la page.

Incip. : çrī Gaṇeçāya namaḥ | oṃ namaḥ Sarasvatyai devyai | Nārāyaṇam namaskṛtya Naraṃ caiva..... (le vers usuel) | sūta uvāca |
        janamejayasya yajñānte munayo brahmavādinaḥ |

    I. iti..... çrī Skanda-purāṇe Himavat-khaṇḍe Nepāla-māhātmye Paçupatiprādurbhāvo nāma prathamo 'dhyāyaḥ. 4ᵃ.
    II. iti..... nārāyaṇa-prādurbhāvo nāma dvitīyo 'dhyāyaḥ. 6ᵇ.
    III. iti..... °māhātmye tṛtīyo 'dhyāyaḥ. 9ᵇ.
    IV. iti..... Içvarīprādurbhāvo nāma caturtho 'dhyāyaḥ. 12ᵃ.
    V. iti..... Doleçvaraprādurbhāvo nāma pañcamo 'dhyāyaḥ. 15ᵃ.
    VI. iti..... çrī SūryaVināyakaprādurbhāvo nāma ṣaṣṭho 'dhyāyaḥ. 18ᵃ.
    VII. iti..... °māhātmye saptamo 'dhyāyaḥ. 21ᵃ.
    VIII. iti..... Mahendradamanopākhyāne 'ṣṭamo 'dhyāyaḥ. 24ᵇ.
    IX. iti..... °māhātmye navamo 'dhyāyaḥ. 27ᵇ.
    X. iti..... °māhātmye daçamo 'dhyāyaḥ. 29ᵇ.
    XI. iti. ... °māhātmye ekādaço 'dhyāyaḥ. 35ᵃ.
    XII. iti..... °māhātmye dvādaço 'dhyāyaḥ. 37ᵇ.
    XIII. iti..... °māhātmye trayodaço 'dhyāyaḥ. 41ᵃ.
    XIV. iti..... °māhātmye caturdaço 'dhyāyaḥ. 45ᵃ.
    XV. iti..... °māhātmye pañcadaço 'dhyāyaḥ. 47ᵃ.
    XVI. iti..... °māhātmye ṣodaço 'dhyāyaḥ. 48ᵇ.
    XVII. iti..... Sukeçavarapradānanāma saptadaço 'dhyāyaḥ. 51ᵃ.
    XVIII. iti..... °māhātmye 'ṣṭādaço 'dhyāyaḥ. 53ᵇ.
    XIX. iti..... °māhātmye ūnaviṃçatitamo 'dhyāyaḥ. 54ᵇ.
    XX. iti..... °māhātmye viṃçatitamo 'dhyāyaḥ. 57ᵃ.
    XXI. iti..... Mālino vadho nāmaikaviṃçatitamo 'dhyāyaḥ. 59ᵃ.
    XXII. iti..... °māhātmye dvāviṃçatitamo 'dhyāyaḥ. 60ᵃ.
    XXIII. iti..... °māhātmye trayoviṃçatitamo 'dhyāyaḥ. 62ᵃ.
    XXIV. iti..... °māhātmye caturviṃçatitamo 'dhyāyaḥ. 63ᵇ.
    XXV. iti..... °māhātmye pañcaviṃçatitamo 'dhyāyaḥ. 65ᵇ.
    XXVI. iti..... °māhātmye ṣaḍviṃçatitamo 'dhyāyaḥ. 67ᵃ.
    XXVII. iti..... °māhātmye saptaviṃçatitamo 'dhyāyaḥ. 69ᵇ.
    XXVIII. iti..... °māhātmye aṣṭāviṃçatitamo 'dhyāyaḥ. 71ᵃ.
    XXIX. iti..... °māhātmye ūnatriṃço 'dhyāyaḥ. 74ᵃ.
    XXX. iti..... °māhātmye triṃço 'dhyāyaḥ. 77ᵃ.
        çubhaṃ | bhūyāt | sarvajagatām |

La Vaṃçâvali raconte que le roi Gîrvâṇa Yuddha, au commencement du xixᵉ siècle, se fit expliquer le sens du Himavat-khaṇḍa.

Un d'entre eux, Jaimini, au nom de la compagnie tout entière, interroge le vénérable Mârkaṇḍeya sur les lieux saints du Népal ; et Mârkaṇḍeya répond avec une infatigable complaisance à l'inlassable curiosité de son auditoire. Il glorifie d'abord le bois de Çleṣmântaka où Çiva se métamorphosa en gazelle pour dépister les dieux lancés à sa recherche (I), puis le Dolâgiri où un brahmane irrité coupa la tête de Viṣṇu (II), le Vâlmîkîçvara érigé par l'auteur du Râmâyaṇa sur le lieu même où il composa son poème (III), le bois de Rakta- andana (Santal-Rouge) où Pârvatî triompha du démon Čaṇḍa (IV), et les liṅgas élevés par tous les dieux témoins de la victoire (V), le Ḍoleçvara sorti miraculeusement du sol (V), le Maṅgaleçvara qui commémore la résurrection d'un enfant (VI), le Tila-Mâdhava qui rappelle une apparition et un prodige de Viṣṇu, le Svarṇaçṛṅgeçvara et le Kîleçvara fondés par Kṛṣṇa. A propos de cette double fondation, Mârkaṇḍeya narre longuement en style d'épopée la guerre engagée entre le démon Mahendradamana et le fils de Kṛṣṇa, Pradyumna ; cette rhapsodie intercalaire, où le galant alterne avec l'héroïque, se termine en bon roman par un double mariage ; Pradyumna épouse et la sœur du démon vaincu, Prabhâvati, et la fille du dévot Sûryaketu nommée Čandravatî (VI-XII). Le Someçvara sert d'occasion à une autre rhapsodie développée ; Soma a érigé ce liṅga sur les conseils d'Agastya pour se purifier de l'inceste qu'il avait commis avec Târâ, la femme de son précepteur Bṛhaspati ; en vertu d'un procédé cher au génie hindou, un récit secondaire se trouve inséré dans cet épisode ; Agastya y raconte à Soma l'origine des Râkṣasas, de Laṅkâ leur séjour, et les austérités prodigieuses qui valurent à Râvaṇa de devenir leur roi (XIII-XXVI). Enfin le mâhâtmya introduit, en l'adaptant à son but, la légende célèbre de Guṇâḍhya : l'auteur de la Bṛhatkathâ, après avoir remis au roi Madana l'original de

ses contes en dialecte paiçâçî, vient au Népal, y donne
l'exemple du pèlerinage circulaire (*kṣetra-pradakṣiṇa*) et
dresse le Bhṛṅgîçvara (XXVII-XXX).

Le style et la langue du Nepâla-mâhâtmya n'appellent
pas d'observation particulière ; le poète manie sans embarras
et sans incorrection les formules banales qui servent à tous
les ouvrages du même genre. Mais son inspiration religieuse le classe à part ; elle réfléchit fidèlement le syncrétisme éclectique qui a presque toujours prévalu au Népal.
Les mâhâtmyas en général, comme toute la littérature
pouranique dont ils se réclament, affichent une sorte de fanatisme sectaire ; le dieu local y est exalté aux dépens de
tous ses rivaux. Le Nepâla-mâhâtmya au contraire, en dépit
de son origine clairement brahmanique, met sur le même
rang Çiva, Viṣṇu et le Bouddha. Le poète fait proclamer
l'identité de Viṣṇu et de Çiva par la voix de Nemi, comme
au nom du Népal tout entier dont Nemi est le saint patronal.
Au reste, l'orthodoxie brahmanique de l'Inde n'a-t-elle pas
admis le Bouddha parmi les avatars de Viṣṇu? Ici le
Bouddha n'est qu'une « forme » de Kṛṣṇa; toutefois ils ne
se confondent pas entièrement tous les deux. Si le Bouddha
réside parfois, comme Kṛṣṇa, dans le Kathiawar (*Saurâṣṭra*), il lui arrive aussi de passer en Chine (*Mahâ-Čína*), où
la présence de Kṛṣṇa serait inattendue. Les divinités con-
currentes ne rivalisent que de politesse aimable : Çiva-
Paçupati félicite Nemi qui l'a reconnu identique à Viṣṇu ;
l'épouse de Çiva offre au Bouddha une faveur à choisir et
consent à lui laisser partager avec Çiva les honneurs du
culte. Et « le Compatissant », qui ne veut pas être en reste
de courtoisie, dédie à Çiva le liṅga de la Compassion
(Kâruṇikeçvara).

Le Nepâla-mâhâtmya, comme la plupart de ses congénères, échappe à toute chronologie ; l'ouvrage est si complètement impersonnel qu'il semble flotter en dehors du

.temps. Ni nom, ni date, ni indice qui permette même la plus vague approximation.

Le *Vâgvatî-mâhâtmya*[2], ou, pour reproduire le titre dans toute son ampleur, la *Vâgvatî-mâhâtmya-praçamsâ* se donne comme une section du Paçupati-purâṇa; j'ignore si ce Purâṇa, complètement inconnu par ailleurs, existe dans son intégralité; je n'ai réussi à me procurer au Népal que

3. Mon ms. du Vâgvatî-mâhâtmya est écrit sur papier népalais de petit format; il a 71 feuillets, de cinq lignes à la page. Il a été copié, sous la surveillance du paṇḍit Vaikuṇṭha Nâtha Çarman, d'après un exemplaire ancien, et il est tracé en beaux caractères népalais archaïques.

Incip. — oṃ namaḥ çrīpaçupataye |
  yasya vaktrād viniṣkrāntā Vāgvatī lokapāvanī |
  namāmi çirasā devaṃ Çaṅkaraṃ bhuvaneçvaram ||
 I. iti çrī Vāgvatīmāhātmyapraçaṃsāyāṃ tīrthavarṇane Prahlādatapaḥsid-
  dhir nāma prathamo 'dhyāyaḥ. 7[b].
 II. iti çrī° °praçaṃsāyāṃ tīrthavarṇane Vibhīṣaṇāstrasiddhir nāma. 11[b].
 III. iti çrī° °praçaṃsāyāṃ tīrthavarṇanaṃ nāma. 12[b].
 IV. iti çrī° °praçaṃsāyāṃ tīrthavarṇanaṃ nāma caturthaḥ. 14[a].
 V. tīrthayātrākhaṇḍaḥ samāptaḥ. 14[b].
 VI. iti çrī° °praçaṃsāyām Pradyumnavijaye maharṣisaṃdarçanaṃ nāma
  ṣaṣṭamaḥ *(sic)*. 19[a].
 VII. iti çrī° °vijaye Prabhāvatīvivāho nāma saptamaḥ. 22[a].
 VIII. iti çrī° °vijaye ratnopahāro nāma. 25[a].
 IX. iti çrī° °vijaye udyogasaṃvarṇano nāma. 28[a].
 X. iti çrī° °vijaye Prabhāvatīvinodo nāma. 31[a].
 XI. iti çrī° °vijaye Nāradālāpo nāma. 37[a].
 XII. iti çrī° °vijaye Virodhadarçano nāma. 39[a].
 XIII. iti çrī° °vijaye Indradamanavadho nāma. 42[b].
 XIV. iti çrī° °praçaṃsāyāṃ Prahlādavijayakhaṇḍaḥ nāma samāptaḥ. 49[a].
 XV. *Incip.* — oṃ namaḥ Çivāya |
  praṇamya çirasā bhaktyā paçūnāṃ patim avyayam |
  purāṇaṃ saṃpravakṣyāmi munibhiḥ pūrvavarṇitam ||
  iti çrī Vāgvatīmāhātmyapraçaṃsāyāṃ Paçupatipurāṇe Çleṣmāntakava-
  nāvatamaṇo *(sic)* nāma. 51[a].
 XVI. Sanatkumāra uvāca | etasminn antare...
  iti çrī° °purāṇe hariṇeçvaraçṛṅgaharaṇo nāma. 54[a].
 XVII. iti çrī° °purāṇe Īçvaravākyaṃ nāma. 59[a].
 XVIII. iti çrī° °purāṇe Gokarṇeçvarapratiṣṭhāpaṇo nāma. 61[a].
 XIX. iti çrī° °purāṇe Gokarṇeçvarapratiṣṭhāpane pūrvārdhakhaṇḍaḥ. 63[b].
 XX. iti çrī° °purāṇe dakṣiṇaGokarṇeçvarapratiṣṭhāpano nāma. 65[a].
 XXI. iti çrī° °purāṇe tīrthānandapurāṇe pūrvārdhakhaṇḍaḥ. 67[a].
 XXII. iti çrī Paçupatipurāṇe Vāgvatīmāhātmyapraçaṃsāyāṃ Vāgvatīstotraṃ
  samāptam. 71[a].

les chapitres consacrés à la gloire de la Vâgvatî (Bagmati).
Ces chapitres, au nombre de trente, se répartissent extérieurement en deux divisions ; l'une, formée des quatorze
premières lectures, a pour interlocuteurs Bhîṣma qui interroge et Pulastya qui enseigne ; elle débute par une invocation triple : à Çaṅkara, dont la bouche donne naissance à la
Vâgvatî, à Pulastya lui-même qui a récité le Purâṇa, à
Vyâsa qui l'a recueilli. Les lectures qui la composent portent régulièrement comme suscription : *iti çrī-Vāgvatī-
māhātmya-praçaṃsāyāṃ*... La seconde division, qui consiste
en huit lectures, commence par une invocation à Paçupati ;
elle a pour narrateur Sanatkumâra ; chacune des lectures
porte comme suscription : *iti çrī-Vāgvatī-māhātmya-pra-
çaṃsāyāṃ Paçupati-purāṇe.*

La première division s'analyse d'elle-même en deux
parties : le *tîrtha-varṇana* « le panégyrique des baignades
sacrées », appelé aussi *tîrtha-yâtrâ-khaṇḍa* « section du
pèlerinage aux baignades sacrées » (I-V) et le *Pradyumna-
vijaya-khaṇḍa* « la victoire de Pradyumna » (VI-XIII).
Questionné par Bhîṣma, Pulastya lui révèle la sainteté du
Mṛga-çikhara, où Narasiṃha parut sous la forme d'une
gazelle ; de la Vâgvatî, issue de la bouche de Çiva riant de
plaisir aux pénitences de Prahlâda ; des tîrthas d'Indra-
mârga, où Vibhîṣaṇa pratiqua des mortifications et entendit
réciter par son père Viçravas le Râmâyaṇa « qui était
encore à venir » ; d'Umâ ; d'Agastya, etc. (I-V). Suivent
les aventures amoureuses et guerrières de Pradyumna,
sa campagne contre Indradamana, son mariage avec
ses deux amantes (VI-XIV). Le récit est parallèle à
l'épisode du Nepâla-mâhâtmya, mais il en est indépendant.

Les huit dernières lectures, qui forment la seconde
division, rapportent la métamorphose de Çiva en gazelle
dans le bois de Çleṣmântaka (XV), les recherches des

dieux et la rencontre (XVI), le discours de Çiva aux dieux qui l'ont découvert (XVII), l'érection du triple Gokarṇeçvara par Brahma, Viṣṇu et Indra (XVIII), l'histoire de Dhanada [Kuvera] qui sur les avis de son père Viçravas renonça à régner sur Laṅkâ et s'en alla s'établir sur le Kailâsa (XIX), l'érection du Gokarṇeçvara de l'Inde méridionale par Râvaṇa, frère de Kuvera et son successeur à Laṅkâ (XX). L'ouvrage se termine par un catalogue de rivières, de confluents, de baignades sacrées, avec l'énumération des avantages qui leur sont respectivement attachés (XXI), et par une exaltation de la Vâgvatî (XXII).

Les deux mâhâtmyas, on le voit par cette brève analyse, mettent en œuvre à peu près le même fonds de légendes ; ils représentent deux rédactions d'un groupe de traditions, de récits et de contes locaux qui peuvent remonter à un passé assez éloigné. Le Vâgvatî-mâhâtmya n'est pas mieux daté que le Nepâla-mâhâtmya ; cependant, comparé à celui-ci, il donne l'impression d'une composition plus récente. Il semble avoir éliminé à dessein les noms des personnages qui rattachaient encore d'un lien, si vague qu'il fût, le Nepâla-mâhâtmya à la réalité humaine, à l'histoire. Vâlmîki, Guṇâḍhya en ont disparu pour laisser toute la place aux dieux et aux démons. D'autre part, la différence de facture éclate aux yeux. La narration du Nepâla-mâhâtmya est sobre, alerte, presque dramatique ; celle du Vâgvatî-mâhâtmya est lente, encombrée de longues descriptions par énumération qui sont parfaitement oiseuses. Enfin, de l'un à l'autre, l'esprit religieux a changé. Le Vâgvatî-mâhâtmya attribue à Çiva le premier rang sans partage ; les autres dieux sont ses inférieurs, et le Bouddha est résolument tenu à l'écart soit comme un suspect, soit comme un ennemi.

Le bouddhisme népalais a, tout comme le brahmanisme, cultivé le genre du mâhâtmya ; il a célébré, et recommandé, ses lieux sacrés dans le *Svayambhû-Purâṇa*[b]. La désigna-

4. Svayambhū-Purāṇa. — *The Vṛihat Svayambhū Purāṇam, containing the traditions of the Svayambhū-kshetra in Nepal*, edited by Pandit Haraprasâd Çâstrî. Calcutta, 1894 (Bibliotheca Indica, 6 fascicules). — *Svayambhū-Purāṇa*, dixième chapitre, publié par L. de la Vallée-Poussin. Gand, 1893 (dans le Recueil de travaux publiés par la Faculté de philosophie et de lettres de l'Université de Gand, 9e fascicule). — Analyses dans : Hodgson, *Essays on the languages, literature and religion of Nepal.* London, 1874, p. 17 sqq. ; Rajendralala Mitra, *The sanskrit Buddhist literature of Nepal.* Calcutta, 1882, p. 249-259. — Haraprasad Çastri, *Notes on the Svayambhū-Purāṇa,* dans le *Journal of the Buddhist Text Society of India*, vol. II, part. II, 33-37. — Manuscrits décrits dans : Cowell and Eggeling, *Journal of the Royal Asiatic Society*, 1875, VIII, p. 2-53, nos 17, 18, 23. — Pischel, *Katalog der Handschriften der Deutschen Morgenländischen Gesellschaft*, 2-3. — Bendall, *Catalogue of the Buddhist Sanskrit Manuscripts in the University Library.* Cambridge, add. 870, 871, 1468, 1469, 1586. La brève analyse que je donne est fondée sur la recension intitulée Svâyambhuva-purâṇa. Comme ce texte (déjà signalé, je le rappelle, par M. de Lavallée-Poussin) n'a pas été décrit, je crois utile d'en donner une description sommaire.

Bibliothèque Nationale, mss. sanscrits. D, 78, 152 feuillets : 0,33 × 0,107, 9 lignes à la page. Caractère devanāgarī.

I. Oṃ namo ratnatrayāya |
   pañcavarṇān samuccārya pañcabhūtāny abhāvayat |
   pravṛttau pañcatatvātmā pañcabuddhātmane namaḥ ||

Longue introduction en prose : Jinaçrī interroge Jayaçrī à Gayā sur la Svayambhūtpattikathā. Açoka et Upagupta. Récit de la visite de Çākyamuni au Népal. Les vers remplacent la prose :
   lumbinīvad ramyam ālokya vadatāṃ varaḥ |
   vaktuṃ *Nepālamāhātmyaṃ* cakāṅkṣa dhārmyam āsanam || 7ᵇ.

(L'expression *Nepāla-māhātmya* revient encore p. 8ᵃ).

iti svāyambhuve purāṇe çrījyotīrūpasvayamutpannasya svayambhūmāhātmyavarṇanaṃ nāma prathamo 'dhyāyaḥ. 14ᵇ (= Vṛhato I, II).

II. Ânanda demande :
   çrotuṃ samutsuko Guhyeçvarīdeçādisaṃbhavam |
   kadā khagānanā devī prakāçam āgamad vibho ||
   deçānāṃ racanāṃ nṛnāṃ hradaviçoṣaṇaṃ tathā |

iti çrī svāyambhuve purāṇe -dhanādaharudagopucchaguhyeçvarīprakāçamañjuçrīcaityanirmitaṃ nāma dvitīyo 'dhyāyaḥ. 26ᵃ (= Vṛhato III).

III. iti çrī svāyambhuve purāṇe Krakutsandābhigamanabhikṣucaryācaraṇa Vāgmatī Keçavatīprabhāvaṃ nāma tṛtīyo 'dhyāyaḥ. 41ᵃ (= Vṛhato IV).

IV. Maṇirohiṇībhavakathāṃ bruve smanmahimātmikām |
iti çrī svāyambhuve mahāpurāṇe Maṇicūḍataḍāgādimakāradaçasaṃbhavaṃ nāma caturtho 'dhyāyaḥ. 63ᵃ (= Vṛhato suite du IV).

V. Gokarṇeçvaramukhyānāṃ saṃkathāṃ vītarāgiṇām |

tion de Purâna n'a sans doute été appliquée à cet ouvrage qu'en vue de donner le change et de faire concurrence, par une heureuse confusion, aux prétendus extraits des Purânas mis en circulation par les brahmanes. Le Svayambhû-Purâna ne contient aucun des cinq éléments constitutifs d'un Purâna ; il ne traite ni de la cosmogonie, ni des créations secondaires, ni des généalogies divines et héroïques, ni des grandes périodes fabuleuses, ni de la géographie universelle ; il se borne à magnifier Svayambhû, et la colline qui le porte, et d'une manière générale, toute la vallée

iti çrī svāyambhuve purāṇe vītarāgasamutpattikathanaṃ nāma pañcamo 'dhyāyaḥ. 73ᵃ (= Vṛhatᵒ fin du IV).

VI. atho vakṣyāmi tīrthānāṃ māhātmyaṃ kāmadāyinām |
santi bahūni tīrthāni teṣāṃ mukhyāni dvādaça ||　.

iti çrī svāyambhuve purāṇe puṇyatīrthādidvādaçatīrthavarṇanaṃ nāma ṣaṣṭho 'dhyāyaḥ. 101ᵇ (= Vṛhatᵒ V).

VII. çṛṇu bhūpopatīrthānāṃ kathām atha samāsataḥ |
　　kuṇḍakūpataḍāgādipraṇālīracitātmanām ||

iti çrī svāyambhuve mahāpurāṇe upatīrthamātṛkāpīṭhaçmaçānavarṇanam nāma saptamo 'dhyāyaḥ. 106ᵇ (= Vṛhatᵒ V).

VIII. iti çrī svāyambhuve purāṇe çrīdharmadhātuvāgīçvaramaṇḍalābhidhāna-pravartanaṃ nāmāṣṭamo 'dhyāyaḥ. 119ᵃ (= Vṛhatᵒ VI).

IX. pravakṣyāmy atha bhūpeça svayambhūguptasaṃkathām.

iti çrī svāyambhuve mahāpurāṇe Pracaṇḍadevabhikṣucaryājyotīrūpaguptīkaraṇaṃ nāma navamo 'dhyāyaḥ. 129ᵇ (= Vṛhatᵒ VII).

X. (Publié par M. de Lavallée-Poussin.)

iti çrī svāyambhuve mahāpurāṇe nāgaçādhanadurbhikṣādiçānti Çāntikaravarṇanaṃ nāma daçamo 'dhyāyaḥ. 138ᵃ (= Vṛhatᵒ VIII).

XI. atha pūjāphalaṃ vakṣye çṛṇu bhūpāla uttama |
iti çrī svāyambhuve purāṇe pūjāphalavarṇanaṃ nāma ekādaço 'dhyāyaḥ. 145ᵇ (= Vṛhatᵒ VIII, suite).

XII. Reprise de la prose. Açoka quitte Pāṭaliputra pour se diriger vers le Nord, va jusqu'au Népal, puis rentre à Pāṭaliputra, au Kukkuṭārāma. Upagupto rājānaṃ svāçiṣā saṃvardhya punaḥ kathayāmi çṛṇu bhūpāla | tatra punaḥ kālāntare çrīmadāryāvalokiteçvaramūrtir bhaviṣyati tathā Trailokyavaçaṃkara Lokeçvaramūrtir Yakṣamalleçvaramūrtir upadravaçāntau tathā bahavo devānāṃ sambhaviṣyanti bahavas tīrthāç ca cāturdigīyair bhūmipālair mokṣyante iti bhaviṣyakathām upadiçya dhyānāgāram āviçat | Rājāçokaḥ svarājyam upāgamat | atha bhikṣur Jayaçrīḥ saJinaçrīrājapramukhaṃ samyalokam āçīrvacobhir anvamodat |

yatra sūtraratnam idaṃ dharmasāṃkathyam..... Éloge du Purāṇa. iti çrī svāyambhuve mahāpurāṇe 'çokatīrthayātrāphalastutikathanaṃ nāma dvādaço 'dhyāyaḥ. 152ᵇ.

du Népal. Le nom de « mâhâtmya » le caractérise si bien que ce mot y reparaît sans cesse, soit dans les titres des chapitres, soit au cours de l'exposition ; en son ensemble, c'est un Nepâla-mâhâtmya à l'usage des bouddhistes, et son auteur n'hésite pas lui-même à se servir de cette désignation.

L'ouvrage a eu tant de succès qu'il a dû se plier à toutes sortes de remaniements pour s'adapter aux goûts variés de ses lecteurs. Il n'en existe pas moins de cinq recensions actuellement connues. La plus longue porte le titre de Svâyambhuva-Purâṇa ou Svâyambhuva-mahâ-purâṇa ; elle est en douze chapitres ; une autre, la Svayambhûtpatti-kathâ, a dix chapitres (elle est appelée aussi Madhyama-Sva° pu°) ; trois autres sont divisées en huit chapitres, mais elles sont néanmoins de longueur très inégale. Tandis que le Vṛhat-Sv° pu° couvre en manuscrit plus de 3 000 lignes, et le Mahat-Sv° pu° plus de 2 000, le Svayambhučaitya-bhaṭṭārakoddeça n'en compte que 250 environ. Les différences ne portent du reste que sur la forme ; le fond est partout identique ; l'ampleur des descriptions et la pieuse accumulation des épithètes oiseuses déterminent seules l'étendue du poème. La rédaction la plus satisfaisante au point de vue de la correction et de la composition est celle du Svâyambhuva-(mahâ)-purâṇa ; elle contraste totalement avec le style barbare et la métrique abominable du Vṛhat-sv° pu°, imprimé dans la *Bibliotheca Indica*. La date de chacune des recensions n'est pas connue, et il est difficile de fixer autrement que par des raisons de goût leur ordre chronologique. Le nom du roi Yakṣa malla paraît aussi bien à la fin du Svâyambhuva que du Vṛhat° dans une prophétie prononcée par le Bouddha ; Yakṣa malla étant mort vers 1460, nos rédactions ne peuvent guère être antérieures au xvie siècle, si la mention de ce roi n'est pas due à une interpolation, toujours facile dans une prophétie et surtout à la

fin d'un ouvrage. Les autres rois nommés et glorifiés dans
le poème, Guṇakâma deva et les deux Narendra deva, datent
d'une époque bien plus lointaine. Deux Guṇakâma deva
ont régné sur le Népal; la tradition place le second
au début du viiiᵉ siècle; mais la désignation de Narendra
comme le fils de Guṇakâma deva fixe le choix sur le plus
ancien de ces deux rois. L'autre Narendra deva, associé à
un événement capital de l'histoire religieuse au Népal,
régnait vers le milieu du viiᵉ siècle. Voilà les seuls repères
qu'on puisse tirer des recensions du Svayambhû Purâṇa[1].
Un travail de critique comparative, réservé à l'avenir, per-
mettra sans doute de reconnaître la forme originale du
Purâṇa ou de la restituer.

Le Purâṇa bouddhique a tout au moins reproduit le cadre
traditionnel des purâṇas brahmaniques; il est agencé en

1. Le pandit HARAPRASAD ÇASTRI (dans le *Journal Buddh. Text. Soc.*,
loc. laud.) prend à tort le second des deux Narendra deva mentionnés
dans le Purâṇa pour le roi qui régnait à Bhatgaon vers le milieu du
xviiᵉ siècle. L'épisode où paraît Narendra deva est trop célèbre pour
autoriser la moindre confusion; le héros en est bien un des successeurs
d'Aṃçu varman, le même Narendra deva qui entretint des relations
d'amitié avec la Chine. Si le Vṛhat-Svᵒ place ce Narendra deva « un long
temps après Yakṣa malla », il serait vain d'attacher la moindre importance à cette apparence de classement chronologique; le compilateur
du Purâṇa se sert simplement de cette formule commode pour mettre
bout à bout les événements qu'il veut raconter. — Du reste l'épisode
de Narendra deva et de Bandhu datta n'est pas mentionné par le Svâyam-
bhuva-(mahâ)-purâṇa. Je n'y ai pas retrouvé non plus d'indication qui
corresponde aux vers du Vṛhat-Svᵒ signalés par Haraprasad et où se
trouve une allusion à la destruction du Viçveçvara de Bénarès (dans la
description de Bénarès comme la patrie du Bouddha Kâçyapa). Tout
semble attester que le Svâyambhuva est antérieur au Vṛhatᵒ. Il est
regrettable que la *Bibliotheca Indica* ait imprimé de préférence cette
dernière recension, et que l'éditeur du texte ait cru devoir farcir à
plaisir de barbarismes et de solécismes le sanscrit macaronique de son
auteur; il n'est pas conforme au « fair play » même entre brahmane et
bouddhiste, de choisir, comme de parti pris, les leçons les plus incor-
rectes et d'éliminer les autres.

Le procédé de développement en quelque sorte mécanique pratiqué
par le Vṛhatᵒ rappelle tout à fait la manière des Vaipulya-sûtras.

ṣaṭsaṃvâda, en « conversation à six », c'est-à-dire que trois groupes d'interlocuteurs se superposent; le premier dialogue est emboîté dans un second qui est inséré dans le troisième. Deux Bodhisattvas, Jayaçrî et Jinaçrî, s'entretiennent à Gayâ; Jayaçrî interrogé sur l'origine de Svayambhû rapporte à son compagnon une conversation engagée sur le même sujet entre le roi Açoka et son maître spirituel Upagupta. Pour satisfaire la curiosité du souverain, Upagupta lui-même n'avait trouvé rien de mieux que de lui répéter le dialogue échangé jadis sur le même thème entre le Bouddha Çâkyamuni et le Bodhisattva Maitreya qui l'interrogeait. Çâkyamuni y narre les visites à Svayambhû des Bouddhas antérieurs, Vipaçyin, Çikhin, Viçvabhû, Krakučchanda, Kanakamuni, Kâçyapa, leurs prédictions, leurs adorations, le culte qu'ils ont rendu aux lieux sacrés, les vertus qu'ils leur ont reconnues, le voyage de Mañjuçrî au Népal, la vallée conquise sur les eaux, la civilisation introduite, l'ordre établi, le culte des Nâgas institué comme un remède contre la sécheresse par le roi Guṇakâma deva. Ébloui par tant de merveilles, Açoka s'empresse d'aller lui-même au Népal, élevant partout sur sa route des stûpas; puis, son pèlerinage achevé, il rentre à Pâṭaliputra, où son maître Upagupta lui annonce brièvement les destinées futures du culte d'Avalokiteçvara. Et Jinaçrî, enchanté à son tour, remercie Jayaçrî de ce récit instructif et édifiant.

Pour contrôler les données suspectes de la tradition et de la légende, le Népal offre à l'histoire deux catégories de documents : les inscriptions et les manuscrits. L'épigraphie du Népal est loin de remonter aussi haut que l'épigraphie de l'Inde. Si l'empereur Açoka visita jamais la vallée, comme le Svayambhû Purâṇa l'affirme, aucun monument ne commémore expressément son passage; un intervalle de sept siècles et demi sépare les piliers à inscriptions élevés par

Açoka dans le Téraï népalais et les inscriptions de Mâna
deva qui ouvrent l'épigraphie népalaise. Cette épigraphie
s'étend sur un espace de quatorze siècles, mais elle est
loin de présenter une succession continue de documents.
Des lacunes inexplicables la découpent en séries irrégulières. A partir de Mâna deva, elle se prolonge jusqu'au
IXe siècle de J.-C., et s'interrompt alors pour reprendre
avec la fin du XIVe siècle. J'ai déterré à Harigaon une
inscription du XIe siècle (139 de l'ère népalaise) ; mais par
une étrange fatalité, l'inscription avait disparu quand je
retournai pour l'estamper. Les inscriptions découvertes
par Bhagvanlal, Bendall et moi émanent toutes des mêmes
princes; celles que j'ai reçues du Népal depuis mon retour
restent, quelle qu'en soit la provenance, enfermées dans
ce cercle fatal de noms et de dates.

Les inscriptions[1] anciennes du Népal sont toutes gravées
exclusivement sur la pierre ; on n'a pas encore trouvé
d'anciennes donations inscrites sur des plaques de cuivre
(*tâmra-pattra*), comme l'usage en était répandu dans
l'Inde dès les origines de l'épigraphie (témoin les plaques
de Sohgaura, qui remontent sans doute à l'époque Maurya).
Et cependant le Népal a des mines de cuivre, exploitées de
longue date, et ses bronziers jouissent d'une antique réputation. La Vamçâvalî mentionne, il est vrai, un règlement
du Čârumatî-vihâra qui fut gravé sur cuivre sous le règne
de Bhâskara varman, personnage légendaire plutôt qu'historique et qui précède de vingt générations le roi Mâna
deva. Le mahârâja Chander Sham Sher m'a envoyé la
copie des plaques actuellement conservées dans ce couvent;
elles n'ont rien à voir avec Bhâskara varman; elles sont

1. Inscriptions. — Pandit BHAGVÂNLÂL INDRÂJÎ. *Twenty-three Inscriptions from Nepâl*; dans *Ind. Antiq.* IX, 163-194 : *Some Considerations
on the Chronology of Nepâl*; translated from Gujarâtî by Dr. Bühler,
ib. XIII, 411-428. — Cecil BENDALL. *A Journey of Literary and Archæological Research in Nepâl and Northern India.* Cambridge, 1886.

modernes, et même rédigées en langue névarie. Les tâmra-pattras qu'on trouve souvent cloués à la façade des temples datent tous des trois ou quatre derniers siècles.

Les inscriptions sur pierre (*çilâ-pattras*) sont gravées tantôt sur des piliers que surmonte une image sacrée, par exemple à Changu Narayan, à Harigaon, tantôt sur l'objet même auquel elles se rapportent, tantôt, et le plus souvent, sur des tablettes dressées. La pierre est soigneusement polie, les caractères tracés avec soin et avec goût ; le fronton de la stèle est généralement décoré d'une sculpture en relief, soit le disque de Viṣṇu entre deux conques, soit le taureau de Çiva, soit encore une fleur de lotus. Le texte des anciennes inscriptions est toujours en sanscrit, les formules du protocole sont empruntées au formulaire général de l'Inde, mais l'invention des poètes locaux s'exerce volontiers dans les invocations liminaires ou dans les panégyriques. Les rois mêmes ne dédaignent pas d'entrer en lice et de montrer leur adresse à manier les vers.

La seconde série des inscriptions népalaises s'ouvre avec la restauration des Mallas, vers la fin du XIVᵉ siècle. Il est difficile de croire qu'on ait cessé pendant cinq cents ans de graver des inscriptions au Népal ; il est surprenant que des rois aussi glorieux dans la tradition que le fondateur de Katmandou, Guṇakâma deva, n'aient pas cherché à s'immortaliser par la pierre. Les stèles laborieusement effacées et grattées qui se rencontrent partout en grand nombre sont peut-être les témoins, réduits au silence, de cette période obscure. La croyance populaire les tient toutes pour antérieures à l'ère népalaise (880 de J.-C.) ; un fondateur d'ère doit payer toutes les dettes du pays avant d'inaugurer un comput nouveau ; à la fondation du Nepâla-samvat, on aurait donc détruit tous les engagements antérieurs et les documents qui les portaient. M. Wright s'est fait l'écho de ce préjugé (*Vaṃçâv.*, p. 246). Il suffit, pour en constater l'inanité, d'observer que la première série des inscriptions népalaises est tout entière antérieure au Nepâla-samvat.

A partir du XVIIᵉ siècle, l'épigraphie des Mallas abonde jusqu'à l'encombrement. Pratâpa Malla inonde de sa prose et de ses vers l'étendue de ses domaines ; ses successeurs et les princes des dynasties rivales, à Patan et à Bhatgaon, étalent partout la pompe déclamatoire de leurs vains titres. L'écriture tend à l'arabesque ; elle s'assouplit, se contourne en lignes fantaisistes, se marie à la pierre qu'elle prétend décorer. En même temps, le sanscrit recule : la langue vulgaire, le névari, pénètre dans l'épigraphie ; sans se hausser jusqu'à la littérature, elle exprime les réalités banales ou triviales que la langue sacrée ne sait plus ou ne veut plus rendre, les stipulations, les clauses, les limites des concessions, etc. Le parbatiya, depuis la conquête gourkha, se substitue par degrés au névari ; mais le sanscrit garde encore son prestige et continue à s'employer dans les invocations et le protocole des inscriptions.

Malgré le voisinage du Tibet et les fréquentes relations des deux pays, les inscriptions tibétaines sont rares au Népal ; je n'en ai pas trouvé d'anciennes, ni à Syambu Nath, ni à Budnath. Les Tibétains se contentent de graver avec une surprenante habileté de main la formule sainte : *oṃ maṇi padme huṃ* sur les roches qui bordent la route. Le seul texte considérable est l'inscription bilingue de Syambu Nath qui commémore la restauration de l'édifice au XVIIIᵉ siècle. J'espérais retrouver aussi un souvenir des Chinois qui visitèrent à plusieurs reprises le Népal ; je n'ai vu que trois caractères chinois gravés sur une petite chapelle moderne à Syambu Nath.

Les suscriptions des copistes sont une ressource originale de l'histoire népalaise. Les couvents et le climat du

Népal ont préservé un assez grand nombre de manuscrits anciens, tracés sur des feuilles de palmier *(tâla-pattra)*; il faut sortir de l'Inde pour rencontrer des documents de paléographie indienne dignes d'être opposés à ceux du Népal : le Dhammapada de Kachgar et le manuscrit Bower, les trouvailles du Dʳ Stein dans le Takla-Makan, les feuilles de palmier d'Horiuji au Japon. La plupart des anciens manuscrits népalais actuellement connus sont déposés, soit à la bibliothèque du Darbar, à Katmandou, soit à la Bibliothèque de l'Université de Cambridge, qui a acquis la collection du Dʳ Wright. Les vieux stûpas, les couvents, les bibliothèques des particuliers recèlent encore d'inappréciables trésors qu'une exploration méthodique pourra rendre un jour à la science. Fidèles à un usage répandu dans l'Inde, mais plus spécialement observé au Népal, les scribes népalais indiquent à la suite de l'ouvrage terminé la date d'achèvement, souvent avec des détails qui permettent d'en calculer l'équivalent européen sûr et précis : jour de la semaine, constellation lunaire, angles du soleil et de la lune, etc... Souvent aussi ils mentionnent le nom et les titres du roi régnant, si bien qu'une partie de la chronologie népalaise est fondée sur ces signatures de scribes[1].

---

1. Mss. du Népal. — Cecil BENDALL, *Catalogue of the Buddhist Sanskrit Manuscripts in the University Library, Cambridge.* Cambridge, 1883. — RÁJENDRALÁLA MITRA. *The Sanskrit Buddhist Literature of Nepal.* Calcutta, 1882. — HARAPRASAD SHASTRI, *Report on the search of sanskrit manuscripts,* 1895 to 1900. Calcutta, 1901. — V. aussi : *Katalog der Bibliothek der Deutschen Morgenländischen Gesellschaft,* tome II : Handschriften, Inschriften, Münzen, etc. Leipzig, 1881 (nᵒˢ 1-6 : mss. donnés par Wright). — COWELL AND EGGELING, *Catalogue of the Hodgson Collection of Buddhist Sanskrit Mss.,* dans le *Journal of the Royal Asiatic Society,* new series, vol. VIII, 1-52. London, 1876. — Les mss. envoyés par Hodgson à la Société Asiatique et à Burnouf, et conservés à la Bibliothèque Nationale, n'ont jamais été l'objet d'un catalogue scientifique. — V. Sir W.-W. HUNTER, *Catalogue of Sanskrit Mss. collected in Nepal by Brian Houghton Hodgson.* London 1881 (réimprimé à la fin de : *Life of Brian Houghton Hodgson.* London, 1896, p. 337-356).

La numismatique[1], qui fournit un appoint si utile à certaines sections de l'histoire indienne, fait à peu près entièrement défaut au Népal. Les spécimens anciens qui ont été retrouvés jusqu'ici sont frappés par des princes de la première série épigraphique (vie-viie siècles de J.-C.).

1. Numismatique népalaise. — PRINSEP, *Essays*, I, p. 61-62, et pl. III, nº 12. — CUNNINGHAM, *Coins of Ancient India*, p. 112. — *Journal of the Asiatic Society of Bengal*, 1865, p. 124. — BENDALL, *Z. D. M. G.*, XXXVI, p. 651. — V. SMITH, *Proceedings A. S. B.*, 1887, p. 144. — HŒRNLE, *ib.*, 1888, p. 114.

LA POPULATION

LES NÉVARS

La population du Népal se divise, comme c'est le cas
ordinaire, en deux groupes : les maîtres et les sujets, les
vainqueurs et les vaincus. Les maîtres, ce sont les Gourkhas
qui ont conquis le Népal en 1768. Les sujets, ce sont les
Névars, les maîtres de jadis, dépossédés par la conquête
Gourkha. Si on en croit la Vamçâvalî, les Névars eux-
mêmes n'étaient entrés dans la vallée qu'après l'institution
de l'ère népalaise (an 9 = 889 J. C. ; date rectifiée : 1096
J. C.) ; ils y étaient venus de l'Inde méridionale sous la
conduite de Nânya deva, un râja originaire du Karnâṭaka
(le plateau central du Dekkhan) ; ils avaient pour berceau
le pays de Nâyera. La géographie classique de l'Inde ignore
ce pays ; le chroniqueur, ou plutôt la tradition qu'il suit,
désigne évidemment sous ce nom la contrée des Nâyars ou
Nairs, la côte de Malabar. Des légendes, confirmées par
des indications positives, rattachent, en effet, l'histoire religieuse du Népal à l'extrémité méridionale de la presqu'île.
Quand les Névars, entrés définitivement dans la civilisation
hindoue, se préoccupèrent de trouver des ancêtres sur le
sol de l'Inde orthodoxe, les Nairs se présentèrent tout
naturellement à l'imagination complaisante des généalo-

gistes nationaux. L'analogie des deux noms : Nâyera, Nevâra, démontrait déjà jusqu'à l'évidence la parenté originelle des deux peuples ; en outre, si les Névars scandalisaient les brahmanes par leur indifférence au sacrement du mariage, les Nairs à l'autre bout de l'Inde pratiquaient la même doctrine, et quoiqu'admis dans l'organisation brahmanique, ils conservaient fidèlement l'usage de la polyandrie, commune aux tribus himalayennes. Les *svâmins* du Dekkhan, de passage comme pèlerins ou installés comme prêtres au Népal, durent constater et signaler au premier abord ces rapports entre les Nairs et les Névars, puisque le colonel Kirkpatrick en fut également frappé au premier coup d'œil[1]. L'amour-propre des Névars se trouvait flatté du rapprochement, puisque les Nairs, en dépit de leurs pratiques irrégulières, sont rangés comme Kṣatriyas parmi les castes nobles.

Mais l'histoire n'a rien à tirer de ces fantaisies : les traits, les mœurs, la langue des Névars révèlent une tout autre origine ; c'est au Nord de l'Himalaya qu'il faut chercher leur berceau. Et c'est aussi de là que les traditions locales, consignées dans les Purâṇas et les Chroniques, amènent les premiers habitants de la vallée : Le Bodhisattva Mañjuçrî, qui ouvrit une issue aux eaux emprisonnées et qui changea l'ancien lac en terre habitable, vint au Népal du Mahâ-Čîna, la Chine ; les disciples qui l'accompagnaient, et qui furent les premiers colons, étaient aussi des gens du Mahâ-Čîna ; le roi qu'il installa, Dharmâkara, était originaire de ce même pays. Plus tard seulement, avec le Bouddha Krakučchanda, précurseur de Çâkya muni, des brahmanes et des kṣatriyas montèrent de l'Hindoustan ; et ce fut un

---

1. « It is remarkable enough that the Newar women like those among the Nairs may in fact have as many husbands as they please. » KIRKPATRICK, p. 187. — Sur les Nairs, cf. Alfred NUNDY, *The Nairs of the Malabar Coast* dans la revue East and West, I, 1264-1275.

râja hindou, Dharmapâla, qui succéda à Dharmâkara le Chinois. Rois et saints accoururent dès lors en foule de l'Inde ; cependant le Népal échappa encore aux « gens des quatre castes ». Les barbares Kirâtas, venus des vallées orientales, s'emparèrent du pays et le dominèrent long-temps. Un râja venu de l'Inde du Sud, Dharmadatta de Kâñčî (Conjeveram), les chassa et rétablit les quatre castes. Mais les temps déplorables de l'âge de fer, du Kali Yuga, étaient venus, et les kṣatriyas authentiques avaient disparu. Le parrain et le patron du Népal, Ne Muni, dut se résigner à choisir un roi parmi des bergers ; ces bergers, il est vrai, valaient bien des princes, car ils étaient venus au Népal dans la suite de Kṛṣṇa, le dieu pasteur. Après les bergers, une nouvelle dynastie de pâtres (Abhîras) gouverna le pays ; puis les Kirâtas s'en rendirent encore une fois les maîtres. Cependant il restait au Népal des personnages de sang kṣatriya ; le puissant empereur Açoka put y trouver un gendre. Enfin parurent des dynasties légitimes de véri-tables Rajpoutes, venus de l'Ouest : la Race de la Lune, la Race du Soleil, les Thâkurîs.

Dégagé des travestissements de la légende, le récit se réduit à un petit nombre de faits acceptables : une première immigration arrive du Nord de l'Himalaya ; elle est suivie d'une autre immigration qui vient du Sud. Le pays appar-tient d'abord à des tribus belliqueuses établies dans les montagnes de l'Est ; la population de pasteurs qui l'occupe essaie à plusieurs reprises de secouer leur joug. Enfin, des familles guerrières issues des pays rajpoutes arrivent à rendre l'indépendance au Népal, et sous leur autorité le royaume se civilise.

Les Névars sont les compagnons de Mañjuçrî ; leurs traits comme leur langage marquent leur parenté avec les peuples du Tibet, aussi bien qu'avec les autres clans indi-gènes qui se partagent le territoire du royaume gourkha.

Les tribus orientales, les moins pénétrées par l'influence hindoue, gardent encore des souvenirs positifs de leur origine. Ainsi les Limbus, qui forment un rameau des Kirâtas, se divisent en deux clans : le clan de Kâçî ou Bénarès et le clan de Lhasa ; ils racontent que dix frères, nés à Bénarès, se séparèrent en deux groupes et se retrouvèrent au Népal où ils étaient venus, les uns directement de l'Inde, les autres par un détour, en passant par le Tibet. Une autre légende recueillie par Sarat Chandra Das mérite d'être rapportée comme un document historique, tant elle contient de vérité générale ; elle pourrait aisément s'appliquer à la plupart des vallées népalaises : Un jour, un berger tibétain qui faisait paître son troupeau vers le col de Kangla, à l'Ouest du Kanchanjanga, constata qu'un de ses yaks avait disparu. Il suivit les traces, passa le col, et retrouva son yak paresseusement étendu, l'estomac bien rempli. Le berger fatigué s'endort ; au réveil, le yak manquait encore une fois ; nouvelle recherche, qui conduit le berger sur les traces de la bête à un vallon verdoyant. Il sème par jeu quelques grains d'orge, retourne à son pays, raconte sa découverte ; personne ne veut le croire, moins encore y aller voir. Un peu plus tard, notre berger conduit son troupeau dans la vallée qu'il avait visitée : il y retrouve son orge germée, avec des épis mûrs. Il les cueille et les montre à ses voisins. Cette fois ils durent le croire et le suivirent. Ainsi fut fondé le village de Yangma[1].

Les lointains ancêtres des Névars vinrent sans aucun doute, eux aussi, des régions septentrionales, et leur nom, qui n'a rien à faire avec le pays plus ou moins authentique de Nâyera, est en rapport immédiat avec le nom même du Népal, soit qu'il tire son origine du mot Népal (*Nepâla*), soit que le Népal doive au contraire son nom à une adap-

1. Cité par VANSITTART, 130.

tation sanscrite de l'ethnique local[1]. La date de leur migration ne se laisse pas déterminer avec précision; aucune
histoire ne l'a enregistrée. Hodgson cependant a constaté
que les légendes des races dominantes indiquaient un
intervalle de 35 à 45 générations, soit de 1 000 à 1 300 ans,
depuis leur entrée dans le pays; il accordait la préférence
à la date la plus ancienne, en se fondant sur la comparaison des idiomes locaux avec le tibétain; leur rudesse et
leur pauvreté contrastent avec la souplesse et l'abondance
de la langue tibétaine, telle que l'ont façonnée les apôtres et
les docteurs du bouddhisme à partir du viie siècle. Un si
long espace de temps, et les infusions accidentelles de sang
hindou n'ont pas suffi à oblitérer les traits primitifs de la
race. Le type mongolique, décrit par Hodgson sur la foi
d'observations nombreuses, se reconnaît encore sur la
physionomie des Névars et des populations qui les entourent,
Magars, Gouroungs, Sounwars, Kachars, Haiyous, Chepangs, Kasoundas, Mourmis, Kirants, Limbous et Lepchas:
tête et face très large, particulièrement large entre les
pommettes; front large, souvent étréci du haut; menton
fuyant; bouche grande et saillante, mais les dents verticales et les lèvres sans épaisseur excessive; mâchoires

---

1. M. Waddell (*Frog-worship amongst the Nevars with a note on
the etymology of the word Nepal* dans Ind. Antiq. XXII, 1893, 292-
294) a proposé une étymologie du mot *névar* par le tibétain. La première
syllabe, *ne*, correspondrait à la forme écrite *gnas* qui signifie « lieu,
place » et par excellence « lieu sacré, lieu de pèlerinage ». Les Lepchas
donnent le nom de *Ne* au Népal oriental et au Sikkim, et ils l'interprètent par « lieu de cavernes pour abri ou résidence ». Dans la plupart
des dialectes indo-chinois apparentés, *ne* signifie « résidence ». Les
Névars seraient les habitants du *Ne*, du pays des lieux sacrés par excellence dans l'Himalaya.
La syllabe *pâl* serait l'équivalent de *Bal*, nom que les Tibétains donnent au Népal (*Bal-po, Bal-yul* : pays de Bal); le mot *bal* en tibétain
signifie « la laine ». *Ne-pal* signifierait donc : « les lieux sacrés du
Bal. » Toute cette combinaison étymologique me semble infiniment
suspecte.

épaisses ; yeux largement séparés, plantés à fleur de joue, plus ou moins en oblique ; nez pyramidal, assez long et élevé, sauf à la racine où il est souvent écrasé au point de laisser les yeux se rencontrer, mais de forme grossière, épais surtout du bout, avec de grandes narines rondes ; les cheveux abondants et plats ; la face et le corps sans poil ; la stature plutôt basse, mais musclée et vigoureuse. Comparés à leurs voisins moins civilisés, les Névars se distinguent pourtant par un visage plus long, des yeux plus grands, et un nez mieux détaché du front ; c'est là l'empreinte du croisement avec l'Inde.

La civilisation a fait disparaître l'organisation sociale des Névars primitifs ; on peut s'en faire une idée au moyen des autres peuplades de même race, établies dans les vallées retirées et mieux soustraites aux influences du dehors. Toutes, elles sont divisées en tribus, partagées en clans et en sous-clans ; l'idée de caste leur est étrangère ; l'égalité de naissance est absolue. Des règles d'endogamie et d'exogamie gouvernent les mariages ; l'épouse doit appartenir à la tribu, mais ne doit pas être issue du même clan ; la fraternité par le sang, l'amitié comptent autant que les liens de clan. La nourriture n'est réglée par aucune loi ; seul le totem, l'animal éponyme du groupe, est prohibé. Le bœuf est un aliment particulièrement apprécié ; les Gourkhas ont dû livrer de rudes combats pour imposer à leurs sujets le respect de la vache « à l'hindoue ». Les morts sont parfois brûlés, le plus souvent enterrés. La religion pour ainsi dire officielle est un bouddhisme rudimentaire. La sorcellerie, la croyance aux esprits, les pratiques du chamanisme sont universellement admises.

Des missionnaires bouddhistes de l'Inde furent sans doute les premiers à porter un évangile dans la vallée du Népal. Après l'installation des colons amenés de Chine par Mañjuçrî, le symbolisme des traditions amène au Népal les Bouddhas préhistoriques et Çâkyamuni leur successeur. La frange du Téraï, propice à l'éclosion des Bouddhas, bordait aussi les montagnes du Népal; du jardin de Lumbinî, l'œil embrasse un horizon de hauteurs verdoyantes et de cimes glacées qui sont l'Himalaya népalais; la séduction obsédante des retraites prochaines a pu attirer les Bouddhas, amateurs de sites alpestres : témoin le cirque montagneux de Râjagrha, si cher à Çâkyamuni. Les Jainas, qui partageaient ce goût des paysages accidentés et cette fièvre de l'apostolat, semblent avoir essayé de disputer au bouddhisme la conquête de l'Himalaya : une de leurs légendes montre le dernier des grands apôtres, Bhadrabâhu, en route sur le chemin du Népal, au moment où se réunissait le concile de Pâṭaliputra, un demi-siècle avant l'entrée des Macédoniens dans l'Inde [1].

Le bouddhisme, malléable et accommodant, avait pu s'introduire dans l'organisation des Névars sans la bouleverser; il semait discrètement les idées et les doctrines de l'Inde et laissait lentement mûrir la moisson. Dès qu'elle fut mûre, un adversaire brutal vint la lui disputer. Le brahmanisme sacerdotal, menacé de mort par le triomphe des hérésies, avait habilement cherché son refuge dans les cultes populaires ; il les avait adoptés, consacrés, et reprenait la lutte avec des dieux rajeunis et un panthéon remis à neuf. La tradition, au Népal comme dans l'Inde, a incarné cette crise dans Çankara âčârya, le plus redoutable champion de l'hindouisme brahmanique. Elle le fait paraître deux fois au Népal, en employant deux fois le même procédé de rattachement factice : la présence de deux Çankara (deva) sur les listes généalogiques des rois Sûryavamçi et des rois Thâkuris y est interprétée comme un souvenir

---

1. Weber, *Ind. St.*, XVI, 214. La légende se trouve dans le Pariçiṣṭa parvan, liv. IX.

positif du double passage de Çaṅkara â ârya. Çaṅkara arrive au Népal; il y trouve les « quatre castes » converties à la Loi du Bouddha. Il triomphe sans combat des moines (bhikṣus et çrâvakas) qui vivaient dans les couvents, remporte sur les pères de famille (gṛhasthas) une victoire éclatante, massacre une partie des vaincus, impose de cruelles humiliations aux autres, supprime les marques qui distinguaient les religieux des laïques, contraint les religieuses au mariage, et substitue au Bouddha le dieu Çiva.

En fait, de gré ou de force, le Bouddhisme s'était transformé : le culte de Çiva lui avait ravi un certain nombre de ses fidèles, et ses moines avaient rejeté l'obligation stricte du célibat. Installés dans leurs anciens couvents, les prêtres ne trouvaient plus dans le culte des ressources suffisantes pour faire face à leurs nouvelles charges de famille : il leur fallait pour vivre adopter des professions séculières. Ainsi se constitua une classe sociale nettement définie, les Bandyas (bonzes). Les conditions matérielles de leur existence, jointes à une imitation voulue des brahmanes, leurs concurrents, eurent vite changé la classe en caste : investis des plus hautes fonctions du culte, ils se tenaient pour une aristocratie religieuse et regardaient comme des inférieurs les simples fidèles ; nantis de privilèges avantageux et propriétaires des couvents par droit d'occupation, ils ne se souciaient pas de réduire leur portion par un accroissement du nombre des participants ; enfin les métiers exercés dans les couvents du nouveau style s'y transmettaient de père en fils, avec les secrets et les perfectionnements techniques, et, par l'exclusion des artisans du dehors, se transformaient en monopoles. La caste était née, dans la société bouddhique, autour d'une tontine et d'une profession ; le bouddhisme avait ses brahmanes.

De leur côté, les familles royales, venues de l'Inde ou qui prétendaient en venir, n'étaient pas d'une noblesse à s'imposer sans discussion. Liččhavis ou Mallas, leur nom brillait d'un éclat inquiétant dans les annales du bouddhisme. Au ive siècle, Samudra Gupta, empereur de l'Hindoustan, pouvait encore tirer vanité de sa parenté avec les Liččhavis [1]. Les préjugés brahmaniques avaient fait du chemin depuis, et le code dit de Manu, qui donnait à l'orthodoxie ses articles de foi, classait les Liččhavis et les Mallas (avec les Khasas appelés à recueillir un jour leur succession) parmi les castes illégitimes issues des kṣatriyas [2]. Leurs ancêtres étaient bien des kṣatriyas authentiques, unis avec des femmes de même caste; mais un d'entre eux avait négligé ses devoirs sacrés, et son fils avait été par suite exclu de la Sâvitrî, la formule d'initiation qui « régénère » les hautes castes, rabaissé à la condition de kṣatriya dégénéré (*vrâtya*), et la tache indélébile s'était transmise à sa descendance. Pour reconquérir l'honneur perdu, et frayer en égal avec les vrais Rajpoutes, Liččhavis et Mallas durent être portés, comme les Khasas après eux, à afficher un rigorisme sévère, et à repousser les alliances de rang inférieur. Le Népal eut ainsi ses kṣatriyas locaux, adorateurs à la fois des dieux bouddhiques et des dieux brahmaniques, et qui servirent naturellement de trait d'union entre les deux confessions.

Enfin les missionnaires qui avaient apporté de l'Inde le culte de Çiva avaient introduit en même temps le régime des castes qui en était inséparable; les adeptes qu'ils avaient gagnés étaient aussitôt embrigadés dans des groupes définis, établis à l'instar de l'Inde, mais sans la copier toutefois; la vallée était trop profondément séparée de l'Inde par son passé, par ses traditions, par ses usages pour qu'elle pût s'agréger immédiatement aux communautés

---

1. *V. inf.* vol. II (Histoire).
2. *Mânava-dharma-çâstra*, X, 22.

hindoues. Il s'élabora ainsi au Népal une double société : l'une sous le contrôle des brahmanes, répartie tout entière en castes régulières, caractérisées par les lois intransigeantes de la table et du lit : pas de mariage légitime en dehors de la caste ; interdiction, sous peine de déchéance et d'exclusion irrémédiable, de manger en commun avec d'autres castes. L'autre, hérétique, hostile en principe au système des castes, mais déjà entamée par la contagion : à sa tête, une aristocratie religieuse et une aristocratie militaire organisées à l'image des brahmanes et des kṣatriyas hindous. La puissance de l'exemple donné par les classes supérieures, la mode, l'esprit d'imitation assuraient dès lors le triomphe de l'organisation brahmanique ; de proche en proche, chaque classe de la société bouddhique s'enferma dans des barrières infranchissables.

La conquête du Népal par Harisiṃha deva en 1324 précipita l'élaboration du système des castes. Elle amena pour la première fois à demeure dans la vallée un roi hindou, de sang et d'origine irréprochablement authentiques, et consciencieux observateur des lois de pureté brahmanique. Il passe pour avoir amené à sa suite sept castes : Brahmanes, Bhadelas (Bandyas ?), Ācāryas, Jaisis, Vaidyas, Rajakas et Khadgis. L'énumération est expressive ; Harisiṃha, expulsé par les Musulmans des régions du Téraï où il régnait, avait eu soin d'amener, dans l'asile suspect qui lui restait seul ouvert, les auxiliaires indispensables de la vie sainte : les maîtres de la science sacrée, les prêtres des divinités locales pour le service de l'âme, et pour le service du corps les médecins, les blanchisseurs et les bouchers ; les uns n'étaient pas moins nécessaires que les autres. Confier ses membres, son linge, sa viande à des serviteurs que la loi n'autorise pas à ces divers emplois, n'expose pas à de moindres risques que la négligence des devoirs les plus solennels. Harisiṃha deva ne voulait ni

perdre son âme, ni perdre son rang. Ses blanchisseurs et
ses bouchers hindous, introduits dans la société népalaise,
y portèrent la même morgue intransigeante que les brahmanes et les kṣatriyas ; relégués par la loi brahmanique à
un rang infâme, ils savouraient cependant l'honneur d'y
être classés ; et leur exemple influa sur les couches inférieures de la population au profit de la formation des
castes, comme celui des brahmanes agissait au sommet de
l'échelle sociale.

La conquête de Harisiṃha hâta encore par ses résultats
politiques l'éclosion du nouveau régime. Survenue à la
suite d'une longue crise d'anarchie féodale, elle courba
sous un joug commun les partis et les clans rivaux, et
rétablit l'ordre ; bientôt après, la restauration des Mallas
rendit au pays une monarchie nationale, apte à comprendre
et à satisfaire les intérêts locaux. Le règne de Jaya Sthiti
Malla tombe dans cette période de recueillement fécond
qui suit les convulsions violentes et qui en dégage les résultats durables. Justement Harisiṃha deva et sa dynastie
avaient introduit au Népal les préoccupations sociales qui
agitaient l'Inde à cette époque. Le triomphe écrasant de
l'Islam, la ruine des derniers empires brahmaniques mena-
çaient d'un écroulement brusque les institutions que le
génie sacerdotal avait patiemment édifiées. Pour parer à
une catastrophe aussi formidable, les rares princes qui
gardaient avec l'indépendance le culte du passé attirèrent
à leur cour des jurisconsultes éminents et les chargèrent
de rédiger des « Sommes » destinées à compléter la loi
écrite, depuis longtemps immuable, à l'aide de la loi orale,
constamment rajeunie pour s'accommoder au présent.
La famille de Harisiṃha deva se distingua par son zèle.
Le ministre de Harisiṃha, le Thakkura Caṇḍeçvara, composa ou fit composer sous son nom deux encyclopédies de
jurisprudence religieuse : le Smṛti-Ratnâkara et le Kṛtya-

Čintâmaṇi; parmi les princes de la branche qui régna sur le Tirhout, à la frontière méridionale du Népal, Narasiṃha deva patronna Vidyâpati, auteur de la Dâna-Vâkyâvalî; Madanasiṃha deva fit écrire le Madana-Ratna-Pradîpa; Čandrasiṃha deva protégea Miçara Miçra, auteur du Vivâda-Čandra, et Hari Nârâyaṇa favorisa Vâčaspati Miçra, auteur du Vivâda-Čintâmaṇi[1]. Jaya Sthiti Malla se piqua d'accomplir la même œuvre au Népal. Il appela à son aide cinq pandits de l'Inde: Kîrti Nâtha Upâdhyâya Kânyakubja, Raghunâtha Jhâ Maithilî, Çrî Nâtha Bhaṭṭa, Mahî Nâtha Bhaṭṭa et Râma Nâtha Jhâ, qui compilèrent les Çâstras et en tirèrent une série de lois sur les castes, les funérailles, les maisons, les champs. « Il y en avait déjà bien eu de pareilles dans le temps passé, ajoute le chroniqueur, mais elles s'étaient perdues faute d'emploi. »

La besogne était délicate; il s'agissait d'adapter les institutions sociales du brahmanisme à une population partagée en deux communautés autonomes, et où dominait le bouddhisme. Il était donc essentiel de ménager les sentiments et les traditions de la majorité, si on voulait faire une œuvre durable. La question des bandyas se posa dès l'abord; la solution adoptée devait exercer son influence sur tous les autres problèmes. Les pandits s'en tirèrent galamment. Ils admirent sur la foi des traditions que les bandyas étaient les descendants authentiques des brahmanes et des kṣatriyas convertis par le Bouddha Krakuč-čhanda pendant l'âge Tretâ; le malheur des temps et l'intervention de Çaṅkara âčârya les avait obligés à déserter la vie monacale, à vivre en famille et à exercer des pro-

____

1. Sur ces divers personnages, v JOLLY, *Recht und Sitte* (Grundriss d. l. A. Phil.), p. 36 sqq; et GRIERSON, *Vidyâpati and his cotemporaries*, Ind. Antiq., XIV, 182-196; AUFRECHT, *Cat. Mss. Oxon.*, p. 296, n° 718; BHANDARKAR, *Rep.*, 1883/4, p. 52 et 352; EGGELING, *Cat. Ind. Off.*, part. III, n⁰ˢ 1387, 1390, 1398, 1621.

fessions ; mais les « quatre castes » ne les en honoraient pas
moins. On décida de les classer, d'après leur généalogie,

Entrée du temple de Changu-Narayan. Le pilier à gauche, surmonté du disque de Viṣṇu (čakra) porte l'inscription du roi Māna deva.

comme brahmanes ou comme kṣatriyas, mais sans établir
de subdivisions. « Les Bandyas sont pareils aux Saṃnyâsis
qui sont tous d'une seule classe, sans aucune distinction de
caste. » L'égalité des deux cultes se trouvait ainsi reconnue

en principe ; mais elle se réalisait au profit du brahmanisme, qui fournissait le point de départ du classement.

La population fut répartie au total en 64 castes :

1) *Brahmane,* ou *Dvija,* ou *Vipra* : caste sacerdotale.

Ils appartenaient aux deux grandes familles brahmaniques : Pañča-Gauḍa, brahmanes de l'Hindoustan, montés
des plaines voisines au Népal ; Pañča Draviḍa, brahmanes
du Dekkhan, amenés et installés par Çaṅkara âčârya,
d'après la tradition, mais renouvelés ou multipliés en fait
par les fréquentes relations politiques ou religieuses du
Népal avec le Sud de l'Inde.

2) *Bhûpa, Râja, Narendra,* ou *Kṣatriya* : caste militaire.

3) *Lekhaka* : écrivain.

4) *Kâyastha* : scribe.

L'exaltation des castes de l'écriture était un signe des
temps ; elle consacrait le triomphe de l'administration
régulière, ou, comme nous dirions, des bureaux. Leur puissance était récente, mais elle n'a fait que grandir depuis,
et les Kâyasthas du Bengale disputent aujourd'hui le premier rang aux brahmanes.

5) *Mantrin* : conseiller.

6) *Sačiva* : camarade.

7) *Amâtya* : ministre.

Ces trois castes comprenaient le haut personnel de la
cour.

8) *Pûjita*
9) *Devačinta*
10) *Âčârya*

Ces trois castes comprenaient probablement les prêtres de rang divers qui
s'employaient au culte des dieux locaux
ou à des fonctions tenues pour compromettantes. Le Pûjita
est sans doute le pûjârî qui officie dans les temples de
Çiva et des Çaktis ; l'Âčârya est le brahmane des Névars hindouisés, auxquels il sert d'instituteur spirituel et de prêtre
à certaines cérémonies. Le Devačinta est une variété du
même genre.

11) *Grahačintaka*: astronome. } Quatre castes de pro-
12) *Jyotiṣa* : astronome.   { fession analogue, mais
13) *Gaṇika* : calculateur.   { classées à des rangs dif-
14) *Daivajña* : devin.   } férents de l'échelle sociale, d'après la nature de leur spécialité et de leur clientèle.

L'abondance des classes d'astrologues répond au goût passionné des Népalais pour l'astrologie ; les Chinois ont constaté ce goût aussi bien que les Européens. Névar ou Gourkha, le Népalais consultera l'astrologue en toute circonstance, qu'il s'agisse de prendre médecine, de prendre femme ou de livrer bataille ; l'horoscope règle tous les détails de la vie.

15) *Âlama* : ?

16) *Sričhânte* : ?

17) *Sajakâra* : ?

18) *Sûpika* : ?

19) *Čichaka* : ?

20) *Marîkâra* : ?

21) *Çilpikâra* : artisan.

22) *Bhârika* : porteur ?

23) *Nâpika* : barbier. Un des personnages considérables de la société hindoue, qui a constamment recours à ses soins ; il est le digne pendant du Figaro occidental, avec la même variété d'emplois accessoires : chirurgien, entremetteur, etc.

24) *Lepika* : stuqueur, plâtrier.

25) *Dârukâra* : ouvrier en bois.

26) *Takṣaka* : charpentier.

27) *Sriṅkharî* : ?

28) *Kṣetrakâra* : arpenteur. La réforme des poids et mesures opérée par Jaya Sthiti Malla rendait sa tâche, déjà fort compliquée, plus difficile encore. L'évaluation d'uue surface ou d'un poids n'était pas une médiocre affaire,

car l'unité de mesure variait avec la qualité de l'objet à mesurer. (V. inf. p. 299).

29) *Kumbhakâra* : potier. Encore un des éléments les plus indispensables d'une communauté hindoue, les lois de pureté religieuse exigeant une consommation formidable de pots de terre. L'accumulation des débris de poterie et la masse des pots d'argile qui cuisent au soleil signalent l'entrée d'un village hindou.

30) *Tulâdhara* : peseur. (Cf. sup. 28.)

31) *Karṇika* : tisserand ?

32) *Kâṃsyakâra* : fondeur d'alliages de métaux communs et fabricant de cloches.

33) *Suvarṇakâra* : orfèvre.

34) *Tâmrakâra* : bronzier.

35) *Gopâla* : berger.

36) *Bhâyalâčañcu* : ?

37) *Kaṃjikâra* : ?

38) *Tayoruta* : ?

39) *Taṅkâdhâri* : ?

40) *Vimâri* : ?

41) *Sûrpakâra* : ?

42) *Natebaruda* : ?

43) *Bâthahom* : ?

44) *Gâyana* : chanteur.

45) *Čitrakâra* : peintre.

46) *Surâbîja* : ?

47) *Naṭîjîva* : acteur qui prostitue sa femme.

48) *Mândhura* : ?

49) *Vyañjanakâra* : faiseur de brouet, cuisinier ?

50) *Mâli* : jardinier.

51) *Mâṃsavikrî* : boucher.

52) *Kirâta* : chasseur ?

53) *Badî* : ?

54) *Dhânyamâri* : ?

55) *Tandukâra* : tisserand?

56) *Naḍíchedi* : coupeur de cordon ombilical?

57) *Kundakâra* : tourneur d'ivoire.

58) *Lohakâra* : forgeron, ferronier.

59) *Kṣatrikâra* : ?

60) *Dhobi* : blanchisseur.

61) *Rajaka* : teinturier-nettoyeur.

62) *Niyogi* : ?

63) *Mâtaṅgi*
64) *Čarmakâra* } corroyeurs et peaussiers.

Il fallut en outre pourvoir à la situation légale d'un groupe déjà considérable, et qui réclamait un traitement spécial. Les brahmanes montés des plaines s'étaient souvent laissé séduire, sans essayer de résistance, aux charmes peu farouches des montagnardes ; mais les populations qui les avaient accueillis et qui vénéraient leur prestige n'étaient pas disposées à accepter pour les enfants issus de ces unions irrégulières la condition dégradée que leur imposait l'orthodoxie des codes. Le brahmane, toujours accommodant avec le ciel, imagina des transactions diverses: dans le pays des Gourkhas, il ressuscita, comme nous verrons, la caste disparue des Khas à l'usage de sa progéniture illégitime. Au Népal, chez les Névars, il inventa le groupe des Jaisis, classe indéterminée qui prétendit s'élever même au rang des Bandyas. Au moment où les Bandyas étaient assimilés aux brahmanes, il fallut écarter les prétentions des Jaisis. On les répartit donc, d'après la condition sociale de leur mère, en quatre catégories : Âčârya, Daivajña, Vaidya, Çreṣṭha. Les Jaisis Âčáryas, nés d'une mère de la classe Âčârya, devaient remplir les fonctions de l'Âčârya pour le groupe des Jaisis; les Jaisis Daivajñas devaient être leurs astrologues. Les Çreṣṭhas représentaient les kṣatriyas dans cette communauté particulière. Les Jaisis Âčáryas furent encore subdivisés en trois classes,

les Jaisis Daivajñas en quatre, les Çreṣṭhas en un grand
nombre ; le cordon brahmanique, la marque d'honneur
enviée, fut concédée à tous les Jaisis Âčâryas et Daivajñas,
et aux dix premières classes des Çreṣṭhas. La variété d'occupation des Çreṣṭhas expliquait cette inégalité de traitement :
les uns étaient soldats, d'autres marchands, d'autres
encore, porteurs ou cultivateurs. Les règlements des Pandits réservèrent en outre aux Jaisis l'exercice de la médecine, et groupèrent en une caste avec quatre subdivisions
ceux d'entre eux qui s'y livraient.

Les paysans, Jyapûs ou Jaffus, qui forment la moitié de
la population indigène, furent rangés parmi les Çûdras et
formèrent 32 divisions ; les Kumhâl (Kumbhakâra), potiers,
formèrent quatre autres divisions de la même classe. La
caste ou plutôt l'extra-caste des Poḍhyas, qui réunissait les
professions les plus viles : exécuteurs, tueurs de chiens,
ramasseurs d'ordure, etc. fut répartie en quatre divisions.

L'eau, dans la société hindoue, marque la frontière de la
pureté ; une caste est honorable si les castes supérieures
peuvent, sans déchoir, accepter de ses mains l'eau à boire.
Les Poḍhyas, les Čarmakâras et les trois castes qui les
précèdent furent exclues de l'eau ; cependant au début du
xviie siècle, le roi Lakṣmî Narasimha Malla de Katmandou,
en paiement de services personnels et intimes qui lui avaient
été rendus par un blanchisseur de la caste Rajaka et par
ses filles, s'engagea à « faire passer l'eau de la main des
Rajakas », c'est-à-dire à les introduire de sa propre autorité dans le groupe des castes pures.

Le système des castes exige, comme condition préalable, la fidélité scrupuleuse des femmes ; l'adultère, entre
individus dont la loi n'autorise pas l'union, est une souillure qui risque par contagion de s'étendre aux plus inno-
cents. Les Gourkhas, scrupuleux orthodoxes, ont édicté
contre une pareille faute des peines terribles. Les Névars

avaient hérité de leurs ancêtres mongoliques une indifférence de philosophes à la vertu des femmes. Les conseillers de Jaya Sthiti Malla se contentèrent de décider que si une femme avait des relations avec un homme de caste inférieure, elle serait dégradée et prendrait rang dans la caste de son séducteur.

Le célèbre « Chapitre des chapeaux » a sa place marquée dans les codes de l'Inde ; toutes les manifestations extérieures, tous les insignes de la caste ont le précieux avantage de prévenir des confusions cuisantes. Les Poḍhyas, les parias du Népal, n'eurent pas le droit de porter la calotte nationale ; la veste, les souliers, les ornements d'or leur furent aussi interdits. Les Kasâis (bouchers) furent obligés à porter des vêtements sans manches. Les toitures de tuiles furent prohibées sur les maisons des Poḍhyas, des Kullus (corroyeurs) et des Kasâis.

Les « quatre castes » y compris les Çûdras furent tenues d'observer les règles du Vâstu-prakaraṇa et de l'Aṣṭa-varga sur la construction des maisons. Les Brahmanes et les Kṣatriyas devaient employer des brahmanes aux cérémonies de fondation ; les Vaiçyas et les Çûdras ne pouvaient y employer que des Daivajñas.

Les rites funéraires furent traités avec autant de détails : ainsi la mélodie du Dîpaka-râga fut réservée à la cérémonie de crémation des rois ; certaines castes eurent le privilège de l'emploi des Kâhalas (longues trompettes) pendant la crémation de leurs morts.

La savante construction des Pandits de Jaya Sthiti Malla n'a pas résisté aux siècles ; le temps sans en modifier le fond en a altéré la façade. C'est que la caste, aussi bien dans l'Inde qu'au Népal, est en dépit de ses airs immuables soumise à la loi commune des organismes vivants : elle se développe, elle se multiplie, elle meurt. Un travail continu de reproduction par scission, sous l'influence du temps, des lieux, des hommes, des événements, tire sans cesse de chaque caste actuelle des castes secondaires qui prolongent leur caste d'origine, l'enveloppent et finissent par l'étouffer. Les Névars d'aujourd'hui, isolés de la société Gourkha, sont divisés en deux grandes communautés, correspondant aux deux confessions rivales : les Buddha-mârgis ou Bouddhistes, les Çiva-mârgis ou Çivaites[1].

Les Çiva-mârgis, appartenant à une des religions de l'hindouisme, entrent naturellement dans le cadre général de classification brahmanique ; les quatre castes régulières : Brahmanes, Kṣatriyas, Vaiçyas et Çûdras, y sont représentés chacun par plusieurs groupes, enfermés dans une bar-

---

1. J'emprunte les deux tableaux qui suivent à OLDFIELD, 1, 177 sqq. en les complétant par HAMILTON, 29 sqq. Leurs indications sont plus d'une fois en désaccord, en particulier pour les castes Buddha-mârgis ou bien mixtes : Ainsi Hamilton range les *Jopu* (= Jaffus) avant les *Uda*, tandis qu'Oldfield renverse cet ordre ; à leur suite il place les *Bhat*, les bardes et panégyristes de l'Inde qu'Oldfield ne mentionne pas ; puis les *Got* (jardiniers = *Garhtho*), les *Karmi* (charpentiers = *Sikarmi*), les *Nau* (barbiers = *Nâpita*) qui sont loin de se suivre dans Oldfield (n° 33) 13) et 27). Viennent ensuite les *Songat* (blanchisseurs = *Sanghar*), en deçà de la limite de l'eau, tandis que Oldfield les classe au dernier rang des castes impures ; puis les *Japu* (? potiers), les *Hial* ou *Sial* (vachers, sans doute les *Nanda-gaowah*, 43)), les *Dhui* ou *Putaul* (= *Duân* ou *Putvâr*, 39)). Au delà commencent les castes impures, avec les *Salim* (huiliers = *Sarmi*, 28)), placé en deçà par Oldfield, peut-être parce que leur situation sociale s'est modifiée dans l'intervalle ; puis les *Kasulia* (musiciens = *Joghi* ou *Dhunt*), les *Chipi* (teinturiers = *Chippah*, 25) et les *Kow*, (forgerons = *Kaua*, 26), placés côte à côte à un rang bien plus élevé dans Oldfield, les *Gotoo* (ouvriers de cuivre = *Thambat* 14)), puis deux tribus militaires : les *Kosar*, qui étaient jadis des brigands à ce qu'on dit, et les *Tepai*, qui peuvent épouser ou prendre pour concubines les femmes hindoues qui ont perdu leur caste en mangeant des choses impures ; et en dernier lieu les *Puria* et les *Chamkal* (= *Puriya* [*Poḍhiya*] et *Chamakallak* d'Oldfield, au même rang) et les *Bala*, ramasseurs d'ordures.

Je n'ai pas eu le temps de procéder pendant mon séjour à une recherche personnelle sur les castes ; dans les cas douteux, j'ai suivi de préférence Oldfield, plus récent et plus complet ; mais je l'ai naturellement corrigé ou complété chaque fois que mes données me l'ont permis.

rière commune, et de plus séparés entre eux par les lois fondamentales de la table et du lit.

A. Les castes brahmaniques sont :

1) *Upâdhyâya*, la plus haute classe de brahmanes. Ils ont droit d'entrer dans les temples de Talejû, la déesse tutélaire du Népal, divinité mystérieuse introduite par Harisimha deva. Ils remplissent les fonctions de maîtres spirituels *(gurus)* et de chapelains *(purohitas)* à l'usage des Brahmanes et des Rajpoutes (ou Kṣatriyas).

2) *Lawar-ju*, de rang inférieur, servent de gurus et de purohitas aux classes inférieures.

3) *Bha-ju ;* on leur demande, en cas de maladie, des conseils religieux ; mais ils ne donnent jamais un avis médical.

B. Les castes kṣatriyas :

4) *Thâkur* ou *Malla,* descendants des anciennes familles royales ; ils sont admis à ce titre dans l'armée Gourkha, et n'entrent jamais dans le commerce ni dans le service privé.

5) *Nikhu,* peintres d'articles religieux exclusivement ; ils ont un rôle assez important dans la procession de Matsyendra Nâtha, l'antique divinité patronale du Népal.

6) *Sheashu,* ⎫
7) *Sherista,* ⎰ les Çreṣthas de l'organisation antérieure.

Les deux groupes ne forment qu'une seule caste, liée par la commensalité et la connubialité ; ils fournissent à l'armée anglo-indienne des recrues excellentes ; plusieurs y ont gagné la médaille militaire.

C. Castes de Vaiçyas :

8) *Josi,* les Jaisis de l'organisation antérieure ; ils exposent les Çâstras, mais ne remplissent pas de fonction sacerdotale.

9) *Âčâr,* les Âčâryas d'autrefois ; ils sont les prêtres des temples de Talejû à Katmandou et à Bhatgaon.

10) *Bhanni* : ils cuisinent pour les divinités des temples de Talejû.

11) *Gaoku (Gulcul) Âčâr* : prêtres des petits temples, où ils accomplissent les rites du *homa* expiatoire pour ceux qui meurent à des jours néfastes ; mais ils ne prennent aucune part aux funérailles proprement dites. Par les rites du homa, le Gaoku Âčâr prend sur lui les péchés du mort ; mais s'il commet une erreur dans l'accomplissement des rites, il est lui-même perdu. Le Gaoku Âčâr sert aussi de prêtre aux Névars d'origine incertaine ou suspecte.

D. Castes de Çûdras :

12) *Makhi* : cuisiniers et serviteurs de table.

13) *Lakhipar* : auxiliaires des précédents. Toutes les castes acceptent la nourriture des mains de ces deux castes.

14) *Bagho Shashu* : domestiques pour le service ordinaire.

La communauté bouddhique se répartit en trois grandes catégories : *a)* les *Banras* (Bandyas) qui ont la tête rase ; *b)* les *Udas,* adorateurs des dieux bouddhiques exclusivement, comme les Banras, mais qui portent au sommet de la tête un toupet de cheveux, *(čûḍâ)* ; *c)* les castes mixtes, qui adorent à la fois les dieux du bouddhisme et ceux des dieux çivaïtes que le bouddhisme n'a pas adoptés.

A) Les Bandyas, qui sont les brahmanes du bouddhisme, se divisent en neuf groupes professionnels :

1) *Gubhar-ju (Gubal, Gubâhâl, Guru-bhâju)* : la plus haute classe, la seule qui fournisse le haut clergé bouddhique, les Vajrâčâryas, et qui possède des Paṇḍits. Pendant les cérémonies religieuses, ils portent un cordon sacré comme les brahmanes et les Âčârs.

2) *Barrha-ju*   ⎞ ils travaillent l'or et l'argent, mais n'en
3) *Bikhu*   ⎟ font que des parures. Le bhikṣu est, en
4) *Bhikṣu*   ⎟ surplus, un prêtre de rang inférieur qui
5) *Nebhar*   ⎠ sert d'auxiliaire au Vajrâčârya.

6) *Nibharbhari* : ils travaillent le bronze et le fer, en fabriquent des images divines et de la vaisselle, et sont étameurs.

7) *Tâmkarmi* : ils fabriquent les fusils et les canons, soit de fer, soit de bronze.

8) *Gamsabarhi*) travaillent le bois, charpentiers[1], et
9) *Chivarbarhi*) aussi plâtriers et stuqueurs.

Ces neuf groupes forment une seule caste, au point de vue du mariage et des repas.

B. Le groupe des Udas emprunte son nom à la plus haute des classes qui le constituent; il est divisé en sept sections, mais qui forment comme les Bandyas une seule caste, au sens strict du mot.

10) *Uda* : ils ont été longtemps les grands commerçants du Népal ; le commerce avec le Tibet et le Bhoutan était entre leurs mains. Mais leur richesse et leur situation sociale ont décliné au profit d'une classe tenue pour infime, les *Sarmis*.

11) *Kassar (kâmsyakâra)* : ils travaillent les alliages de métaux.

12) *Lohankarmi* : tailleurs de pierre et constructeurs, aussi bien pour l'usage religieux que pour l'usage privé.

13) *Sikarmi* : charpentiers.

14) *Thambat (tâmrakâra)* : travaillent le cuivre, le bronze et le zinc.

15) *Âwâl* : tuiliers et couvreurs.

16) *Maddikarmi* : boulangers.

C. Castes mixtes, à la fois Buddha-mârgis et Çiva-mârgis.

Les six premiers groupes, qui forment à eux seuls la

---

1. Les Bandyas doivent à l'intervention du roi Siddhi Narasimha de Patan, au xvii⁰ siècle, la pratique de cette profession. « Comme il voyait que la ville n'avait pas assez de charpentiers, il fit prendre ce métier aux bandyas » (Vamç., 234).

moitié de la population névare, portent le nom collectif de *Jaffus (Jyâpus)* qui appartient en propre à la cinquième classe ; ils ne forment qu'une caste au sens légal.

17) *Mu* : ils cultivent exclusivement une seule espèce d'herbe aromatique, qui sert à la coiffure et qu'on présente aussi en offrande aux dieux.

18) *Danghu* : arpenteurs.

19) *Kumhar (Kumbhakâra)* : potiers.

20) *Karbujha* : musiciens de funérailles.

21) *Jaffu* ou *Kissini* }
22) *Boni* } paysans qui cultivent le sol.

Les vingt-quatre classes qui suivent ne forment un groupe que par opposition aux précédentes ; mais elles se subdivisent en véritables castes :

23) *Chitrakar (Čitrakâra)* : peintres en tout genre : bâtiments, tableaux, etc.

24) *Bhat* : teinturiers en rouge pour tout genre d'étoffe, linge excepté.

(25) *Čhippah (Kṣipaṇa)* : teinturiers en bleu.

26) *Kaua* ou *Nekarmi* : travaillent le fer, fabriquent fers à cheval, couteaux, etc.

27) *Nau (Nâpita)* : barbiers et chirurgiens.

28) *Sarmi* (ou *Sâlmî*) : huiliers et tresseurs de guirlandes pour la parure. C'est eux qui ont supplanté les Udas dans le grand commerce.

29) *Tippah* : maraîchers.

30) *Pulpul* : portent les lanternes et les torches aux funérailles.

31) *Kaussa* : pratiquent les inoculations contre la petite vérole.

32) *Konar* : fabriquent exclusivement les objets qui servent à tisser.

33) *Garhtho (Got)* : jardiniers.

34) *Katthar* : rebouteurs et infirmiers.

35) *Tatti* : font les linceuls et aussi les bonnets de nuit que portent les enfants en bas âge quand on vient de leur couper en cérémonie les cheveux à l'entour de la čûḍâ (toupet au sommet de la tête).

36) *Balhaiji* : fabriquent les roues du char pour la procession de Matsyendra Nâtha.

37) *Yungvar* : fabriquent le char lui-même.

38) *Ballah*.

39) *Lamu*, porteurs des palanquins royaux. Ils sont donc identiques aux *Duân* que les Gourkhas désignent sous le nom de *Putvâr*. C'est à Prithi Narayan que cette caste doit ce nom, ou plutôt ce titre d'honneur : avant de réussir à s'emparer de Kirtipur par ruse en 1767, le roi Gourkha subit sous les murs de la ville une défaite désastreuse ; sa vie fut en danger, il ne dut son salut qu'au dévouement d'un *Duân* qui, avec l'aide d'un *Kasâi* (boucher) transporta en une nuit le palanquin du roi jusqu'à Nayakot, hors de la vallée. Prithi Narayan remercia son sauveur en ces termes : « Bien, mon fils ! *(Syâbâs pût !)* La caste entière s'empressa de recueillir l'appellation honorable échappée à la gratitude du Gourkha, et garda le nom de *Putvâr* (« les filiaux »). Maître du Népal, en 1770, Prithi Narayan confirma le titre, accorda aux *Putvârs* la faveur d'approcher le roi et de porter les palanquins royaux.

40) *Dalli* : classe de cipayes.

41) *Pihi* : vanniers.

42) *Gaowah* (Gopa)   } les deux classes de
43) *Nanda-Gaowah (Nanda-Gopa)* } bergers ne forment qu'une caste pour la table et le lit.

44) *Ballahmi* : Bûcherons et livreurs de bois.

45) *Nalli* : ils peignent les yeux de la figure de Bhairava sur le char de Matsyendra Nâtha.

Les membres des castes bouddhiques, tout hérétiques

qu'ils sont, n'en sont pas moins « gens de caste » ; un Hindou qui les tient pour des êtres diaboliques et pervers, recevra sans scrupule l'eau de leurs mains ; ils prolongent la société hindoue en dehors de l'église brahmanique, à mi-chemin du bouddhisme étranger.

Huit castes exclues de l'eau, et repoussées avec une égale aversion par les Bouddhistes et les Çivaïtes, réunissent les parias des deux confessions.

1) *Kasâi* : bouchers et porteurs de palanquins ordinaires. Prithi Narayan a relevé un peu leur condition sociale ; en même temps qu'il concédait un titre et une fonction honorable aux *duâns* il a donné aux *kasâis*, comme témoignage de sa gratitude, des terres et leur a attribué un service de domesticité au temple de Guhyeçvarî.

2) *Joghi* : musiciens de fêtes.

3) *Dhunt* : musiciens de fêtes.

4) *Dhauwi* : fabriquent le charbon de bois.

5) *Kullu* : corroyeurs.

6) *Puriya (Poḍhya)* : pêcheurs, exécuteurs, tueurs de chiens.

7) *Chamakallak* (Čarmakâra, Chamâr) : peaussiers et balayeurs.

8) *Sanghar* (Songat) : blanchisseurs.

Mais ces castes mêmes, ou plutôt ces hors-castes, toutes dégradées qu'elles sont, refuseront de manger et de boire avec des Musulmans ou des Européens ; et si une femme de ce groupe venait à forniquer avec les uns ou les autres, la loi la frapperait de peines terribles : impures au point de vue de l'eau et du contact, ces castes n'en font pas moins partie intégrante de l'hindouisme, et elles y ont à remplir des fonctions sociales d'un ordre déterminé qui les rend solidaires de l'ensemble ; la privation de droits n'emporte pas pour elles la suppression des devoirs.

Créée de toutes pièces à l'imitation de la caste hindoue,

la caste bouddhique a pris comme unique noyau de formation la profession. Elle isole de la communauté et réunit entre eux par les liens du lit et de la table tous les individus que le droit de naissance qualifie pour l'exercice exclusif d'un métier héréditaire ; c'est une compagnie

Visnu flottant sur les eaux (Jala-çayana) à Budha-Nilkanth.

constituée pour l'exploitation d'un monopole légal et ouverte seulement aux descendants des fondateurs. Le monopole, il est vrai, n'est pas toujours lucratif : tel le privilège de peindre les yeux à l'image de Bhairava ; les bénéfices en seraient souvent maigres pour faire vivre un nombre toujours croissant d'intéressés. Heureusement la liste des professions héréditaires, si longue qu'elle soit, n'épuise pas toutes les catégories de gagne-pain ; la coutume et la loi n'ont pas créé de petits marchands (banyans), de tailleurs, de coolies, de portefaix privilégiés ; à l'exception de quelques spécialités, la culture n'est pas un monopole réservé ; autant de débouchés qui restent perpétuellement ouverts au trop-plein des carrières de caste. La profession de médecin, réservée par le code de Jaya Sthiti Malla aux Jaisis, est tombée dans le domaine public ; et l'exercice en est fructueux au Népal, autant et plus qu'ailleurs ; les bonnes familles y ont en général un médecin attaché à leur service ; la vieille tradition des oculistes bouddhiques a été perpétuée, dans ce suprême asile du Bouddhisme indien, par des spécialistes distingués[1]. Ainsi la caste réserve à ses membres une profession spéciale, mais elle ne la leur impose pas, elle les laisse volontiers s'échapper dans le terrain vague des métiers qui n'appartiennent en propre à personne.

La caste, bouddhiste ou çivaïte, est à la fois un organisme professionnel et un organisme religieux ; chacune de ces deux fonctions se trouve placée sous le contrôle d'une autorité spéciale. La corporation, avec tous ses ressortissants, est administrée par un comité analogue au Panch hindou et qui porte au Népal le nom de *Gatti*. La Gatti répartit et contrôle les charges qui incombent à la caste en vertu de son monopole ; dans cette vallée enchantée où la religion n'a pas encore complètement cessé d'être un enchaînement continu de fêtes publiques,

---

1. Cf. le récit de *Vaṃç.* 178 : un médecin de Harisiṃha deva, sollicité par le roi des Nâgas, Karkoṭaka, sous le déguisement d'un brahmane, le suit dans son palais souterrain, y guérit par une application de collyre les yeux de la reine des Nâgas, et Karkoṭaka lui promet en récompense que ses descendants seront de bons oculistes. « Les descendants de ce Baïd (Vaidya) furent renommés en conséquence comme d'excellents oculistes. » — Et cf. d'autre part : Dr CORDIER, *Vâgbhaṭa*, dans *Journ. Asiat.*, 1901, 2, p. 170, n.

chacune des castes est tenue de concourir pour sa part aux solennités ; la *gatti* désigne à tour de rôle les familles qui rempliront à chaque occasion la tâche prescrite et elle en surveille l'exécution. Les fêtes corporatives viennent encore s'ajouter aux fêtes religieuses ; chacun des membres, effectifs ou virtuels, de la corporation doit successivement, et à des périodes déterminées, offrir une fête à tous les autres, et quels qu'en soient les frais, nul n'est autorisé à s'y dérober. Enfin, si une personne de la caste meurt, toutes les familles de la caste sont rigoureusement obligées de se faire représenter à ses funérailles ; la mort est encore un prétexte à processions. La loi confère à la *gatti* le droit de punir tout manquement ; la peine ordinaire est l'amende proportionnée à la gravité du délit ; mais, dans les cas où la faute d'un seul engage et compromet la communauté entière, la *gatti* peut prononcer l'expulsion hors de la caste ; l'individu déchu, rejeté de la société, ne trouve plus d'asile que dans les groupes infâmes dont le contact est une souillure.

Mais la *gatti* ne connaît que des actes corporatifs ; les fautes contre la pureté lui échappent, car elles sont du domaine de la loi religieuse, et c'est un juge religieux qui leur convient. Quiconque est prévenu d'avoir mangé ou forniqué en compagnie prohibée, d'avoir accepté de l'eau de mains interdites, d'avoir commis un acte d'inadvertance, de négligence ou de licence qui entraîne la perte de caste, en un mot d'avoir péché contre la loi, est déféré au *dharmâdhikâri* ou juge suprême du royaume, et le cas est porté devant le *Râja-guru,* le brahmane qui sert de directeur spirituel au roi. Le Râja-guru examine l'affaire, consulte les çâstras, la littérature de la casuistique qui s'est développée avec tant d'abondance depuis le xive siècle, et prononce le verdict. La peine est à la fois juridique et religieuse : elle varie entre l'amende, la prison, la confiscation des biens et la déchéance de caste ; l'amende perçue est

partagée entre le gouvernemeut, le râja-guru et certaines
familles privilégiées de brahmanes ; de plus le coupable
est condamné à entretenir un nombre de brahmanes fixé
par le jugement. La sentence indique l'expiation à accomplir ; si le péché est rémissible, le coupable est tenu à un
acte de contrition (*prâyaçčitta*) ; si le coupable perd sa
caste, la collectivité tout entière est solidaire de la souillure
et doit s'en laver ; comme représentant légal et religieux
du pays, le roi en personne est responsable de l'expiation
(čandrâyana), et les frais qu'elle entraîne, au profit des
brahmanes, peuvent s'élever à des milliers de roupies.

La juridiction du Râja-guru, avec les sanctions d'ordre
brahmanique qu'elle entraîne, n'est pas limitée aux castes
çivaïtes ; une assimilation inévitable a introduit aussi dans
sa compétence les castes bouddhiques. Le bouddhisme,
théoriquement étranger à l'idée de caste, n'a pas prévu
d'autorité chargée d'en surveiller et d'en contrôler l'application. Le jour où les Bouddhistes du Népal ont adopté
l'organisation hindoue, ils se sont rangés naturellement
sous l'autorité du seul juge qui eût qualité pour rendre des
arrêts. La constitution de Jaya Sthiti Malla sert, paraît-il,
de base juridique aux décisions du Râja-guru dans les cas
de castes bouddhiques.

Le trait dominant du caractère névar, c'est le goût de la
société. Le Névar ne vit jamais isolé ; il aime à loger, un
peu comme le Parisien, dans des maisons à plusieurs étages
et grouillantes de population, quitte à demeurer à l'étroit,
aussi bien en ville qu'au village. Il sait jouir de tous les
plaisirs que la nature lui donne ; il chante, il cause, il rit,
il goûte finement le paysage, se plaît aux piqueniques
de gaie compagnie, dans un site ombragé, près d'un
ruisseau ou d'une source, à l'abri d'un vieux sanctuaire,
en face d'un spectacle aimable ou grandiose. Cultivateur
adroit et soigneux, il excelle aussi à tous les arts manuels,

même les plus délicats; il est orfèvre et forgeron de talent, sculpteur fantaisiste, teinturier et peintre de goût, commerçant avisé sans rapacité, artiste né. Il a transformé les arts de l'Inde, bâti des temples et des palais qui ont servi de modèles aux Tibétains, aux Chinois; la pagode classique vient du Népal. La réputation des artisans népalais consacrée par les siècles est encore établie dans toute l'Asie centrale. Le P. Huc, qui visita la colonie névare de Lhasa, affirme qu'on vient les chercher du fond de la Tartarie pour orner les grandes lamaseries, et il partage l'admiration des Asiatiques pour leurs bijoux « qui ne feraient pas déshonneur à des artistes européens », pour « ces belles toitures dorées des temples bouddhiques, qui résistent à toutes les intempéries des saisons et conservent toujours une fraîcheur et un éclat merveilleux[1].» Les Gourkhas qui les repoussent de l'armée leur ont fait une réputation de couardise; mais le souvenir des assauts livrés à Kirtipour atteste leur bravoure; leurs castes militaires servent avec honneur dans l'armée britannique de l'Inde.

L'ancien costume des Névars a presque entièrement disparu; il ne se conserve que dans de rares localités, par exemple à Harsiddhi, S. de Patan, et dans certaines cérémonies religieuses où les prêtres le portent par exception: il consistait dans une sorte de jaquette collante, avec une jupe tombant aux chevilles, et ramassée à la ceinture en plis nombreux; une pièce d'étoffe roulée en écharpe recouvrait le bas de la jaquette et le haut de la jupe. Mais aujourd'hui la population a presque partout adopté le costume gourkha. Les femmes portent un corsage collant, et en guise de jupe une pièce d'étoffe, aussi ample que

---

1. Huc, *Souvenirs d'un voyage dans la Tartarie, le Thibet et la Chine pendant les années 1844, 1845 et 1846*. Paris, 1850, t. II, p. 263 sqq. Cf. inf. p. 307, note 2.

possible, serrée à la ceinture en plis abondants, et retroussée par derrière jusqu'aux chevilles. Elles ramassent leurs cheveux en chignon au sommet de la tête, et ne portent jamais de coiffure ; en revanche elles s'ornent à profusion de fleurs, surtout de soucis, et aussi de joyaux, en particulier d'un disque en or posé à plat sur le chignon. Comme les femmes de l'Inde, elles se passent des anneaux aux bras, aux jambes, aux oreilles, au nez. Elles vivent dès le jeune âge dans une liberté sans réserve. A huit ans, on les mène au temple et on les marie avec toutes les cérémonies requises à un fruit de bilva, qu'on jette ensuite à l'eau; l'époux disparu est toujours censé vivant, et son épouse est en droit de mettre à profit son absence ; car la loi autorise la femme, en l'absence du mari, à prendre un amant de sa caste ou d'une caste supérieure ; elle ne doit pas choisir au-dessous d'elle, c'est la seule restriction qui lui soit imposée. Arrivée à l'âge nubile, on lui donne une dot et on la marie ; en dehors de la haute société, qui affecte les préjugés de l'Inde, la jeune fille peut courir à son aise les galants avant le mariage ; après le mariage, son indépendance n'est guère moindre ; si elle veut quitter son mari, elle n'a qu'à mettre sur le lit deux noix de bétel ; elle peut dès lors s'en aller tranquillement. Le Névar n'a qu'une femme légitime, elle doit être de la même caste que lui, mais il peut lui adjoindre des concubines de caste inférieure, sans dépasser toutefois la limite de l'eau. L'adultère, monstrueux aux yeux des Gourkhas, n'est pas pris au tragique par les Névars; le divorce est alors de droit, et le complice doit restituer au mari les frais occasionnés par le mariage; sinon, il est puni de la prison.

Les Névars sont très friands de viande ; ils mangent de la chèvre, du mouton (mais du mouton de montagne seulement, car le mouton de l'Inde est tenu pour une nourriture interdite), du canard, de la volaille, mais surtout du buffle.

Ils ont inventé une légende pour justifier ce goût qui fait horreur aux Hindous, respectueux de la vie animale : quand le conquérant Harisiṃha deva monta au Népal, en 1324, son armée faillit mourir de faim en route ; le roi invoqua la déesse Talejû, sa protectrice : elle lui apparut en vision, et lui permit de manger tout ce qui se rencontrerait le lendemain matin. Au lever du jour, le roi vit un buffle, le fit prendre et présenter à la déesse qui donna des instructions détaillées pour le choix d'un abatteur qualifié. On trouva l'homme, et ce fut l'ancêtre des Kasâis ; il immola la bête, et la déesse permit d'en manger la chair[1]. Les Çiva-mârgis des plus hautes castes tuent sans scrupule des animaux ; mais les Banras s'abstiennent de verser le sang, et ne mangent pas de porc. Le riz, les lentilles, les légumes bouillis sont le fond de la nourriture. L'ail, cru ou cuit, et les radis sont le régal des Névars ; ils aiment surtout le radis enfoui jusqu'à fermentation puis séché au soleil ; il est impossible d'imaginer une odeur plus fétide. La tradition rattache l'invention de cette délicatesse à l'invasion de Mukunda Sena, peu de temps avant la conquête de Harisiṃha deva. Ils boivent aussi l'alcool (*rakṣî*) extrait du riz et du froment, mais ils ne s'enivrent qu'aux jours de grande fête.

Les Névars comme les Hindous brûlent les cadavres.

Les Névars ont une langue particulière et qui porte le nom de Névârî. Les Capucins s'en servaient au xviiie siècle pour prêcher l'Évangile au Népal, mais ils ont négligé de l'étudier scientifiquement, et leurs travaux ont disparu sans laisser aucun fruit. Le névari est encore très peu et très mal connu ; Hodgson en a démontré la parenté avec le tibétain, mais sans pousser les recherches à fond[2] ; derrière

---

1. *Vaṃç.* 176.
2. *Notices of the languages, literature and religion of Nepal and*

lui M. Conrady seul les a reprises, et avec succès. Il a publié une excellente étude sur la grammaire névarie et édité un petit vocabulaire sanscrit-névari rapporté jadis par Minayeff[1].

Le névari de la belle époque réalise un équilibre harmonieux entre les parlers himalayens restés au stage primitif en raison de leur isolement, encore pauvres, grossiers, impuissants à traduire les pensées élevées et les notions abstraites, et les dialectes entièrement hindouisés à force d'emprunter aux langues aryennes de la plaine. Le névari a développé son lexique par un travail interne, et s'il a dû emprunter aux langues néo-sanscrites, il a su assimiler ces emprunts et en tirer des forces nouvelles à son service. Il subsiste encore un assez grand nombre de commentaires sur les textes sanscrits bouddhiques ou même de traductions en névari. A partir de la restauration Malla (xive siècle), le névari s'introduit dans l'épigraphie et y prend rapidement aux dépens du sanscrit une extension croissante. La conquête gourkha, en renversant les dynasties névares, a décrété la déchéance du névari. De génération en génération, la langue névarie recule et perd du terrain au profit du parbatiya, le parler des vainqueurs.

Le névari a emprunté son écriture à l'Inde; il s'écrit avec les mêmes caractères que le sanscrit; les variétés d'écriture introduites par les scribes se rapprochent toutes du devanâgarî, mais avec des formes plus archaïques.

Tibet, publié d'abord dans Asiat. Researches XVI (1828), p. 409; réimprimé dans les Essays on the languages, etc. London, 1874, p. 1.

1. August CONRADY. *Das Newârî. Grammatik und Sprachproben* dans la *Zeitschr. d. D. Morg. Ges.*, XLV (1891) 1-35. — *Ein Sanskrit-Newârî Wörterbuch*, aus dem Nachlass Minayeff's herausgegeben. *Ib.*, XLVII (1893) 539-573. — M. Conrady s'est surtout appliqué à mettre en relief les rapports du névari avec l'ensemble des langues dites « indochinoises »: chinois, tibétain, siamois, dialectes himalayens.

LES GOURKHAS

Les Gourkhas, qui se sont établis en maîtres au Népal depuis 1768, continuent à porter avec orgueil le nom du pays qui fut le berceau de leur puissance : avant la conquête de Prithi Narayan, ils habitaient la principauté de Gourkha, un des petits états qui constituaient le territoire des Vingt-Quatre Rois (Chaubisi Râj), dans le bassin des Sept Gandakis, à l'Ouest du Népal. Naturellement, la principauté variait sans cesse d'étendue, dans le chaos d'une féodalité ambitieuse et remuante. En général elle atteignait à l'Est la Tirsuli Gandak, la plus orientale des Sept Gandakis, qui baigne la seigneurie de Nayakot, et que les mamelons du Deochok séparent seuls des eaux népalaises. Au temps des trois royaumes (xviie-xviiie siècles), le royaume de Katmandou s'étendait vers l'Ouest jusqu'à la rive droite de la Tirsuli Gandak. Le Gourkha avait pour limite régulière à l'Ouest la Marsyandi qui séparait la principauté des états minuscules de Lamjung, Tanahung et Pokhra. La capitale, Gourkha, unique ville de la région, est construite sur une haute colline, le Hanuman-ban-jang, qui tombe du côté de l'Ouest dans la Darandi. Elle est située à 100 kilomètres environ de Katmandou. Elle passe pour contenir 2 000 maisons, soit de 15 000 à 20 000 habitants, avec ses dépendances. L'ancien darbar, le berceau de la dynastie actuelle du Népal, tombe en ruines. La ville et la principauté ont pris le nom de leur divinité tutélaire, Gorakṣa Nâtha, en langue vulgaire Gorakh, Gorkha, patron des Yogis qui fréquentent l'Himalaya ; nous le retrouverons associé, dans la littérature et dans les traditions du Népal, à Matsyendra Nâtha, patron de la grande vallée.

Les premiers habitants du pays de Gourkha étaient apparentés aux Névars, et comme eux d'origine tibétaine ; ils portaient et gardent encore en partie le nom de Magars. Leurs rois étaient de la même race, mais avec un mélange de sang hindou ; ils se flattaient d'être des kṣatriyas de montagne, des Khas ; ils appartenaient au clan des Khaḍkas ou Kharkas. Mais en 1559 (mercredi, 8 bhâdon badi çâka 1481, nakṣatra Rohiṇî[1]), le fils du râja de Lamjung, Dravya Sâh, s'empara par surprise de la ville, avec la complicité des clans hindouisés, tua de sa main le roi, et monta sur le trône. Il est l'ancêtre de la dynastie Gourkha.

Dravya Sâh se piquait d'une origine illustre. La tradition, pieusement et fièrement maintenue par ses descendants, le rattachait aux plus authentiques et aux plus purs des clans rajpoutes. L'empereur Alâu-d-Dîn (que la légende désigne par confusion sous le nom d'Akbar) furieux contre les Rajpoutes de Chitor qui lui avaient refusé la main d'une femme de leur caste, marcha contre la forteresse qui passait pour imprenable, et s'en empara (1303). Treize cents Râṇîs (femmes de caste Kṣatriya) s'immolèrent volontairement sur le bûcher ; la princesse convoitée par le musulman se jeta dans une cuve d'huile bouillante, martyre de la pureté brahmanique. Une partie des survivants se retira à Ujjayinî (Ogein) sous la conduite de Manmath,

____

1. La date, telle qu'elle est donnée, est certainement inexacte, aussi bien pour 1481 çaka présent qu'écoulé.

dernier fils du râja de Chitor, tandis que l'aîné allait fonder Udaypur ; la maison d'Udaypur est regardée depuis lors comme le parangon des Rajpoutes. Le plus jeune fils de Manmath, Bhûpâl, quitta Ujjayinî et sur les indications de sa divinité personnelle (*ista-devatâ*), alla s'établir au Nord, dans les collines, à Riḍi ou Riri, petite bourgade située à 260 kilomètres de Katmandou, à 160 kilomètres de Gourkha. Il y arriva en 1495, près de 200 ans après la chute de Chitor dont son père aurait été témoin ! De Riḍi il passa à Sarghâ, puis, continuant vers l'Est, à Bhirkot. Il s'y fixa, défricha le sol, eut deux fils, Khânchâ et Michâ, dont on se garde bien de désigner la mère ; il les fit initier comme kṣatriyas, leur procura des femmes rajpoutes de la plaine. Le second fils Michâ conquit Nayakot, petite ville au Nord-Ouest de Gourkha, distincte de la ville du même nom sur les confins du Népal. Un de ses descendants, Kulmandan, devint roi de la principauté de Kaski, près de Nayakot, et reçut de l'empereur de Delhi le titre de Sâh. Les gens de Lamjung, un village voisin blotti dans les montagnes, vinrent lui demander un de ses fils comme roi ; quand ils l'eurent, ils le prirent pour cible, sous prétexte de viser du gibier, et l'accablèrent de flèches empoisonnées. Mais incapables de se gouverner sans roi, ils allèrent demander au roi un autre de ses fils ; ils finirent par triompher de ses résistances légitimes par les engagements le plus solennels ; autorisés à choisir entre les cinq fils qui restaient, ils attendirent la nuit, observèrent les princes endormis, virent la tête du plus jeune se relever sur le coussin, et convaincus des hautes destinées qui l'attendaient, le prirent pour chef. C'est ce prince qui eut à son tour comme second fils Dravya Sâh, conquérant de Gourkha[1].

1. WRIGHT, 273 sqq.

Le colonel Tod, l'infatigable compilateur des traditions rajpoutes, a recueilli une autre légende sur l'origine de la dynastie Gourkha[1]. Elle aurait eu pour fondateur le troisième fils du roi Samarsi de Chitor, qui alla vers la fin du xive siècle s'établir à Palpa, la capitale actuelle des provinces occidentales du Népal. Samarsi n'est autre que Samara Siṃha, le prédécesseur de Ratna Siṃha qui fut vaincu et fait prisonnier par Alâu-d-Din. Samara Siṃha est connu par plusieurs inscriptions datées de 1275 (?), 1278 et 1285 J. C.[2]. Une troisième tradition recueillie au Népal par Hamilton[3] attribue la fondation de Palpa à Rudra Sen, descendant de Ratna Sen de Chitor, autrement dit de Ratna Siṃha, le successeur de Samara Siṃha. L'époque indiquée de part et d'autre ne s'éloigne pas beaucoup du temps où Harisiṃha deva envahit et conquit le Népal.

La prise de Chitor et la dispersion des Rajpoutes sont des faits historiques bien établis ; l'histoire des ancêtres de Dravya Sâh qui s'y est greffée, est au moins douteuse, et leur généalogie n'est pas rassurante. Les sceptiques peuvent observer que chacune des branches et des sous-branches de la famille a pour point de départ le dernier-né des fils comme si la descendance des fils aînés était trop connue et trop sûre pour se prêter à des altérations ou à des interpolations frauduleuses. Les successeurs de Dravya Sâh n'ont pas réussi du premier coup à se faire admettre comme des kṣatriyas authentiques dans la société hindoue. Râma Sâh, qui régna de 1606 à 1633 et qui donna un code au pays de Gourkha, envoya un ambassadeur au prince rajpoute d'Udaypur, avec mission d'exhiber sa généalogie

1. Tod (*Annals of Râjasthan*), cité par Vansittart, p. 84.
2. V. les références réunies par Mme Mabel Duff, *Chronology of India*, Westminster, 1899, p. 205 et 206.
3. Hamilton, p. 130 sq.

et d'obtenir la reconnaissance expresse de son rang. Le chef du clan Sisodhiya, le Rajpoute par excellence, se laissa éblouir par l'arbre généalogique de Râma Sâh; il était sur le point de faire droit à la requête quand un conseiller avisé lui suggéra d'interroger l'ambassadeur sur sa propre caste. On verrait bien si les bruits qui couraient sur l'horrible impureté des gens de la montagne étaient simple médisance. L'ambassadeur, qui s'était donné comme kṣatriya, dut reconnaître à bout de faux-fuyants qu'il était du clan Pâṇḍe; or les Pâṇḍe de l'Inde sont un clan de brahmanes! La cause était entendue, et l'ambassadeur dut s'en retourner penaud[1].

Cet accouplement monstrueux d'un nom de clan brahmanique avec le titre de kṣatriya, qui scandalisait les puritains de l'Inde, s'était pourtant réalisé dans les vallées de l'Himalaya sous le patronage et sous le contrôle des brahmanes. Leur ingéniosité, toujours prête à seconder leur intransigeance, avait créé, sous l'apparence d'une simple résurrection, une caste nouvelle qui combinait deux traits théoriquement inconciliables: C'était les Khaças, les Khas.

Les Khas étaient le résultat local d'un groupe de phénomènes déjà constaté dans la vallée du Népal, mais qui y avait suivi un autre développement. Les Brahmanes montés de l'Inde orthodoxe en pèlerins, en missionnaires ou en aventuriers, avaient usé de leur prestige aristocratique et sacerdotal sur le beau sexe; accueillis avec honneur et avec vénération par ces rudes tribus de montagnards, qui saluaient et redoutaient en eux la magie des formules toutes-puissantes, ils avaient fondé des familles irrégulières; les enfants de ces unions, réprouvées par les codes

---

1. Hodgson rapporte cette anecdote comme authentique : *Languages and Literature of Nepal*, part. II, p. 38.

brahmaniques, étaient admis légitimement dans la société hindoue ; mais ils devaient y occuper un rang infime. Le mal n'était point grave, s'ils avaient seuls avec les brahmanes représenté l'ordre social de l'Inde dans l'Himalaya. Mais le brahmane ne passe pas en terre barbare sans opérer de conversions ; les chefs à demi-sauvages aspirent à s'encadrer dans l'organisation supérieure que le brahmane règle et dispose à son gré ; les obligations mêmes que la caste impose flattent l'orgueil du néophyte : elles l'isolent par une barrière rigoureuse et transforment en un fossé infranchissable la mince ligne de démarcation qui le séparait des classes inférieures. En échange de cette adhésion aux lois fondamentales de l'Église qui prescrivent le respect du brahmane et le respect de la vache, le brahmane imaginait un artifice de généalogie qui lui permettait d'introduire son prosélyte dans la caste enviée des Kṣatriyas : une vague consonance dans les noms des ancêtres barbares, la lointaine ressemblance d'une légende suffisaient pour jeter un pont entre l'aspirant kṣatriya et l'un des innombrables héros de la tradition hindoue. Mais le nouveau Kṣatriya n'était pas encore au bout de ses peines ; il avait beau porter le cordon brahmanique et prendre un brahmane comme guru, les Rajpoutes authentiques tenaient à distance sa noblesse trop récente et ne se décidaient pas à lui donner leurs filles en mariage ; il était réduit à choisir ses femmes parmi les indigènes, et les fils nés de pareilles unions ne pouvaient plus se maintenir au rang paternel. La vieille théorie sociale des dharma-çâstras leur assignait une condition dégradante, mais elle s'appliquait à une société idéale, régulière et docile, et n'avait que faire dans les vallées de l'Himalaya ; les nouveaux Kṣatriyas n'étaient pas disposés à payer leur titre d'une humiliation imposée à leur progéniture. Le brahmane sut concilier la lettre et l'esprit, la doctrine et la pratique.

Parmi les classes irrégulières issues des Kṣatriyas, Manu désignait les Khasas (ou Khaças) ; ils figuraient côte à côte, dans le code classique[1], avec les Lic̆chavis et les Mallas qui constituaient l'aristocratie militaire au Népal ; comme eux, les Khasas passaient pour les descendants réguliers, nés en mariage légitime, d'un Kṣatriya qui avait été excommunié pour avoir négligé les devoirs sacrés. Le nom des Khasas s'était perpétué dans les codes ; mais aucune notion positive ou réelle ne s'y rattachait[2]. D'autre part, la géographie épique et littéraire de l'Inde appliquait depuis longtemps cette désignation aux populations qui bordaient l'Inde au Nord, sur la frontière du brahmanisme ; le nom flottait comme la plupart des vieux ethniques dans des limites ondoyantes et pouvait s'étendre jusqu'aux plateaux tibétains[3].

1. *Mânava-dh.-ç.* X, 22. — Cf. aussi *Harivaṃça*, XIV, 784 ; XCV, 6440.

2. D'après Uçanas, cité par le commentateur Govardhana, les Khasas sont porteurs d'eau et distributeurs d'eau aux fontaines (*Mân. dh. ç.*, trad. Bühler, *loc. laud.*, note).

3. Le *Mahâ-Bhârata* mentionne fréquemment les Khasas, et toujours en compagnie des populations montagnardes du Nord-Ouest. Ainsi II, 51, v. 1858 :

Maru-Mandarayor madhye Çailodāṃ abhito nadīṃ | ye te kīcakaveṇūnāṃ chāyāṃ ramyām upāsate | *Khasā* ekāsanā hy arhāḥ pradarā dīrghaveṇavaḥ | Pāradāç ca Kulindāç ca Taṅganāḥ Parataṅgaṇāḥ |

Les Khasas habitent entre le mont Meru et le mont Mandara, vers la rivière Çailodâ, autrement dit dans le nœud de montagnes de l'Hindou-Kouch et du Pamir ; ils apportent avec les peuplades voisines un tribut en « or de fourmis », extrait du sol par les fourmis. Au livre VII, 121, v. 4845, ils sont nommés avec les Daradas (Dardistan), Taṅganas, Lampaka (Lamghan), Pulindas ; au VIII, 44, v. 2070, avec les Prasthalas, Madras, Gândhâras, Araṭṭas, Vasâtis, Sindhusauviras. — Cf. aussi Mârkandeya-Pur. LVII, 57 ; LVIII, 7. Bharata, dans son Nâtya-çâstra, les cite à côté des Bâhlikas (Balkh) :

Bāhlīkabhāṣodīcyānāṃ *Khasānāṃ* ca svadeçajā | XVII, 52.

Le Vibhâṣâ-çâstra, connu seulement dans sa version chinoise (due à Saṃghabhûti, en 383 J.-C.) mentionne la langue des *Khasas* avec celle des To-le, Mo-le, Po-le, Po-k'ia-li dans un passage (éd. jap., XX, 9, 59ᵃ) que j'ai déjà fait connaître (*Notes sur les Indo-Scythes,* p. 50, n.) : les

Les vieux dharma-çâstras, en enregistrant le nom des Khasas, comme aussi le nom des Yavanas, des Pahlavas, des Čînas et de tant d'autres peuples réels, avaient eu simplement pour objet de définir leur situation sociale au regard de la hiérarchie brahmanique. Les Brahmanes, fidèles à leur tactique constante, ressuscitèrent un vieux nom tombé en deshérence, et s'en servirent pour couvrir une création nouvelle. Ils reconnurent les fils issus d'unions entre les Kṣatriyas et les femmes indigènes comme les représentants authentiques des Khasas anciens, et ils leur accordèrent, comme aux vrais Kṣatriyas, le cordon brahmanique.

La solution était si ingénieuse et si satisfaisante qu'elle put servir à deux fins. Les fils issus d'unions entre les brahmanes et les femmes indigènes, et déchus du rang

To-le sont les Daradas ; les Po-le, les Pâradas ; Mo-le suppose un original Maladas, et Po-k'iâ-li répond à Bukharî. Le dictionnaire *Fan-fan-yu* dont je possède une copie, rapporte une interprétation (section VIII) qui traduit Khasa (*K'ia-cha*) par « langage incorrect ». 不正語 Cette explication semble se fonder sur une étymologie analogue à celle qui est en cours aujourd'hui et qui prétend dériver le nom des Khas de « *Khasnu* » tomber, déchoir.

Je rappelle qu'on a voulu souvent établir un rapprochement entre le nom des Khas et celui de Kashgar, interprété par l'iranien Khasa-gairi « mont des Khas » (cf. les Casii montes de Ptolémée) ou Khasâgâra « demeure des Khas ». Hiouen-tsang donne *K'ia-cha* (= Khaṣa) comme un autre nom de Kachgar.

Enfin les Khas sont souvent mentionnés dans la Râja-taraṅgiṇî. Cf. la note, très vieillie, de Troyer, vol. II, p. 321, et celle de Stein, II, 430 : ils n'interviennent dans l'histoire du Cachemire que comme « des montagnards maraudeurs et turbulents » (Stein).

Un document épigraphique daté de l'an 629 de J.-C. (380 de l'ère Kalačuri, donation du roi Gurjara Dadda II Praçânta râga, trouvée à Khedâ) prouve qu'au vii⁰ siècle les Khasas passaient pour habiter à l'entour de l'Himalaya : « Le roi ressemblait à l'Himâčala parce qu'il était le séjour des Vidyâdharas (ou : des savants), mais il n'avait pas, comme lui, un entourage de Khaṣas (dégradés) » [yaç copamîyate... ⁰vidyâdharâvâsatayâ Himâcale na Khaṣaparivâratayâ] *Ind. Antiq.*, XIII, 83. Le même passage est répété dans une donation du même roi, postérieure de cinq ans à la première (*ib.*, 89).

paternel par la faute d'une naissance irrégulière, ne pouvaient pas tomber au-dessous des fils irréguliers de Kṣatriyas ; ils ne pouvaient pas s'élever au-dessus des nouveaux Khas qui confinaient de si près à la seconde caste. Ils
furent également reconnus pour Khas, reçurent aussi le
cordon brahmanique, et conservèrent en même temps le
nom du clan brahmanique auquel appartenait leur père.
On essaya bien de les distinguer des autres Khas par la
désignation de Kṣattris ou Khattris, empruntée aussi à la
terminologie complaisante des codes [1] ; mais l'usage refusa
d'admettre ces distinctions subtiles, et les Kṣattris s'amal-
gamèrent avec les Khas. Les Rajpoutes authentiques qui
vinrent de l'Hindoustan et qui s'unirent avec des femmes
indigènes prétendirent, eux aussi, classer à part sous le
nom d'Ekthariahs leurs descendants privilégiés ; la masse
des Khas les absorba dans son chaos hétérogène. Les clans
de noblesse locale, convertis à la suite des râjas montagnards, vinrent à leur tour s'y confondre. La puissante
famille des Khas couvrit ainsi de ses tribus le vaste espace
de montagnes qui s'étend du Népal propre jusqu'au Cachemire.

La petite principauté militaire de Gourkha était peuplée
surtout de Khas. Ils étaient les uns vassaux du roi, les
autres officiers ou soldats. C'est grâce à la complicité des
clans Khas que Dravya Sâh s'était emparé de Gourkha en
1559, c'est grâce à leur fidélité et à leur dévouement que
les rois Gourkhas purent maintenir et étendre leur pouvoir, sans s'affilier à aucune des ligues qui se formaient à
chaque instant entre les princes du Territoire des Vingt-
Quatre Râjas ; c'est grâce à leur courage inlassable que
Prithi Narayan réussit à conquérir le Népal. Les Khas

---

1. *Manu*, X, 12 et 16 définit les Kṣattris comme les enfants nés d'un
Çûdra avec une femme Kṣatriya ; leur profession est d'attraper et de
tuer les animaux qui vivent dans des trous (*ib.*, 49).

avaient déjà figuré, avant cette conquête, dans l'histoire
du Népal ; ils y parurent pour la première fois, en même
temps que les Magars et les radis fermentés, peu de temps
avant l'expédition et la conquête de Harisimha deva.
C'était le moment où les Rajpoutes, refoulés par les Musulmans, se retiraient dans les montagnes, s'engageaient au
service des princes barbares, les renversaient, et sur les
ruines de la féodalité indigène fondaient des états hindous.
Rudra Sena qui passe pour un descendant de Ratna
Simha, dernier roi indépendant de Chitor, avait fondé la
ville de Palpa. Son successeur Mukunda Sena étendit le
domaine paternel. Le Népal était en anarchie ; le roi Hari
deva n'y exerçait qu'un pouvoir nominal. Un indigène
Magar renvoyé du Népal dépeignit à Mukunda Sena la
vallée comme une sorte de Terre-Promise ; les maisons y
avaient des toits d'or ; les conduites d'eau y étaient en or.
Le roi de Palpa accourut, mit en déroute les troupes népalaises ; ses soldats brisèrent et défigurèrent les images des
dieux, et même ils enlevèrent le Bhairava placé devant
l'image de Matsyendra Nâtha comme un gardien, et l'envoyèrent à Palpa. En vain Mukunda Sena offrit, comme une
sorte d'expiation, à Matsyendra Nâtha la chaîne d'or qui
ornait le cou de son cheval. « La figure de Paçupati qui
s'appelle Aghora (celle du Sud) montra ses dents effroyables
et envoya une déesse nommée Mahâ-mârî (Peste) qui dé-
blaya le pays, en quinze jours, des soldats de Mukunda
Sena. Le roi s'enfuit sous le déguisement d'un Samnyâsi ;
mais arrivé à Devî-ghât, en aval de Nayakot, il mourut.
Tel est le récit népalais ; mais la tradition de Palpa raconte
que Mukunda Sena ruina lui-même l'empire qu'il avait
fondé en le partageant entre ses quatre fils[1]. Mukunda
Sena, comme plus tard Prithi Narayan, commandait une

1. HAMILTON, p. 131.

armée de Khas ; plusieurs d'entre eux restèrent établis dans la vallée, si vite conquise et si tôt perdue[2]. D'après Kirkpatrick « un grand nombre de familles Khassias (c'est-à-dire Khasiyas ou Khasas) qui sont une tribu de l'Ouest,

Un des quatre stûpas d'Açoka à Patan. (Stûpa du Sud).

émigrèrent au Népal et s'y installèrent en Névar 408 ou Samvat 1344 (1287/8 J.-C.), sous le règne d'Anwant Mull

2. Wright, 172. — L'avant-dernier roi Névar de Katmandou, Jagajjaya Malla, avait à son service des soldats Khas, qui provoquèrent la chute de la dynastie (Wright, 222 sq.). — La Vamç. désigne (p. 150) le Népal comme « le pays Khas » sous le règne de Narendra deva le Thâkurî, dès le viie siècle. Mais on ne saurait tirer aucun argument (comme fait à tort Vansittart, p. 82) d'une simple périphrase littéraire employée dans le récit d'un fait ancien par un auteur moderne.

Deo (Ananta Malla deva); et trois ans plus tard, en Névar 411, un nombre considérable de familles du Tirhout y émigrèrent à leur tour[1] ». L'immigration des Khasas rapportée par Kirkpatrick a précédé de peu leur invasion sous la conduite de Mukunda Sena, si même elle ne se confond pas avec cette invasion. De part et d'autre, il s'agit d'un fait qui se passa vers la fin du xiiie siècle ou le commencement du xive.

A cette époque, les tribus indigènes de l'Ouest, malgré la parenté de race et de langage, passaient aux yeux des Névars policés pour de simples démons. Le Gurung, le pâtre qui occupait les régions alpestres à l'Ouest du Népal, au Nord des Magars, servait comme l'ogre de nos contes à menacer et à épouvanter les enfants ; pour les faire taire, on leur criait : Attends un peu ! Gurung Mâpâ va venir te prendre ! Gurung Mâpâ ne tarda pas à prendre une vie réelle dans l'imagination populaire ; on se le représenta comme un Râkṣasa. On l'avait vu venir et manger des enfants. Et on lui concéda la propriété du Tudi-Khel à condition qu'il n'en mangerait plus ; il s'engagea d'autre part, moyennant une offrande régulière, à empêcher de bâtir sur ce terrain, qui reste encore un terrain vague. (Il sert maintenant comme champ de manœuvres.)[2]

Les Khas ne sont pas tous Gourkhas ; les provinces népalaises à l'Ouest de Gourkha et les districts britanniques à l'Est du Cachemire ont une population nombreuse de Khas, membres de la même caste ; mais seuls les Khas originaires du pays de Gourkha sont Gourkhas. Inversement, tous les Gourkhas ne sont pas des Khas : Tous les habitants du Népal qui y sont venus, avec Prithi Narayan, à un titre quelconque, grands seigneurs aussi bien que parias, sont des Gourkhas et ont droit à ce nom privilégié.

1. KIRKPATRICK, p. 264.
2. WRIGHT, p. 169.

Le premier des Gourkhas, le Gourkha par excellence, est le roi : Mahârâja Adhirâja. Le roi, et la famille royale qui comprend tous les descendants légitimes de Dravya Sâh se piquent d'être des kṣatriyas pur sang. La présence, d'un Khânchâ et d'un Michâ, insérés dans la généalogie royale entre Bhûpâla et Jayana, n'inquiète que les esprits portés à la critique ; ces deux noms anaryens, qui relient les ascendants de Prithi Narayan aux descendants des Rajpoutes de Chitor, et aussi les traits, plus magars qu'hindous, des membres de la famille royale, ne les empêchent pas de compter comme des Thâkurs, c'est-à-dire comme Rajpoutes incontestables. La caste des Thâkurs est subdivisée en quinze à vingt clans. Le roi est du clan Sâhi ou Sâh. Les Mallas, qui donnèrent longtemps des rois au Népal, forment un autre clan des Thâkurs.

Les Khas, qui se rangent immédiatement au-dessous des Thâkurs, passent aujourd'hui pour valoir les Kṣatriyas authentiques, et depuis un demi-siècle ils tendent à substituer à leur ancienne désignation, qu'ils portaient avec un orgueil affecté, le nom de Chettris ou Kṣatriyas ; les relations avec l'Inde, devenues plus fréquentes, ont fait éclater les désavantages d'un titre trop estimé jusque-là. Fils de brahmanes, de Rajpoutes ou de convertis unis avec des femmes indigènes, Kṣattris, Ekthariahs, ou Khas d'origine, une seule caste les comprend et les confond. Dans une fraternité instructive, mais peu édifiante, se rencontrent et se coudoient les noms vénérés des clans brahmaniques, les noms glorieux des clans kṣatriyas, et les noms barbares des clans indigènes. En vain les brahmanes, estimant que l'heure des concessions était passée, ont essayé d'introduire dans leurs relations avec les Khas une rigidité plus conforme à l'orthodoxie ; les Khas du Népal continuent à exiger que les enfants nés des femmes de leur caste unies avec des brahmanes portent le cordon sacré, prennent rang de Khas, et reçoivent le nom du clan paternel.

Il existe cependant une catégorie de Khas dégradés, qui ont droit au titre de Khas, mais qui n'ont pas droit au cordon brahmanique : ce sont les enfants issus d'unions entre des Khas authentiques et des veuves du même rang ou des concubines de rang inférieur. Ils suivent les mêmes règles de pureté que les Khas, mais ils sont réduits à des occupations plus humbles ; ils peuvent se marier librement entre eux, quel que soit le clan paternel.

Les Khas Gourkhas professent la religion hindoue, et s'en posent volontiers comme les champions ; mais, en dehors des innombrables superstitions qu'ils partagent avec les Hindous, ils ont réduit les dogmes à un seul article de foi : le respect de la vache résume pour eux la doctrine brahmanique. Au Népal, le meurtre d'une vache est puni de la peine de mort ; une simple violence commise sur une vache se paie de l'emprisonnement à vie. Les Gourkhas ont entrepris des guerres répétées contre les Kirâtas, établis à l'Est du Népal, pour les obliger à s'abstenir de la vache qui était jadis leur nourriture de prédilection. Ils ont interdit l'accès de la vallée aux Murmis, voisins des Kirâtas, parce que ces « Tibétains de charogne » (*Siyena Bhotiya*) mangent la viande des vaches mortes de mort naturelle maintenant qu'il leur est interdit d'en tuer.

Le Brahmane est moins bien partagé que la vache, en dépit du respect superstitieux qu'il inspire ; Prithi Narayan et ses successeurs ne se sont pas gênés de confisquer maintes fois les biens des brahmanes. Toutefois la peine capitale ne saurait être, au Népal, appliquée à un brahmane ; il y conserve l'antique privilège que lui conféraient les codes brahmaniques. La peine la plus grave qu'on puisse lui infliger est l'emprisonnement perpétuel, avec la déchéance de caste.

Superstitieux jusqu'à l'enfantillage, les Khas Gourkhas ne se sont pas empêtrés des formalités prescrites par les règles de pureté hindoues. Manger est pour un Hindou une grave affaire; il doit se déshabiller des pieds à la tête, se baigner, adorer la divinité (*pûjâ*), purifier ses accessoires, et surtout éviter le contact des castes inférieures. Le Gourkha, fût-il même un Khas, se contente de retirer sa calotte et ses chaussures, et mange en compagnie des Gourkhas de toute classe toute espèce de nourriture, sauf le riz et le dâl (espèce de lentilles), que les castes supérieures refusent de manger avec les basses castes : encore, si le riz est cuit dans du *ghi* (beurre fondu), toutes les castes le mangent ensemble. Même les Thâkurs acceptent de manger en commun avec des Hindous aussi suspects que les Magars et les Gurungs, tant qu'ils n'ont pas adopté le cordon brahmanique, et ils sont libres de s'en dispenser jusqu'au mariage. Ils boivent tous sans difficulté de l'eau à la même outre, pourvu qu'elle soit faite en peau de chèvre. A la différence des Hindous, qui professent un respect scrupuleux de la vie, les Gourkhas sont grands mangeurs de gibier, et de poisson surtout. Ils partagent le goût de leurs sujets Névars pour les légumes, et l'ail en particulier, comme pour l'alcool de riz ou de froment (raksî) et le thé en briques ; ils aiment également à se parer de fleurs.

Leur costume, simple et pratique, est aussi fort seyant : il s'est même rapidement imposé aux Névars. Les moins fortunés portent en guise de culotte à la manière hindoue une pièce d'étoffe passée autour des reins et ramenée entre les jambes ; de plus ils ont une veste collante, fermée sur la poitrine par une longue rangée de boutons qui va de la taille jusqu'au cou ; ils se chaussent de sabots de cuir à bouts carrés, qui prennent bien le pied et montent jusqu'aux chevilles ; ils se coiffent d'un petit bonnet qui emboîte le sommet du crâne. Enfin ils s'enroulent autour de la taille une pièce d'étoffe, qui sert de ceinture et qui s'accommode aisément en turban quand le soleil est trop vif. Dans cette ceinture ils passent l'arme nationale, le compagnon inséparable et l'outil universel du Gourkha: le *Kukhri.* Le kukhri est un couteau large, lourd, recourbé qui mesure de la pointe à l'extrémité du manche environ cinquante centimètres. Le kukhri à la main, Gourkha le taille et tranche sans merci ses adversaires, attend de pied ferme et abat les plus redoutables fauves, ou s'ouvre un chemin avec facilité dans la jongle la plus impénétrable.

Les classes aisées portent le même bonnet, les mêmes chaussures, la même ceinture avec le kukhri; mais leur costume consiste en un véritable pantalon, qui tombe sur les chevilles, colle au mollet; le haut est ample et flottant; on le serre à la taille au moyen d'une coulisse; en outre, une redingote à basques très amples croisée sur la poitrine et qui prend exactement le buste; elle se ferme à l'aide de huit cordons, quatre à l'intérieur fixent le croisement; quatre au dehors fixent la partie rabattue. La redingote et le pantalon sont faits d'une étoffe de coton légère, cousue en double; dans l'intérieur est disposée une épaisseur de ouate qui varie avec le goût de chacun; pour fixer la ouate, les deux couches d'étoffe sont réunies par des coutures en diagonale étroitement rapprochées l'une de l'autre. Sous la redingote, ils passent une chemise courte qui doit déborder sur le col. Souvent aussi ils mettent par-dessus la redingote un véritable veston, de coupe européenne, et bordé pour l'hiver de fourrures tibétaines.

Les Gourkhas ont adopté, avec les rites, les préjugés hindous sur le mariage. Les filles peuvent être mariées après sept ans, et doivent l'être avant treize ans. Au contraire des Névars, les Gourkhas sont d'une jalousie féroce: la femme adultère est punie de la prison perpétuelle, sans compter la bastonnade et les autres sévices où s'exerce la vengeance du mari ; jusqu'au temps de Jang Bahadur, la loi laissait au mari outragé le soin de châtier le complice ; il avait le droit de l'abattre d'un coup de kukhri, en tout temps et en tout lieu, si ancienne ou si douteuse que fût l'offense. La police se gardait d'intervenir dans ces cas de vendetta. Aujourd'hui le coupable est arrêté, passe en jugement, et s'il est reconnu coupable, le tribunal l'abandonne au mari, qui bondit sur lui, le kukhri à la main, et l'exécute ; cependant le coupable peut fuir, et pour lui ménager une chance de salut, on lui donne quelques pas d'avance ; mais en général les amis du mari l'entourent et le renversent d'un croc-en-jambe. La loi lui offre encore une autre ressource ; il peut sauver sa vie en acceptant de passer sous la jambe levée du mari : mais du même coup il perd la caste et l'honneur. Pareille lâcheté est presque sans exemple.

Les femmes de la bonne société vivent en général retirées dans l'intérieur de la maison et ne se montrent qu'aux jours de fête, aux temples et aux pèlerinages : embarrassées dans leurs amples jupes, elles sont incapables de marcher et ne se déplacent que portées à dos d'hommes. La polygamie est universelle ; les hauts personnages s'entourent, par affectation, d'un sérail très nombreux. L'abus des aphrodisiaques, qui en est la conséquence, exerce une action déplorable sur le développement des Gourkhas. Les veuves conformément à la loi hindoue que les Anglais interdisent de suivre dans l'Inde, sont autorisées à monter sur le bûcher conjugal ; les petits monuments élevés en l'honneur des « satîs » se rencontrent encore couramment. Pourtant la coutume tend à s'affaiblir ; Jang Bahadur a interdit aux veuves qui ont des enfants en bas âge de monter sur le bûcher, et la veuve qui faiblit au dernier moment peut renoncer à son sacrifice sans que les parents assemblés l'obligent à tenir son engagement. Un second mariage

est naturellement interdit aux veuves ; la loi brahmanique
est intransigeante sur ce point ; mais au lieu de la condition misérable et désespérée qui les attend dans l'Inde,
elles peuvent chez les Gourkhas contracter sans déshonneur une union irrégulière.

Autant le Névar goûte la vie de société, autant le Gourkha la fuit. Il aime à vivre dans une maison isolée, au milieu des champs, sans autre occupation que les cérémonies
religieuses. « C'est un mystère insondable, déclare le
Dr Wright, que de comprendre à quoi les Gourkhas s'amusent et passent leur temps [1]. » Leur distraction préférée, c'est
la chasse, où ils sont prodigieux d'adresse et de courage ;
mais ils ne peuvent guère s'y livrer que dans le Téraï, pendant l'hiver.

Les appréciations sur leur caractère varient jusqu'à la contradiction. Hamilton, qui vécut un an parmi eux au début
du xixe siècle, en trace un portrait terrible : « Ils sont per-
fides et traîtres, cruels et arrogants contre les plus faibles,
platement bas quand ils attendent une faveur. Les hautes
classes passent leurs nuits en compagnie de danseurs, de
danseuses, de musiciens et de musiciennes, et ont bientôt
fait de s'épuiser à force d'excès. Leur matinée se passe à
dormir et la journée à accomplir des rites, et il leur reste
peu de temps pour les affaires ou pour s'instruire. A part,
quelques brahmanes, ils sont ivrognes, et de plus extraor-
dinairement soupçonneux [2] ». Trois quarts de siècle plus
tard, le Dr Wright ne les juge pas avec plus de bienveillance ou de sympathie. « Ils n'ont pas d'affaire, excepté
de jouer au soldat ; ils n'ont pas de jeux de grand air ; ils
n'ont pas de littérature pour les occuper à la maison.
En somme ils n'ont rien pour remplir leurs longues heures

<hr>

1. Wright, p. 73.
2. Hamilton, p. 22.

de loisir ; en conséquence ils s'adonnent aux potins, au jeu, à la débauche sous toutes les formes [1] ». En revanche, le capitaine Vansittart apprécie et exalte, en soldat, les qualités des recrues Gourkhas. « Comparés aux autres Orientaux, les Gourkhas sont hardis, endurants, fidèles, francs, indépendants, confiants en soi... Ils méprisent les natifs de l'Inde, et fraternisent avec les Européens, qu'ils admirent pour leur supériorité de connaissances, de force et de courage et qu'ils cherchent à imiter... Il peut paraître étrange, mais c'est un fait indubitable, que chaque année un grand nombre de recrues déclarent s'enrôler uniquement pour apprendre à lire, à écrire et à calculer dans nos écoles de régiment [2]. » Il convient d'observer que M. Vansittart juge le peuple sur les recrues d'humble condition qui viennent annuellement s'engager sous les drapeaux britanniques et qui consistent plus en indigènes Magars et Gurungs qu'en Thâkurs et en Khas, tandis que Hamilton et le Dr Wright avaient surtout en vue la haute société Gourkha du Népal. Je dois avouer cependant que mes impressions, au Népal même, ont concordé avec le sentiment de M. Vansittart. Les préventions défavorables que j'apportais des plaines se sont évanouies à mesure que mon séjour se prolongeait ; et j'ai dû constater que si les Gourkhas sont en effet soupçonneux et méfiants, comme on le leur reproche, dans les relations officielles aussi bien que dans les rapports privés, les Européens (et je ne dis pas seulement les Anglais) ont rendu le soupçon et la méfiance trop légitimes. Moins affinés, moins bien doués que les Névars, ils ont au plus haut degré l'amour de la liberté et l'amour de la patrie, deux sentiments que l'Inde n'a pas connus. Leur héros national, Prithi Narayan, a donné l'exemple, trop facile-

1. WRIGHT, p. 73 sq.
2. VANSITTART, p. 76 sq.

ment suivi par ses descendants, de l'astuce, de la déloyauté, du parjure, de la rapacité, de la barbarie ; les grands hommes de la politique occidentale seraient mal venus à lui en faire grief. La vertu Gourkha par excellence, c'est l'honneur militaire. « Plutôt la mort qu'une lâcheté », dit leur proverbe ; et de fait un Khas qui fuit devant l'ennemi dans la bataille est rejeté de sa caste ; ce n'est plus qu'un paria, sa femme même ne peut plus manger avec lui.

Les Khas sont le fond de la population Gourkha ; mais elle comprend encore d'autres éléments. Les brahmanes de Gourkha ont accompagné les conquérants du Népal : ils sont du clan Kanyâkubjîya, adonnés aux rites çâktas et reconnaissent l'autorité des Tantras. Les lettrés y sont rares ; l'astrologie est la science la plus cultivée. Ils sont divisés en trois catégories séparées par la barrière du mariage ; la plus élevée porte le titre d'*Upâdhyâya* ; ils appartiennent aux écoles du Yajur Veda ; ils servent de *gurus* (directeurs spirituels) et de *purohitas* (chapelains domestiques) aux Brahmanes et aux Rajpoutes. Le premier en dignité est le directeur spirituel du roi (Râja-guru) qui connaît de toutes les questions de caste ; une partie des amendes infligées à ce titre lui revient ; de plus il est, par les donations pieuses, propriétaire de vastes domaines qu'il afferme. Sa charge, comme toutes les fonctions au Népal, est renouvelable chaque année ; mais à moins de scandale ou de révolution politique, il en reste titulaire à vie. Quelques autres brahmanes, attachés à de grandes maisons, se font également des revenus importants. Les autres, qui sont le plus grand nombre, vivent surtout des sommes distribuées par les fidèles à l'occasion des naissances, des mariages, des morts, des grands événements. Le mahârâja Deb Sham Sher qui a exercé un pouvoir éphémère du 3 mars au 25 juin 1901 a fêté son avènement par une distribution de 1 000 vaches aux brahmanes.

Les Upâdhyâyas mangent de la chèvre, du mouton, mais s'interdisent le gibier. Les deux autres classes, dénom-

Restes de monuments bouddhiques à Kirtipur.

mées *Kamiya* et *Purubi,* servent de gurus et de purohitas aux classes inférieures, mais non infimes. Ceux-ci vont jusqu'à élever des porcs et de la volaille destinés à leur table.

Au-dessous du Brahmane, mais à une longue distance, se classent les *Jaisis*. Malgré l'identité du nom, ils diffèrent totalement des Jaisis Névars ; ceux-ci sont issus de l'union des brahmanes avec les femmes Névares. Les Jaisis de Gourkha sont issus des unions illégitimes des brahmanes Upâdhyâyas avec les veuves de leur caste ; ils s'occupent d'agriculture et de commerce et forment une classe nombreuse.

Les conquérants ont aussi amené de Gourkha à leur suite un groupe de basses castes dont les services leur étaient indispensables. Ces castes, même les plus viles, jusqu'aux balayeurs et aux corroyeurs, ont droit pourtant au titre de Gourkhas, et passent comme leurs maîtres pour être venues de Chitor. Leur soi-disant origine hindoue donne en quelque sorte une base plus solide aux prétentions des clans militaires.

La première en dignité de ces classes est celle des *Khvâs* ou *Khavas*, esclaves ou affranchis royaux qui sont les hommes de confiance du palais ; c'est l'emploi qu'ils tenaient déjà, dit-on, à Chitor. Les bâtards de la famille royale, les enfants nés d'un Thâkur et d'une esclave sont rangés dans cette caste. Il faut se garder de confondre les Khvâs avec les Ketas ou Kamâras (*Karmakâras*) qui sont les esclaves ordinaires. L'esclavage est en effet une des institutions du Népal ; le nombre des esclaves s'y élève à vingt ou trente mille. La provenance en est variée ; les uns sont nés en servitude, les autres, en punition d'un crime, ont été dégradés et vendus ; d'autres, et les plus nombreux, ont été vendus par des parents nécessiteux. Les parents essaient d'abord de les vendre à des gens de bonne caste qui respectent les obligations de caste de leur esclave ; s'ils n'y réussissent pas, ils se résignent à les vendre à des parias ou à des infidèles. L'enfant perd dès lors sa caste, mais les parents conservent la leur, à moins qu'ils reprennent chez eux leur enfant, même affranchi. Le prix d'un esclave va de 150 à 200 francs pour un garçon, de 200 à 300 pour une fille. Les filles esclaves, même les esclaves de la reine, sont toutes légalement des prostituées; leurs maîtres ne leur assurent que la nourriture la plus frugale, et les laissent pourvoir à leur vêtement par leurs propres ressources. Une esclave qui a un enfant de son maître peut réclamer son affranchissement.

Derrière les Khvâs vient le *Nâi* (Nâpita), le barbier, qui appartient encore aux castes pures, en deçà de l'eau. Au delà sont :

Le *Kâmi* (Karmi), forgeron ;

Le *Damâi*, tailleur et musicien ;

Le *Sârki*, tanneur et cordonnier ;

Le *Bhât* ou Bhânr, musicien qui prostitue sa femme ;

Le *Gâin* (Gâyana), chanteur ambulant ;

Le *Dhobi*, blanchisseur.

Ces castes n'ont pour prêtres que des gens de même caste.

Tous les Gourkhas parlent la langue Khas ou Parbatiya [1].

---

1. Cette langue est aussi désignée sous le nom de Naipâli, Gorkhiyâ ou Gorkhâli. M. Grierson (*Classified List of the Languages of India*) la range, dans le groupe des dialectes pahâris ou montagnards, sous la rubrique du Pahârî oriental. Elle a été l'objet d'une grammaire purement pratique : A. Turnbull. *Nepali grammar, and english-nepali and nepali-english vocabulary* (about 4 000 words). Darjiling, 1888. M. Aug. Conrady, qui a créé l'étude scientifique du névari, a publié un drame en naipâli composé au xvii⁰ siècle et inauguré ainsi l'étude historique de cette langue : *Das Hariçcandra-nṛtyam, Ein altnepalesisches Tanzspiel. Habilitationsschrift*. Leipzig, 1891. Je dois à mon jeune ami Bhuvan Sham Sher Jang l'envoi d'un « *primer* » à la manière anglaise récemment publié à l'usage des élèves népalais qui veulent apprendre l'anglais, mais aussi très commode inversement aux Européens pour se familiariser avec le parbatiya : Gangâdhar Shastri Dravid. *English guide for the use of Nepali Students*. Bénarès, 1901. C'est à Bénarès, où vivent un grand nombre d'exilés et de réfugiés népalais, que s'impriment les ouvrages destinés aux lecteurs gourkhas, au Gorkhâyantrâlaya, au Bhârata jivana Pres, au Hitačintaka yantrâlaya, etc. La plupart des publications sont des traductions : Râmâyana, Virâṭaparvan du Mahâ Bhârata, Bhâgavata, Čâṇakya, Čaurapañčâçikâ. Je signale aussi un recueil

Pârbatîya, dérivé de parbata ou parvata, montagne, est le nom de tous les montagnards du Népal qui, sans être Gourkhas, prétendent également être d'origine hindoue. Le Khas ou Parbatiya (ce dernier nom est le plus usuel) est mieux que toutes les légendes et les généalogies le témoignage probant de l'émigration hindoue dans les montagnes. Sa construction, et aussi son vocabulaire pour les huit dixièmes, sont exactement identiques à l'hindi, le langage des Hindous de Delhi, d'Agra et de Bénarès. Introduit par les émigrés de l'Inde, il a refoulé les langues tibétaines des vallées, et couvrait déjà tout l'Himalaya inférieur, à l'Ouest du Népal, au temps de Prithi Narayan. La conquête Gourkha l'a introduit dans la vallée centrale, où le névari, plus vigoureux que ses voisins, le tient encore en échec ; mais la centralisation du gouvernement assure son triomphe ; il est la langue des rares écoles, et aussi des communications officielles ; s'il n'est pas encore parlé partout, il est compris plus ou moins d'une extrémité à l'autre du royaume ; les soldats gourkhas l'ont porté jusqu'à la frontière du Sikkim, jusqu'aux abords de Darjiling.

La nation des Gourkhas comprend en outre deux anciens peuples que Prithi Narayan et ses successeurs ont associés à la fortune de leurs armes, mais qui, admis sous caution dans la société hindoue, n'y ont pas encore reçu de situation définitive ; ce sont les Magars et les Gurungs. Les Magars sont de longue date associés aux Khas ; Khas et Magars entrent en même temps dans l'histoire du Népal aux environs du XIVe siècle.

Leur origine est clairement tibétaine ; leurs traits et leur langage, moins modifiés que ceux des Névars, décèlent au premier abord leur parenté avec les races mongoliques.

de proverbes: Ukhân ko bakhân ra jânnekathâ ko saṃgraha (Bhârata jîvana Pres, 1951 samvat).

Installés de longue date entre les Collines de Grès et les hautes vallées, dans le bassin des Sept Gandakis, autour de Palpa comme centre, ils furent les premiers à entrer en contact avec les Rajpoutes qui fuyaient devant l'invasion musulmane ; ils les accueillirent amicalement, les retinrent et finirent par les accepter comme chefs. La plupart des Khas, sinon des Thâkurs, ont en réalité du sang magar dans les veines. Les Magars étaient originellement, comme tous les rejetons himalayens de la race tibétaine, grands mangeurs de viande et grands buveurs d'alcool. Les premiers d'entre eux qui se convertirent à l'hindouisme ne firent guère sans doute que renoncer à la viande de vache, et gagnèrent par ce sacrifice d'être diplômés Kṣatriyas ou Khas par les brahmanes. Le mouvement de conversion n'a pas cessé de se propager ; mais les brahmanes moins accommodants depuis qu'ils sont plus forts refusent aux nouveaux prosélytes les avantages accordés à leurs devanciers. Les Magars qui ne sont pas Khas n'ont pas droit encore au cordon brahmanique ; la plupart des clans se divisent en deux branches qui portent en commun le même nom, mais l'une convertie de longue date a le titre de Khas ; l'autre, fraîchement convertie, parfois même encore rebelle à l'hindouisme, continue à porter une désignation indigène jointe au nom du clan : tels, par exemple, les Thâpâs Khas, qui jouent un rôle si considérable dans l'histoire contemporaine du Népal, et les Thâpâs Rangus. Pour se consoler, les nouveaux prosélytes s'attribuent les noms les plus ronflants de la noblesse hindoue : Surajbansi, Chandrabansi, etc. (Race-du-Soleil, Race-de-la-Lune), mais ce sont là des appellations de pure fantaisie. Leur langue, de plus en plus imprégnée d'éléments empruntés au Khas, tend à disparaître rapidement devant la langue des Gourkhas[1].

1. Cf. John Beames, *On the Magar language of Nepal*, dans *Journ. Roy. Asiat. Soc. new. ser.*, t. IV, p. 178 sqq.

Les Gurungs sont une race pastorale, de la même origine que les Magars et les Névars, et qui parlent une langue de la même famille ; mais établis dans les hautes vallées au Nord des Magars, ils ont été moins entamés par les influences hindoues. Leur stature est splendide ; les deux régiments gurungs de l'armée gourkha n'admettent que des hommes au-dessus de cinq pieds six pouces ; ils surpassent en taille et en vigueur les Khas et les Magars. Ils ont encore pour prêtres des lamas et adorent les dieux bouddhiques dans leurs vallées ; mais en pays hindou ils ont recours aux brahmanes pour leurs cérémonies religieuses et invoquent le panthéon brahmanique.

Kukhri, couteau gourkha.

ORGANISATION POLITIQUE, JUDICIAIRE, ÉCONOMIQUE.

L'histoire des institutions se divise en deux périodes : la période Névare et la période Gourkha. Là période Névare s'étend des origines de l'histoire positive jusqu'à l'an 1768, qui marque la ruine définitive des vieilles dynasties indigènes ; elle couvre un espace de douze ou treize siècles. Les inscriptions qui jalonnent à des intervalles inégaux cette longue suite d'années sont à peu près les seuls documents utiles ; la chronique ne s'intéresse guère qu'aux souvenirs de la tradition religieuse. Les inscriptions mêmes ne fournissent que des informations indirectes ; elles commémorent en général des fondations publiques ou privées, des donations de terrains, des concessions de privilèges. Les missionnaires Capucins qui évangélisèrent le Népal au xviiie siècle auraient pu recueillir de précieuses observations sur le régime du pays avant la conquête Gourkha, mais leur zèle préféra s'enfermer dans une œuvre de prédication stérile.

Je ne prétends pas que les institutions politiques soient restées immuables pendant une durée de treize siècles. Le pays est tantôt soumis à l'autorité d'un empereur, tantôt partagé entre plusieurs rois, tantôt morcelé à l'infini en

principautés féodales. La première des dynasties historiques, les Ličchavis, se pique d'appartenir au clan glorieux qui gouvernait, du vivant du Bouddha, la plus
opulente des cités de l'Inde, Vaiçâlî, mais les Ličchavisdu
Népal n'avaient pas copié la constitution oligarchique de
l'antique métropole, avec sa singulière royauté élective et
annuelle. La royauté est héréditaire, et se transmet de
père en fils. Le roi porte le titre assez modeste encore de
bhaṭṭâraka mahârâja « souverain roi ». Il est entouré de
barons (*sâmântas*) turbulents et indociles qui consentent
seulement à le reconnaître comme *primus inter pares* et
qui profitent de chaque occasion favorable pour refuser
l'hommage. Le roi n'impose son autorité que par la force.
Le fondateur de la dynastie Thâkuri, Amçuvarman, se
contente du titre de *mahâ-sâmanta* « Grand Marquis »,
équivalent atténué de *mahârâja* ; mais son successeur Jisṇu
gupta lui décerne déjà le titre pompeux de *bhaṭṭâraka
mahârâjâdhirâja* «souverain Roi des Rois » et le titre ainsi
enflé s'amplifie encore dans la suite; à partir du viiie siècle,
le roi est désigné officiellement comme « le maître suprême,
le Souverain Suprême, le Roi des Rois » *parameçvara
parama bhaṭṭâraka mahârâjâdhirâja.*

L'exagération de ces titres ne va pas jusqu'au mensonge ;
les princes de cette époque menaient grand train et
faisaient vraiment figure de rois. Les relations chinoises
nous décrivent le palais du roi Narenda deva, au milieu du
viie siècle, splendide, éclatant d'ornements en cuivre,
décoré et sculpté à plaisir, rehaussé de perles et de pierreries ; au milieu se dresse une haute tour de sept étages,
qui forme à sa base un château d'eau. Le roi lui-même
porte des parures de grand prix, des boucles d'oreille en
or et des pendants de jade, et des bijoux en ambre, en
corail, en nacre, en cristal de roche. Il prend place sur un
trône que soutiennent des lions ; on répand à l'entour des

fleurs et des parfums. Les grands et les officiers sont assis par terre à droite et à gauche ; des centaines de soldats armés sont rangés à l'entour. Un peu plus tôt, au début du viie siècle, Çivadeva avait construit un palais à neuf étages.

Le personnel de la maison royale se trouve, en partie du moins, énuméré dans une inscription d'Amçuvarman, datée de l'an 625 J.-C. et qui semble être en rapport avec la cérémonie du sacre de ce prince. En tête vient le grand « inspecteur des armées » *mahâbalâdhyakṣa* ; puis le « préposé aux donations » *prasâdâdhikṛta* ; ensuite, à quelque distance le « porte-émouchoir » *câmara-dhara* ; « le porte-étendard » *dhvaja-manuṣya* ; le « fournisseur d'eau à boire » *pânîya-karmântika ;* l' « inspecteur du siège (royal) » *pîṭhâdhyakṣa* ; le « porteur de Puṣpa-patâka » *puṣpa-patâka-vâha* ; le « tambour et le sonneur de conque » *nandîçankha-vâda* ; et même la « balayeuse » *sammarjâyitrî*. D'autres inscriptions de la même époque nomment encore le « commandant en chef » *sarvadaṇḍa-nâyaka* ; le « grand huissier » *mahâ-pratîhâra* ; le « ministre des cultes » *dharma-râjikâmâtya* ; le « directeur spirituel » *guru*.

En face du roi et de la cour, exposés aux vicissitudes des révolutions qui balaient par intervalles une dynastie et ses partisans, la population garde une organisation immuable, dans ses cadres traditionnels. Que les Thâkuris supplantent les Liččhavis ou que les Mallas montent sur le trône, que le pouvoir souverain se concentre aux mains d'un empereur ou se disperse entre des chefs rivaux, la commune, *grâma,* demeure toujours aux yeux du peuple la véritable et la seule unité politique, au Népal aussi bien que dans l'Inde. Le village indien forme une république à part, un système administratif régulier et complet, sous la direction du maire (*paṭṭa-kîla, grâma-kûṭa, grâma-pati, pradhâna*), assisté généralement du secrétaire, du garde champêtre, du chef d'irrigation qui règle la distribution d'eau entre les champs, de l'astrologue (*jyotiṣa*, joṣî) qui fixe les époques de la culture et qui connaît les jours ou fastes ou néfastes. Les besoins du village exigent encore comme éléments intégrants un charpentier, un forgeron, un potier, un blanchisseur, un barbier ; le maître d'école et le bijoutier sont des utilités sans caractère indispensable. Les maîtres de maison (*kuṭumbin*), qu'ils soient propriétaires de maisons (*gṛhin*) ou de champs (*kṣetrin*) sont les citoyens de cet État élémentaire. L'administration souveraine n'intervient guère qu'en matière d'impôts et de justice criminelle, ou de conflit entre plusieurs villages. Les villages du Népal sont, à l'époque ancienne, groupés en districts (*adhikaraṇa*) ; district de l'Ouest (*paçcimâdhikaraṇa*), district du Nord (? *kubervatî*) etc., sous l'autorité d'officiers de la couronne (*adhikṛta*) qui semblent exercer les fonctions de fermiers-généraux (*vṛttibhuj, vârtta*). Ces officiers commandent à des forces de police armée (*câṭabhaṭa*), qui prêtent leur concours à l'exécution des ordres. Mais la tradition, aussi forte et plus respectée qu'une charte, défend la commune contre l'envahissement du pouvoir central. Les officiers et la police du roi ne doivent pénétrer sur le territoire communal que pour lever les impôts (*kara-sâdhana*), remettre des documents écrits (*lekhya-dâna*), instruire les cinq grands crimes qui relèvent directement de la justice souveraine (*pañčâparâdha*)[1].

Dans un pays presque exclusivement agricole, comme l'est le Népal, et l'Inde tout entière, le principal revenu du roi est l'impôt foncier. Le principe de répartition n'est pas indiqué nettement dans les inscriptions. Au temps des Licchavis, il semble que l'unité d'évaluation adoptée est la charrue (*gohala*), c'est-à-dire la surface qu'un paysan peut

---

1. V. inf. p. 295 sq., la liste de ces cinq grands crimes.

cultiver avec une paire de bœufs. L'unité monétaire qui y correspond est le *karṣâpaṇa* (environ $3^{gr},80$ d'argent, d'après l'évaluation communément admise) ; il se divise en 16 *paṇas*. L'État perçoit encore deux autres impôts sur la terre : le *siṃha (?)-kara* et le *malla-kara*, qui semblent fixés l'un et l'autre à 4 *paṇas* de cuivre ($4 \times 9^{gr}\frac{1}{2}$ environ) par « charrue ». Le roi reçoit en outre une part (*bhâga*) des récoltes (le $\frac{1}{6}$, le $\frac{1}{8}$, le $\frac{1}{12}$, selon les codes) ; il perçoit une taxe sur les objets de luxe (*bhoga*), sur l'or (*hiraṇya*). C'est là l'ensemble des trois impôts (*trikara*). Enfin le village est tenu à la prestation annuelle de certaines corvées, par exemple, il doit fournir des porteurs pour le transport au Tibet (*Bhoṭṭa-viṣṭi*).

La royauté n'est pas attachée à ces privilèges avec une jalousie intraitable ; elle les aliène à l'occasion, au profit d'une divinité ou d'un temple, ou même en échange d'autres obligations. La plupart de nos inscriptions enregistrent des transactions de ce genre. Le formulaire définit d'une manière expressive les rapports du roi avec les communes ; c'est le régime paternel, tempéré de despotisme, que l'Orient en général a connu et pratiqué. Le roi adresse directement son édit « aux maîtres de maison du village, en suivant l'ordre de préséance » ; il s'informe de leur santé et ne manque pas de les avertir qu'il est bien portant lui-même. Le plus souvent, le roi désigne, pour veiller à l'exécution de sa volonté, un *missus dominicus* (*dûtaka*) choisi parmi les principaux fonctionnaires ; c'est même, dans un grand nombre de cas, l'héritier présomptif (*yuva-râja*) qui est investi du mandat royal.

A travers toutes les transformations, la commune atteste sa vitalité persistante ; les groupements où elle entre, de gré ou de force, se disloquent au hasard des événements ; elle survit toujours. Quand la prospérité croissante du Népal y fait éclore de grandes villes, qui absorbent dans leurs

murs des communes autrefois séparées, les villes nouvelles
continuent à former une agglomération de petits états ;
dès que le pouvoir central s'affaiblit, la ville se dissout en
quartiers, en îlots indépendants. Pendant tout le moyen
âge, Katmandou est partagé entre douze rois ; l'autre
capitale, Patan, a autant de rois que de *tols* (îlots de maisons). L'empire Népalais se reconstitue un instant avec
Yakṣa Malla, au xvᵉ siècle ; après lui, la vallée est découpée
en trois royaumes qui se jalousent, se taquinent et se com-
battent jusqu'à l'arrivée des Gourkhas.

Même sous le régime des Mallas, qui se flattent d'être une
dynastie régulière, la transmission du pouvoir ne va pas parfois sans heurts. Vers l'an 1600, le peuple de Katmandou,
fatigué des débauches du roi Sadâ Çiva, le chasse du trône
et du royaume à coups de triques. Quelques années avant
la conquête Gourkha, les six notables citoyens (*pradhânas*)
de Patan font crever les yeux au roi Râjya Prakâça, refusent
d'ouvrir les portes de la ville au roi Jaya Prakâça sorti en
promenade, et exécutent de leurs propres mains le roi
Viçvajit. En cas de vacance accidentelle ou de déshérence,
les procédés en usage varient. Quand la lignée d'Amçu
varman se trouve éteinte, à la fin du viiiᵉ siècle, les Thâkuris de Nayakot passent la montagne, descendent au
Népal ; et ils élisent un d'entre eux pour roi. C'est un droit
qui semble leur être dévolu comme au clan le plus noble
et le plus pur du pays. Après l'invasion de Mukunda Sena
vers le xiiiᵉ siècle, quand le pays bouleversé succombe à
la guerre, à la peste, à l'anarchie, les Thâkuris de Nayakot reparaissent ; les petits rois qui se partagent alors les
villes et les villages du pays sont tous des membres de ce
clan. A Katmandou, quand Sadâ Çiva est expulsé, « le
peuple » lui désigne un successeur. A Patan, le choix du
roi semble appartenir aux notables (*pradhânas*), qui représentent la noblesse.

Les énormes lacunes de l'épigraphie, qu'aucun autre document ne vient compenser, empêchent de suivre l'histoire des institutions au moyen âge. Les inscriptions ne reprennent qu'avec la dynastie des Mallas, nombreuses il est vrai pour la période la plus récente, mais bourrées de littérature prétentieuse et presque vides de faits. Le sanscrit n'est plus qu'une langue d'école, propre à composer des centons ou des pastiches ; les données réelles et positives s'expriment dans la langue indigène, la névari, et l'étude de l'épigraphie en névari reste encore à créer. Il faut arriver à la période Gourkha pour retrouver des documents utiles.

La conquête Gourkha bouleverse le régime traditionnel du Népal. Les nouveaux maîtres du pays, jaloux de leur autorité, n'entendent la partager avec personne ; ils brisent toutes les résistances, absorbent les principautés et les baronies et substituent au morcellement ancien un gouvernement fort, résolument centralisé. Il est difficile d'en étudier le fonctionnement exact et détaillé, j'ai déjà dit les raisons qui s'y opposent.

L'indépendance jalouse et soupçonneuse des Gourkhas s'inquiète et s'effarouche de la moindre indiscrétion ; la curiosité du voyageur, qui prend si facilement en Europe un air d'espionnage, ne s'en distingue pas au Népal. Chacun s'y croit volontiers responsable des ressorts de l'État ; on tient pour un devoir de les soustraire aux regards profanes, ou malveillants, c'est tout un. Les réponses aux questions posées s'enveloppent de réticences, ou n'abondent que pour induire en erreur. Le plus prudent est encore de réunir les informations obtenues par ceux que leur situation ou leurs ressources mettaient en état de s'instruire et d'observer, Kirkpatrick, Hamilton, Hodgson, Cavenagh, Wright. Aucun d'eux, il est vrai, n'a tracé un tableau d'ensemble, et les données qu'on leur emprunte, si on

les met bout à bout, deviennent inexactes ou contradictoires, puisqu'elles se rapportent à des périodes bien
différentes, depuis la régence de Bahâdur Sâh jusqu'à la
dictature de Jang Bahâdur. La description que j'entre-
prends sera donc forcément sujette à caution sur plus
d'un point.

La royauté est héréditaire. Le roi est le descendant
légitime de Prithi Narayan et des anciens rois de Gourkha.
Il porte le titre de *Mahârâjâdhirâja* « roi au-dessus des
grands rois » réduit dans l'usage courant à la forme *Dhirâj*.
En principe il possède le pouvoir absolu. Cependant la
tradition confère un droit de remontrance à trente-six chefs
de clans, dénommés *Thargars* (habitants de nids) ; ces
clans qui se prétendent les uns kṣatriyas, les autres brahmaniques, ont leurs fiefs situés dans le domaine patrimo-
nial de Prithi Narayan. C'est entre eux que le gouvernement doit répartir les principaux emplois, mais tous n'ont
pas des droits égaux ; ils forment une hiérarchie à
trois degrés ; le groupe le plus élevé en dignité comprend
six familles qui reçoivent à raison de leur nombre le nom
de *Chattra*. Les Chattras ont une sorte de droit de préférence pour les premiers emplois du royaume. Au temps
de Kirkpatrick, les Thargars passaient pour les défenseurs
autorisés des intérêts dynastiques ; s'ils croyaient ces
intérêts en danger, leur droit et leur devoir allaient jusqu'à
renverser le prince régnant pour lui donner un successeur
plus digne. Les clans les plus puissants des Chattras à
l'époque d'Hamilton étaient les Panrés (*Pânde*) et les
Viçvanaths (*Viçvanâtha*). Mais l'autorité réelle des Thargars
a disparu depuis longtemps, avec l'autorité réelle des rois.
En 1843 quand les intrigues du roi, du prince héritier et
de la reine semblaient précipiter l'État à sa ruine, les
chefs et les officiers de l'armée prirent l'initiative de
la *Pétition des Droits* qui fut signée par les ministres, les

officiers et les corporations municipales de la vallée et portée au palais par une immense délégation. Le roi

Temple de Mahábuddha à Patan (cf. p. 195). Détail. Angle du premier étage.

accueillit et signa la charte qu'on lui apportait et qui garantissait à tous les sujets de la couronne leurs droits élémentaires trop souvent violés.

En fait, le roi n'est plus aujourd'hui qu'une sorte d'entité, de fiction nominale, le seul représentant du pays reconnu par les puissances étrangères. Son cachet rouge (*lâl mohar*) est nécessaire pour donner une valeur officielle aux instruments diplomatiques; mais son action est nulle. Depuis le fils et le successeur de Prithi Narayan, une implacable fatalité porte sur le trône ou des enfants en bas âge ou des princes émasculés déjà par une débauche précoce; cloîtrés dans leur palais par le parti au pouvoir, ils sont rigoureusement tenus à l'écart de la vie réelle et des affaires publiques. Leurs rares sorties, quand elles leur sont permises, sont surveillées par des agents sûrs qui ne laissent approcher personne et qui leur multiplient les ennuis, sous prétexte de vains et vagues dangers, pour les amener à se confiner spontanément en reclus par persuasion.

C'est qu'un réveil du roi, durât-il un seul instant, peut anéantir le parti le plus solidement campé au pouvoir. Le Népal est, tous les ans, à la veille d'une révolution légale. Tous les emplois sont annuels; depuis le premier ministre jusqu'au plus humble soldat, tous attendent la *paijñî* ou *pañjanî* qui doit les confirmer ou les rejeter brutalement du service de l'État. Cette cérémonie qui accompagne périodiquement la fête du Daçârha (ou Dasâîn, en septembre-octobre) suppose au préalable une délégation initiale des pouvoirs royaux. Le Grand Conseil est d'abord constitué, comme une émanation immédiate de l'autorité royale; et c'est lui qui passe en revue la conduite des fonctionnaires, prononce sur leur sort, distribue les récompenses et les châtiments. Le parti prépondérant à l'heure de la Paijñî est donc en droit et en état de faire table rase; il est libre de peupler exclusivement tous les emplois de ses seules créatures, et il ne s'en fait pas faute.

Sous les premiers successeurs de Prithi Narayan, le

Grand Conseil, appelé *Bharadar*, comprenait douze membres : un *Chautra* ou *Chautariya*, quatre *Kâjis*, quatre *Sirdars*, deux *Khardars*, un *Kapardar*. Le *Chautra* ou *Chautariya* était un parent du roi qui faisait fonction de premier ministre, et spécialement de contrôleur général. C'est à lui qu'étaient transmises toutes les communications, écrites ou verbales, touchant la conduite du personnel civil et militaire. Les quatre *Kâjis* n'avaient pas d'attribution particulière ; ils recevaient une délégation générale du roi pour intervenir ou agir dans tous les cas où ils le jugeaient nécessaire, en guerre comme en paix. Comme emblème de leur puissance, ils gardaient le sceau royal. Les *Sirdars*, à la différence des Chautras et des Kâjis, pouvaient être choisis sans acception de naissance ; ils exerçaient les grands commandements militaires. Les *Khardars* étaient les secrétaires d'État, chargés de la correspondance et de la chancellerie. Le *Kapardar* était le ministre de la maison du roi.

Cette organisation du Bharadar a disparu depuis longtemps. Les pouvoirs successivement confiés à Damodar Panre, à Bhim Sen, à Jang Bahadur ont fait du premier ministre un dictateur. D'une pañjanî à l'autre, il est maître absolu. Depuis 1856, il a droit au titre de *mahârâja,* et c'est sous ce nom qu'il est communément désigné. Le mahârâja est le chef d'un immense syndicat d'intérêts qui englobe sa famille, sa clientèle, ses protégés les plus humbles et les plus lointains. Il a tous les pouvoirs, civils et militaires ; il commande l'armée, il rend la justice ; il distribue les emplois. Il lui faut tenir tête aux partis adverses, qui attendent toujours l'heure de la revanche, aux ambitions rivales qui se déchaînent même dans sa propre famille, enfin aux intrigues de harem engagées autour du roi, et qui ont pour enjeu le pouvoir suprême. Pour se prémunir contre tant d'ennemis, le mahârâja choisit les femmes du roi dans les familles les plus sûres, en particulier dans ses propres filles comme faisait Jang Bahadur ; et à chaque pañjanî il n'appelle aux emplois publics que les serviteurs les plus dévoués.

Chez les Gourkhas, le service de l'État se confond à peu près avec le service militaire. Le métier des armes est la seule profession digne d'un véritable Gourkha ; artisans, commerçants, paysans sont le bétail humain qui sert à faire vivre l'armée. A part les Névars, toujours suspects et tenus à l'écart, l'armée est ouverte à toutes les castes. Aussi chaque année, à la pañjanî, les postulants ne manquent pas et le choix est aisé. En principe, tout sujet népalais doit un an de service militaire au roi ; mais le nombre d'hommes obtenu serait supérieur aux besoins ; en outre, le système du recrutement au choix offre plus de garantie au pouvoir. Pendant son année de service, le soldat ou l'officier touche une solde qui n'est pas réglée en espèces, mais payée par une concession de terrain *(jagir)* ; un simple soldat de dernière classe reçoit un jagir de 100 roupies ; un capitaine de première classe, un jagir de 4 000 roupies. Les grades supérieurs sont réservés aux parents du mahârâja ; ses frères, ses fils, ses neveux sont colonels, lieutenants généraux, généraux, commandants en chef, sans aucune considération d'âge ou de mérite ; ils touchent à ces titres des émoluments élevés, et de plus un cadeau régulier qui leur est dû par tous leurs subordonnés.

Le nombre des hommes en service régulier est évalué à 25 000 ou 30 000 ; mais il est facile, en cas de besoin, de doubler immédiatement ce chiffre par l'appel des hommes exercés mis en congé *(dâkria)* après une année de service. En 1854, le Népal mit sur pied pour la campagne du Tibet 27 000 hommes de l'armée régulière, 29 000 coolies armés, et 390 000 porteurs de bagages.

Les hommes étaient autrefois versés pêle-mêle dans les régiments, sans distinction d'origine ; mais Jang Bahadur a inauguré le système des bataillons homogènes, Rajpoutes, Gurungs, Magars, Kirâts, etc. Les régiments sont désignés par le nom d'une divinité ou d'un soldat illustre. La tenue de service consiste en général dans une tunique de coton bleue et un pyjama de la même couleur ; la grande tenue, dans une tunique de drap rouge et un pantalon foncé avec une bande rouge. Comme coiffure, un bonnet collant qui emboîte le crâne ; on roule à l'entour un turban très serré qui porte, piquée à la manière de nos pompons, une plaque d'argent, circulaire, ovale, en croissant, selon les régiments ; les sous-officiers y ajoutent une chaînette, et les officiers des joyaux et des plumes selon leur rang. La coiffure du mahârâja, tout ornée de perles en pendeloques, passe pour valoir plus de 300 000 francs. Les fusils sont des Enfield ou des Martini-Henry fabriqués dans les arsenaux népalais ou d'origine europénne, et introduits au Népal par contrebande. Tous les soldats sont en outre armés du couteau national, le *Kukhri*. L'artillerie est nombreuse ; les canons sont fabriqués à la machine à l'arsenal de Katmandou. Cavenagh prétend que le Népal doit ses connaissances techniques en artillerie à des officiers français engagés sous main par le gouvernement. Patan et Bhatgaon sont chacun le siège d'une division ; Bhatgaon possède un arsenal, comme Katmandou. La cavalerie se réduit à une poignée de Pathans (Afghans) au service du mahârâja.

Les auteurs anglais signalent comme les faiblesses essentielles de l'armée gourkha l'absence d'intendance, la défectuosité des fusils et des canons, la mauvaise préparation de la poudre, le caractère puéril des exercices, empruntés à l'armée anglaise, mais traités seulement comme une parade de revue, sans aucune application pratique, enfin et surtout la déplorable insuffisance du haut commandement. Mais tous rendent hommage à la vaillance des soldats, à leur endurance, à leur héroïsme, attestés par tant de combats; sur leur propre sol, bien commandés, ils seraient invincibles. Sans accumuler les témoignages rendus à leur valeur par les meilleurs juges, il suffit de constater que le gouvernement anglo-indien a tenu à s'assurer leurs services. L'armée de l'Inde compte actuellement 15 régiments de Gourkhas, qui forment un total de 14000 hommes. Hodgson dès 1832 signalait dans un rapport célèbre quel parti le gouvernement de l'Inde pourrait tirer de ces précieuses recrues: confinées dans le Népal, sans emploi, sans profit, les tribus militaires ne pouvaient manquer de provoquer une explosion; admises dans l'armée indienne, sous la conduite d'officiers anglais, elles trouveraient aisément l'occasion de satisfaire leurs goûts belliqueux au profit de l'Angleterre.

Il fallut dix-huit ans à Hodgson pour triompher des esprits timorés qui refusaient de croire au loyalisme des Gourkhas; en 1850, lord Dalhousie autorisa la formation de trois régiments. Et depuis « pendant un quart de siècle, partout où les troupes de l'Inde ont dû frapper un grand coup, partout où il y a eu de l'honneur à gagner, les régiments gourkhas ont paru en première ligne[1]! » Tout récemment encore, le contingent gourkha a figuré brillamment parmi les troupes de l'expédition de Chine.

Les fonctions civiles se réduisent à peu de chose: le gouvernement des provinces est attribué, naturellement, aux parents du mahârâja qui exercent à la fois les pouvoirs civils et militaires. Les percepteurs d'impôts « *soubahs* » sont en général des fermiers généraux qui traitent directe-

---

1. W. H. Hunter, *Life of B. H. Hodgson*, p. 259 (où se trouve une note sur le développement des régiments gourkhas dans l'armée anglo-indienne, établie d'après les données officielles).

ment avec l'État. Les principales fonctions civiles sont les fonctions judiciaires.

Le directeur spirituel du roi, le *Râjya guru (Râjguru)* connaît de toutes les infractions qui entraînent une impureté légale ou religieuse, prononce les peines et reçoit une partie des amendes, à titre de *Dharmâdhikârî* « Préfet de la Loi ». Si l'affaire concerne des Çivaites ou des Hindouistes, il se réfère au « Çâstra », c'est-à-dire aux ouvrages de date tardive qui prétendent se fonder sur les codes anciens : Manu, Yâjñavalkya, etc. ; s'il s'agit de Névars ou de Tibétains, il suit les coutumes établies au temps de Jaya Sthiti Malla (xve siècle).

Quatre tribunaux jugent à Katmandou les affaires civiles et criminelles : le *Kôt Linga* exerce la plus haute juridiction. Des cours annexes tranchent les questions de solde militaire ou les procès d'immeubles. Chacune des cours est présidée par un *ditha* qui n'est pas un légiste de métier, mais qui se recommande par son honorabilité. Il est assisté de deux *bičâris (vičârin)* qui sont censés au courant des lois et des coutumes, et qui procèdent aux enquêtes, aux interrogatoires, à toutes les formalités nécessaires. Le ditha rend ensuite son verdict; mais le condamné peut toujours en appeler au roi, c'est-à-dire en fait au mahârâja, qui prononce en dernier ressort, ou qui désigne une commission spéciale chargée d'instruire l'affaire et de présenter un rapport. La justice a le grand mérite d'être expéditive. Il n'y a pas d'action publique. Le plaignant se présente au tribunal, porte sa plainte ; des soldats vont ensuite quérir l'accusé à son domicile. Les parties discutent à leur aise en présence des juges, sans intervention d'avocats, citent leurs témoins, fournissent leurs preuves. L'aveu de l'accusé est nécessaire pour aboutir à une condamnation ; si, malgré des charges écrasantes, il s'obstine à nier, les juges recourent à des menaces, et même à des violences positives : bastonnade, fouet, etc. Si tous les moyens échouent, le prisonnier reste confiné dans une sorte d'emprisonnement préventif à perpétuité.

Sur la demande des parties, la cour peut transmettre l'affaire à une assemblée de simples particuliers choisis par le demandeur et le défendeur, et où l'État peut se faire représenter; c'est le *Pañčayat*. Le Pañčayat est une juridiction de conciliation qui ne dispose d'aucun moyen de coercition et qui se contente de donner un avis à la cour; encore cet avis doit-il être exprimé à l'unanimité. Les membres du pañčayat doivent être choisis dans cinq clans gourkhas ou cinq clans névars exactement spécifiés, selon que l'affaire concerne des Gourkhas ou des Névars.

Enfin, si le procès présente des difficultés insolubles, ou si les parties en expriment le désir, avec l'assentiment préalable du roi, il est procédé à l'épreuve par l'eau. Les noms des parties respectives sont tracés sur deux morceaux de papier qu'on roule en balles et qu'on adore *(pûjâ)*. Chacune des parties verse un droit d'une roupie. Les balles sont alors attachées à des tiges de roseau. Nouveau versement de deux annas. Les tiges sont remises à deux sergents de la cour qui les portent à l'Étang de la Reine *(Rânî pokhrî)*; un bičâri, un brahmane et les parties les accompagnent, ainsi que deux individus de caste infime *(Chamakallak* ou *Čamâr)*. En arrivant à l'étang, le bičâri engage encore les parties à chercher d'autres moyens avant de recourir à l'ordalie. Si les parties s'obstinent à réclamer l'épreuve, les deux sergents, portant chacun une tige, vont l'un à l'Est, l'autre à l'Ouest de l'étang, et pénètrent dans l'eau jusqu'à mi-jambe. A leur tour, le brahmane, les parties, les Čamârs entrent un peu dans l'eau; le brahmane adore Varuṇa au nom des parties et récite un texte sacré qui fait appel à Sûrya (soleil), Čandra (lune), Varuṇa (dieu des Eaux) et Yama (dieu des Morts), lesquels lisent la pensée des vivants. Le rite achevé, le brahmane marque au front les Čamârs et leur dit : « Que le champion de la vérité triomphe, et que le champion de la fausseté perde ! » Alors le brahmane et les parties se retirent de l'eau, et les Čamârs vont chacun séparément à la place où se dresse une des tiges ; ils entrent dans l'eau profonde, et à un signal plongent tous deux en même temps. Le premier qui sort, on détruit aussitôt la tige et la balle le plus proches de lui. On rapporte l'autre tige, on ouvre la balle, et on lit le nom ; c'est le nom du gagnant. Gagnant et perdant ont encore à payer l'un et l'autre une série de taxes [1].

La pratique des ordalies a été introduite ou du moins multipliée par les Gourkhas, amateurs de solutions nettes, et de plus superstitieux. L'ancienne jurisprudence se contentait de déférer le serment, sur le Harivamça pour les Hindous, sur la Pañca-rakṣâ pour les Bouddhistes, ou plutôt sous ces livres, car on mettait le texte sacré sur la tête de la personne qui jurait.

En dehors de Katmandou, à Bhatgaon, à Patan, dans les provinces siègent des juges de rang inférieur qui sont considérés comme les délégués des bičâris et des dithas de la capitale. Mais, quelle que soit leur compétence, il est cinq crimes qui leur échappent et qui appartiennent exclusivement à la juridiction immédiate du roi ; c'est ce qu'on appelle, d'un terme indo-arabe, les *pañč khât*, et ce que les inscriptions anciennes dénomment pañčâparâdha : le meurtre d'un brahmane *(brahma hatyâ)* ; le meurtre d'une

---

1. Surtout d'après Hodgson : *Some account of the systems of law and police as recognised in the state of Nepal,* paru d'abord dans les *Selections from the Records of Bengal, n° XI,* republié dans les *Miscellaneous Essays relating to Indian subjects, vol. II* (Trübner's Oriental Series, 1880), p. 211-250.

vache (*go hatyâ*) ; le meurtre d'une femme (*strî hatyâ*) ; le meurtre d'un enfant (*bâla hatyâ*) ; les fautes qui entraînent la perte de caste (*patki :* anciennement, *mahâ pâtaka*)[1].

L'ancienne liste des peines s'ouvrait par cinq grands châtiments : confiscation des biens, bannissement de la famille ; dégradation de la famille remise entre les mains des tribus les plus viles ; mutilation ; décapitation. Les Gourkhas y avaient ajouté la pendaison et l'écorchement à vif. Pour les femmes, on leur coupait communément le nez. L'auteur d'un vol important avait la main coupée ; en cas de récidive, on coupait l'autre. Jang Bahadur a adouci ce code barbare : seuls le meurtre d'un homme ou d'une vache sont punis de la peine capitale. La plupart des crimes et délits sont punis de l'amende, au profit des juges et de l'État.

Pour soutenir les lourdes charges d'un État militaire, le Népal dispose de revenus bien modestes. En 1792, Kirkpatrick évaluait les revenus à 25 ou 30 lakhs (centaines de mille) de roupies : 3 ou 4 lakhs fournis par les douanes, les droits sur le sel, le tabac, le poivre, la noix de bétel et la vente des éléphants du Téraï ; 7 ou 8 lakhs, par le monnayage ; 15 à 18 lakhs, par les monopoles (sel, salpêtre), les mines de cuivre et de fer, et les impôts fonciers. Avant l'invasion gourkha les revenus étaient supérieurs, car le cuivre du Népal n'était pas encore chassé des marchés de l'Hindoustan par le cuivre d'Europe ; le Tibet exportait au Népal des quantités d'or et d'argent qui retournaient au Tibet en espèces monnayées, laissant aux Mallas un profit

---

1. La liste de Kirkpatrick est différente : *Gohatyâ* ; *strîhatyâ* ; *âtma hatyâ,* « mutilation personnelle avec intention magique » ; *para hatyâ,* « mutilation d'autrui » ; *toona* ou *kool,* « sorcellerie ». — Le munshi de Wright donne p. 189, n. 1, une liste pareille à Hodgson, mais disposée dans un ordre différent : *brahma°, strî°, bâla°, sagotra°, go°.* Le quatrième, meurtre d'une personne du même clan, tient la place du *patki* de Hodgson.

considérable. En 1875, le Dr. Wright évalue les revenus à 96 lakhs de roupies (environ 2 millions et demi de francs), fournis principalement par l'impôt foncier, les douanes, le produit des forêts de çâlas (bois de tek) du Téraï, et les monopoles d'État (sel, tabac, ivoire, bois de construction).

Le système ingénieux des *jagirs* annuels permet aux Gourkhas de compenser l'insuffisance du numéraire. Comme la solde de l'armée, les traitements civils sont payés en concessions de terrains. Chaque année, à la pañjanî, le roi comme propriétaire absolu du sol octroie aux serviteurs qu'il engage ou qu'il maintient un fief dont la valeur et l'étendue varient naturellement avec l'importance de la fonction ; l'année écoulée, le fief retourne au roi qui en dispose de nouveau à son gré. Ces fiefs portent le nom persan de *jagirs*, et les concessionnaires sont appelés *jagirdars*. Le gouvernement évite autant que possible de laisser plus d'un an le même jagirdar en possession de son fief, afin de mieux marquer le caractère provisoire de la concession, d'empêcher l'attachement de l'individu au sol et de rappeler la toute-puissance du roi. La plupart du temps, les traitements sont payés exclusivement en jagirs ; dans certains cas, le trésor verse un complément en numéraire. Le jagir ne remplace pas seulement les traitements ; il tient aussi lieu de pension. Les veuves, les orphelins des serviteurs de l'État reçoivent des jagirs, répartis avec la plus sévère équité. Le jagir peut se borner à un champ, ou comprendre une ville entière. La ville de Sankou, au N.-E. de la vallée, est le jagir de la première reine (*mahâ rânî*) ; au temps d'Hamilton, le revenu en était estimé à 4 000 roupies.

Au jagir peuvent encore s'ajouter des sources de revenus supplémentaires. Les officiers reçoivent une commission royale qui les autorise à administrer la justice et à infliger des amendes jusqu'à concurrence de 100 roupies aux paysans établis sur leurs terres ; la tentation est trop forte pour qu'elle ne fasse pas tort à la stricte justice. Mais les appels des victimes au mahârâja provoquent de temps en temps des disgrâces éclatantes qui rappellent au devoir les cupidités surexcitées. Les juges, de même, touchent conjointement avec l'État des droits fixes sur les affaires et sur les opérations judiciaires. D'après Kirkpatrick, le Chautra ou Chautariya (premier ministre) touchait, outre son jagir, un droit de huit annas sur chaque champ de riz, les terres des Thargars et des soldats exceptées ; les Kâjis se partageaient un droit d'une roupie par champ ; les quatre Sirdars recevaient chacun deux annas par champ ; les deux Khardars touchaient également deux annas chacun par champ ; le surintendant de la monnaie percevait pour son compte un droit énorme de 7 tôlas d'or sur chaque marchand népalais établi au Tibet et qui rentrait au pays. Hamilton indique une autre répartition : le chef de l'État recevait les deux tiers du revenu ; le tiers restant était partagé entre les grands officiers ; le Chautariya en avait un cinquième ; autant, le Kâji ; autant, le fils aîné du roi ; autant, la première reine, si elle avait des enfants ; le dernier cinquième de cette tierce portion allait aux sirdars, au conseiller *(jéṭhabuḍhâ),* au secrétaire. Le dharmâdhikârî continue à percevoir les amendes qu'il prononce dans les questions de pureté légale.

La répartition des jagirs, pour être équitable, suppose un cadastre bien établi. Et de fait les Mallas ont transmis aux Gourkhas « un admirable système de cadastre, qui pourrait faire honneur au gouvernement britannique de l'Inde[1] ». C'est à Jaya Sthiti Malla que la tradition attribue ce grand travail. Les terrains furent alors divisés en quatre classes, et leur valeur fut déterminée par le nombre de

_____

1. HODGSON, *Journ. Roy. As. Soc. Bengal XVII* (1848), p. 229, n.

Karkhas ou de *ropnîs* qu'ils contenaient. Pour la quatrième classe, la ropnî était de 125 hâths (coudées) en circonférence; pour la troisième classe, de 112 hâths; pour la seconde, de 109; pour la première 95. La longueur du *hâth* fut fixée à 24 fois la longueur de la première phalange du pouce. La perche d'arpenteur était auparavant longue de $10\frac{1}{2}$ hâths; Jaya Sthiti Malla la réduisit à $7\frac{1}{2}$ hâths. On fit une opération analogue sur les terrains construits ou à construire; on les divisa en trois classes, selon qu'ils étaient situés au centre de la ville, ou dans une rue, ou dans une ruelle. Le *khâ* fut adopté comme unité de mesure. Pour les terrains de première classe, le khâ avait 85 hâths en circonférence; pour la seconde classe, 95; pour la troisième, 101. Les arpenteurs de cultures formèrent la caste des *Kṣetra kâras*; les arpenteurs de terrains à bâtir, la caste des *Takṣa kâras*.

Ainsi l'unité de mesure n'est pas une unité de superficie, mais une unité de valeur. En fait les prix assignés aux quatre catégories de terrains de culture variaient pour la même superficie, selon les classes, comme $1 : 0,87 : 0,83 : 0,76$; pour les terrains bâtis ou à bâtir, comme $1 : 0,89 : 0,84$. La réduction de la perche d'arpentage de $10\frac{1}{2}$ coudées à $7\frac{1}{2}$ coudées prouve que depuis l'institution de cette mesure jusqu'à Jaya Sthiti Malla, la valeur des terrains avait augmenté du quart ($10\frac{1}{2} : 7\frac{1}{2} = 1,4 : 1$). Vers 1792, Bahâdur Sâh, régent sous la minorité de Raṇa Bahâdur, donna l'ordre de dresser un nouveau cadastre; on en tint les résultats secrets; mais le peuple, à qui une opération de ce genre est toujours suspecte, ne manqua pas d'attribuer la soudaine disgrâce du régent, en 1795, au péché qu'il avait commis « de vouloir mesurer les limites de la terre ». Bahâdur Sâh s'était contenté d'appliquer la méthode des Mallas; la valeur des terrains était de même estimée en ropnîs; vingt-cinq ropnîs en moyenne faisaient un champ, *khet(kṣetra)*[1]. Dans les bons terrains, on faisait usage d'une perche longue de $7\frac{1}{2}$ coudées; c'était la perche de Jaya Sthiti Malla; dans les mauvais terrains, la perche avait une longueur de $9\frac{1}{2}$ coudées. La même estimation, dans les terrains de la seconde catégorie, supposait donc une superficie d'un quart en plus.

Le champ, *khet,* est l'unité de paiement en usage dans les concessions de jagirs. Un khet est un terrain de première qualité, bien arrosé par des sources ou des ruisseaux, avec un sol riche, et qui donne pour un travail moyen tous les grains de qualité supérieure. Les terrains à khet sont surtout situés dans les vallées; mais il s'en trouve aussi sur les plateaux. La moyenne de rendement du khet, pris comme unité de valeur, est de 100 *muris* de riz en balle (près de 7000 kilogrammes) estimés environ 150 roupies; la superficie en varie naturellement avec la qualité de la terre.

Le concessionnaire du jagir, le jagirdar, est libre d'exploiter par lui-même le terrain qui lui est octroyé; mais en général ses occupations et son goût l'en détournent également. Il le confie à un métayer qui lui paie la moitié du produit, et qui lui verse de plus un droit de deux ou trois roupies par khet. Le jagir peut comprendre, outre des khets, des terrains de la catégorie *kohrya* ou *barhi,* c'est-à-dire qui ne sont arrosés ni par des sources ni par des cours d'eau. Un pareil terrain exige beaucoup de travail et rend peu; on n'y peut faire venir que des grains médiocres, bons tout juste pour le fermier ou pour les basses castes. Le métayer du jagirdar ne lui paie sur ces terrains qu'un droit proportionnel au nombre des labours.

En outre des jagirs annuels, certains terrains (*birtâs*) sont

---

1. Réduit plus tard à 20 ropnts dans la vallée du Népal. CAMPBELL, *Notes...*, p. 75.

concédés en donation perpétuelle, mais rarement, et presque exclusivement à des brahmanes, soit que le roi veuille effacer par une œuvre pie un péché commis, soit qu'il veuille simplement récompenser un dévot ou un savant d'élite ; dans le premier cas, le terrain ne peut plus faire retour à la couronne, et s'il tombe en déshérence, il est attribué au temple de Paçupati ou de Changu Narayan ; dans le second cas, la couronne le reprend en l'absence d'héritiers. La cérémonie de donation est exactement conforme au type traditionnel : on apporte au roi une motte de terre prise sur le terrain concédé, le roi l'arrose, y mêle de l'herbe sacrée (*kuça*) et du sésame, tandis qu'un prêtre prononce des formules, et il la remet au donataire qui reçoit aussi le plus souvent une charte gravée sur cuivre (*tâmra pattra*). Les terrains ainsi concédés sont nommés *kuça-birtâs* ; ils sont libres de charges, aliénables et héréditaires ; mais certains crimes entraînent la déchéance. Il est des kuça-birtâs qui remontent au règne des Mallas et que les Gourkhas ont confirmés par l'apposition du sceau rouge, moyennant un droit proportionnel. Du reste le bénéficiaire d'un pareil don ne manque pas à l'occasion d'assurer à son titre de propriété une garantie de plus en offrant au roi un présent convenable ; la formalité est presque de règle à l'avènement d'un nouveau roi. Quelques Névars ont obtenu, par une faveur exceptionnelle des rois gourkhas, d'être confirmés dans la possession de terrains concédés par les Mallas aux mêmes conditions que les kuça-birtâs ; mais la confirmation doit en ce cas être renouvelée à chaque avènement, et contre le versement d'un droit élevé.

Les domaines immédiats de la couronne, dispersés dans tout le royaume, sont les uns affermés à des métayers, les autres exploités directement ; le travail est fourni par des réquisitions et des corvées imposées aux paysans des environs. Le produit du métayage sert à la consommation de la cour; le surplus est distribué aux religieux mendiants.

L'agriculture[1], les métiers et le commerce du Népal sont tout entiers aux mains des Névars. Il n'y a pas de Gourkha qui cultive : il n'y a pas de Névar qui ne cultive pas. Outre la classe rurale des Jyâpus, les artisans et les marchands établis en ville ont tous un lopin de terre qu'ils exploitent personnellement. Le goût des Névars pour la culture, combiné avec les besoins d'une population prodigieusement dense, a su tirer un parti magnifique des ressources naturelles de la vallée. Les indigènes répartissent les terrains de culture en deux catégories, tout à fait indépendantes de la richesse propre du sol : la première comprend tous les terrains situés à proximité d'une rivière ou d'un cours d'eau, par conséquent sûrs d'être inondés à la saison des pluies et susceptibles d'être irrigués dans la saison sèche ; la seconde comprend les terrains qui n'offrent pas par leur situation la même sécurité ni la même commodité. Les ruisseaux qui descendent sur les flancs des montagnes sont captés à tous les étages de leur course, et contraints de partager leurs eaux entre les menus canaux d'irrigation. Grâce à ce système, la culture du riz, qui est par excellence la culture du pays, a pu escalader les pentes ; les hauteurs qui encadrent le fond de la vallée présentent l'aspect d'un amphithéâtre énorme taillé en gradins réguliers. La patience et l'ingéniosité des habitants ont

---

1. Sur l'agriculture au Népal, le document fondamental est toujours : A. CAMPBELL, *Notes on the Agriculture and Rural Economy of the Valley of Nepaul. Compiled chiefly from verbal information and personal observation : access to authentic documents not being obtainable. Cathmandu, January 1st 1837.* Publié dans les *Transactions of the Agricultural and Horticultural Society of India,* vol. IV, Calcutta, 1839, p. 58-175. Campbell était l'assistant de Hodgson, ce beau travail sort donc en quelque sorte de l'école de Hodgson.

multiplié les terrasses bordées de petites levées en terre battue pour retenir les eaux précieuses. Dès les premiers siècles de l'histoire népalaise, les inscriptions montrent le développement des canaux d'irrigation *(tilamaka)* réglementés par des chartes royales. Une inscription plus tardive et datée du xviie siècle, sous le règne de Jitâmitra Malla, vaut d'être rapportée pour la précision des détails ; le texte en est inséré dans la Vamçâvalî bouddhique : « Les inspecteurs du canal ne donnent pas honnêtement l'eau au peuple, et c'est pourquoi le présent arrangement est pris. Au moment où on plante le riz, le peuple doit faire un canal d'irrigation, et quiconque y travaille doit après une journée de labeur venir réclamer une attestation royale, qui lui donnera droit à l'eau. Quiconque ne pourra pas produire cette attestation sera puni d'une amende maximum de 3 dâms (1 $\frac{1}{2}$ anna). Les inspecteurs ne devront pas prélever de droits pour laisser prendre l'eau du canal. Le rang des individus ne sera pas pris en considération dans la distribution de l'eau, mais chacun doit recevoir sa part à son tour. Si les inspecteurs ne laissent pas chacun à son tour prendre l'eau, l'inspecteur en chef sera condamné à six mohars d'amende. » Le procédé de répartition varie ; tantôt l'irrigation commence par le champ le plus rapproché du cours d'eau ; tantôt, chacun à tour de rôle, a l'eau à sa disposition un nombre déterminé d'heures. Un roulement analogue s'établit pour les canaux disposés le long du même cours d'eau, à des altitudes différentes, si le débit ne suffit pas à alimenter simultanément un grand nombre de prises.

L'abondance de l'eau ajoute encore à la richesse inépuisable d'un sol formé d'alluvions et qui rend communément trois récoltes par an : orge, blé, ou moutarde en hiver; radis, ail ou pommes de terre au printemps, riz ou maïs à la saison des pluies. Et cependant le Névar ne dispose point de fumier (sauf les déjections humaines et certaines terres siliceuses) pour engraisser les champs. Les exigences de la culture tiennent le bétail en dehors de la vallée, soit dans les pâturages marécageux du Téraï, soit sur les alpes du haut pays. L'élevage se réduit aux canards que le Névar soigne avec tendresse, comme des auxiliaires et des pourvoyeurs ; chaque jour on les porte dans des paniers jusqu'aux champs pour y extirper la vermine de la boue, et le soir on les rapporte à la maison. En outre, leurs œufs sont très appréciés des gourmets et valent presque le double des œufs de poule. Le seul bétail qui se rencontre couramment dans la vallée consiste dans les vaches sacrées mises en liberté par des Hindous pieux ; donner la liberté à une vache passe pour un acte infiniment méritoire et pour une source de bénédictions. La loi des Gourkhas interdit de tuer ces vaches, sous peine de mort, ou même de les frapper sous peine des plus graves châtiments. Elles vont par les champs, broutant où leur plaît, et les brahmanes enseignent que leur visite est une faveur insigne. Le pauvre Névar qui les redoute défend ses récoltes par des haies de roseaux qui opposent au divin maraudage une barrière bien frêle.

Le matériel agricole des Névars est assez rudimentaire ; les éléments essentiels en sont une espèce de houe qui tient lieu de pioche, de bêche et même de charrue (car le Névar ne laboure pas, il fait à la main tous les travaux) ; — et le double panier suspendu aux extrémités d'une perche qui pose sur l'épaule comme les deux plateaux au fléau de la balance, et que le Névar utilise à toutes fins.

Les principales cultures de la vallée sont : d'abord le riz, en nombreuses variétés, depuis le riz transplanté jusqu'au riz des hauts plateaux qui n'a pas besoin de chaleur ni d'humidité ; le blé, cultivé surtout en vue de la distillation de l'alcool ; le maïs et le *murva* (sorte de millet) que la

Temple de Mahenkal (Mahâ-kâla) commun aux hindouistes et aux bouddhistes, à Katmandou.

cherté croissante de la vie a introduits dans l'alimentation courante ; les diverses espèces de farineux : *urid, mas,* etc. ; le *phofur* (blé noir) ; la moutarde, pour l'huile qu'on en tire, ainsi que le sésame, l'ail et le radis, qui sont le pain du Névar. Au Népal, l'air sent l'ail ; on mange l'ail cru, cuit, en assaisonnement, en conserve dans l'huile, le vinaigre, le sel. Le radis n'est pas moins indispensable, ni moins diversement traité ; un procédé spécial de conservation, par la fermentation dans le sol, le transforme en *sinki,* le régal le plus puant dont jouisse l'humanité. Enfin, la canne à sucre, et une délicieuse variété de fruits, depuis ceux de l'Inde : ananas, banane, jacquier, etc., jusqu'aux fruits de l'Europe : oranges, citrons, pommes, etc. L'année agricole se divise en cinq saisons : trois mois et demi d'hiver, à partir du 15 novembre ; deux mois de printemps à partir du 1er mars ; un mois et demi d'été à partir du 1er mai ; 3 mois de pluie, à partir du 15 juin ; 2 mois d'automne, à partir du 15 septembre.

Comme ouvriers, les Névars excellent dans le travail du bois et du bronze et dans l'orfèvrerie. Les voyageurs chinois admiraient dès le vii° siècle les ciseleurs et les sculpteurs du pays. Les Mallas, artistes d'instinct et de tradition à la fois, bâtisseurs infatigables, encourageaient et maintenaient les arts nationaux ; les Gourkhas indifférents les laissent se perdre. Les darbars et les temples anciens, même les maisons des simples particuliers étalent aux yeux des merveilles de goût et de fantaisie, où les influences multiples de l'Inde, du Tibet et de la Chine, se mêlent et se fondent dans une invention harmonieuse. La porte d'or du darbar de Bhatgaon, la porte de Changu Narayan sont de véritables chefs-d'œuvre. Les Névars sont également très habiles à fondre les cloches ; on en montre une à Bhatgaon qui a cinq pieds de diamètre. Katmandou aussi a sa cloche monumentale. Le Népal fabrique encore un grand nombre d'idoles, tant bouddhiques que brahmaniques, qui se répandent au Nord et au Sud de l'Himalaya. A cause de leur adresse au travail des métaux, les ouvriers népalais sont très recherchés dans le monde tibétain. Le P. d'Andrada trouva en 1626 des orfèvres népalais au service du roi de Chaparangue, dans le Tibet[1]. Au milieu du XIXᵉ siècle, le P. Huc trouva établis à Lhasa un grand nombre de Névars. Il les décrit sous le nom de *Pé-boun* qui s'applique mieux aux gens du Bhoutan ; mais le portrait qu'il en trace, étincelant de verve et de vie, ne permet pas d'hésitation[2]. La peinture a été cultivée avec succès au

1. V. sup., p. 79.
2. Huc, II, 262 sqq. « Parmi les étrangers qui constituent la population fixe de Lha-Ssa, les Pé-boun sont les plus nombreux. Ce sont des Indiens venus du côté du Boutan par-delà les monts Himalaya. Ils sont petits, vigoureux, et d'une allure pleine de vivacité ; ils ont la figure plus arrondie que les Thibétains ; leur teint est fortement basané, leurs yeux sont petits, noirs et malins ; ils portent au front une tache de rouge ponceau qu'ils renouvellent tous les matins. Ils sont toujours vêtus d'une robe en *poulou* violet et coiffés d'un petit bonnet en feutre, de la même couleur, mais un peu plus foncée. Quand ils sortent, ils ajoutent à leur costume une longue écharpe rouge qui fait deux fois le tour du cou, comme un grand collier, et dont les deux extrémités sont rejetées par-dessus les épaules.
Les Pé-boun sont les seuls ouvriers métallurgistes de Lha-Ssa. C'est dans leur quartier qu'il faut aller chercher les forgerons, les chaudronniers, les plombiers, les étameurs, les fondeurs, les orfèvres, les bijoutiers, les mécaniciens, même les physiciens et les chimistes. Leurs ateliers et leurs laboratoires sont un peu souterrains. On y entre par une ouverture basse et étroite, et avant d'y arriver il faut descendre trois ou quatre marches. Sur toutes les portes de leurs maisons, on voit une peinture représentant un globe rouge, et au-dessous un croissant blanc. Évidemment cela signifie le soleil et la lune. Mais à quoi cela fait-il encore allusion ? C'est ce dont nous avons oublié de nous informer.
On rencontre, parmi les Pé-boun, des artistes très distingués en fait de métallurgie. Ils fabriquent des vases en or et en argent pour l'usage des lamaseries, et des bijoux de tout genre qui certainement ne feraient pas déshonneur à des artistes européens. Ce sont eux qui font aux temples bouddhiques ces belles toitures en lames dorées qui résistent à toutes les intempéries des saisons, et conservent toujours une fraîcheur et un éclat merveilleux. Ils sont si habiles en ce genre d'ouvrages qu'on vient les chercher du fond de la Tartarie pour orner les grandes lamaseries. Les Pé-boun sont encore les teinturiers de Lha-Ssa. Leurs cou-

Népal. Târanâtha, dans sa classification des écoles hindoues, distingue une école népalaise de peinture et de fonderie. L'ancienne école se rattachait à l'art du Nord-Ouest de l'Inde ; l'école suivante ressemblait plutôt à l'école de l'Est. Les écoles postérieures n'ont pas de caractère spécial[1]. M. Foucher a confirmé par l'analyse délicate des miniatures de deux manuscrits népalais la justesse des appréciations de Târanâtha[2].

Le papier qui porte le nom de népalais, et qui a pour principal marché Katmandou, n'est pas une production de la vallée même ; il se fabrique dans la région plus septentrionale du royaume, au milieu des forêts où se rencontrent les arbustes (daphne) dont l'écorce sert à sa manufacture[3].

Le commerce du Népal ne doit pas son importance au marché local, très restreint, mais à la situation géographique du pays qui se trouve sur la seule voie directe des échanges entre l'Inde d'une part, le Tibet et la Chine de

---

leurs sont vives et persistantes, leurs étoffes peuvent s'user, mais jamais se décolorer. Il ne leur est permis de teindre que les *pou-lou*. Les étoffes qui viennent des pays étrangers doivent être employées telles qu'elles sont ; le gouvernement s'oppose absolument à ce que les teinturiers exercent sur elles leur industrie. Il est probable que cette prohibition a pour but de favoriser le débit des étoffes fabriquées à Lha-Ssa.

Les Pé-boun ont le caractère extrêmement jovial et enfantin ; aux moments de repos, on les voit toujours rire et folâtrer ; pendant les heures de travail ils ne cessent jamais de chanter. Leur religion est le bouddhisme indien. Quoiqu'ils ne suivent pas la réforme de Tsong-Kaba, ils sont pleins de respect pour les cérémonies et les pratiques lamanesques. Ils ne manquent jamais, aux jours de grande solennité, d'aller se prosterner aux pieds du Bouddha-La et d'offrir leurs adorations au Talé-Lama. »

1. TARANATHA, p. 280.

2. FOUCHER, *Iconographie bouddhique*, 34-39, 182, 184.

3. HODGSON a décrit le procédé de fabrication dans un court article : *On the Native method of making the paper denominated in Hindustan Nepalese*, dans *Journ. As. Soc. Bengal*, 1 ; *Trans. Agric. Soc. India*, V, réimprimé dans le recueil des *Miscellaneous Essays relating to Indian subjects*, vol. II, p. 251-254.

l'autre. Dès le vii⁰ siècle, au temps du roi Srong-tsan gam-
po et de ses premiers successeurs, les pèlerins et les
ambassadeurs chinois avaient reconnu et exploré la route.
L'anarchie persistante au Népal et au Tibet la tint ensuite
longtemps fermée. Au milieu du xvi⁰ siècle, le roi Mahendra Malla de Katmandou semble avoir renoué les relations
entre les deux pays ; il obtint le privilège de fournir au
Tibet l'argent monnayé. Au début du xvii⁰ siècle, le
ministre du roi Lakṣmî Nara siṃha Malla, Bhîma Malla établit
un trafic régulier ; il alla en personne à Lhasa et y installa
une colonie néware. Les Mallas encouragèrent ces échanges
qui profitaient à leur trésor¹ ; mais les temps troublés qui
précédèrent l'occupation Gourkha et la méfiance brutale
des nouveaux maîtres du Népal arrêtèrent le commerce.
Les trafiquants qui résidaient dans les trois capitales s'empressèrent de déguerpir. Prithi Narayan essaya en vain de
la diplomatie et de l'intimidation pour conserver à sa
monnaie la clientèle du Tibet². Les négociations, traînées
en longueur, aboutirent en 1792, pendant la minorité de
Raṇa Bahâdur, à la guerre avec le Tibet et avec la Chine.

Déjà les Anglais entraient en lice. La Compagnie, maîtresse incontestée du commerce de l'Hindoustan depuis
l'écrasement de la concurrence française, commençait à se
préoccuper des vastes régions presque inexplorées qui
s'étendaient au Nord de l'Himalaya, et se préparait à les
disputer aux trafiquants russes. La mission de Kirkpatrick,
en 1792, avait pour objet essentiel l'ouverture de rapports
commerciaux entre l'Inde britannique et le Tibet par la
voie du Népal, et Kirkpatrick, avec sa conscience et son
exactitude habituelles, dressa un tableau détaillé des
articles importés ou exportés de part et d'autre. Mais la

1. V. sup. p. 172.
2. V. sup. p. 175.

méfiance obstinée des Gourkhas condamna cette œuvre de statistique à demeurer stérile. Dix ans plus tard, Hamilton constatait la décadence lamentable du commerce népalais due aux défauts du gouvernement, au manque absolu de crédit, à la faiblesse de la loi et à la fausseté du peuple ; il dressait à son tour une liste des articles d'échange qui se rapportait seulement au passé. La longue dictature de Bhim Sen rendit au Népal l'ordre et la prospérité. De 1816 à 1831, au témoignage des marchands indigènes, le commerce népalais avait triplé[1]. L'enchérissement du prix de la vie au Népal dans la même période confirme l'enrichissement du pays. Entre 1792 et 1816, on avait pour une roupie 25 pattis (84 kilogrammes) de riz ; de 1832 à 1835, 5 pattis seulement (17 kilogrammes) ; la valeur du riz avait quintuplé dans ce court espace de temps. La valeur des graines communes : maïs, millet, avait presque décuplé : 1 roupie les 4 muris (290 kilogrammes) de maïs en 1792-1816 ; 1 roupie les 9 pattis (30 kilogrammes) en 1832-35. La valeur de l'argent, comparée à celle du cuivre, montre une diminution de 10 0/0 entre 1816 et 1832[2].

A ce moment-là même, Hodgson multipliait ses efforts pour augmenter le mouvement commercial entre l'Inde, le Népal et le Tibet ; il servait en même temps par là les intérêts de la patrie britannique et les intérêts du Népal qu'il aimait comme une autre patrie. Il espérait que le Népal, enrichi par son commerce, renoncerait à ses ambitions de conquête brutale et reprendrait les traditions paisibles et prospères des Mallas. Du même coup, le marchand russe serait écarté des régions où son influence constituait un danger et une menace. Hodgson condensa les informations qu'il avait recueillies officieusement auprès des

1. Hodgson, *The Commerce of Nepal*, p. 92.
2. Campbell, *Agriculture*, p. 107-109.

marchands de Katmandou dans un rapport adressé au Political Secretary en 1831 et qui fut publié en 1857 [1]. Pour en rendre la lecture possible et même aisée aux marchands indigènes de Calcutta, qu'il voulait entraîner à des rapports commerciaux avec le Népal, Hodgson avait de propos délibéré donné à son mémoire une tournure pratique et populaire ; il souhaitait de le publier dans une grande revue pour communiquer au public sa confiance personnelle dans l'avenir du commerce népalais. Il y dressait une comparaison méthodique entre l'itinéraire suivi par les marchandises russes et le nouvel itinéraire qui s'offrait aux marchandises de l'Angleterre et de l'Inde, indiquait les précautions à prendre, la nature et la qualité des articles à offrir en vente, et surtout leur répartition en colis d'un poids fixe, susceptibles d'être transportés directement à travers les rudes passes de l'Himalaya sur le dos vigoureux des porteurs tibétains. Enfin, il y avait joint un tableau complet des marchandises qui avaient passé par le Népal en 1830-1831, dans les deux sens du trafic, avec les prix d'achat et de vente. Pour apprécier l'importance et le mérite de ce travail, il faut se rappeler que Hodgson avait dû procéder à cette enquête par ses seuls moyens, sans le concours du gouvernement népalais. Les résultats furent magnifiques. En 1831, le total des importations et des exportations du Népal s'élevait à 3 millions de roupies ; en 1891, le commerce du Népal avec l'Inde britannique seule, à l'exclusion du Tibet, atteignait 33 millions de roupies.

Le commerce avec l'Inde se fait à des marchés situés tout le long de la frontière. Le gouvernement népalais, indifférent aux questions économiques de libre-échange ou de protection, ne demande aux douanes qu'un aliment pour

1. Dans les *Selections from the Records of the Government of Bengal*, nᵒ XXVII, 1857. Réimprimé dans les *Essays on the Languages*, etc... London, 1874, part II, p. 91-121 : *The commerce of Nepal*.

le Trésor ; il perçoit donc sur tous les articles des droits
en rapport avec leur valeur pratique ; les objets de luxe
paient cher, les objets de première nécessité paient peu.

A chaque marché et sur chacune des routes ouvertes au
commerce est établi un poste de douane. Parfois les
douanes sont affermées à l'enchère. Les droits perçus
varient de marché à marché, mais en vertu d'un tarif connu
et authentique. Sur la route de Katmandou, un certain
nombre d'articles paient un droit 0/0 ad valorem ; mais en
général, les marchandises paient en raison du poids, de la
charge ou du nombre, selon leur caractère.

Les principaux articles d'exportation du Népal sont : le
riz, les grains communs (millet, etc.), les graines oléagi-
neuses, le *ghi* (beurre clarifié), les poneys, le bétail, les
faucons de chasse, les mainas de volière, le bois de charpente, l'opium, le musc, le borax, la térébenthine, le caté-
chou, le jute, les peaux et fourrures, le gingembre séché,
la cannelle, le piment, le safran, les chauris (émouchoirs
en queue d'yak).

Les principaux articles d'importation sont : le coton
brut, le coton tissé, les cotonnades, les lainages, les châles
et couvertures, la flanelle, la soie, le brocart, la broderie,
le sucre, les épices, l'indigo, le tabac, la noix d'arec, le
vermillon, la laque, les huiles, le sel, les buffles, les mou-
tons, les boucs, le cuivre, la verroterie, les glaces, les
pierres précieuses, les fusils et la poudre de chasse[1].

Dans ce mouvement de marchandises, la part des importations et des exportations tibétaines ne peut être précisée,
si considérable qu'on doive la supposer. Rien n'est venu
s'ajouter depuis 70 ans aux indications réunies par
Hodgson ; et cependant le commerce entre le Népal et le
Tibet a dû s'accroître considérablement depuis que le traité

---

1. Ces trois paragraphes sur le commerce avec l'Inde sont à peu près
traduits de Hunter, *Imperial Gazetteer of India*, art. Népal, p. 281 sqq.

de 1856 a donné au Népal le droit d'entretenir un résident (*vakîl*) à Lhasa et a défini la situation légale des commerçants népalais au Tibet. En 1875, d'après Wright, Lhasa, sur une population totale de 15 000 âmes environ, comptait 3 000 Népalais. Les droits de douane sur les marchandises à destination ou en provenance du Tibet sont perçus directement par le gouvernement, et non pas affermés. Chaque charge de porteur, quelle qu'en soit la nature, est soumise à un droit fixe d'une roupie, perçu à la Monnaie de Katmandou ; le porteur reçoit en échange un passeport qui le tient quitte de tout droit jusqu'à la frontière tibétaine.

Les principales exportations du Népal au Tibet sont : les tissus d'Europe, la coutellerie, les perles, le corail, le diamant, l'émeraude, l'indigo et l'opium. Les principales importations du Tibet au Népal sont : les métaux précieux, le musc, les chauris (queues d'yak), les soies de Chine, les fourrures, le borax, le thé, les drogues.

Le principal profit que le gouvernement népalais tire du commerce avec le Tibet vient des métaux précieux. L'or ou l'argent en arrivant à la frontière est pesé ; le poids dûment enregistré est communiqué aux autorités de la capitale. Le marchand doit alors porter son chargement à la monnaie, où il est estimé d'après le tarif officiel et payé à l'importateur en roupies népalaises. L'or est ensuite revendu par l'administration à un prix presque double de l'achat. Quant à l'argent, il ne peut sortir du Népal que monnayé, en espèces ; cette conversion obligatoire assure au gouvernement un profit régulier et considérable. Les roupies anglo-indiennes introduites au Népal ne peuvent plus en sortir, malgré les représentations fréquentes du gouvernement du Vice-Roi. Elles se convertissent en roupies népalaises ; c'est-à-dire qu'au lieu de valoir 16 annas elles ne valent plus au change que 13 annas.

La roupie népalaise n'est, au reste, qu'une unité de calcul ; la Monnaie ne frappe que des demi-roupies (mohar) valant 6 annas + 8 pais de la monnaie anglo-indienne. Les subdivisions de la roupie sont au Népal l'anna, $\frac{1}{16}$ du double-mohar ; le pais, $\frac{1}{4}$ d'anna ; le dam, $\frac{1}{4}$ de pais.

La monnaie de cuivre varie avec les régions : le pais de Butwal ou de Gorakhpur vaut $\frac{1}{75}$ de roupie anglo-indienne ; le pais Lohiya n'en vaut que le $\frac{1}{107}$; l'un et l'autre sont carrés, grossièrement taillés. Le pais de Katmandou est rond, fait à la machine, bien frappé au coin, et vaut $\frac{1}{117}$ de roupie anglo-indienne[1].

---

1. Pour déterminer la valeur absolue de l'argent et le prix de la vie au Népal, il peut être utile de mettre en regard des indications données dans mes lettres (inf. vol. II, fin) les informations de date antérieure ; on pourra ainsi se rendre compte, au moins approximativement, des changements qui se sont produits au cours d'un siècle.

D'après HAMILTON (p. 233), en 1802 « à Katmandou le salaire commun d'un journalier est de 2 annas. Les marchands paient 3 mohars pour chaque porteur de charge depuis Hetaura, et 5 mohars depuis Gar Pasara. Le porteur met trois jours de Hetaura, et cinq de Gar Pasara ; mais il doit s'en retourner sans charge ; ainsi le salaire est de 4 annas par jour. Pour une *dandi* (chaise de montagne) de Katmandou à Gar Pasara, les marchands paient 24 mohars. Les charpentiers et les forgerons reçoivent 3 annas par jour, les briquetiers 2 annas $\frac{1}{2}$; les orfèvres ont droit à 4 annas pour deux mohars (poids) d'or travaillé ; pour l'argent, ils reçoivent le $\frac{1}{16}$ de la valeur du métal. Pour le cuivre on donne de 1 à 2 mohars par dharni selon le travail ».

CAMPBELL a donné dans ses « Notes sur l'agriculture » le tableau de quelques salaires et d'un certain nombre d'articles vers 1837.

Par mois de 30 jours, en roupies anglo-indiennes (au cours de 2 fr. 50) :

Charpentiers.
$$\left\{\begin{array}{l} 4 \text{ r.} \quad 2 \text{ a.} \quad 2\frac{1}{2} \text{ p.} \\ 3 \text{ r.} \quad 8 \text{ a.} \quad 6\frac{1}{4} \text{ p.} \\ 2 \text{ r.} \quad 3 \text{ a.} \quad 5\frac{1}{2} \text{ p.} \end{array}\right.$$

Briquetiers.
$$\left\{\begin{array}{l} 4 \text{ r.} \quad 2 \text{ a.} \quad 2\frac{1}{2} \text{ p.} \\ 3 \text{ r.} \quad 8 \text{ a.} \quad 6\frac{1}{4} \text{ p.} \end{array}\right.$$

Argentiers.
$$\left\{\begin{array}{l} 4 \text{ r.} \quad 11 \text{ a.} \quad 6\frac{1}{2} \text{ p.} \\ 4 \text{ r.} \quad 2 \text{ a.} \quad 2\frac{1}{2} \text{ p.} \\ 3 \text{ r.} \quad 8 \text{ a.} \quad 6\frac{1}{4} \text{ p.} \end{array}\right.$$

Plâtriers.
$$\left\{\begin{array}{l} 4 \text{ r.} \quad 2 \text{ a.} \quad 2\frac{1}{2} \text{ p.} \\ 3 \text{ r.} \quad 8 \text{ a.} \quad 6\frac{1}{4} \text{ p.} \end{array}\right.$$

$$\text{Forgerons . . }\begin{cases} 4 \text{ r.} \quad 2 \text{ a.} \quad 2\frac{1}{2} \text{ p.} \\ 3 \text{ r.} \quad 8 \text{ a.} \quad 6\frac{1}{4} \text{ p} \\ 2 \text{ r.} \quad 3 \text{ a.} \quad 5\frac{1}{2} \text{ p.} \end{cases} \qquad \text{Tailleurs.. . }\begin{cases} 4 \text{ r.} \quad 2 \text{ a.} \quad 2\frac{1}{2} \text{ p.} \\ 3 \text{ r.} \quad 8 \text{ a.} \quad 6\frac{1}{4} \text{ p.} \\ 2 \text{ r.} \quad 3 \text{ a.} \quad 5\frac{1}{2} \text{ p.} \end{cases}$$

$$\text{Peintres. . . }\begin{cases} 4 \text{ r.} \quad 11 \text{ a.} \quad 6\frac{1}{2} \text{ p.} \\ 4 \text{ r.} \quad 2 \text{ a.} \quad 2\frac{1}{2} \text{ p.} \\ 3 \text{ r.} \quad 8 \text{ a.} \quad 6\frac{1}{2} \text{ p.} \end{cases} \qquad \underset{\text{des champs.. }}{\overset{\text{Ouvriers}}{}}\begin{cases} 4 \text{ r.} \quad 2 \text{ a.} \quad 2\frac{1}{2} \text{ p.} \\ 3 \text{ r.} \quad 8 \text{ a.} \quad 6\frac{1}{4} \text{ p.} \\ 2 \text{ r.} \quad 3 \text{ a.} \quad 5\frac{1}{2} \text{ p.} \end{cases}$$

L'échelle des prix correspond à la qualité du travail.

Domestiques: Khidmatgar (intendant) 3 r. 4 a. $7\frac{1}{2}$ p. — Jardinier principal : 2 r. 3 a. 8 p. ; aide : 1 r. 15 a. 9 p. ; balayeur : 2 roupies.

Denrées et divers articles domestiques : poulets, 1 roupie les 6 ; canards, 1 roupie les 3 ; œufs de poule, 1 roupie les 100 ; œufs de canard, 1 roupie les 60. Mouton : de 1 à 3 roupies pièce ; boucs, de 1 à 12 roupies pièce ; buffles, de 4 à 36 roupies pièce ; vaches, de 6 à 12 roupies pièce ; taureaux, de 4 à 10 roupies pièce. Esclaves mâles, adultes, 80 roupies ; enfants, 40 roupies. Esclaves femmes, adultes, 100 roupies ; enfants, 50 roupies.

J'ai donné plus haut (p. 310) le prix de quelques céréales.

LES DIVINITÉS LOCALES

La vallée du Népal, dessinée en ellipse régulière, met ses deux foyers au service de ses deux cultes. Vers l'Ouest, la colline de Syambunath (*Svayambhû Nâtha*), consacrée au Bouddha primordial (*Âdi-Buddha*) porte l'empreinte des Bouddhas historiques et légendaires; son sanctuaire antique, auquel la tradition associe le souvenir du grand monarque Açoka, fascine la piété des Névars, et des Tibétains voisins, et des Mongols, et des Kalmouks, et des Kirghizes, et des Bouriates, et des Mandchous, et des Chinois. Vers l'Est, le plateau de l'Antilope (*Mṛgasthalî*) mire dans les eaux vives de la Bagmati un monde de chapelles et de temples, dressés, enrichis, restaurés, installés à l'envi par tous les rois du Népal, et consacrés à la gloire de Çiva sous le vocable de Paçupati. Le dieu, servi par des brahmanes, reçoit chaque année les hommages empressés des pèlerins accourus de l'Inde orthodoxe, mêmes des régions lointaines du Sud. Entre Paçupati et le Bouddha se déroule une innombrable variété de cultes, d'autels, de dieux, de saints, de légendes et de traditions qui relient graduellement le brahmane au bonze.

C'est là le trait capital, et qui déroute si souvent l'Européen. Héritiers de la logique grecque et du monothéisme juif, nous appliquons d'instinct aux croyances religieuses le principe de contradiction ; dieux et dévots se classent à nos yeux en groupes fermés, exclusifs jusqu'à l'antagonisme. Des statisticiens, sérieux à en mourir de rire, calculent le total des Bouddhistes, des Confucéens, des Shintoistes. Un Hindou, un Chinois, un Japonais n'arriveraient pas à les comprendre ; cette rigueur des rubriques ne répond à rien dans l'Extrême-Orient. L'homme, en présence de la nature, y sent confusément une multitude infinie de forces prêtes à s'exercer aux dépens de sa faiblesse ; son panthéon, toujours ouvert, a toujours place pour de nouveaux hôtes. Le prêtre n'est pas un médecin d'âmes, c'est un spécialiste de rites ; comme le dieu qu'il sert, il a son ressort de compétence où il excelle, et laisse volontiers le champ libre aux voisins. Le culte des saints de l'Église catholique offre en Occident un phénomène du même genre, mais inférieur de degré. Et comme l'Église peut s'enrichir indéfiniment de nouveaux saints, l'Inde peut s'enrichir de nouveaux dieux. La doctrine des *avatars* permet d'introduire un peu d'ordre dans la confusion de ce polythéisme luxuriant. Le Bouddha, qui passa longtemps pour une sorte d'Antéchrist brahmanique, a fini cependant par prendre rang dans les dix avatars totaux de Viṣṇu. Obligé de céder aux exigences de l'opinion, le brahmane se vengea par l'exégèse ; il enseigna que Viṣṇu avait pris la forme du Bouddha pour éprouver les vrais fidèles en prêchant l'erreur ! D'autres docteurs, plus loyaux ou moins malveillants, assignèrent à l'avatar une raison plus respectable, et plus conforme à l'histoire : Viṣṇu, sous l'avatar du Bouddha, serait venu prêcher l'horreur des sacrifices sanglants, recommandés par le rituel védique.

La controverse entre les deux interprétations s'est depuis longtemps déjà éteinte dans l'Inde, où le Bouddha n'a plus de dévots. Au Népal où le bouddhisme survit encore, le brahmane a dû pactiser, comme il avait fait jadis sur le domaine hindou.

Le *Nepâla-mâhâtmya,* guide du pèlerin brahmanique au Népal, enseigne par la bouche de Pârvatî, l'épouse de Çiva, que « dans ce pays incomparable, adorer le Bouddha, c'est adorer Çiva » et il prescrit expressément des rites en l'honneur du Bouddha « qui est une forme de Viṣṇu ». Cela n'est point une simple manœuvre de politique ou d'intérêt sacerdotal. Le Bouddha, si odieux qu'il puisse être, reste à ménager comme un pouvoir efficace. Un pandit de Bénarès, à qui je montrais avec surprise ce passage du *Népâla-mâhâtmya,* se contenta de me répondre : « C'est que le Bouddha est puissant là-bas ! (*tatra Buddhaḥ prabhavati*) ». Un pandit d'origine bengalie, établi au Népal et pensionné par le mahârâja, m'annonçait en ces termes l'envoi d'un manuscrit bouddhique que je demandais : « Par la faveur du Bouddha vous vous êtes adressé à moi ; par la faveur de Paçupati, j'ai trouvé (*yad bhavatāṃ Buddhaprasādād abhīṣṭaṃ, tan mayā Paçupatiprasādāl labdham*). » Hamilton rapporte[1] qu'à Syambunath, lors de sa première visite, les cipayes hindous qui l'escortaient allèrent dévotement offrir des fleurs et de l'eau consacrée aux nombreuses images qui décorent la colline. Un brahmane plus instruit, qui servait de secrétaire à Hamilton, les avertit de leur méprise ; c'était le Bouddha qu'ils adoraient, le Bouddha dont ils avaient appris à détester le nom. Tous se sentirent accablés de honte. Mais un vieux havildar (sergent) qui les commandait se rappela par bonheur que dans une de ses campagnes, en marchant sur Bombay, son régiment avait souvent rencontré le même dieu, l'avait pieusement adoré, et ces dévotions avaient abouti à

---

1. Hamilton, p. 34.

une victoire. Les cipayes, tout brahmanes qu'ils étaient,
ne regrettèrent plus leur *pûjâ* (culte) ; le Bouddha était
décidément un personnage d'importance.

Il serait aisé de multiplier les exemples de cette tendance
à l'adoration sans frein, libre de système et de théorie ; il
suffit d'en avoir averti avant de passer à l'examen des
cultes népalais. Une classification rigide qui répartirait les
divinités sous les rubriques simplistes de Bouddhisme, de
Çivaïsme, de Vichnouisme, serait un pur non-sens ; les
mêmes dieux, à des titres et des rangs différents, appartiennent la plupart en commun aux diverses églises : telle
cette idole, adorée dans un temple le long du Tundi
Khel, que les Gourkhas vénèrent comme Mahâkâla, tandis
que les Bouddhistes y saluent Padmapâni qui porte sur sa
tiare l'image d'Amitâbha[1].

Cependant, sur le domaine religieux aussi, la conquête
gourkha tend à rompre au profit du brahmanisme l'équilibre longtemps maintenu. Les rois Névars, et même les
descendants de Harisimha deva, partageaient leurs faveurs
entre les temples, les dieux, les prêtres des Bouddhistes et
des Hindouistes. Les plus pieux, comme Siddhi Narasimha de Patan, qui disparut mystérieusement en odeur de
sainteté brahmanique, confondaient dans un même zèle les
deux croyances. Le Gourkha, imbu des préjugés de la
plaine ou qui affecte de l'être, tient le bouddhisme à l'écart ;
par prudence politique autant que par méfiance superstitieuse, il se garde de violences et de brutalités. Il permet
à la dévotion des lamas d'entretenir et de restaurer les
vieux temples de Budhnath et de Syambunath ; mais il
réserve ses dons et ses subventions aux temples, aux cérémonies, aux fêtes des brahmanes. Sous l'influence des
nouveaux maîtres, le vieil hindouisme népalais se sépare

---

1. Cf. OLDFIELD, I, 110 et II, 285 ; et voir ci-dessus, p. 305.

rapidement des éléments bouddhiques ; le bouddhisme disgracié, affaibli, multiplie ses emprunts à l'hindouisme pour
renouer et resserrer les liens qui se relâchent, et se laisse
glisser dans l'hindouisme par crainte d'en être rejeté. Un
siècle et demi du régime gourkha porte déjà ses fruits.

Et cependant, à la veille même de la conquête, la distinction des deux églises, si tranchée aujourd'hui, échappait encore au regard intéressé des missionnaires capucins.
Les informateurs de Georgi marquaient bien que les
bouddhistes dominaient à Patan, et les brahmanes à Bhatgaon ; mais leur appréciation n'avait trait qu'au choix des
prêtres, Brahmanes ou Banras, selon le cas. L'auteur des
Notizie Laconiche, Constantin d'Ascoli, décrit tout le panthéon du Népal en un seul bloc : Mañjuçrî (Bissôchtma),
les Huit Mères, Brahma, Viṣṇu, Çiva, Gaṇeça, Bhavânî,
Nârâyaṇa, Garuḍa, Hanumat, Agni, Bhagavatî, Nîlakaṇṭha,
Matsyendra Nâtha (Bogha), Buddha, Bhairava, Mahâdeva,
Bhṛṅgin, les formes de Kâlî, Bhîmasena, Lakṣmî, dieux et
personnages venus de tous les points de l'horizon religieux
s'y coudoient pêle-mêle, dans une confusion qui exprime
fidèlement la réalité.

Les Nâgas. — Les doyens du personnel religieux au
Népal sont probablement les Nâgas, les serpents divinisés
qui vivent dans les profondeurs de la terre, gardiens des
trésors que le sol recèle, et qui seuls connaissent le berceau
mystérieux des eaux, purifiantes et fécondantes, des eaux
du ciel comme des eaux souterraines. Les Tibétains donnent
encore au Népal le nom de Nâga-dvîpa (*Rin-po-chei glin*)
« le Pays des Joyaux ». Les traditions locales sont unanimes
à rapporter qu'un étang occupait jadis la place de la vallée :
c'était l'Étang des Nâgas, *Nâga-hrada,* ou l'habitat des
Nâgas, *Nâga-vâsa.* Mais une intervention miraculeuse
(Mañjuçrî, ou Viṣṇu, ou l'un et l'autre) ouvrit entre les
montagnes du Sud une brèche, et l'eau s'écoula entraînant

les Nâgas. Un seul d'entre eux, Karkoṭaka, consentit à rester ; il accepta de résider dans un étang situé vers l'extrémité S.-O. de la vallée, passé Chaubahal, et qui reçut le nom de Tau-dahân ou Tau-dah, le Grand Étang (en sanscrit Âdhâra) ; c'est là qu'en vertu d'un pacte conclu plus tard avec Indra, il a mis de côté et garde en dépôt le quart des richesse reconquises sur Dânâsura, le démon puissant qui les avait dérobées jadis au maître du ciel. La légende n'est pas un vain conte ; tout le Népal y croit encore, comme à toutes les histoires de trésors cachés, et le sceptique Jang Bahadur lui-même entreprit des travaux d'asséchement, dans l'espoir de mettre la main sur ces richesses fabuleuses.

Le Népal ne change guère. Déjà vers 650 l'ambassadeur chinois Wang Hiuen-ts'e, traversant le pays, entendait conter par le roi Narendra deva en personne, une tentative identique : on avait vu paraître au fond d'un étang un coffret d'or ; on travailla à le hâler hors de la bourbe, mais sans réussir ; et dans la nuit une voix surnaturelle dit : « Ici est le diadème de Maitreya Bouddha ; les créatures ne peuvent assurément pas l'obtenir, car le Nâga du feu le garde [1] ». Comment douter, au reste, de l'existence du trésor, puisqu'un témoin oculaire, et même un oculiste, l'a constatée *de visu* il y a cinq siècles seulement. Sous le règne de Harisimha deva, Karkoṭaka, travesti en brahmane, aborda poliment un *vaidya* (médecin) qui allait faire ses ablutions et le pria de visiter sa femme malade. Le vaidya accepte ; le faux brahmane l'emmène au bord du Tau-dah, l'invite à fermer les yeux et à sauter ; l'eau se referme sur eux ; les voilà dans le palais souterrain du Nâga. « Les murs étaient d'or, les fenêtres de diamant, la charpente de saphirs, les piliers de topazes enri-

---

1. *Missions de Wang Hiuen-ts'e,* fragm. IV et note afférente, p. 85.

chies de rubis ; les joyaux incrustés sur la tête des Nâgas répandaient une lumière éclatante. L'épouse de Karkoṭaka était assise sur un trône de joyaux, abritée sous un triple parasol de diamants. » Le vaidya, heureusement, portait sur lui ses drogues ; il examina les yeux de la reine, y appliqua un collyre et le mal fut aussitôt guéri. Hari-siṃha deva combla d'honneurs le médecin qui s'était distingué par cette cure merveilleuse[1].

Depuis longtemps, Karkoṭaka a cessé d'être le seul Nâga du Népal ; ses confrères expulsés sont revenus successivement, à la faveur des circonstances, l'y rejoindre. Leur légende et leur culte sont étroitement associés à la légende et au culte de Matsyendra Nâtha, le dieu le plus populaire du Népal. C'est eux qu'on invoque dans les années de sécheresse conformément aux rites enseignés jadis au roi Guṇakâma deva par le maître des mystères Çântikara Âčârya. La légende distingue ce Guṇakâma deva des rois du même nom qui appartiennent à la dynastie Sûryavaṃçi et à la dynastie Thâkuri. Elle le reporte aux temps fabuleux, dans l'âge Dvâpara qui a précédé l'âge actuel. Cependant tout porte à croire qu'il s'agit en fait de Guṇakâma deva II, qui joue un grand rôle dans l'organisation de la religion népalaise, et qui portait une dévotion particulière au Nâga Vâsuki.

Le Népal souffrait depuis sept ans de la sécheresse, et toutes les prières demeuraient sans effet. Le roi eut recours à Çântikara, qui traça avec un accompagnement de rites magiques un lotus à huit pétales, où il versa l'or et les perles en poudre ; il y représenta l'image des neuf grands Nâgas et les invita par des charmes efficaces à s'y installer. Varuṇa, le dieu védique des eaux, converti en Nâga, vint s'asseoir au centre, tout blanc, avec sept chaperons de

1. *Vaṃç.*, p. 178 sqq.

pierreries, un lotus et un joyau dans les mains ; à l'Est, Ananta, bleu sombre ; au Sud, Padmaka, couleur tige de lotus, avec cinq chaperons ; à l'Ouest, Takṣaka, au teint de safran, avec neuf chaperons ; au Nord, Vâsuki, verdâtre, avec sept chaperons ; au Sud-Ouest, Çaṅkhapâla, jaunâtre ; au Nord-Ouest, Kulika, blanc, avec trente chaperons ; au Nord-Est, Mahâpadma, couleur d'or. Seule, l'image du Sud-Est, bleue, avec un buste d'homme et une queue de serpent, restait inanimée : Karkoṭaka, honteux de sa difformité, se dérobait à l'action menaçante des charmes et préférait encourir une mort certaine plutôt que de paraître en personne.

Sur les conseils de Çântikara, le roi Guṇakâma s'en alla le relancer dans sa retraite, et devant ses refus opiniâtres, l'emmena de force en le traînant par les cheveux. Les neuf Nâgas réunis, Çântikara les célèbre et les implore, et les Nâgas lui révèlent la recette triomphante contre la sécheresse ; il faut, avec le sang des Nâgas, peindre leur image sur une toile. Et ils lui offrent leur propre sang pour servir de couleur. L'enchanteur suit leurs indications. Aussitôt le ciel s'assombrit, se charge de nuages, et la pluie se met à tomber par la vertu du rite Nâga-sâdhana. C'est encore à cet enchantement que Viṣṇu Malla, roi de Patan, eut recours pour combattre la sécheresse vers 1730, quand les Capucins étaient au Népal. « Sarvânanda Paṇḍita célébra le Nâga-sâdhana, et ensuite la pluie tomba. » Et le remède n'a rien perdu de son crédit ; il s'emploie encore aujourd'hui.

Après Karkoṭaka, Vâsuki est le plus populaire des Nâgas au Népal. Son culte est particulièrement associé à celui de Paçupati, qu'il est chargé de défendre. Sous Prâtapa Malla de Katmandou (xviie siècle), un Nâga de Chaubahal remonta la Bagmati jusqu'au temple de Paçupati, gonfla les eaux, pénétra par une rigole dans l'intérieur du temple

et poussa l'insolence jusqu'à dérober le grain merveilleux
de rudrâkṣa qu'un Sâlmî (huilier) de Banepa avait offert à
Paçupati en 1502. Mais le Nâga avait compté sans Vâsuki,
son souverain ; Vâsuki sauta dans la rivière, tua le Nâga
et rapporta le grain de rudrâkṣa. Pour récompenser le
puissant Nâga qui avait si bien réparé les dommages de
l'inondation, le roi, sur les conseils de son directeur brahmanique, réédifia le temple de Vâsuki avec une toiture
neuve ; « et depuis ce temps-là, par la faveur de Vâsuki, les
Nâgas n'ont plus fait d'acte de violence ». C'est également
à la protection de Vâsuki que Katmandu doit un double
privilège : jamais de vols ; jamais de morsures de serpent.
Le dernier des Thâkuris, Jayakâma deva a obtenu ce
résultat merveilleux en « restaurant » le culte de Vâsuki et
en lui offrant des instruments de musique.

La légende du Nâga Takṣaka, imaginée sans doute pour
expliquer l'image adorée à Changu Narayan sous le nom de
Hari-hari-vâhana, semble placer les Nâgas sous le patronage des dieux bouddhiques, et déprécier à leur profit les
divinités de l'hindouisme. Takṣaka, venu pour faire pénitence à Gokarṇa, près de Paçupati, est attaqué par Garuḍa,
la monture de Viṣṇu ; cet implacable ennemi des Nâgas
veut profiter de la faiblesse où les austérités ont réduit son
adversaire. Takṣaka, cependant, a le dessus ; Viṣṇu accourt
à l'aide de son oiseau, brandit contre le Nâga son disque
terrible, quand Avalokiteçvara s'empresse de secourir le
Nâga et bondit de Sukhavatî sur les épaules de Viṣṇu ; la
paix est conclue entre les deux parties, et Takṣaka s'en-
roule amicalement au col de Garuḍa. L'image de Changu
Narayan montre en effet Lokeçvara porté sur Viṣṇu
(Hari), monture (Vâhana) ordinaire de Lokeçvara[1]. Mais
Changu Narayan évoque aussi des relations moins cordiales

____

1. *Vaṃç.*, 95.

entre les Nâgas et le panthéon bouddhique. La colline que couronne le temple est une métamorphose du Bodhisattva Samanta-Bhadra; le divin personnage a, sur l'ordre de Lokeçvara, pris cette forme pour maintenir sous la masse des roches le Nâga Kulika, qui manquait de respect aux lieux saints du Népal[1].

En réalité, les Nâgas n'appartiennent ni au bouddhisme, ni à aucune des branches de l'hindouisme; ils sont nés avant tous les dieux de ces panthéons, avant l'arrivée du premier brahmane dans l'Inde, de la terreur superstitieuse qu'inspirait le reptile à l'aborigène; leur puissance évidente, manifestée par d'innombrables victimes, les imposa à l'adoration des conquérants aryens. Le vieux brahmanisme et tous ses rejetons, reconnus ou désavoués, organisèrent un rituel en l'honneur des Nâgas. Le bouddhisme du Grand Véhicule, qui absorba les cultes populaires de l'Inde et des barbares voisins, accorde aux Nâgas un rang éminent; ses textes sacrés rappellent et glorifient fréquemment les Nâgas, et la pieuse énumération des plus puissants d'entre eux remplit souvent de longues pages. L'hindouisme contemporain n'est pas moins anxieux de désarmer et d'apaiser, par des prières et des cérémonies régulières, la sourde hostilité des serpents divins.[2]

Les Tirthas. Le culte des *Tirthas*, des gués sacrés, adopté par toutes les religions de l'Inde, est encore un hommage rendu aux serpents: c'est le serpent caché sous les eaux qu'on adore; c'est lui qui dispense les faveurs spéciales attachées à chacun des Tirthas. Le Népal, situé au cœur des montagnes, est plein de Tirthas; il n'est pas de rivière, de ruisseau, de source, d'humble filet d'eau qui

1. *Vamç.*, 94.
2. V. en particulier James FERGUSSON : *Tree and serpent worship... in India,* London, 1873 (2ᵉ éd.) et WINTERNITZ, *Der Sarpabali, ein altindischer Schlangencult,* Wien, 1888.

n'ait sa légende, son Nâga et ses avantages propres. Mais les meilleurs des Tîrthas sont situés aux confluents des rivières, au point où deux cours d'eau unissent leurs vertus spéciales. Le confluent, au reste, n'a pas besoin d'être apparent. L'Hindou ne se soucie pas de vérifier par les sens les données du raisonnement ou de la foi ; comme il admet, en dépit de l'évidence, les éclipses imaginaires qui naissent d'une astronomie erronée, il admet aussi sans sourciller des communications souterraines entre les cours d'eau les plus éloignés. Le Svayambhû-purâṇa des Bouddhistes, le Paçupati-purâṇa des Çivaïtes et le Nepâla-mâhâtmya des hindouistes donnent une nomenclature à peu près identique des grands tîrthas ; seuls les récits merveilleux destinés à en attester l'efficacité varient des uns aux autres. Ce sont : Le Puṇya-tîrtha, au confluent de la Vâgmatî (Bagmati) et de son premier affluent dans la vallée, auprès du sanctuaire de Gokarṇa. Le Nâga Raktâṅga y réside. — Le Çânta-tîrtha, au confluent de la Vâgmatî et du Mâra-dâraka, un mince ruisselet, auprès de Paçupati, guérit les maladies. — Le Çaṃkara-tîrtha (ou Kalyâṇa°) au confluent de la Vâgmatî et de la Maṇimatî (Maṇi-rohiṇî, Rohiṇî, Manoharâ), donne la santé et la paix (Le *Paç. p.* l'appelle Indra-mârga ou Çakra-mârga parce qu'il fait arriver au monde d'Indra). — Le Râja-tîrtha, au confluent de la Vâgmatî et de la Rudramatî (Rudradhârâ ou Râja-mañjarî) donne la santé et le pouvoir royal. — Le Manoratha-tîrtha, au confluent de la Viṣṇumatî (Viṣṇupadî, *Paç. p.* ; Keçavatî, *Sv. p.*) et d'un sous-affluent, la Vimalâvatî ; le grand Nâga Karbura-kuliça y réside ; il donne de riches vêtements. — Le Nirmala-tîrtha, au confluent de la Viṣṇumatî et d'un sous-affluent, la Bhadrâ (Bhadramatî), au pied de Syambunath ; le Nâga Upanâlaka y réside ; il détruit les péchés. — Le Nidhi-tîrtha (Nidhâna°) au confluent de la Viṣṇumatî et d'un autre sous-affluent, la Suvarṇavatî, tout près du Manoratha-tîrtha ; les deux Nâgas inséparables, Nanda et Upananda, y résident ; ils donnent la richesse et les moissons abondantes. — Le Jñâna-tîrtha, au confluent de la Viṣṇumatî et d'un sous-affluent, la Pâpa-nâçinî ; le Nâga Çvetaçubhra y réside ; il donne le bonheur. — Le Čintâmaṇi-tîrtha, au confluent de la Vâgmatî et de la Viṣṇumatî, est le plus excellent de tous ; outre ces deux rivières, la Trinité des eaux sacrées : Gaṅgâ, Yamunâ, Sarasvatî se rend au même confluent par des voies souterraines, qu'ont reconnues les dévots inspirés ; aussi ce tîrtha porte-t-il le nom magnifique de Pañca-nadî, les cinq rivières. C'est Varuṇa lui-même qui y réside ; il donne l'accomplissement de tous les désirs. — Le Pramodaka-tîrtha, au confluent de la Vâgmatî et de la Ratnavatî ; le Nâga Padma y réside ; il donne l'amour et la jouissance. — Le Sulakṣaṇa-tîrtha, au confluent de la Vâgmatî et de la Čârumatî ; il donne la fortune. — Le Jaya-tîrtha, au confluent de la Vâgmatî et de la Prabhâvatî, donne la richesse, la beauté et l'anéantissement des ennemis.

La liste déjà longue des grands tîrthas comporte un appendice presque inépuisable de tîrthas secondaires qui ne sont guère moins avantageux, mais à condition de choisir le bon moment. Telle la passe de la Vâgmatî (Dvâra ou Darî), par où la rivière pénètre dans la vallée ; c'est une femelle de Nâga, Sundarî, qui y préside, et elle comble tous les vœux. Tel encore l'Ananta-tîrtha, qui le jour de la Kumbha-Saṃkrânti (entrée du soleil dans le signe du Verseau) enrichit ses adorateurs. Tel le Mâtâ-tîrtha qui, le 15 du mois vaiçâkha, fait arriver directement aux morts les offrandes des vivants ; témoin l'aventure du berger qui jadis, accablé de chagrin après la perte de sa mère, lança dans l'étang au jour prescrit une boulette de riz, et qui vit à travers l'eau sa mère étendre les bras pour l'attraper. Le tîrtha de Vâgîçvara mérite encore d'être

signalé pour les souvenirs qui s'y rattachent. Les Bouddhistes le placent sous le patronage de Mañjuçrî qui porte
souvent en effet le nom de Vâgîçvara « Seigneur de la
voix ». Mais l'hindouisme a une autre légende pour interpréter ce nom : Vâlmîki vivait sur les bords de la Tamasâ
(Tons), affluent méridional du Gange, quand il eut la révélation de la poésie ; avant de commencer à chanter le
Râmâyaṇa, il s'adressa à Nârada, messager officiel entre
le ciel et la terre, pour connaître l'endroit sacré digne
d'être le berceau d'un poème aussi pur. Nârada lui indiqua,
au Nord de la colline de Changu-Narayan (Dolâ-giri) le
confluent des deux bras de la Vîrabhadrâ. Vâlmîki s'y
rendit, chanta son œuvre, et pria la Tamasâ de lui apporter
aussi par un chemin caché ses eaux familières. La Tamasâ
répondit à l'appel du saint, et depuis elle continue à suivre
la même voie. Quant à Vâlmîki, le Râmâyaṇa terminé, il
offrit le sacrifice du vâjapeya, monta sur le Navanâdî maya
pour y ériger un liṅga commémoratif, puis il retourna à
son ermitage de l'Hindoustan (*Nep. mâh. III*).

Au Sud-Est de la vallée, au pied du mont Phulchôk, c'est
la Godâvarî, la rivière du Dekkhan, qui vient sanctifier le
Népal de ses eaux lointaines. La déesse Vasundharâ, la
Terre-aux-Trésors, révéla elle-même ce mystère dès les
âges lointains ; une démonstration éclatante, irréfutable,
en fut donnée sous le règne de Nimiṣa, le premier des Soma-
vamçis. Un yogi qui avait eu tout son attirail religieux em-
porté par les flots de la Godâvarî, dans le Dekkhan, retrouva
son chapelet, son bâton, son sac, sa gourde, sa peau de
tigre et sa balle de cendres intacts au tîrtha du Népal.

Au Nord-Ouest de la vallée, dans un site symétrique à
Godâvarî, au pied du mont Nagarjun, c'est la Triçûla-Gaṇ-
ḍakî (Tirsul Gandak) voisine qui s'est manifestée par delà la
montagne. La Tirsul Gandak n'est pas une rivière banale ; elle
est fille du trident de Çiva. Jadis le dieu, le gosier brûlant

d'avoir avalé le poison qui menaçait de détruire l'univers, alla sur l'Himalaya se plonger dans les eaux glaciales d'un lac ; c'est là que ses dévots vont l'adorer de loin, à travers l'onde, dans une image miraculeuse, et c'est là que la Tir-sul Gandak jaillit en trois cascades. Séparée par une rangée de collines du Népal sacré, elle détourne du moins une partie de ses eaux pour y alimenter les fontaines de Bâlajî.

LES RIVIÈRES. — Les rivières du Népal sont dignes de frayer en si glorieuse compagnie. La Vâgmatî ou Vâg-vatî (Bagmati) ne doit pas son nom, comme on pourrait le croire, au murmure de ses eaux : Elle est née, blanche comme le rire, de la bouche même (vačana) de Çiva, au moment où il contemplait les pénitences de Prahlâda, fils d'un démon (*Nep. mâh. VII ; Paç. p. I*) ; d'après un autre récit, quand Çiva s'était transformé en antilope pour dépister les dieux, la Vâgmatî sortit d'une des cornes de l'animal divin (*Nep. mâh. I*). Pour les Bouddhistes, c'est l'eau même du Gange qui jaillit du rocher frappé par le Bouddha Krakuččhanda, quand il cherchait une source afin de baptiser de nouveaux moines (*Vaṃç. 80*), ou bien encore ses premières gouttes sont tombées des doigts des Tathâgatas, par le pouvoir surhumain de Vajrasattva (*Sv. p. IV*). Son principal affluent, la Viṣṇumatî (Bitsnu-mati) doit s'appeler plus correctement la Viṣṇu-padî (*Paç. p. XX*), car elle naît comme le Gange du pied de Viṣṇu. Les Bouddhistes l'appellent Keçavatî, parce qu'elle a tiré son origine des chevelures rasées, quand Krakuččhanda ordonna les moines népalais (*Sv. p. IV ; Vaṃç. 81*). La Maṇimatî (Maṇi-rohiṇî, Manoharâ, Manhaura), descendue du mont Maṇičûḍa (Manichur) est en rapport d'origine avec le fameux prince Maṇičûḍa : ce héros de la charité boud-dhique n'hésita pas, par esprit de sacrifice, à arracher de sa tête un joyau sans pareil que la nature y avait incrusté ;

la rivière jaillit soit sur la scène d'un si haut fait, soit de
la pierrerie même (*Sv. p. IV*). La légende est si populaire que l'hindouisme l'a respectée ; le Nepâla-mâhâtmya
brahmanique donne encore le Bouddha pour parrain
au ruisseau : Quand il apprit la sainte métamorphose de
Çiva en antilope, Janârdana (Viṣṇu) sous la forme du Bouddha arriva du pays de Saurâstra (Kathiavar) et pratiqua
des mortifications sur le mont Maṇi-dhâtu (mine de pierreries) ; comme il y pratiquait avec ferveur la pénitence
brûlante des cinq feux (quatre aux points cardinaux, et le
soleil au zénith), la rivière Maṇivatî sortit de sa sueur
ascétique (*Nep. mâh. I*). La Hanumatî rappelle le singe
épique Hanumat, allié de Râma, qui vint chercher dans
l'Himalaya des plantes magiques destinées à ranimer le
héros évanoui ; Hanumat, pressé, prit la montagne avec les
plantes qu'elle portait et s'arrêta un instant pour reprendre
haleine, avant de continuer sa course vers le Sud, sur les
bords de la petite rivière (*Nep. mâh. III*). La Ratnâvatî
(Balku) fut créée par le Nâga Karkoṭaka pour écouler les
trésors d'Indra reconquis sur l'Asura Dâna. La Prabhâvatî
porte le nom d'une héroïne de la légende amoureuse,
associée au culte de Viṣṇu-Kṛṣṇa.

Les divinités bouddhiques. — Le bouddhisme du
Népal admet le panthéon et le pandémonium communs aux
écoles du Grand Véhicule, grossis encore des créations
monstrueuses dues à la secte des Tantras, et d'emprunts
directs à l'hindouisme. Deux personnages toutefois donnent
au culte de la vallée une physionomie locale : Mañjuçrî et
Matsyendra Nâtha.

Mañjuçrî. — Mañjuçrî est le véritable créateur du Népal. Avant lui, un lac remplissait et couvrait la vallée
entière. Le Bouddha Vipaçyin, qui en avait prévu les magnifiques destinées, s'était rendu en pèlerin au bord du
lac et avait lancé dans les eaux une graine de lotus. Au

cours des temps, la graine germa ; il en sortit une fleur de
lotus merveilleuse, qui s'épanouit au milieu du lac, grande
comme une roue de char, avec dix mille pétales d'or, et
des diamants dessus, et des perles dessous, et des rubis
au milieu ; le pollen était de pierreries, les étamines d'or,

Un des quatre stûpas d'Açoka à Patan (stûpa du Nord).

et les pistils de lapis-lazuli ; une flamme s'élevait de la
corolle, plus pure et plus spendide que les rayons du
soleil ; c'était Âdi-Buddha, le Bouddha primordial, qui se
manifestait immédiatement, sans symbole ni emblème,
dans son essence même. Le Bodhisattva Mañjuçrî, qui
possède la perfection de la science, connut qu'un *Svayam-*

bhû[1]*,* une manifestation spontanée de la divinité, s'était produit au Népal ; il demeurait alors au delà du pays de Čîna, dans la contrée de la Grande-Chine (Mahâ Čîna) qu'entoure une septuple muraille[2] ; sur la montagne des Cinq-Sommets (Pañča-çîr̥ṣa parvata). Cette montagne merveilleuse avait un sommet de diamant, un de saphir, un d'émeraude, un de rubis, un de lapis-lazuli. Mañjuçrî se mit en route, accompagné de ses deux épouses (Keçinî et Upakeçinî, ou Varadâ et Mokṣadâ, ou encore Lakṣmî et Sarasvatî) et d'une multitude de disciples dévots. Il pénétra par le Nord-Est dans le cirque de montagnes qui emprisonnait le lac, s'arrêta trois nuits en contemplation sur le Mahâ-maṇḍapa (une avancée du mont Mahadeo-Pokhri), installa sa pre-

---

1. Le Cachemire aussi possède un Svayambhû, où la divinité se manifeste par la flamme :

Svayambhūr yatra hutabhug bhuvo garbhāt samunmiṣan

Rāja-tar. I, v. 34.

La localité, désignée dans l'usage courant sous le nom de Sayam, est le théâtre de phénomènes volcaniques qui se produisent par intervalles. En certaines années, le sol laisse échapper d'une cavité rougeâtre des vapeurs qui sont assez chaudes pour bouillir les offrandes funéraires que les pèlerins y placent (STEIN, trad. de la Râj. tar., note sur 1, 34.)

L'auteur du Svayambhû-P. rapproche lui-même les deux pays :

Kāçmīre ca yathā santi tathā ca tatra maṇḍale.

Sv. P. IV, p. 248.

2. Le Svayambhû-P. décrit deux fois la Chine (éd. *Bibl. Ind.*, III, p. 148 et IV, p. 248), en traits bien vagues sans doute, mais qui montrent du moins à quel point la Chine éblouissait ses lointains vassaux. « Le pays de Čîna est entouré par l'Océan ; c'est un océan peu profond qui l'entoure... Il est aux confins du Népal (*cor.* : Nepālābhyantare sthāne), il y a beaucoup de montagnes, et des villages, et des provinces, et des royaumes de toute sorte, et des villes, et des cités, et des champs, et des marchés ; là est la capitale impériale de tous les royaumes », III, p. 148. Et dans l'autre passage, le Népal est comparé à la Chine.

yathā Cīna eva deçe (*à corr. ainsi*) tathā Nepālamaṇḍalam

« parce qu'on y cultive toutes les sciences et toutes les connaissances, qu'il s'y trouve des laboureurs et des marchands de toute profession ».

mière épouse sur le Phûločcha (Phulchok, au S.-E.), la
seconde au Dhyânočcha (Champadevi, contrefort du Chandragiri, au S.), et accomplit respectueusement le tour du
lac en présentant le flanc droit à Svayambhû. Une révélation lui apprit alors la tâche qui lui était réservée. Il devait
d'un coup de son glaive irrésistible qui brille dans sa main
comme un sourire de la lune (*Čandra-hâsa*) tailler une
brèche dans la barrière montagneuse, ouvrir un écoule-
ment aux eaux et frayer un chemin vers Svayambhû. Il
exécuta les ordres divins, et par la Brèche-du-Sabre (Kot-
var) la Bagmati affranchie entraîna les eaux du lac, avec
les Nâgas et les monstres qui le peuplaient. Sur le fond
du lac, apparent désormais, rampait la tige du lotus qui
portait Svayambhû sur sa fleur précieuse ; Mañjuçrî s'ap-
procha pieusement de la racine, entendit à l'entour le
murmure mystérieux d'une source, s'inclina, adora, et
Guhyeçvarî, la Maîtresse des Arcanes, se manifesta devant
lui. Il éleva deux sanctuaires à la gloire des deux divinités
souveraines, et s'établit à côté de Svayambhû, sur une selle
de terrain où les Névars vénèrent encore l'empreinte de
ses pieds sacrés, reconnaissable aux yeux qui la décorent.
Il bâtit une ville entre la Bagmati et la Bitsnumati, sur
l'emplacement que couvre en partie Katmandou ; du reste,
l'héritière moderne de Mañju-Pattana, la capitale de
Mañjuçrî, se glorifie de reproduire dans ses grandes lignes
le glaive de Mañjuçrî. Puis, son œuvre achevée, il retourna
vers sa montagne de Chine ; mais beaucoup de ses disciples séduits par le Népal « qui ressemble tant à la Chine »
(*Svay. Purâṇa*, éd. Calcutta, p. 248-9) préférèrent rester ;
il leur donna pour roi un roi de la Grande-Chine (Mahâ-
Čîna), le vertueux Dharmâkara, qui s'était joint à son cortège.

Mañjuçrî parut encore une fois au Népal, du temps de
Kâçyapa, l'avant-dernier des Bouddhas qui précédèrent

Çâkyamuni. Un Pandit de Bénarès, Dharma-çrî Mitra, qui résidait dans le monastère de Vikrama-çîla, instruit dans les profondeurs de la doctrine, se butait cependant au sens énigmatique de la formule sacrée : *a â i î u û e ai o au aṃ aḥ*. Seul, Mañjuçrî possédait l'interprétation des douze lettres, et pour le joindre il fallait entreprendre un voyage d'une année au Nord de l'Himalaya. Le religieux n'hésita pas ; il prit la voie du Népal. Arrivé au Nord de Syambunath, il rencontra un paysan qui labourait avec un lion et un tigre attelés ; il interpella cet étrange laboureur pour lui demander le chemin de la Chine. « Il est trop tard aujourd'hui pour vous mettre en route : passez la nuit chez moi », répondit le paysan. Dharma-çrî le suivit : soudain l'attelage disparaît, un bon couvent s'élève par enchantement pour héberger l'hôte. La nuit, Dharma-çrî devine à de nouveaux indices quel dieu lui donne asile, et dès l'aube il sollicite l'explication souhaitée. Mañjuçrî lui expose les mystères des douze lettres et lui commente la Nâma-Saṃgîti « la Cantilène des noms sacrés » qui naissent de leur combinaison. Encore à présent, en souvenir de cette aventure, le champ qu'a labouré jadis Mañjuçrî est le premier où l'on plante solennellement le riz chaque année ; c'est le *Bhagavat-kṣetra* (Bhagvan-khet), qui touche presque à l'extrémité Sud-Ouest de la résidence.

La légende qui donne à la civilisation népalaise une origine chinoise ou tartare est faite pour surprendre, par sa vraisemblance même. Les Bouddhistes névars, si proches voisins du Téraï qui vit éclore plusieurs Bouddhas, devaient être tentés plutôt de chercher leur berceau sur ce sol consacré, à l'entrée des plaines glorieuses de l'Inde. Le nom de Mañjuçrî, si la tradition l'imposait, n'aurait pas fait obstacle à cette tendance, car Mañjuçrî appartient au bouddhisme de l'Inde. La légende aurait-elle pris naissance à une date tardive, quand le bouddhisme mort, ou moribond dans son pays natal, jetait un nouvel éclat chez les peuples tartares, à l'un des moments où le Népal entrait en relations directes avec la Chine et se glorifiait d'un vasselage qui l'incorporait à l'Empire du Milieu? Le Svayambhû-Purâṇa, qui la raconte (sans parler de la Vamçâvalî qui le résume), est d'une date trop incertaine pour aider à résoudre ce problème.

Mais rien n'empêche de donner à cette légende une origine ancienne [1]. Mañjuçrî est, depuis de longs siècles, tenu particulièrement en honneur chez les Tartares ; la montagne des cinq sommets (Pañča-çîrṣa), d'où il partit en pèlerinage au Népal, est célèbre dans toute l'étendue de l'Empire chinois. La désignation sanscrite de *Pañča-çîrṣa parvata* correspond littéralement à l'appellation chinoise : *Ou* (cinq) *t'ai* (terrasse) *chan* (montagne). Le mont Ou-t'ai-chan est situé à l'E.-S.-O. de Pékin ; on y accède de la capitale par la voie de Kalgan, Chi-pa-r-tai, et Ta-toung, d'où cinq jours de marche vers le Sud mènent à la vallée d'Ou-t'ai. Le plus ancien des temples de l'Ou-t'ai-chan remonte, dit-on, à Açoka ; c'est un stûpa à la manière de Syambunath, construit en briques, revêtu de stuc et couronné d'un T doré, qui porte son faîte à vingt-cinq mètres ; il passe pour contenir des reliques du Bouddha. Il est certain que le principal temple, le *Hien-t'oung-seu*, fut bâti entre 471 et 500 de J.-C. par un souverain de la dynastie des Wei postérieurs ; on y accède par un escalier de cent trente marches de marbre, jonchées de cheveux offerts

---

1. Toujours est-il que dès le viie siècle une légende analogue avait cours au royaume de Kâmarûpa, tout à côté du Népal. Quand l'envoyé Li Yi-piao visita le pays de Kâmarûpa entre 643 et 645, le roi Kumâra lui raconta que « le pouvoir se transmettait depuis quatre mille ans dans la famille royale : le premier avait été un esprit saint venu de la Chine (*Han-ti*) en volant. » (*Cheu-kia fang-tchi* (compilé en 650), dans l'éd. japonaise du Tripiṭaka, XXXV, 1, 94[b]; et cf. *Hiouen-tsang*, III, 77 et 79.)

pour mériter le paradis. La statue de Mañjuçrî trône au milieu du temple, toute décorée d'écharpes en soie (*ka-ṣâyas*) déposées en offrande par les fidèles. Depuis le vi° siècle, toutes les dynasties ont rivalisé de zèle à honorer le sanctuaire. Dès le règne de Kai-hoang, des Souei (581-601), des temples furent élevés sur chacun des cinq sommets. L'empereur Young-lo, des Ming, qui entretint des relations diplomatiques avec le Népal, y fit déposer, au *Pou-sa-t'ing*, le premier exemplaire des textes bouddhiques en langue indienne (*fan*) qu'il avait fait graver et tirer sur cuivre d'après les originaux rapportés de l'Occident par une mission spéciale[1].

La réputation du mont aux Cinq-Sommets s'étendit de bonne heure au loin. En 824, un envoyé des Tibétains (*T'ou-fan*) vint demander à la cour impériale une image peinte de l'Ou-t'ai-chan[2]. Un manuscrit népalais de l'Aṣṭasâhasrikâ Prajñâ-pâramitâ, daté de samvat 135, sous le règne de Bhoja deva et Lakṣmîkâma deva représente dans une des curieuses miniatures qui ornent le texte une image de Mañjuçrî avec cette légende : « *Pañca-çikha-parvate Vāgirāttaḥ* (sic) « Vâgîçvara (autre nom de Mañjuçrî) sur la montagne aux Cinq-Sommets. » Le Bodhisatva y est peint, comme il convient, en jaune, assis à l'indienne, la jambe gauche pendante sur un lion, les mains réunies dans le geste de l'enseignement, tenant un lotus bleu (*ut-pala*, en forme de pinceau). A gauche, un personnage subalterne, l'air terrible, armé d'une massue. Le décor est formé d'un temple creusé en souterrain dans la montagne, avec un arbre et des ascètes. Et, comme pour écarter tout soupçon et pour confirmer ce témoignage, un autre

---

1. ROCKHILL, A *Pilgrimage to the Great Buddhist Sanctuary of North-China*, dans *Atlantic Monthly*, juin 1895.
2. BUSHELL, *Early History of Tibet*, dans *Journ. Roy. Asiat. Soc.*, n. ser. XII, p. 522.

manuscrit de date voisine (samvat 191, sous Çaṃkara deva) présente parmi ses illustrations une image presque identique, accompagnée de cette légende : *Mahā-Cîna Mañjughoṣa*, « Mañju-ghoṣa (ou Mañju-çrî) de la Grande-Chine. » Ici encore le Bodhisattva, de couleur jaune, est assis à l'indienne, la jambe droite pendante sur un lion bleu à gueule rouge, les mains réunies dans le geste de l'enseignement; sous le bras gauche passe un lotus bleu. Deux subalternes du sexe féminin se tiennent, l'une, jaune, à droite, l'autre, bleue, à gauche; comme décor un temple souterrain dans la montagne avec des arbres.

La fantaisie des miniaturistes népalais ne semble pas avoir altéré les traits essentiels de l'image chinoise ; Mañjuçrî en effet a pour attributs d'ordinaire le livre et le glaive qu'il tient en ses mains, comme les emblèmes de son éloquence et de sa vigueur dialectique, et c'est justement ainsi qu'il est figuré, dans l'un des deux manuscrits népalais, sur une image sans légende; le fidèle n'avait pas besoin d'explication pour y reconnaître la divinité. De couleur jaune, assis à l'indienne, il brandit une épée dans sa main droite, tandis que la main gauche repliée tient le livre ; un lotus bleu passe sous le bras. Même décor qu'aux deux autres miniatures : un temple souterrain dans la montagne, et des arbres[1]. On s'explique aisément qu'une image du Mañjuçrî d'Ou-t'ai-chan ait été connue de bonne heure au Népal; il n'avait pas manqué d'occasion pour l'y faire pénétrer : une des missions diplomatiques chinoises envoyées au Népal, ou par le Népal, entre 646 et 660, avait pu l'offrir en présent au pieux roi Narendra deva, ou encore un des religieux chinois passés en pèlerins par la voie du Népal avait pu en faire don à quelque

---

1. FOUCHER, *Études d'iconographie bouddhique*, Paris, 1900, p. 114 sqq.

couvent du pays; justement plusieurs de ces pèlerins
venaient du district même de l'Ou-t'ai-chan (l'arrondissement de Ping)[1] et certains d'entre eux restèrent fixés au
Népal ou y moururent, laissant leurs menus objets de sainteté en héritage à leurs confrères népalais.

Enfin la rencontre à la cour du roi tibétain Srong-tsan
Gam-po, de deux reines également dévotes, l'une népalaise, l'autre chinoise d'origine, dut activer les échanges
religieux entre le Népal et la Chine ; l'une et l'autre
avaient apporté au palais de leur barbare époux des livres
saints et de saintes images[2]. La gloire du Mañjuçrî d'Ou-
t'ai-chan ne tarda pas à descendre du Népal jusqu'aux
plaines du Gange. L'exact et véridique Hiouen-tsang, pendant son séjour dans l'Inde, à la veille même des événements qui mirent en étroit contact les deux grandes nations
de l'Extrême-Orient, n'a jamais entendu parler de Mañjuçrî comme d'un Bodhisattva de Chine; autrement il n'aurait pas manqué de signaler à ses lecteurs chinois un trait
si propre à flatter leur vanité nationale. Personnellement,
il semble bien le considérer comme le patron spécial des
Chinois dans l'Inde; c'est Mañjuçrî qui veille sur lui
comme une sorte d'ange gardien, qui l'avertit en songe
des dangers imminents et qui le presse de rentrer dans sa
patrie; mais aucun des docteurs de l'Inde, dans leurs en-
tretiens avec Hiouen-tsang, ne songe à évoquer Mañjuçrî
à propos de la Chine. Un demi-siècle plus tard, quand

1. *V. sup.*, p. 161.
2. Outre l'image du Mañjuçrî de Chine que j'ai décrite, le ms. népalais Cambr. Add. 1643 étudié par M. Foucher présente une image de
Mahâ-Cîna Samanta bhadra (*Iconogr. bouddh.*, pl. VI, 4) où le
Bodhisattva est représenté sur un éléphant, avec des montagnes boisées
au fond du tableau. M. Foucher se demande avec raison si ces montagnes ne sont pas destinées à rappeler l'O-mei chan, la montagne où
Samantabhadra est particulièrement honoré en Chine. Quoi qu'il en soit,
cette image du « Samantabhadra de Chine » est un indice de plus des
relations entre l'Inde (spécialement le Népal) et la Chine à cette époque.

I-tsing visite l'Inde, il en va tout autrement : « Les gens de
l'Inde disent maintenant, à l'éloge de la Chine : Le sage
Mañjuçrî est à présent à Ping-tcheou, où sa bénédiction se
répand sur le peuple. Aussi nous devons respecter et admirer ce pays, etc. » Malheureusement I-tsing interrompt
brusquement ici son récit, et il se contente d'ajouter en
manière de conclusion : « Ce qu'ils racontent là-dessus est
trop long pour le rapporter en détail[1]. » Hiouen-tsang
n'aurait ni éprouvé ni exprimé ce scrupule de littérateur.
Après le voyage d'I-tsing, la Chine reste désormais consi-
dérée comme le séjour de Mañjuçrî, et les pèlerins hindous qui veulent l'adorer prennent la route de Chine ;
témoin, entre tant d'autres, Vajrabodhi, le maître glorieux
de l'illustre Amogha-vajra, qui s'en alla de Ceylan dans
l'Empire du Milieu, vers l'an 700, sur la foi d'une vision
qui lui ordonnait de s'y rendre pour adorer Mañjuçrî[2] ; ou
encore Prâjña, traducteur du Mahâyâna-buddha-ṣaṭ-pâra-
mitâ-sûtra, collaborateur du missionnaire nestorien King-
tching, qui se mit en route vers la Chine (où il arriva en
782) parce que Mañjuçrî se trouvait, disait-on, dans le pays
de l'Est[3]. Les temps modernes ont renoué la tradition antique : l'ambassade qui va tous les cinq ans porter à la
cour de Pékin le tribut du Népal salue officiellement dans
l'empereur mandchou le Bodhisattva Mañjuçrî incarné ;
une flatterie du Dalai-Lama a permis aux Mandchous d'exploiter à leur profit la croyance de l'Inde ancienne.

Au cours des siècles, Mañjuçrî a fini par être naturalisé
Chinois. Les Tibétains le font naître au mont Ou-t'ai,
d'une émanation du Bouddha. Le Bouddha était venu en
Chine pour y prêcher la loi ; mais la doctrine était trop
sublime pour ces esprits grossiers. Il s'arrêta au mont des

---

1. I-TSING, *A Record...*, trad. Takakusu, p. 169.
2. S. LÉVI, *Missions de Wang Hiuen-ts'e*, p. 63 sqq.
3. I-TSING, *A Record...*, p. 169, n. 3.

Cinq-Sommets qui portait déjà cinq čaityas resplendissants ;
de la base un arbre avait poussé : c'était un jambu, l'arbre
qui donne son nom aux contrées du Jambu-dvîpa. Un rayon
d'or sortit du front de Bhagavat et pénétra dans l'arbre, où
se forma une excroissance ; de cette excroissance naquit une
tige de lotus qui produisit une fleur, et la fleur portait le
prince des sages, Ârya Mañjuçrî. Il était jaune de teint, avec
un seul visage, et deux mains, la droite armée du glaive de
la science, la gauche portant un livre sur un lotus en
cercle, tel que le représentent les images classiques, mais
sans les traits particuliers attribués par les miniatures népalaises au Mañjuçrî de Chine. De son front naquit une tortue
d'or qui s'enfonça dans le lac Sitasaras, au pied de la montagne. Et depuis, Mañjuçrî réside sur les cinq sommets,
mais il prend sur chacun d'eux une couleur différente :
jaune sur l'un, blanc sur l'autre, et rouge, et vert, et bleu ;
et chacun des sommets porte des fleurs de la même couleur que le dieu, jaunes ici, blanches là, et rouges, et
vertes, et bleues ; et les vertus en sont proprement miri-
fiques[1]. Les Névars qui instruisaient le Capucin Constantin
d'Ascoli lui représentèrent aussi Mañjuçrî (sous le nom
de Bissôchtma), comme « un certain Chinois qui était venu
par le Tibet ».

Cependant, avant d'être adopté par la Chine, Mañjuçrî
avait bien été un Hindou de naissance. Les sources sanscrites de Târanâtha rapportaient qu'il parut sous le règne
de Čandragupta, roi d'Orissa, un peu après le règne de
Mahâpadma, donc vers le temps de l'invasion macédo-
nienne, si ces indications mythiques valent d'être traduites
en langage réel. Il se présenta sous la forme d'un religieux
mendiant, exposa une doctrine particulière du Grand-

1. GRÜNWEDEL, *Mythologie des Buddhismus*, Leipzig, 1900, p. 134
sqq. ; d'après le *Pad-ma Pan-yig*, biographie tibétaine de Padma-
sambhava.

Véhicule, et disparut en laissant un livre, l'Aṣṭa-Sâhasrikâ Prajñâ-pâramitâ, prétendaient les Sautrântikas ; le Tattva-saṃgraha, affirmaient les Tântrikas avec une égale assurance[1]. L'événement s'était passé, soit 250 ans[2], soit 450 ans après le Nirvâṇa[3]. Le lieu, du reste, en variait comme la date. D'après le Mañjuçrî-parinirvâṇa, Mañjuçrî, le héros du livre, aurait donné l'enseignement à cinq cents voyants (*ṛṣis*) dans les Montagnes de neige (Himâlaya). Il suffisait désormais d'un bond pour le porter de l'Himalaya dans la Chine. Au temps de Hiouen-tsang on vénérait encore, à Mathurâ, le « Μεθορα des dieux ». (Ptolémée) un stûpa qui couvrait ses reliques[4].

Tandis que les uns tenaient Mañjuçrî pour un personnage historique, d'autres l'exaltaient comme un être surnaturel : les Yogâčâryas le considéraient comme le fils spirituel (Dhyâni-bodhisattva) du Bouddha Akṣobhya et comme identique avec Vajrapâṇi ; ailleurs il figure en compagnie de Vajrapâṇi et d'Avalokiteçvara, dans une triade où il correspond au Brahmâ de la Triade hindoue. Il reçoit souvent l'épithète de *kumâra* « le jeune homme, le prince », ou sous une forme plus emphatique, *kumâra-bhûta*. L'appellation de Kumâra semble faire pendant aux Kumârîs du Tantrisme, aux Vierges qu'adorent à la fois Bouddhistes et Çivaïtes ; mais outre cette valeur, elle paraît avoir ici pour fonction spéciale de définir le rôle de Mañjuçrî dans l'Empire de la Loi. Les Bouddhas sont les Dharma-râjas, « les rois de la Loi » ; Mañjuçrî le Bodhisattva, auprès d'eux, mais au-dessous d'eux, est le prince à la cour du souverain. Mais l'élément essentiel de son nom est l'adjectif *mañju*,

---

1. TÂRANÂTHA, *Geschichte des Buddhismus in Indien*, trad. Schiefner, p. 58.

2. *Ib.*, note p. 296.

3. Mañjuçrî-parinirvâṇa (*Wen-jou-cheu-li pan-nie-pan king*) cité par WASSILIEF, *Buddhismus*, p. 142.

4. HIOUEN-TSANG, *Mémoires*, I, 208.

qui se retrouve dans les divers synonymes : Mañjuçrî, Mañjughoṣa, Mañjusvara, Mañjubhadra, Mañjunâtha ; le titre de Vâg-îçvara, « Maître de la Parole », en est l'équivalent, ou la glose. L'adjectif *mañju* s'applique proprement, et pour ainsi dire exclusivement, à la voix ou au timbre : le bourdonnement des abeilles, le chant des coucous, les paroles des perroquets, tout ce que la poétique de l'Inde exalte comme un symbole d'harmonie et de mélodie a droit, avec la voix humaine, à l'épithète de *mañju* ; la technique donne le nom de *mañju-gîti, mañju-vâdinî* à des mètres d'une complication savante. Les Tibétains, traducteurs scrupuleux, ont choisi pour rendre ce vocable le mot *hjam*, qui s'applique spécialement à la douceur de la parole. Il est le dieu à la voix suave, maître de l'éloquence, et correspond ainsi au Brahmâ des Hindous ; le rapport est si étroit qu'il emprunte à Brahmâ son berceau de lotus, et même sa compagne Sarasvatî. Mais, tandis que Brahmâ s'éclipsait dans l'Inde et disparaissait presque du culte, Mañjuçrî, sa contre-partie, éclipsait dans le bouddhisme indien, et surtout hors de l'Inde, la troupe nombreuse des Bodhisattvas concurrents [1].

Comment s'explique un pareil succès ? Est-ce une coïncidence étrange, apparemment merveilleuse, de sons qui a valu à Mañjuçrî sa popularité chez les Tartares, comme elle valut plus tard à l'empereur des Mandchous (= Mañju) l'honneur de passer pour une incarnation du dieu ? Mais le nom des Mandchous semble être moderne, et le rapport se réduit sans doute à une coïncidence de hasard. Les interprétations traditionnelles des traducteurs et des glossateurs chinois n'aident en rien à la solution de

---

1. Le lion même qui sert de monture à Mañjuçrî traduit sans doute sous une image concrète la métaphore usuelle où s'exprime la puissance de la formule bouddhique. La prédication du Bouddha est un « rugissement de lion » (*siṃhanâda*).

l'énigme. Préoccupés d'expliquer l'idée plus que le mot, ils ont forgé, ou reproduit à l'imitation des docteurs indiens, des étymologies infidèles, mais plus honorables à leur goût que le sens littéral de « voix harmonieuse ». Ils ont traduit *mañju* par « merveilleux », et *mañju-çrî* par « vertu merveilleuse », ou plus audacieusement encore par « tête merveilleuse », en confondant le substantif *çrî* (*siri* en prononciation vulgaire de l'Inde, *chi-li* en transcription chinoise) avec *çiras* (vulgairement *siro*, en transcription chinoise *chi-lo*); grâce à cette étymologie fantaisiste, le nom de Mañju-çrî marquait bien qu'il était « à la tête » des Bodhisattvas. D'autres encore traduisirent mañju-çrî par « bénédiction admirable », puisque son nom était en effet le meilleur des présages[1]. Tous ces jeux d'esprit attestent les efforts faits pour mettre le nom indien de Mañjuçrî à la hauteur de son rôle réel en Chine. En fait le nom de Mañjuçrî est assez déconcertant; il se range bien en apparence dans la même série que tant d'autres noms connus : Jinaçrî, Jayaçrî, Padmaçrî, Dharmaçrî, etc...; mais tous ces noms ont un caractère commun qui les différencie de Mañjuçrî; le premier élément, auquel est ajouté le mot *çrî,* est un substantif. Dans Mañjuçrî, ce premier élément est un adjectif; c'est assez, du point de vue grammatical, pour donner à ce mot une physionomie étrange. La forme Mañju-ghoṣa, au contraire, s'explique aisément; elle entre dans la même catégorie que les noms de Buddha-ghoṣa, Açva-ghoṣa, etc...; et quoique le premier terme y soit encore par exception un adjectif, l'analyse du composé ne soulève aucune difficulté. Mañjughoṣa paraît bien être la forme primitive du nom, dont Mañjuçrî serait une adaptation plus honorifique que correcte.

---

1. RÉMUSAT a déjà cité, dans une note de son *Fa-hien,* p. 114, ces étymologies proposées par le *Fan-yi ming yi tsi.*

Quoi qu'il en soit de son nom et de son origine, Mañjuçrî a eu le privilège de se maintenir au premier rang du
panthéon, malgré la multitude des compétiteurs, à travers
toutes les vicissitudes du bouddhisme chinois. Il tient déjà
une large place dans les premiers textes bouddhiques introduits en Chine, par exemple dans le *Wen-jou-chi-li wen
pou-sa chou-king* et le *Nei-tsang pai pao king* traduits par
le moine Leou-kia-tchann, originaire du pays des Yue-tchi,
entre 147 et 186 de J.-C., il est exalté dans le Ratna-ka-
raṇdaka-vyûha, traduit par Tchou Fa-hou en 270. Le
triomphe de l'École Tantrique avec Vajrabodhi, Amogha-
vajra et leurs successeurs consolide encore la position attri-
buée déjà au Bodhisattva par l'École de la Perfection de la
Sagesse (Prajñâ-Pâramitâ). En fait, ce dieu de la parole est
le patron-né des spéculations, à la manière des Massorètes
ou de la Cabbale, sur les mots, sur les lettres, sur leur
puissance mystique, spéculations si chères à l'esprit du
bouddhisme chinois et tibétain ; il est vraiment qualifié
pour révéler à Dharmaçrî Mitra le sens profond des douze
voyelles, aussi bien que pour enseigner l'abracadabra des
formules en grimoire (dhâraṇîs) qui résument et recèlent,
pour les barbares du Nord, la sagesse et la puissance des
Bouddhas. Émule heureux du Brahmâ indien, il continue
à incarner la force souveraine de la parole sacrée, le *brahman* que son rival n'a pas su garder ; transplanté des sub-
tils monastères de l'Inde chez les rudes tribus des Yue-
tchi, des Tukhâras, des Turuṣkas, des Čînas, Mañjuçrî,
prince de la Parole, retrouvait en dehors des limites aryennes les couches propices de sorcellerie et de chamanisme
où le *brahman* aryen avait poussé et grandi jadis ; de l'Hindou-kouch à la mer de Chine, il étendit aisément son
empire incontesté. Les Névars ont fini par transformer
Mañjuçrî en un simple patron des métiers manuels ; mais
la tradition fidèle n'en perpétue pas moins dans ce symbole

le souvenir de l'influence tartare et chinoise sur les versants méridionaux de l'Himalaya.

Le symbole est mythique ; l'influence elle-même n'est pas une vaine invention de la légende. Le Népal, et, par la voie du Népal, l'Inde, ont pu exercer une action continue sur les croyances, les mœurs, la civilisation de leurs voisins septentrionaux ; mais deux grandes races n'entrent pas en communication durable sans se prêter et s'emprunter à la fois l'une à l'autre. Les bouddhistes chinois qui regardent Lao-tzeu comme Çâkyamuni en personne, passé dans l'Orient pour y prêcher sa doctrine, et les Taoïstes, qui reconnaissent dans Çâkyamuni leur maître Lao-tzeu, mystérieusement sorti de la Chine pour visiter l'Occident, ont également raison les uns contre les autres. L'histoire des emprunts contractés par l'Inde est difficile à tracer, dans la désolante pénurie des documents historiques ; mais c'est un indice curieux et suggestif que la demande adressée au VIIe siècle à l'Empereur de Chine par un voisin oriental du Népal, le prince de Kâmarûpa, en vue d'obtenir l'image de Lao-tzeu et la traduction sanscrite de son ouvrage, le Tao-te king[1]. Le passage des pèlerins, et des marchands qui se confondaient souvent avec eux, laissait des traces sur le sol de l'Inde. Aussitôt après l'ouverture des relations entre le Népal et le Tibet, la Chronique du Népal signale l'introduction au Népal d'un dieu nouveau, Mahâ-Kâla, amené du Tibet par le savant Bandhudatta sous le règne de Narendra deva. Les doctrines des Tantras, qui servirent de trait d'union entre le Bouddhisme et le Çivaïsme, n'ont pas dû puiser dans l'Inde civilisée leurs inspirations d'un mysticisme farouche, obscène et sanguinaire ; c'est ailleurs qu'il faut peut-être en chercher la source impure. Plusieurs des Tantras revendiquent avec franchise la Chine pour

---

1. *Missions de Wang Hiuen-ts'e,* p. 12.

berceau. Le Târâ-tantra, qui exalte une antique divinité, d'origine stellaire peut-être, adoptée et propagée par le bouddhisme[1], puis recueillie par l'hindouisme, révèle que la connaissance de Târâ est venue du pays de Čîna, de la Chine même ; c'est là que Vasiṣṭha, l'antique voyant des hymnes védiques, a dû se rendre pour s'instruire auprès du Bouddha, qu'il n'avait pu rencontrer ni dans l'Inde, ni même au Tibet : tel est le secret que Çiva en personne confie à son épouse Pârvatî, en s'appuyant sur l'autorité du Čîna-tantra. Du reste, qu'on ne s'y trompe pas ; le Bouddha n'est ici, comme il convient, qu'une forme de Viṣṇu, en même temps qu'il est un grand Bhairava, la manifestation de Çiva[2]! Le Mahâ-Čîna-kramâcâra, appelé aussi Čînâcâra-sâra-tantra, qui prétend dissiper les derniers doutes de Pârvatî, interloquée par les révélations stupéfiantes de Çiva, raconte en détail la visite de Vasiṣṭha en Chine et les enseignements qu'il y reçut. Sur le conseil de Brahmâ, qui connaissait par expérience la puissance de Târâ puisqu'il devait à son concours d'avoir réussi à créer le monde, Vasiṣṭha, fils de Brahmâ, part interroger Viṣṇu sous la forme du Bouddha (Buddha-rûpi Janârdana), qui seul connaît les rites du culte de Târâ. Il pénètre dans le « grand pays de Čîna » et il aperçoit le Bouddha entouré d'un millier d'amantes en extase érotique. La surprise du sage touche au scandale. « Voilà des pratiques contraires aux Védas! » s'écrie-t-il. Une voix dans l'espace corrige son erreur : « Si tu veux, dit la voix, gagner la faveur de Târâ, alors c'est avec ces pratiques à la chinoise (Čînâcâra) qu'il faut m'adorer ! » Il s'approche du Bouddha, et recueille de sa bouche cette leçon inattendue : « Les femmes

---

1. Cf. DE BLONAY, *Matériaux pour servir à l'histoire de la déesse bouddhique Târâ*, Paris, 1897.

2. Cf. HARAPRASAD SHASTRI, *Notices of Sanskrit mss.* 2[d] series, vol. I, part. III ; Calcutta, 1900 ; p. XXXII sqq. et p. 152.

sont les dieux, les femmes sont la vie, les femmes sont la
parure. Soyez toujours en pensée parmi les femmes ! »
Avec une pousse de l'arbre de Chine (Mahâ-Čîna-druma),
on atteint la toute-puissance magique, si on pratique les
cinq rites communément désignés sous le nom des Cinq M,
leur lettre initiale : *madya,* boire de l'alcool ; *mâṃsa,*
manger de la viande ; *matsya,* manger du poisson ; *mudrâ,*
faire avec les doigts des gestes compliqués ; *maithunâ,*
forniquer. Le dernier rite est le plus efficace de tous, surtout quand on y ajoute l'adoration d'une femme nue, quelle
que soit sa naissance.

La vieille doctrine de la foi par l'absurde, si chère aux
Brâhmaṇas, se trouve dépassée par ces enseignements, dont
l'Inde fait honneur à la Chine, et au Bouddha. Si l'on est
en droit de supposer et de chercher une réalité sous ces
fantaisies, on sera tenté de soupçonner dans ces pratiques
« à la chinoise » l'écho lointain et peu fidèle d'une des
sociétés secrètes qui ont pullulé de tout temps dans l'Empire du Milieu. Si l'Inde a donné le bouddhisme à la Chine,
la Chine a dû exercer réciproquement sur l'Inde une action
qui reste encore à définir.

Matsyendra Nâtha. — Tandis que Mañjuçrî appartient au panthéon commun du Grand Véhicule, Matsyendra
Nâtha est une divinité locale, exclusivement propre au
Népal. L'introduction du culte de Matsyendra Nâtha dans
la vallée est rapportée par la tradition aux temps historiques ; une date précise reste même attachée à cet événement considérable. J'aurai à discuter, à propos de
l'histoire du Népal, ce point spécial de chronologie. Le
personnage royal associé à ce souvenir, Narendra deva,
est heureusement connu par des documents positifs ; il
régnait au milieu du viie siècle. Mais la chronique n'en a
pas moins traité le sujet comme une matière d'épopée ;
elle a groupé, à l'entour des auteurs humains, les demi-

dieux et les dieux, et rehaussé de miracles le fond trop simple du récit.

Narendra deva avait abdiqué en faveur de son fils Vara deva, et il s'était consacré à la vie religieuse. En ce temps-là Gorakṣa Nâtha vint au Népal dans l'espoir d'y rencontrer et d'y adorer Matsyendra Nâtha qui fréquentait encore sa résidence préférée, le mont Kâmani au Sud de la vallée. Mais la montagne était d'un accès difficile ; le dieu se dérobait à son dévot. La piété du saint recourut alors à un stratagème : il attira les neuf grands Nâgas dans un tertre, s'assit sur eux pour les retenir prisonniers, et attendit avec confiance les événements qu'il prévoyait.

Les Nâgas prisonniers, le ciel se dessécha ; la saison des pluies passa sans amener d'eau ; les champs arides ne donnèrent pas de moisson. Le pauvre peuple mourait en foule. Et douze ans le fléau dura, et des gémissements s'élevaient de toutes parts, tant que le roi Vara deva en eut le cœur navré. Il se mit à parcourir les rues sans se laisser connaître, dans l'espoir d'y recueillir au passage un avis salutaire. Et voici qu'au couvent des Trois-Joyaux (*Triratna-vihâra*) il entendit le vieux Bandhudatta causer avec sa femme. Bandhudatta, dans sa longue vie, avait déjà vu bien des calamités qu'il avait su guérir ; il avait tiré d'affaire le roi Čandra ketu deva, quand celui-ci abattu et désespéré se laissait mourir de faim ; il avait découvert et installé la déesse Lomrî Mahâ-Kâlî, qui avait rendu la paix et la prospérité au royaume ; il avait amené du Tibet (*Bhoṭa*) le dieu Mahâ-Kâla et confié la surveillance des frontières aux dix Divinités du Courroux (*Krodha-devatâs*). Et Bandhudatta disait à sa femme : « Le seul remède à nos maux, c'est Ârya Avalokiteçvara qui demeure au mont Kapotala ; mais pour l'amener il faut les prières d'un roi ; et notre roi est jeune et frivole, et son père s'est confiné dans une retraite solitaire. »

Or l'Avalokiteçvara du mont Kapotala n'était autre que Matsyendra Nâtha, le dieu de Gorakṣa Nâtha. Avalokiteçvara Padmapâṇi Bodhisattva, qu'on appelle aussi souvent Lokeçvara, s'était un jour métamorphosé en poisson (*matsya*) pour écouter, à la place de Pârvatî endormie, un exposé des doctrines de l'union mystique enseigné jadis par le Bouddha primordial (Âdi Buddha) à Çiva, et que Çiva répétait à sa divine épouse sur le bord de l'Océan ; Lokeçvara, depuis lors, reçut et porta le nom de Prince-des-Poissons-Protecteur (*Matsyendra-Nâtha*). Instruit par surprise de l'unique moyen de salut, le roi Vara deva rentra en hâte à son palais, manda son père et Bandhudatta, et les supplia d'intervenir. Le vieux prêtre accepta d'aller chercher Matsyendra Nâtha, mais il exigea le concours de Narendra deva, et d'un jardinier (mâlin) avec sa femme (mâlinî), comme les seuls qualifiés pour porter les offrandes. La petite troupe se mit en route ; à chaque étape elle accomplit des rites spéciaux ; elle s'assura ainsi la protection de Yogâmbara-jñâna-ḍâkinî ; grâce à cette déesse, Bandhudatta put tirer de sa longue captivité un des Nâgas, Karkoṭaka. Le Nâga délivré se joignit aux quatre pèlerins et leur rendit de précieux services ; trouvaient-ils une rivière à traverser ou bien un passage difficile ? Karkoṭaka étendait ses anneaux et leur en faisait un pont.

Sans se laisser arrêter aux obstacles qu'avaient suscités les dieux ils arrivèrent au mont Kapotala, et Bandhudatta se mit à honorer Avalokiteçvara. Le dieu toujours compatissant prit pitié du Népal ; il apparut à Bandhudatta, l'instruisit des secrets de l'avenir, et retourna près de la déesse (yakṣiṇî) Jñâna-ḍâkinî, qu'il honorait comme sa mère. Bandhudatta, se conformant aux instructions reçues, récita les puissantes formules d'invocation (mantras). Avalokiteçvara accourut sous la forme d'une grosse abeille noire, s'introduisit dans le flacon d'eau lustrale sans fixer l'atten-

tion du roi Narendra deva qui s'était endormi; Bandhudatta dut heurter du pied son compagnon pour le réveiller. Narendra s'empressa de boucher le flacon.
Mais les dieux et les démons prétendaient s'opposer au
transport d'Avalokiteçvara. Bandhudatta appela à son
secours les divinités du Népal, qui tinrent conseil et décidèrent de confier la garde et la protection du royaume à
Avalokiteçvara sous le vocable de Matsyendra Nâtha.
Un traité signé avec les divinités adverses les satisfit par
des clauses avantageuses. Bandhudatta célébra en l'honneur de Matsyendra Nâtha les rites qui s'accomplissent à
la naissance d'un enfant; puis il reprit la route du Népal.
Les dieux qui n'entendaient pas se séparer de Matsyendra
Nâtha imposèrent au prêtre l'obligation de répandre le
long de sa route des semences de devadâru; les arbres à
naître de ces germes marqueraient un jour au dieu affranchi la voie du retour vers Kapotala; mais le subtil enchanteur eut soin de stériliser les graines, jusqu'au moment où
il atteignit la passe de la Bagmati, au mont Kotpal. Sur le
point d'entrer dans la vallée, il renvoya poliment avec des
offrandes les dieux du dehors, convoqua les divinités du
Népal, et organisa une grande procession. Quatre Bhairavas se chargèrent de porter le flacon qui retenait le dieu
volontairement captif; Brahma balayait la route en chantant les Védas; Viṣṇu soufflait dans sa conque; Mahâ deva
répandait l'eau lustrale; Indra tenait l'ombrelle; Yama
brûlait l'encens; Varuṇa répandait l'eau de pluie; Kuvera,
les richesses; Agni, l'éclat. Vâyu portait la bannière;
Nairṛtya écartait les obstacles, Îçâna dispersait les démons.
Bandhudatta et Narendra deva seuls voyaient ce spectacle
merveilleux; le vulgaire n'y apercevait que des oiseaux et
des bêtes.

En passant sur le territoire de Bagmati, à une lieue au
Sud de Patan, un des quatre Bhairavas, Harasiddhi, aboya

comme un chien. Bandhudatta interpréta cet aboiement ; en faisant : Bou ! le Bhairava voulait marquer la place où Matsyendra Nâtha était né (*bhû*). Sur l'avis du prêtre, le roi y fonda la ville d'Amara-pura « la cité des Immortels ». On y installa le dieu ; on façonna une image avec la terre très sainte de la butte de Hmayapidô, et on y transféra solennellement l'esprit du dieu, recueilli dans le flacon.

Depuis le moment où la procession s'était formée au Kotpal, la pluie souhaitée était tombée en abondance. La prospérité était revenue. Mais les héros de la légende eurent une fin tragique : Narendra deva, froissé d'avoir reçu un coup de pied de Bandhudatta, le tua par envoûtement, et périt lui-même quatre jours plus tard ; l'un et l'autre furent absorbés par le dieu, Bandhudatta dans son pied droit, Narendra deva dans le pied gauche.

La légende rapportée dans la Vamçâvalî perd de vue Gorakṣa Nâtha, qui figurait dans l'introduction de l'épisode. C'est au contraire Gorakṣa Nâtha qui en est et en reste la figure centrale dans la recension brahmanique de la même légende. Le Buddha-Purâṇa[1], où les brahmanes du Népal ont essayé de s'approprier les légendes populaires du bouddhisme local, conserve Matsyendra Nâtha, mais le subordonne à Gorakṣa Nâtha. D'après son récit, Mahâdeva donna un jour à une femme quelque chose à manger, en lui annonçant que par là un fils lui naîtrait. La femme ne goûta pas au mets, et le jeta sur un tas d'ordures. Douze ans plus tard Mahâdeva repasse par là, demande à voir l'enfant, constate la transgression, s'irrite, oblige la femme à chercher dans les ordures, et elle y découvre un petit garçon âgé de douze ans ; l'enfant reçut le nom de Gorakṣa Nâtha. Il eut pour maître spirituel Matsyendra Nâtha et

____

1. Cf. inf. p. 372.

le suivit fidèlement ; c'était lui qui portait les bagages du maître. Un jour Gorakṣa Nâtha s'en fut au Népal ; mais irrité d'y être reçu sans égards, il prit les nuages et les enferma dans un de ses paquets ; douze ans il les garda sous son séant, sans vouloir se lever ; heureusement Matsyendra Nâtha vint à passer ; Gorakṣa Nâtha ne put manquer de se lever par respect ; les nuages s'échappèrent et la pluie tomba aussitôt.

Le rapprochement de Gorakṣa Nâtha et de Matsyendra Nâtha dans les deux recensions de la légende est significatif. Gorakṣa Nâtha, en langue vulgaire Gorkha Nâth, est à la fois le patron d'une classe d'ascètes (yogis) çivaïtes, et du royaume de Gorkha, longtemps rival du Népal et maître aujourd'hui de l'empire. Matsyendra Nâtha est le protecteur du Népal et comme le symbole de son indépendance ; il préside aux destinées du royaume et apparaît aux heures de crise comme l'âme même du pays. A la veille des catastrophes qui consommèrent la ruine définitive des dynasties névares, Matsyendra Nâtha se manifesta la nuit, en songe, à un humble paysan qui vivait sur le territoire consacré de Bugmati, et lui prédit dans une sorte d'allégorie transparente les calamités prochaines. Le paysan vit d'abord entrer un personnage qui alluma une lampe, puis d'autres, qui étendirent des tapis ; une compagnie s'y installa, en attendant un hôte qui se fit excuser et remit sa visite au lendemain. La réunion se dispersa. Le lendemain soir, même scène, même compagnie, mais l'hôte attendu était présent : c'était Matsyendra Nâtha. Un Bhairava se présenta et demanda à manger. Matsyendra Nâtha l'envoya au pays de Gourkha, résidence de Gorakṣa Nâtha, et lui en offrit la souveraineté. « J'accepte, répondit le Bhairava, si j'obtiens en même temps la souveraineté sur le Népal. » Matsyendra Nâtha consentit, et tout disparut. Le paysan apprit ainsi que les Gourkhas allaient régner sur le Népal, puisque Matsyendra Nâtha avait renoncé à ses droits.

Matsyendra Nâtha est-il une création des cultes locaux ? Sa fonction initiale de distributeur des pluies semble au premier abord concorder avec le sens de son nom : Prince-des-Poissons-Protecteur. Le Prince des Poissons doit être une divinité aquatique, et comme tel il est assez naturellement en relation avec la pluie. Mais la légende locale elle-même assigne à Matsyendra Nâtha une origine étrangère. Les Bouddhistes qui y reconnaissent une forme d'Avalokiteçvara le font venir du mont Kapotala, en dehors du Népal, par delà le pays de Kâmarûpa. J'ignore si le mont Kapotala a jamais existé en réalité et dans quelle région il pouvait se trouver ; je suis tenté d'y voir une désignation de fantaisie née d'une confusion facile entre deux des séjours préférés d'Avalokiteçvara : le Kapota-parvata, mont de la Colombe, au Magadha, et le Potala-parvata, dans le Malabar. D'où qu'il vienne, Avalokiteçvara sous la forme de Matsyendra Nâtha, se distingue par un détail caractéristique : il est rouge, tandis qu'Avalokiteçvara est d'ordinaire blanc. La poupée qui figure aujourd'hui Matsyendra Nâtha dans les processions est rouge ; et M. Foucher a déjà signalé cette particularité dans une peinture népalaise qui représente expressément « le Lokeçvara de Bugama au Népal » et qui se rencontre dans un manuscrit du VIIIe ou du XIe siècle [1]. Les détails groupés par la légende autour du fait essentiel : introduction d'une divinité nouvelle au Népal, sont empruntés au répertoire courant de ces récits. On peut y comparer, par exemple, un épisode conté

---

1. FOUCHER, op. laud, pl. IV, 1 : Nepāle Bugama Lokeçvaraḥ. M. Foucher a lui-même reconnu dans Bugama une forme abrégée de Bugmati, le village consacré à Matsyendra Nâtha (p. 99 sqq.). On trouvera en tête du 1er volume d'OLDFIELD une image en couleurs de Matsyendra Nâtha dans sa chapelle de Bugmati.

par l'historien tibétain du bouddhisme indien, Târanâtha :
comment le roi de Puṇḍra-vardhana, Çubhasâra, averti
par un songe, chargea le laïque Çântivarman d'aller chercher Avalokiteçvara au mont Potala, afin d'assurer le bonheur de ses sujets : comment Çântivarman triompha des
obstacles accumulés sur sa route, aidé par un serpent qui
lui servit de pont sur les rivières, et comment il ramena
le Lokeçvara Khasarpaṇa. L'histoire se passait un siècle
avant Narendra deva, puisque Çântivarman est le contemporain de Dignâga, le grand logicien qui florissait au
vi[e] siècle[1]. Khasarpaṇa, au reste, devait rejoindre au Népal
Matsyendra Nâtha qui l'y avait devancé. Le roi Guṇa kâma
deva l'introduisit à Katmandou, précisément pour faire concurrence au Matsyendra Nâtha de Patan, la capitale aban-
donnée, et il institua en son honneur une procession
annuelle. Comme Matsyendra Nâtha, Khasarpa était rouge.
Le Svayambhû-Purâṇa, qui prédit son entrée au Népal, a
soin de marquer expressément sa couleur (ch. viii).

Matsyendra Nâtha vient de l'Inde. Cependant son nom
ne figure pas dans le panthéon brahmanique ou bouddhique
de l'Inde ; mais il se rencontre dans la tradition d'une secte
mystique, où il brille même aux premiers rangs. Les
adeptes du Haṭha-yoga, qui prétend enseigner les moyens
pratiques de réduire le corps, de s'unir à Dieu, et d'exécuter les prodiges suspects des fakirs hindous, révèrent
comme leurs premiers maîtres Matsyendra Nâtha et
Gorakṣa Nâtha[2], qui se retrouvent ainsi encore une fois

1. TARANATHA, p. 141-145.
2.   haṭhavidyāṃ hi Matsyendra-Gorakṣādyā vijānate
dit Âtmarâma, au début de la Haṭha-yoga-pradîpikâ (*Cat. Mss. Oxon.*,
233 et 234). — Cf. aussi sur Matsyendra Nâtha WILSON, *Works*, éd.
Rost, Essays… on the religion of the Hindus, 1862, vol. 1, p. 214 ; 11,
p. 30. Wilson est porté à croire que Matsyendra Nâtha a introduit le
Yoga çivaïte au Népal, et qu'il y a réalisé l'union des sectaires du Yoga
avec les Bouddhistes.

associés. L'Histoire des Triomphes de Çankara (*Saṃkṣepa-Çankara-vijaya*) les rapproche également dans un épisode qui rappelle par quelques traits le récit népalais. Matsyendra Nâtha entré par enchantement dans le corps d'un roi qui vient de mourir laisse son propre corps à la garde de son disciple Gorakṣa Nâtha. « Comme l'excellent Yogin prenait les meilleures postures magiques, la prospérité ne connaissait plus de sommeil dans ce royaume : *les nuages répandaient la pluie* en temps opportun, et les blés donnaient d'inestimables moissons. » Mais au milieu des femmes du sérail, Matsyendra Nâtha incarné dans le roi perd sa vertu ; heureusement Gorakṣa Nâtha qui veille sur lui le rappelle à son devoir et le décide à rentrer dans son véritable corps[1]. Souvent aussi, dans les listes des maîtres du Haṭha-yoga, Matsyendra Nâtha est remplacé par Mîna Nâtha, qui en est un simple synonyme[2]. Le bouddhisme népalais connaît aussi ce nom ; mais il considère Mîna Nâtha comme le cadet de Matsyendra Nâtha[3]. La tradition bouddhique du Tibet semble ignorer Matsyendra Nâtha[4], mais elle connaît Gorakṣa Nâtha comme un ascète thaumaturge ; c'est ainsi que dès sa jeunesse il se fait repousser par enchantement les mains et les pieds qu'une marâtre barbare avait ordonné de lui couper. On croit même entendre encore le bruit du tambour qu'il bat dans

1. AUFRECHT, *Cat. Mss. Oxon.*, 256.
2. Gorakṣa-çataka, vers 2 : ... çrī-Mīnanāthaṃ bhaje (*ib.*, 236). — Çaktiratnâkara (tantra), ch. v : Mīno Gorakṣakaç caiva Bhojadevaḥ... Mīnanātho Maheçvaraḥ (*ib.*, 101). — Çâvara-tantra : les disciples des 12 kâpâlikas sont... Mīnanâtha, Gorakṣa, Čarpaṭa... (*Notices of Sansk. mss.*, 2ᵈ series, vol. I, p. III, page xxxvii.)
3. « Mīnanâtha-dharmarâj, who is Sânu (or junior) Macchîndra ». *Vaṃç.*, p. 149.
4. A moins qu'il faille le reconnaître dans l'âcârya Lûjipa, surnommé ña-lto-ba « ventre de poisson » = Matsyodara, par confusion avec Matsyendra ? et qui est mentionné à côté de Čarpaṭa, comme dans la citation précédente Mīnanâtha et Gorakṣa. V. TARANATHA, p. 106, et la note de Schiefner.

ses rudes exercices[1]. Les ascètes aux oreilles percées
(*Kânphâṭâs*) qui se réclament de Gorakṣa Nâtha ont laissé
au bouddhisme un souvenir qui ne leur fait pas honneur ;
à la chute de la dynastie des Senas, quand l'Église indienne
perdit son dernier appui, les yogis qui suivaient la règle
de Gorakṣa Nâtha, étant d'esprit fort simple, se firent
dévots d'Îçvara, pour obtenir des rois hérétiques quelques
honneurs ; ils disaient même qu'ils ne feraient pas d'opposition aux Turuṣkas[2]. Dans la société orthodoxe de l'Inde,
les noms de Matsyendra Nâtha et de Gorakṣa Nâtha servent encore d'éponymes à deux clans des Jugis du Bengale, caste équivoque qui se prétend d'origine brahmanique, malgré le mépris dont elle est entourée[3].

L'accumulation de tous ces faits semble éclaircir les
origines de la divinité népalaise. Les premiers yogis qui
montèrent de l'Inde au Népal, appelés peut-être par la
piété enfantine de Narendra deva, y trouvèrent sans doute
une divinité consacrée par l'usage, mais étrangère aux
cadres réguliers. Peut-être elle portait le nom de Buga[4],
dont les Névars se servent encore pour désigner Matsyendra Nâtha, tandis que l'élément hindou emploie la désignation vulgaire de Maččhîndra Nâth. Fidèles à la méthode
d'adaptation pratiquée toujours par les religieux hindous
en contact avec les peuples barbares, ils affirmèrent y reconnaître le Lokeçvara du mont Kapota ; les petites
dimensions de l'image adorée au Népal, et que la tradition a fidèlement préservées jusqu'ici, constituaient au
moins un trait de ressemblance avec l'idole du mont

1. Taranatha, p. 174 et 323.
2. Taranatha, p. 255.
3. Risley, *Tribes and Castes of Bengal*, I, 355.
4. L'abréviateur des *Notizie Laconiche* l'appelle Bogha (op. laud.
fig. 9 et 10); Kirkpatrick (p. 190): Bhoogadeo; la *Notice* du P. Giuseppe
le nomme Baghero, et Georgi, Bugr. deo.; cf. *Vaṃç.*, p. 242 : Bug-
devatâ ; et supr. p. 353, n. 1.

Kapota, remarquable par sa petite taille[1]. C'est sous le
nom de Lokeçvara, sans l'addition de Matsyendra Nâtha,
que l'image est figurée dans le manuscrit étudié par
M. Foucher. Plus tard, quand le brahmanisme envahissant
put lutter à armes égales contre le bouddhisme, les yogis
de Gorakṣa Nâtha qui suivaient la fortune et qui passaient
au çivaïsme, comme Târanâtha les en accuse, imposèrent
à la divinité locale un nouveau baptême, et la saluèrent
comme leur maître Matsyendra Nâtha, tandis qu'ils in-
stallaient à côté du Népal, dans un royaume voisin et rival,
le culte parallèle de Gorakṣa Nâtha. La mainmise des
yogis sur les cultes locaux apparaît plus clairement encore
dans le cas de Paçupati qui servit en quelque sorte de
succursale aux sectes civaïtes de l'Inde, et particulièrement de l'Inde méridionale ; mais déjà l'histoire de Matsyendra Nâtha laisse entrevoir l'action insinuante de ces
yogis çivaïtes qui parurent longtemps se mettre au service
du bouddhisme, mais qui s'employèrent avec autant de
constance que de bonheur à le désorganiser, à le rapprocher du civaïsme pour finir par l'absorber et le détruire.
L'apparente anarchie des confréries hindoues n'exclut ni
la méthode, ni l'esprit de suite.

PAÇUPATI. — Le foyer de l'activité brahmanique au
Népal, son symbole et son quartier général à la fois, c'est
Paçupati. Du point de vue brahmanique, le Népal est le
pays de Paçupati, comme il est pour les bouddhistes le pays
de Matsyendra Nâtha. Paçupati a même, sur son rival séculaire, un avantage d'ordre national ; il est indigène. Il n'a
pas fallu l'amener des pays lointains ; il est, comme la
flamme de Svayambhû, une manifestation spontanée de la
divinité. Le liṅga qui s'élève sur la rive droite de la Bagmati, entouré d'un monde d'idoles, de temples et de cha-

____

1. HIOUEN-TSANG, III, 62 ; et cf. FOUCHER, p. 100.

pelles, rappelle comme une relique authentique le séjour
miraculeux de Çiva. Un jour que le dieu se trouvait à Bénarès, sa ville sainte et son séjour de prédilection, en compagnie de Pârvatî son épouse, il lui prit fantaisie de se
dérober à l'attention respectueuse des dieux ; il se transporta au Népal, et se métamorphosa en gazelle dans le bois
des Çleṣmântakas. Les dieux inquiets s'élancèrent de tous
côtés à sa recherche, et finirent par le connaître sous sa
forme d'emprunt. Ils le prièrent, le supplièrent de retourner avec eux soit au Kailâsa, son Olympe, soit à Bénarès,
sa Jérusalem. Çiva leur échappa et bondit sur l'autre rive
de la Bagmati. Les chefs des dieux se décidèrent alors à le
saisir par la corne ; la corne éclata dans leurs mains. « C'est
bien, dit Çiva ; puisque j'ai résidé ici sous la forme d'un
animal (*paçu*), je porterai ici le nom de Paçupati (animal-
seigneur). » Viṣṇu prit pieusement un des fragments de la
corne éclatée et la dressa comme un liṅga ; les trois autres
fragments furent transportés, pour être adorés comme des
liṅgas : sur le bord de la mer du Sud, à Gokarṇa ; sur le
bord du fleuve Čandrabhâga[1] ; et dans le paradis d'Indra,
à Amarâvatî. Tous les dieux accoururent pour rendre leurs
hommages à Paçupati ; le Bouddha lui-même donna l'exemple[2]. Cela se passait dans des temps très anciens ; pourtant des Yogis inspirés ont révélé la date de l'événement :
300 ans avant la fin du Tretâ-yuga, environ neuf cent mille
ans avant notre époque[3]. Un peu plus tard, Viṣṇu et
Brahmâ voulurent savoir jusqu'où pénétrait l'éclat qui
émanait de ce liṅga ; ils parcoururent tout l'univers sans
arriver à le perdre de vue[4]. Mais, dans la longue suite des

---

1. Le *Paçupati-purâṇa* seul indique cette localité.
2. *Nepâla-mâhâtmya*, I.
3. *Vaṃç.*, 82.
4. La légende insérée dans la Vaṃçâvalî est une imitation et presque
une copie de la Bṛhatkathâ (cf. *Kathâ-S. Sâg.*, I, 1).

temps, le temple primitif s'écroula, et cacha sous ses ruines la splendeur du liṅga. Une vache, qui allait tous les jours répandre son lait sur l'emplacement miraculeux, provoqua l'attention et la curiosité d'un berger ; il fouilla les décombres ; l'éclat jaillit et le consuma ; toutefois Paçupati était

Temple de Paçupati. Cour d'entrée avec la statue de Nandi.

retrouvé. Le Népal avait alors pour roi Bhuktamâna, fondateur de la dynastie des Rois-Bergers (Gopâla), qui avait reçu l'onction des mains de Ne Muni, éponyme et patron du Népal. Le premier souvenir historique qui se rattache à Paçupati semble être le nom du roi Paçuprekṣa deva, qui couvrit, dit-on, le temple de plaques d'or. La chronologie fantaisiste des Vaṃçâvalîs date cet événement de 1234 Kali-yuga, soit 1767 avant l'ère chrétienne ! A partir de Paçupreksa deva, la Chronique enregistre une série de donations, de restaurations et d'embellissements : sous Bhâskaravarman, de l'or ; sous Çaṅkara deva le Sûryavamçi, une statue de Nandi ; sous Guṇakâma deva le Thâkuri, une toiture dorée ; sous Sadâçiva, une nouvelle toiture, etc... Dès les inscriptions les plus anciennes qui nous soient connues, les rois du Népal se vantent d'être « les favoris des pieds du Divin Paçupati [1] ». Les plus anciennes monnaies du Népal présentent, en alternance avec le nom des rois, le nom de Paçupati, accompagné d'emblèmes parlants tels que Nandi, le taureau de Çiva, le trident de Çiva, etc. Paçupati est l'incarnation politique du Népal, comme Matsyendra Nâtha en est l'incarnation populaire. Toutes les dynasties, jusqu'aux Gourkhas mêmes, l'ont traité avec un égal respect et une égale ferveur : c'est un Gourkha, Râjendra Vikram Sâh, qui eut en 1829 la baroque idée d'offrir à Paçupati 125 000 oranges et de l'enterrer jusqu'à la tête sous cet amas de fruits. Vers 1600, la bigote Gaṅgâ Râṇî, à qui on attribue la construction du temple actuel, fit tendre une sorte de ruban entre le temple de Paçupati et le palais de Katmandou, sur une longueur de quatre à cinq kilomètres, pour sanctifier sa demeure par une communication purifiante. Elle suivait ainsi l'exemple donné dix siècles plus tôt par Çivadeva le Sûryavamçi. Un demi-siècle après Gaṅgâ Râṇî, Pratâpa malla renouvelait la même pratique. Comme Matsyendra Nâtha, Paçupati participe à la vie nationale : au xiii° siècle, le Népal est envahi par le roi de Palpa, Mukunda Sena ; les Khas et les Magars qui forment ses troupes accumulent sans scrupule les horreurs et les abominations ; Matsyendra Nâtha se tient coi, gagné par la courtoisie de Mukunda Sena qui lui a passé au cou une

1. *Paçupati-bhaṭṭāraka-pādānugrhīta...* V. vol. III, Inscrps.

chaîne d'or. Mais Paçupati se charge de venger le Népal :
sa face impitoyable (Aghora), celle qui est tournée vers le
Midi, montre ses effroyables dents, et soudain la peste
qu'il a ainsi déchaînée s'abat sur les envahisseurs et les
décime en quinze jours. Mukunda Sena, épouvanté, prend
la fuite, mais trop tard ; il tombe mort à la frontière du
Népal.

Paçupati, par sa popularité, s'est imposé au bouddhisme,
comme Matsyendra Nâtha au brahmanisme. Le Svayambhû-
Purâṇa prédit l'apparition sur le bord de la Bagmati, dans
le Mṛgasthala, d'un Lokeçvara « qui aura l'empire des trois
mondes ; Hari, Hara, Hiraṇyagarbha, Gaṇeça l'entoureront,
et aussi les yoginîs et les Mères en troupes nombreuses ;
et sa face tournée au Midi sera sans pitié ; il recevra les
hommages des Brahmanes indigènes, des Bhaṭṭas, des
Kṣatriyas, des Çûdras même, et son nom sera Paçupati »
(ch. VIII). C'est à l'intervention charitable du Bouddha que
Paçupati dut son salut, quand le démon Virûpâkṣa poursuivait tous les emblèmes de Çiva de sa rage insatiable. Le
Bouddha, pour sauver Paçupati, le couvrit de sa propre
coiffure ; et Virûpâkṣa s'inclina humblement devant l'idole
déguisée. « C'est pourquoi tous les emblèmes de Çiva sont
un peu penchés de côté, à l'exception du seul Paçupati. »
Et c'est aussi pourquoi les brahmanes orthodoxes d'à présent, conservateurs obstinés des formes traditionnelles
pour être plus libres de transformer le fond, continuent à
décorer Paçupati une fois par an, le 8 kârttika de la quinzaine claire, d'une coiffure bouddhique pour lui adresser
leurs hommages.

Le Paçupati du Népal se relie au moins par son nom aux
époques lointaines du panthéon védique. Les hymnes du
Yajur et de l'Atharva désignent sous le nom de Paçupati
une des formes de Rudra ou d'Agni, de Rudra surtout,
divinité violente et farouche qui menace de ses traits fu-

nestes le bétail précieux. Le taureau qui reste dans la mythologie classique et dans le culte moderne associé à la
personne et à la légende de Çiva traduit sans doute en
image les antiques relations de Rudra et du bétail[1]. Dans
la cour du temple de Paçupati, devant la porte d'entrée du
sanctuaire, se dresse une statue colossale de Nandi, la
monture et le serviteur du dieu. Mais du panthéon védique
au panthéon népalais il y a loin, et le trait d'union manque.
Entre les deux Paçupati, les intermédiaires réels sont les
Pâçupatas. Les Pâçupatas sont, d'après l'excellente défini-
tion qu'en donne un disciple de Hiouen-tsang[2], « des
[ascètes] qui se couvrent de cendres ; ils s'en couvrent tout
le corps, et tantôt rasent, tantôt conservent leurs cheveux.
Ils portent des habits sales et usés, qui diffèrent seulement de ceux des autres en ce qu'ils ne sont pas rouges.
Ces sectaires adorent le dieu Maheçvara ».

La secte des Pâçupatas est ancienne. Le Mahâ-Bhârata
met leur doctrine sur le même rang que les Vedas, le Sâṅ-
khya, le Yoga et le Pâñcarâtra, comme l'enseignement
authentique de Çiva (XII, 13702) ; c'est Çiva en personne,
l'époux d'Umâ, le maître des Bhûtas, qui a publié la doctrine Pâçupata (13705) ; elle se caractérise par des pratiques
d'une austérité farouche (10470). Les Purâṇas s'accordent
à en proclamer l'orthodoxie[3]. Les ouvrages canoniques de
la secte sont encore inconnus ; mais Mâdhava en a donné
un résumé systématique dans un chapitre du Sarva-dar-
çana-saṃgraha[4]. Sous un placage de notions philoso-

---

1. Un commentaire chinois de l'Abhidharma-Koça, le *Kiu-che-koang-
ki*, ch. IX, explique en fait Paçupati par « le maître du taureau » (*you-
tchou*) « parce que ce dieu, qui est Maheçvara Deva, a pour monture un
taureau ».

2. *Yi-tsie-king yin-yi* de Hiouen-ying, cité et traduit par JULIEN
Hiouen-Tsang, III, 523, s. v. *Po-chou-po-to*.

3. Vâmana-P. dans *Cat. mss. Oxon.* 46ª ; Varâha-P., *ib.*, 58ᵇ ; Vâyu-
P., *ib.*, 50ª ; Padma-P., *ib.*, 14ª ; Laghu-Çiva-P., *ib.*, 75ª.

4. J'ai publié une traduction de ce chapitre dans la *Bibl. de l'École*

phiques, la doctrine des Pâçupatas y apparaît comme une
méthode pratique d'ascétisme intense : le Pâçupata doit
éclater de rire, danser, mugir, ronfler, trembler, jouer
l'amoureux, parler absurdement, agir absurdement, etc.
Au viie siècle, Hiouen-tsang rencontre des Pâçupatas au
Kapiça, en Jâlandhara (où ils sont les représentants exclusifs du brahmanisme), en Ahiččhatra, en Mahârâstra ;
la secte est puissante et répandue. Bâna, à la même époque,
signale la présence de Pâçupatas au camp de Harṣa[1]. Ils
apparaissent dans l'histoire du Cachemire dès le vi^e siècle[2].
En 609 J.-C. un prince de l'Inde Centrale, Buddharâja, de
la noble famille des Kalačuris (Kataččhuri) vante son
grand-père Kṛṣṇa râja comme un fervent de Paçupati[3].
Une inscription du Cambodge, des environs de l'an 900,
et qui règle l'ordre de préséance dans un temple çivaïte
place l'âčârya Çaiva et le Pâçupata immédiatement à la
suite du brahmane[4]. Au xie siècle, le savant Lakulîça ou
Nakulîça réforme la secte et lui donne un regain de vie ;
parti des environs de Madras, le mouvement de rénovation
gagne le Mysore, s'étend au Guzerate et rayonne bientôt
sur l'Inde entière[5]. Une recrudescence des relations entre
le Népal et le Deccan suit le réveil du çivaïsme dans le Sud

des Hautes-Études, Sciences Religieuses, 1er vol. (Paris, 1889), p. 281
sqq.

1. *Harṣa-carita*, trad. COWELL-THOMAS, p. 49. L'arrière-grand-père de
Bâna portait le nom de Pâçupata. *Ib.*, 31.

2. *Râja-taraṅgiṇî*, III, v. 267.

3. *Epigr. Ind.*, vi, 294 : ā janmana eva Paçupati-samāçraya-paraḥ.

4. A. BERGAIGNE, *Inscriptions sanscrites du Campā et du Cambodge*, Paris, 1893, p. 242. inscrip. G₁, v. 6 et 7 :

çaivapāçupatācāryau pūjyau viprād anantaram |
tayoç ca vaiyākaraṇaḥ pūjānīyo 'dhikam bhavet ||
çaivapāçupatajñānaçabdaçāstravidām varaḥ |
ācāryo 'dhyāpakaç çreṣṭham atra mānyo varāçrame ||

5. Cf. l'article de M. FLEET, *Inscriptions at Ablur*, dans *Epigr.
Ind.*, V, 226 sqq. M. Fleet y fixe par des documents épigraphiques l'activité de Lakulîça Paṇḍita entre 1019 et 1035 J.-C.

de l'Inde. Plus nombreux que jamais, les yogis prennent le chemin de l'Himalaya, cher à Çiva. Derrière les yogis marchent les conquérants. C'est le moment où Nânya Deva du Karṇâṭaka part à la tête de ses soldats Nâyeras pour aller fonder une dynastie au Népal (1097). Les princes du Dekkhan, Someçvara III Bhûloka Malla, Bijjaṇa[1], Jaitugi, se flattent tour à tour au cours du xii° siècle d'avoir réduit le Népal en vasselage, par l'action des confréries religieuses sans doute plus que par la violence des armes. Les traditions qui relient le Népal à l'Inde du Sud sont alors inventées ou remises en circulation[2] : on raconte qu'un des premiers rois du Népal mythique, Dharmadatta, venait de Conjeveram (*Kâñčî*) et y avait régné d'abord ; on insiste sur la communauté d'origine du liṅga adoré à Paçupati, et du liṅga adoré à Gokarṇa, sur la côte septentrionale du Canara ; on découvre au Népal un épanchement lointain de la Godâvarî ; il n'est pas jusqu'au bois consacré par la métamorphose de Paçupati qui ne rappelle une forêt illustre du Dekkhan, le Çleṣmâtaka-vana, où Pulastya, le père du démon Râvaṇa, se mortifiait par de sévères pénitences. Les souvenirs et les personnages du Râmâyaṇa se localisent à l'envi au Népal ; le Népal finit même par fraterniser avec Laṅkâ. Les Bouddhistes se piquent au jeu et introduisent dans l'histoire du Népal le marchand Siṃhala, éponyme de Ceylan, et célèbre parmi toutes les existences antérieures du Bouddha. Après la restauration des Mallas, Paçupati devient un véritable fief des religieux çivaïtes du Dekkhan.

---

1. Bijjaṇa, qui d'après le témoignage de l'épigraphie a rendu le Népal « sans stabilité » (sthiti-hīnaṃ Nepālam) est mêlé à l'histoire de Râmayya Ekântada, fondateur de l'ordre des Viraçaivas ou Liṅgayats. *Ib.*, 239.

2. J'ai déjà rapporté la légende qui veut tirer les Névars (Nevâra) des Nairs (Nâyera) du Malabar ; je rappelle aussi les analogies déjà signalées par FERGUSSON (*East. Architect.*, p. 305) « entre l'architecture du Canara et le style qu'on trouve dans les vallées himalayennes ». Cf. aussi *ib.*, 271-275.

Yakṣa Malla « nomme des brahmanes Bhaṭṭas, originaires du Sud de l'Inde, comme prêtres de Paçupati-Nâtha » pour se conformer aux règlements élaborés jadis par Çaṅkara âčârya quand il était venu au Népal, au cours de sa tournée triomphante de controverses contre les hérésies : il avait alors chassé les bhikṣus de Paçupati et avait institué à leur place des brahmanes du Dekkhan. Sous Ratna Malla, fils de Yakṣa Malla, « un svâmin du nom de Somaçekhara Ânanda, originaire du Dekkhan, et versé dans le rituel tantrique du Khodhâ-nyâsa, vint au Népal et fut nommé prêtre de Paçupati. On lui donna le titre de guru. Cependant deux Névars, en qualité de Bhâṇḍâris, devaient lui servir d'assistants dans les cérémonies ; deux autres Névars furent chargés de gérer les biens et les trésors du temple ». Un siècle plus tard, vers 1600, un nouveau svâmin, également versé dans le Khodhâ-nyâsa, vint encore du Sud de l'Inde ; il s'appelait Nitya Ânanda. Gaṅgâ Rânî le nomma prêtre de Paçupati. De même, au cours du xviiᵉ siècle, « le svâmi Jñâna Ânanda, expert en Khodhâ-nyâsa, vint du Sud de l'Inde à Paçupati. Pratâpa Malla l'examina et le nomma prêtre du temple ».

L'histoire positive du Paçupati népalais en laisse entrevoir l'origine probable. Paçupati, tout comme Matsyendra Nâtha, est l'œuvre de ces yogis vagabonds, philosophes, charlatans, prestidigitateurs, illuminés, qui ont fait et maintenu à travers les temps, en dépit des accidents de surface, l'unité profonde de l'Inde. Attirés vers l'Himalaya que remplissait la présence de leur dieu, en route vers la cime inaccessible du Kailâsa ou vers le lac glacé de Gosain-than qui montre sans la laisser atteindre une image naturelle de Çiva, les yogis substituèrent leur dieu à une divinité indigène. Peut-être ce nom de Paçupati rappelle-t-il encore par transparence un génie protecteur des troupeaux, contemporain des tribus pastorales qui peuplèrent jadis la vallée, comme elles peuplent encore les districts montagneux du voisinage. La métamorphose du dieu en bête (*mṛga*) traduit peut-être à la manière brahmanique l'incorporation au çivaïsme d'un culte local rendu à des animaux ; les éléments de ce culte ancien se seraient répartis par différenciation entre le dieu Çiva et le taureau Nandi qui lui sert de monture, de compagnon et de gardien vigilant. Peut-être ce nom commémore-t-il seulement, comme une empreinte résistante, l'œuvre propre des yogis Pâçupatas. Toujours est-il qu'il atteste et qu'il montre en œuvre les procédés d'expansion de l'Inde ancienne et la continuité des efforts des missionnaires brahmaniques.

Nârâyaṇa. — Viṣṇu, le concurrent et l'égal de Çiva dans la mythologie classique de l'Inde, n'a pas réussi à prendre une personnalité aussi vigoureuse et aussi saillante au Népal. Au lieu de se condenser dans une figure de choix, son culte et sa légende se sont éparpillés. Sous le vocable de Nârâyaṇa, il est populaire dans toute la vallée, et parmi toutes les classes de la population. Mais quatre de ces Nârâyaṇas l'emportent en sainteté et en réputation sur tous les autres : Čaṅgu-Nârâyaṇa, Çeṣa-Nârâyaṇa, Ičaṅgu-Nârâyaṇa, et Čayaju-Nârâyaṇa. Čaṅgu-Nârâyaṇa est sans contestation le premier de tous. Le temple qui lui est consacré s'élève sur le Dolâgiri, à l'extrémité orientale de la vallée, entre Bhatgaon et Sankou. Viṣṇu y est associé à la déesse Čhinna-mastâ « Tête-Coupée » Le Nepâla-mâhâtmya raconte qu'en effet Viṣṇu y eut la tête coupée par un brahmane irrité, en application de la loi du talion : le dieu, dans un mouvement de colère, avait coupé la tête d'un démon (Daitya) de caste brahmanique, qui était disciple de Çukra ; et Çukra, froissé, avait maudit le meurtrier. Garuḍa, qui sert de monture à Viṣṇu et qui lui est toujours associé comme Nandi l'est à Çiva, a par un traité en bonne et due forme avec les serpents, ses ennemis séculaires, assuré à la colline le privilège de posséder des serpents sans venin. Les Bouddhistes du Népal ont adopté Čaṅgu-Nârâyaṇa comme ils ont adopté Paçupati ; Viṣṇu ne sert qu'à y manifester la puissance d'Avalokiteç-vara. Un jour que Garuḍa luttait avec le Nâga Takṣaka, comme il était sur le point de triompher, grâce à l'aide de Viṣṇu, le Lokeçvara compatissant intervint, conclut un accord entre les adversaires, passa Takṣaka au cou de Ga-ruḍa ; Viṣṇu, porté sur sa monture, prit sur ses épaules, en signe d'humiliation, le Lokeçvara ; et soudain un griffon apparut, qui souleva les trois divinités superposées et s'en alla les déposer au sommet du Dolâgiri. Un groupe sculpté atteste encore aux fidèles la réalité de l'événement. Le pilier à inscription du roi Mâna deva, dressé devant le temple, atteste d'autre part aux esprits critiques l'anti-quité du culte local.

Une inscription d'Amçuvarman, qui stipule une donation à Jala-çayana, garantit aussi le long passé de Viṣṇu sous ce vocable. Pour la tradition indigène, l'origine du Jala-çayana remonte bien plus haut : c'est sous Dharma datta de Kâñčî, roi mythique de l'imaginaire Viçâla-nagara, qu'un yogi édifia le premier sanctuaire de Jala-çayana, au pied du mont Sivapuri. Le roi Vikramajit, autre héros de contes, fit un étang avec une image de pierre à quatre bras ; son successeur Vikramakesari vit l'étang se dessé-cher tout d'un coup ; inquiet, il consulta les sages, apprit que le dieu réclamait un sacrifice humain, et se dévoua comme victime. L'histoire réelle semble commencer avec le roi Haridatta varma, de la dynastie Sûryavamçi, qui se distingua par son zèle pour Nârâyaṇa. Une nuit Jala-çayana lui apparut en rêve, et lui révéla la place où il gîsait sous les décombres ; le roi ordonna de déblayer, et la statue reparut au jour. Par malheur un coup de pioche maladroit avait brisé le nez ; on se garda de réparer l'acci-

dent, et le Jalaçayana d'à présent a toujours le nez cassé.
Haridatta donna à l'image le nom de Nîlakaṇṭha, nom
inattendu, puisqu'il s'applique exclusivement à Çiva ; mais
le syncrétisme religieux du Népal apparaît encore à ce
trait : avec ses quatre bras et les attributs ordinaires de
Viṣṇu, la statue étendue au milieu d'un étang n'en rappelle
pas moins le Nîlakaṇṭha authentique qu'on adore au lac
du Gosain-than. Jala-çayana n'est plus connu que comme
« le Vieux Nîlakaṇṭha » (Budhâ-Nîlakaṇṭha)[1], depuis
qu'au xviie siècle le roi Pratâpa Malla a installé « le Nouveau Nîlakaṇṭha » (Bâla-Nîlakaṇṭha ou Bâlajî). Pratâpa
Malla avait fait sculpter dans la cour de son palais de Katmandou, au milieu d'un bassin, une réduction du Nîlakaṇṭha[2] ; puis il y avait amené, au prix d'un labeur obstiné,
l'eau de l'étang sacré. Le Vieux Nîlakaṇṭha lui apparut alors
en songe et l'avertit que si jamais un roi du Népal venait
le visiter, ce roi mourrait fatalement d'une mort prompte.
Depuis lors, c'est le Nouveau Nîlakaṇṭha, Bâlajî, qui reçoit
aux jours prescrits la visite des rois.

C'est sous l'aspect de Kṛṣṇa que Viṣṇu est le plus intimement mêlé à l'histoire légendaire du Népal. Kṛṣṇa, et
surtout Pradyumna son fils, sont les héros d'un roman
épique et galant, comme il sied au cycle krichnaite, et si

---

1. Bhagvanlal (p. 6, n. 18) écrit : Budda Nîlkaṇṭh et entend ; « Çiva
submergé ». Comme le ruisseau qui sort de l'étang porte le nom de Rudramatî, le pandit suppose que l'image primitivement adorée était un
liṅga, et que c'est un roi vichnouite qui y substitua une statue de Viṣṇu.
Le nom du village voisin, Çivapuri, lui semble corroborer cette hypo-
thèse.

2. « On voit à Cathmândoù, sur un des côtés du jardin du prince,
une grande fontaine où est placée une des idoles du pays appelée
Nârâyan. Cette idole est de pierre bleue ; elle a une couronne sur la
tête et repose sur un oreiller de la même pierre : l'idole et l'oreiller ont
l'air de flotter sur l'eau. Cette composition est très grande ; je la crois
longue de dix-huit à vingt pieds, et d'une largeur proportionnée : du
reste, elle est bien travaillée et en bon état. » *Descript. du Roy. de
Népal*, dans les *Recherches asiatiques*, II, 354.

populaire qu'il sert de noyau aux deux grandes compilations religieuses du brahmanisme népalais : il occupe huit
chants (VI-XIII) dans le Paçupati-Purâṇa, et six chants
(VII-XII) dans le Nepâla-mâhâtmya. Sûrya ketu, roi de
Çvetakâ dans le Čampakâraṇya (Champaran), et fervent
adorateur de Viṣṇu, est assiégé par Haṃsadhvaja, roi de
Mithilâ (Tirhout); dans sa détresse, il invoque le ciel.
Nârada, l'infatigable messager, accourt du paradis, et lui
conseille de se retirer à la source de la très sainte Bagmati,
sur le mont de la Cime-au-Lion (Mṛgendra-çikhara), consacré jadis par la présence de Viṣṇu, dans son avatar
d'Homme-Lion (Narasiṃha); déjà Prahlâda, la pieuse progéniture du démon Hiraṇya kaçipu, a éprouvé la sainteté
du lieu ; les mortifications qu'il y a pratiquées ont arra-
ché à Çiva un éclat de rire joyeux, qui a fait jaillir la Bagmati. Sûrya ketu obéit ; il s'enfuit de sa capitale avec la
belle Čandrâvatî, sa fille.

Dans la vallée du Népal que domine la Cime-au-Lion
régnait alors un démon puissant, maintes fois vainqueur
des dieux, Mahendra damana ; sa capitale était Suprabhâ,
au pied du Čandragiri, là où s'élève aujourd'hui Thankot.
La sœur de ce démon, Prabhâvatî, était une princesse
d'incomparable beauté. Par une de ces sympathies mys-
térieuses où se plaît le roman hindou, elle s'était éprise
sans l'avoir jamais vu de Pradyumna, le fils de Kṛṣṇa.
Pour distraire sa sœur, consumée d'un amour qu'il ignore,
Mahendra damana arrête le cours de la Bagmati et transforme la vallée submergée en lac de plaisance. A son tour,
instruit par un entremetteur complaisant des charmes de
Čandrâvatî, il tombe amoureux de la princesse et prétend
obtenir sa main. Sûrya ketu, qui répugne à une pareille
alliance, invoque encore une fois Nârada. Nârada le ras-
sure, lui promet que Pradyumna seul sera son gendre ;
puis il se rend auprès de Prabhâvatî et lui prédit aussi le

succès de sa passion. Une guerre éclate. Sous la conduite
de Pradyumna, les dieux triomphent enfin. Kṛṣṇa vient de
Dvârakâ féliciter son fils. La Bagmati lui adresse une
prière : « Tu peux à ta volonté, ô Hṛṣîkeça, ou réunir, ou
séparer les terres. Ouvre-moi un chemin que je rejoigne
la Gaṅgâ. » Kṛṣṇa d'un coup de son disque disjoint les
montagnes et la Bagmati s'écoule. Un démon, Kaččhapa,
prétend jeter le Dolâgiri dans l'espace ; Kṛṣṇa plante un
liṅga, comme un clou, dans la montagne et l'affermit :
telle est l'origine du Kîleçvara. Il dresse encore d'autres
liṅgas commémoratifs (le Svarṇeçvara, le Gopâleçvara),
adopte comme territoire sacré la portion méridionale du
Mṛgaçṛṅga à Paçupati, pour être associé avec Çiva dans un
culte commun. Nemi, comme le symbole même du Népal
qui a pris son nom, s'écrie : « Qui voit Hari (Viṣṇu) sous la
forme de Hara (Çiva), et Hara sous la forme de Hari, il
est vichnouite et il est çivaïte. Quiconque distingue entre
Hari et Hara est un misérable, un mécréant, un hérétique ;
l'enfer est sa voie ! » Et Paçupati en personne approuve
ce langage. Le séduisant Pradyumna épouse ensuite les
deux princesses ; Kṛṣṇa ramène Sûrya ketu à Çvetakâ, et
Haṃsadhvaja retourne à Mithilâ.

Le cadre est sans doute banal ; les Purâṇas et les Mâhâtmyas annexes regorgent de pareilles aventures. Ce
n'en est pas moins une surprise que de rencontrer les
mêmes personnages groupés dans un récit analogue, mais
consacré à la glorification d'une région lointaine, dès une
époque assez reculée. L'auteur d'une biographie de Vasubandhu[1] traduite en chinois par un disciple immédiat de
ce docteur entre 557 et 569, rapporte les amours de Viṣṇu
avec Prabhâvatî, sœur de (Mahâ) Indra damana, comme

_____

1. Nanjio, n° 1463 ; *éd. japon.*, XXIV, vol. 9 ; Wassilief, trad. all.,
p. 235 sqq. et Takakusu, The life of Vasubandhu, dans *T'oung-Pao*,
1904, p. 269.

l'origine du nom de Puruṣapura, la moderne Pechaver, aux confins Nord-Ouest de l'Inde. L'antiquité du matériel pouranique se trouve ainsi brillamment démontrée, et subsidiairement aussi le sans-gêne des brahmanes à transporter les mêmes légendes d'un point à l'autre. Le nom sanscrit de Prabhâvatî, donné à un petit ruisseau au Sud de Patan, le Nakku Khola, a pu suggérer l'application locale d'un roman connu.

Viṣṇu vient d'apparaître associé et même confondu avec Çiva ; plus fréquemment encore, il entre en rapports également étroits avec le Bouddha. La légende de Čaṅgu Nârâyaṇa a déjà montré le dieu brahmanique aux prises avec une divinité du panthéon bouddhique, et qui sort humilié de l'aventure ; mais l'aventure remonte trop haut pour imposer la conviction aux esprits indécis. Un épisode plus récent est venu prouver aux bouddhistes hésitants la supériorité de leur personnel divin. Vers le début du xive siècle, un peu avant l'invasion de Harisimha deva (1324), un couple de braves gens qui vivait à Katmandou trouva un beau jour sa provision de combustibles transformée par miracle en lingots d'or. Ils voulurent témoigner leur gratitude aux dieux, auteurs de ce miracle ; mais là cessa leur accord. Le mari penchait pour le Bouddha, la femme pour Nârâyaṇa. Il fallait choisir. On décida de soumettre les deux divinités à une sorte d'ordalie : le mari planta une graine de bhîmpâtî ; la femme, une graine de tulsî ; chaque dieu n'avait qu'à manifester sa puissance à l'aide de sa plante favorite. La bhîmpâtî, chère au Bouddha, germa la première. La preuve était irréfragable ; la femme céda sans s'obstiner davantage, et une grande fête célébra le triomphe de Bouddha sur son rival.

L'épreuve était indispensable : fidèles à leur tactique, les brahmanes avaient dessiné à l'entour du Bouddha un mouvement enveloppant ; impuissants à renverser leur adversaire, ils s'étaient résignés à l'accepter afin de l'absorber. Le système commode des avatars leur permettait de représenter le Bouddha comme une incarnation de Viṣṇu. Le Nepâla-mâhâtmya (1) montre parmi la foule des dieux accourue pour saluer Paçupati « Janârdana (Kṛṣṇa) qui était arrivé du Saurâṣṭra (Kathiawar) sous la forme du Bouddha (Buddha-rûpî)[1]. » L'adaptation brahmanique de l'histoire du Bouddha à l'usage du Népal était exposée dans un Purâṇa spécial qui n'a été retrouvé que pour être aussitôt perdu ; le manuscrit de « cet ouvrage rare et précieux » que Kirkpatrick avait pu se procurer au Népal[2] n'est entré dans la collection des manuscrits de Fort-William[3] que pour y disparaître. Heureusement, à défaut du texte, nous en avons tout au moins une analyse partielle due au P. Marco della Tomba[4]. D'après lui, « le Buddha-Purâṇa est le treizième des Purâṇas ; il traite de la neuvième incarnation de Viṣṇu en Bouddha, divinité muette. Il rapporte comment un certain roi appelé Surghdan (*Çuddhodana*) avait une femme nommée Mahâdevî, ce qui veut dire la Grande Bhavânî, laquelle fut la femme de Mahâdeva dès le principe de la création. Or il vint à cette Mahâdevî sous le bras une chose, qu'elle ne savait pas elle-même ce que c'était. Un jour, en élevant le bras pour cueillir un fruit à un arbre, il lui tomba de sous le

1. Cf. les passages analogues, sup. p. 346.
2. KIRKPATRICK, p. 148.
3. AUFRECHT, *Catalogus catalogorum*, s. v. Buddha-purâṇa. La Collection Mackenzie en contenait un abrégé sous le titre de *Laghu Buddha Purâṇa* ; Wilson, dans le Catalogue de cette collection, le décrit ainsi : « A Summary of the contents of the Lalita Vistara, a Purâna containing the history of Buddha ; the original was brought from Nepal by Captain Knox ; the abridgment was made by a Pandit in Mr. Colebrooke's service. » (*The Mackenzie Collection, a descriptive Catalogue*, 2e éd. Madras, 1882, p. 122.)
4. *Gli Scritti...*, p. 117 sqq.

bras un fils qu'on appela Bouddha, parce qu'il naquit muet
et qu'à partir de la naissance de cet enfant toutes les statues des idoles devinrent muettes. Cependant, dans l'his-

Temple de cinq étages construit à Bhatgaon par Bhûpatindra Malla en 1703.

toire, on le fait parler en dépit de son nom. Ce Bouddha
une fois né, son père (putatif, je pense) devint fort riche.
Quand l'enfant fut arrivé à douze ans on lui chercha une

femme ; mais il s'obstinait à déclarer qu'il ne voulait pas d'autre femme que la fille d'un certain géant, nommée Parameçvarî. A la fin le père du Bouddha fut obligé de demander au géant sa fille en mariage pour son propre fils. Le géant la refusa ; le Bouddha voulut l'avoir de force. Il se livra une bataille et le Bouddha d'un seul coup de pied jeta l'éléphant du géant à 16 milles ; et il fit de même avec tous les autres géants. Le géant, voyant qu'il ne pouvait pas triompher par la force, proposa une bataille d'argumentations théologiques, pour laquelle il présenta ses docteurs ; mais ceux-ci furent vite vaincus par le Bouddha, et à la fin le Bouddha enleva la fille des mains du géant son père. Les deux (dieux ?) jaloux essayèrent par tous les moyens d'enlever au Bouddha sa femme, mais ils ne le purent. Le Boudha s'en alla ensuite faire pénitence en diverses parties du monde ; dans un endroit il resta 37 037 600 années pénitent. Et pourtant ce Bouddha a existé après Kṛṣṇa, depuis lequel on compte 4 830 ans ! Habitude de Gentils de grossir le nombre des zéros à leur fantaisie ! La pénitence du Bouddha était si recueillie que toute chose en était comme dans l'extase : si bien qu'il ne tombait plus de pluie sur la terre. Les dieux voulurent à tout prix l'interrompre : le dieu Indra lança une pluie de feu, mais elle se convertit en fleurs ; il décocha flèches et foudres, mais sans réussir à l'atteindre, sauf à un doigt de pied ; la gangrène se mit à la plaie, et la volaille venait becqueter la vermine. C'est pourquoi les Gentils ne mangent pas de poulet. Quelques jeunes personnes allèrent pour le séduire, mais en approchant elles se changèrent en vieilles bêtes. Les géants voulaient le transporter avec le terrain tout entier, mais ils échouèrent. Ils envoyèrent une grande armée ; mais arrivée là, elle tomba, qui d'un côté, qui de l'autre. A la fin, les dieux, voyant que toute tentative était inutile, y allèrent tous ensemble : Brahma

pour l'honorer lui servait de balayeur, Viṣṇu de sonneur
de trompe, Mahâdeva de porteur d'ombrelle (et pourtant
le Bouddha n'était autre que ce même Viṣṇu incarné) ; les
autres dieux, qui de chanteur et qui de danseur. Ainsi ils
purent le distraire et remirent toutes choses en leur cours
naturel. Les Bouddhistes, c'est-à-dire ceux qui suivent ce
Bouddha avec une particulière dévotion, comme les Tibétains et les montagnards, vénèrent encore un certain Ma-
cendrnak (Matsyendra Nâtha)[1]... » Voilà ce qu'est devenue
la biographie du sage de Kapilavastu, accommodée par les
Brahmanes et résumée par un Père Capucin ! Un ramassis
de contes banals et de merveilles puériles.

Ainsi Viṣṇu, qui avait été déclaré identique à Çiva, est
encore devenu identique au Bouddha. Mais la fièvre d'iden-
tités qui tourmente le génie hindou exigeait une troisième
équation, entre Çiva et le Bouddha. Cette équation, le Nepâla-mâhâtmya (I) la proclame par la bouche de Pârvatî.
« Satisfaite des autorités du Bouddha, la fille d'Himâlaya
lui dit : Tes pratiques sont bonnes ; demande une faveur à
ton choix. Le saint répondit : Que les gens de ce pays-ci
se conforment à ma loi ! La Bienheureuse qui chérit ses
dévots dit alors au Bouddha : « Ce territoire sacré d'ici,
c'est Çiva qui l'a créé ; toi, tu y as pratiqué l'ascétisme.
Donc, sur ce sol incomparable, les dévots de Çiva seront
les dévots du Bouddha. Point de doute ! » Cette fois, le
cycle est achevé : Viṣṇu, Çiva, le Bouddha se rapprochent,
se pénètrent, se confondent sous le patronage auguste de
la Grande Déesse que tous les cultes honorent.

Devî. — La Déesse, *Devî,* doit sans doute à son sexe le
privilège d'une popularité universelle dans l'Inde ; vierge
et mère, elle a la grâce et la dignité. Épouse de Çiva, elle
l'accompagne fidèlement sans lui être enchaînée, et consent

---

1. Suit le récit que j'ai rapporté ci-dessus, p. 351.

volontiers à partager son culte avec d'autres associés. Aucun des dieux, si grand qu'il soit, n'a jamais obtenu l'honneur de porter dans le panthéon hindou le titre exclusif de Deva, de Dieu par excellence. Devî seule n'a pas besoin d'une autre désignation; tous les cultes la reconnaissent comme la Déesse. Elle n'en aime pas moins à être adorée sous de multiples noms, qui expriment la variété de ses attributs ou de ses fonctions, ou qui rappellent les innombrables épisodes de sa vie accidentée. Sous le vocable de *Guhyeçvarî*, Notre-Dame-du-Secret, elle est la patronne antique du Népal. Mañjuçrî la découvrit et la vénéra, cachée dans la racine du lotus qui portait Svayambhû, manifestée pourtant dans la source limpide qui s'échappait du sol. La ville de Deva-pattana (Deo Patan) s'éleva plus tard sur l'emplacement merveilleux; mais la déesse ne cessa pas d'y recevoir un culte consacré par l'antique tradition. Les brahmanes, qui n'admettent pas l'histoire de Mañjuçrî, n'en ont pas moins une raison d'adorer la Déesse au même lieu. Quand Devî, dans une existence antérieure, était la fille de Dakṣa, son père manqua grossièrement d'égards à Çiva son époux; froissée dans son amour et dans sa dignité, la déesse se donna la mort en demandant de renaître avec une meilleure parenté : elle devint alors la fille d'Himâlaya. Instruit du suicide de sa bien-aimée, Çiva s'arracha à ses macérations ascétiques pour voler vers le bûcher où Devî était montée volontairement, donnant aux épouses vertueuses un éclatant exemple; il recueillit dans ses bras le corps à demi consumé et retourna, chargé de son précieux fardeau, vers la cime du Kailâsa; mais les membres brûlés tombèrent un à un le long de la route. L'organe secret (*guhya*) de la déesse vint tomber sur le bord de la Bagmati; le sol se referma jalousement sur la sainte relique; mais un temple marque le site, et dans le sanctuaire un lotus à huit pétales déco-

rés de syllabes mystiques porte un triangle emblématique
que les brahmanes adorent comme le symbole de la vulve
génératrice, tandis que pour les Bouddhistes il exprime la
Triade sacrée, le Triple-Joyau. L'*Alphabetum Tibetanum*
(p. 194) donne une image de ce lotus, due aux Capucins
du Népal, et décrit aussi d'après leur témoignage la multitude des fidèles qui se presse à toute heure dans le temple ;
indigènes ou pèlerins venus de loin, hommes et femmes
répandent à pleines mains leurs offrandes sur la cavité
profonde qui s'ouvre en triangle ; mais les offrandes, absor-
bées par un artifice aisé, disparaissent sous les yeux des
fidèles émerveillés ; et Devî reste insatiable, sans se lasser
d'être fécondée non plus que de produire. L'exégèse, à
vrai dire, varie avec les sectes ; les Bouddhistes instruits,
si tant est qu'il en reste, saluent Guhyeçvarî comme une
incarnation de Prajñâ, la science, ou de Dharma-devî, la
déesse de la Loi, et comme identique à Ârya-Târâ ; mais
le vulgaire qui ne raffine point apporte à la déesse, de
l'hindouisme comme du bouddhisme, le même hommage
ardent.

Un des noms de Devî les plus populaires dans l'Inde
entière, c'est *Durgâ*, la Mal-accessible ; soit que ce vocable
exprime la nature mystérieuse, inconcevable, de la Mère
Universelle, soit qu'il indique l'aspect terrible de cette
divinité, aussi formidable aux méchants que favorable
aux bons ; pour combattre les démons et pour en triompher, elle n'a pas hésité à lutter avec eux d'horreur et de
férocité. Durgâ est souvent adorée sous la désignation de
Nava-Durgâ « Neuf-Durgâs » comme une sorte d'être collectif où se combinent neuf personnalités. Le Népal a
adopté ce vocable, mais il a glissé sous cette rubrique
d'emprunt une combinaison locale de neuf « Notre-Dame »
qui diffèrent de la liste usuelle. Ce sont : Vajreçvarî,
Koteçvarî, Jhaṅkeçvarî, Bhuvaneçvarî, Maṅgaleçvarî, Vat-

saleçvarî, Râjeçvarî, Jayavâgîçvarî et enfin Guhyeçvarî. Elles n'ont pas toutes acquis une égale notoriété, quoiqu'elles prétendent à une égale antiquité : Çivadeva le Sûryavamçi aurait institué, ou, pour parler le langage des chroniques, ressuscité ces neuf cultes. La première après Guhyeçvarî est à coup sûr Vatsaleçvarî (Vacchleçvarî) que Çivadeva adorait déjà comme « la principale divinité du Népal » ; il institua même en son honneur un sacrifice humain qui devait se renouveler tous les ans ; un de ses successeurs, Viçva deva, voulût supprimer cette cérémonie barbare, mais les hurlements de la déesse le ramenèrent bien vite au respect de la tradition. Jaya Vâgîçvarî est la divinité tutélaire de Deo Patan : elle passe pour venir du lac Mânasa, sur le plateau tibétain.

Mais la nomenclature des Nava-durgâs est loin d'épuiser la liste des Notre-Dame Népalaises ; à l'époque de la fondation de Katmandou, le roi Guṇa kâma deva « ressuscita » une autre série de Nava-durgâs. Les plus notables des Îçvarîs hors cadre sont : Kṣetrapâleçvarî, divinité protectrice du sol ; Kaṅkeçvarî, adorée aussi sous le nom de Rakta-Kâlî et honorée annuellement d'un sacrifice humain ; Kuliçeçvarî ; Maheçvarî ; Čaṇḍeçvarî, qui a pour résidence originelle (pîṭha) la vallée de Banepa, à l'Est du Népal ; c'est de là que Guṇa kâma deva l'amena au Népal ; c'est là aussi qu'elle répandit sa protection sur les premiers Mallas. Mâneçvarî est la protectrice des Licčhavis, prédécesseurs des Mallas ; mais en recueillant la couronne, la nouvelle dynastie ne négligea pas d'adopter la patronne du clan royal qu'elle remplaçait. La dynastie de Harisimha deva introduisit encore par surcroît une nouvelle forme de Devî ; son nom, soigneusement tenu secret, s'est transmis avec des altérations embarrassantes : Tulasî, Tulajâ, Taleju, Talagu. Entre les titres usuels de Devî, on lui donnait de préférence celui de Bhavânî. L'image authentique de la déesse, qui se confond avec la personne même, passait pour être venue du ciel ; enlevée par Râvaṇa, elle avait échappé à ce démon ; Râma l'avait retrouvée, installée à Ayodhyâ ; elle avait ensuite passé à Simângarh, d'où elle avait conduit Harisiṃha à la conquête du Népal. Son prestige était si grand que les Tibétains, impatients de se procurer cette auxiliaire puissante, tentèrent de la ravir à main armée. Léguée par la dynastie de Harisiṃha deva aux Mallas de Bhatgaon, elle excita l'envie des Mallas de Katmandou, jusqu'au jour où Mahîndra Malla eut la satisfaction d'élever dans sa capitale un temple à Tulajâ Bhavânî (1549). La formule magique qui asservit Tulajâ à son dévot passait régulièrement avec les insignes du pouvoir du roi à son héritier : mais le roi Lakṣmî Narasiṃha, père de Pratâpa Malla, mourut fou, et la puissante formule se perdit. Le temple de Tulajâ ne s'ouvrait qu'au roi seul.

Sous son aspect le plus horrifique, Devî prend le nom et les attributs de *Kâlî* ou *Mahâ-Kâlî* « la Grande Noire ». Son teint sombre, ses traits grimaçants, ses mains rouges de sang, garnies d'armes et de débris funèbres, sa langue pendante, ses allures échevelées inspirent au fidèle la terreur et l'épouvante. La chronique brahmanique signale quatre Kâlîs, au Népal : Guhya Kâlî, Vatsalâ Mahâ Kâlî, Dakṣiṇa Kâlî et Kâliṅge sthânamâko (?) Kâlikâ. La première est identique à Guhyeçvarî, et c'est pourquoi l'étang primordial qui couvrait la mystérieuse déesse reçut le nom de Kâlî-hrada, l'étang de Kâlî. Vatsalâ s'est déjà rencontrée dans la liste des Neuf Durgâs. Dakṣiṇa-Kâlî, la Kâlî du Sud, est la patronne de Phirping, au Sud du Népal. Mais les quatre Kâlî n'épuisent pas la liste. Il faut mentionner encore Lomrî-Mahâ-Kâlî, qui fut instituée par Čandra ketu deva, et dont le temple situé à l'Est de Katmandou est très fréquenté.

Kumârî, la Vierge, est encore un autre nom de la Grande

Déesse, mais en relation particulière avec les rites des Tantras et leur sensualisme mystique. Kumârî est moins la déesse transcendante que ses incarnations officielles en d'obscures fillettes, reconnues et proclamées par les prêtres après des épreuves terrifiantes, et offertes à l'adoration des fidèles. Le Népal a ses quatre Kumârîs réparties aux quatre points de l'horizon ; la principale est Bâla-Kumârî, la déesse tutélaire de Themî.

Plus encore que les Kumârîs, les Yoginîs expriment l'inspiration des Tantras. La Yoginî est la compagne du Yogin, autrement dit du Sâdhaka, qui se propose de réaliser par l'union charnelle l'union de l'âme avec Dieu ; soit insuffisance de ressources verbales, soit analogie réelle et profonde, l'amour divin et l'amour sexuel parlent volontiers la même langue et laissent parfois l'esprit embarrassé de les distinguer. La Vierge, étant compagne de Çiva, le grand ascète, devient naturellement la Grande Amoureuse ; leur union féconde, éternellement nouvelle, éternellement renouvelée, montre l'exemple aux âmes éprises. Les Yoginîs du Népal sont quatre[1], comme les Kâlîs et les Kumârîs. Vajra-yoginî est la plus illustre ; elle est la déesse du Vajra-yoga, de l'union de diamant, inestimable et infrangible comme lui ; elle est aussi la patronne de la ville de Sankou. Son nom rappelle un épisode des luttes entre le Tantrisme bouddhique et le Tantrisme çivaïte ; c'est Çankara Âčârya, l'invincible docteur de l'orthodoxie brahmanique qui a substitué ce vocable à l'antique désignation de Maṇi-Yoginî, consacrée par les traditions locales : Maṇi-Yoginî avait favorisé dans leurs œuvres magiques les vieux rois légendaires, Vikramajit et Vikmanti ; elle avait décidé le roi Mâna deva à édifier en expiation

---

1. Bhagvanlal Indraji, *The Bauddha Mythology of Nepal*, p. 103, en énumère six : Vajra°, Maṇi°, Dhvaja°, Âdarça°, Piccha°, Puṣpa-yoginî, ainsi désignées d'après les attributs qui les distinguent.

d'un parricide le grand temple de Buddha-Nâtha (Budhnâth). Sous sa nouvelle appellation, Vajra-Yoginî n'en reste pas moins indulgente et même bienveillante au Bouddha. Quand le Bouddha s'est concilié à force de pénitences la faveur de Devî, elle lui apparaît sous la forme de Vajrayoginî[1]. Elle continue à porter le nom d'Ugra-Târâ, qui l'associe aux Bouddhas et aux Bodhisattvas. Une autre des quatre Yoginîs, Nîla-Târâ-Devî, appartient à titre égal aux deux églises du Tantrisme. En plein xviie siècle, un roi d'une dynastie brahmanique, Pratâpa Malla, montre aux sacristains névars de Paçupati, sur les indications d'un Svâmin du Sud de l'Inde, « une Devî dans l'Âdi-Buddha », une déesse du çivaïsme dans le Dieu suprême du Bouddhisme népalais, et les Névars convaincus par la démonstration royale honorent la déesse d'un rite annuel. D'autre part le Svayambhû-Purâna, en exaltant la déesse appelée Khagânanâ qui siège sur le diadème des cinq Bouddhas, la reconnaît pour une Çakti de Çiva, une des énergies féminines que les Tantras adorent. « Elle est la perfection de la sagesse et comme telle la mère des Bouddhas ; pour les Bouddhistes elle est Vajrinî, pour les Yogins, Yoginî : elle est la mère multiforme de tous les êtres. Pour les Çivaïtes, c'est une forme de Çiva ; pour les Visnuites, de Visnu ; pour les Brahmanes, elle est Brahmânî[2]. » Enfin Kumârî, la Vierge, et Kâlî, la Noire, apparaissent réunies dans une autre combinaison avec Mahâ-Laksmî, l'épouse même de Visnu, sous le nom de Tripura-Sundarî : assise sur un taureau, un trident, une couronne et un crâne dans les mains, elle a le corps roux. Elle est le matin Kumârî, la vierge compatissante ; à midi, Mahâlaksmî, la courtisane de grand

---

1.   Tapasyām kurvataś tasya Buddhasya girijā tadā |
     tuṣṭā babhūva prakaṭā nāmnā sā Vajrayoginī ||
Nepâla-mâhâtmya, I.
2. Svayambhû-P., III, p. 179 et 180.

amour ; le soir, Kâlî, une vieille décrépite, de grande cruauté, mangeuse vorace d'hommes et de créatures vivantes[1].

LES BHAIRAVAS. — Derrière les protagonistes se presse une masse innombrable de divinités secondaires, imaginées à plaisir par les religions rivales. Au premier rang se placent les *Bhairavas,* avec leurs compagnes les *Bhairavis* « les Terribles ». On désigne sous ce nom inquiétant les esprits émanés soit de Mahâ-Deva, autrement dit Çiva, soit de Devî, les énergies mâles ou femelles où se manifeste la toute-puissance divine. Le territoire du Népal, tout restreint qu'il est, sert d'asile à 5 600 000 Bhairavas et Bhairavîs. On représente généralement les Bhairavas avec la bouche ouverte, des dents proéminentes, une chevelure en désordre, un œil de surcroît au front ; ennemis des démons, ils les foulent sous leurs pieds ; leurs images rappellent ainsi les Saint-Georges et les Saint-Michel du christianisme. Comme la plupart des divinités népalaises, les Bhairavas vont volontiers par quatre, sans doute pour faire face aux quatre directions ; c'est une disposition stratégique de ce genre que, par exemple, le bhikṣu Çântikara adopte, après avoir consacré le sol de Svayambhû[2]. Le nombre immense des Bhairavas permet une infinie variété de combinaisons. Il n'est pas jusqu'au Bouddha et jusqu'au voyant Vasiṣṭha qui ne figurent parmi les Bhairavas[3]. Le groupe de Bhairavas le plus célèbre, et tenu pour le plus ancien, est formé par les Bhairavas de Nayakot, de Bhaktapura (Bhatgaon), de Sanga (à l'Est, hors de la vallée), et de Pañċalinga ; un autre groupe réunit les Bhairavas Harasiddhi, Hayagrîva, Lutâbâhâ et Tyângâ. Leurs noms mêmes décèlent en général leur origine et leur fonction strictement

1. *Notizie Laconiche,* fig. 16.
2. *Svay. Pur.,* XII.
3. *Târâ-tantra,* cité sup. p. 346.

locale. Le plus populaire est le Bhairava Pañčaliṅga, protecteur du sol (Kṣetra-pâla) des régions méridionales de l'univers, et par suite du Jambû-Dvîpa tout entier, l'Inde comprise. Le fondateur de Katmandou, Guṇa kâma deva, l'a établi à l'Ouest du Népal. Le Bhairava de Harasiddhi est venu d'Ujjayinî, amené par Vikramâditya ; il est associé à Nîla-Târâ-Devî. Le Prayâga-Bhairava vient de l'Est ; Amçuvarman l'a introduit.

Les Bhairavas sont, par leur puissance divine, des auxiliaires aussi précieux que difficiles à manier. Il faut, pour s'en servir, une rare sûreté de doigté. Le sage Jaya Sthiti Malla, voulant apaiser la rage de Çîtalâ, déesse de la variole, institua l'Unmatta Bhairava ; mais il eut soin de placer au-dessus du Bhairava une Âgama-devatâ, chargée de contrôler ses écarts et de le maintenir dans son rôle. Bhûpatîndra Malla de Bhatgaon eut, au contraire, le tort d'établir dans un temple neuf un Bhairava sur lequel il comptait pour protéger le pays. Le Bhairava s'émancipa, fit des siennes, jusqu'au jour où des conseillers avisés indiquèrent le remède : il suffit d'installer auprès du Bhairava une « Notre-Dame » (îçvarî) du Tantra ; sa présence imposa le respect au Bhairava, qui s'apaisa désormais. L'autorité royale se voit même obligée d'intervenir parfois pour rétablir l'ordre dans ce monde de dieux. Jagat Jyotir Malla de Bhatgaon s'aperçut qu'un Bhairava entretenait de coupables pensées à l'égard d'une Çakti ; pour l'en punir, il ordonna dans une procession de heurter violemment le char du Bhairava contre le char de Kâlî.

Les dii minores. — *Gaṇeça* n'est pas moins populaire au Népal que dans l'Hindoustan. Prince des obstacles, il préside à toutes les entreprises, les plus humbles et les plus banales même ; sans son concours point de succès possible. En outre, sa physionomie singulière et bonhomme force l'attention et la sympathie ; son corps ventru couronné d'une tête d'éléphant aux gros yeux ronds, ses mains qui portent une guirlande et une hache, le serpent suspendu à son cou, la souris tapie à ses pieds composent l'ensemble le plus amusant. Partout associé au culte des autres divinités, il a aussi ses sanctuaires propres. Le premier de tous est Sûrya-Vinâyaka (*vulgo* Suraj-Binaik), au Sud de Bhatgaon. Le nom rappelle, d'après le Nepâla-mâhâtmya (VI) un miracle du dieu. Le fils d'un brahmane qui résidait à l'Ouest du Doleçvara, dans un bois, tomba soudain mort ; ses parents et les munis voisins invoquèrent Paçupati qui les renvoya au bosquet de Prakânḍa. Arrivés là, ils virent Gaṇeça se manifester dans un rayon de soleil (sûrya), et l'enfant ressuscita. La chronique bouddhique rapporte une légende différente : immédiatement avant le règne d'Aṃçuvarman, Gaṇeça, sous la forme de Sûrya-Vinâyaka, apparut au roi Vikramajit et lui fit don de richesses fabuleuses qui lui permirent de fonder son ère. Les Gaṇeças du Népal se classent volontiers, eux aussi, en groupes de quatre ; après Sûrya-Vinâyaka, les plus populaires sont : Rakta-Vinâyaka (le Rouge) à Paçupati ; Candra-Vinâyaka (la Lune), à Chobbar ; Siddhi-Vinâyaka (le Succès), à Sankou ; Açoka-Vinâyaka (*vulgo* Assu-Binaik) à Katmandou.

Gaṇeça a fréquemment comme pendant Mahâ-Kâla (*vulgo* Mahankâl) « le Grand-Noir », qui est identique à Çiva et qui correspond à la Devî Mahâ-Kâlî, mais qui a pris une personnalité distincte. Mahâ-Kâla porte un trident garni au manche de crânes humains.

Indra est une figure classique du panthéon hindou ; mais au Népal l'influence des légendes bouddhiques où il figure souvent a modifié son caractère. Ancien maître de la foudre (vajra), il a suivi l'évolution qui a transformé son arme bruyante en emblème religieux et en symbole métaphysique. La fête d'Indra, Indra-yâtrâ, une des solennités les plus populaires du Népal, n'a rien de commun avec les fêtes d'Indra consacrées par les Purâṇas hindous. Indra est la divinité patronale de Katmandou.

Il faut encore mentionner parmi les *dii minores* Bhîma-sena, le héros épique, qui a lui aussi changé singulièrement en route ; d'après les Notizie Laconiche, il préside mainte-nant au trafic[1] ! On trouve ses temples et ses chapelles le long du chemin qui mène de l'Inde au Népal ; Bhimpeḍi, au pied des montagnes, lui doit son nom. Son culte est si répandu qu'un esprit sensé comme Hamilton a pu le croire antérieur au Bouddhisme : il aurait le premier pénétré au Népal et y aurait introduit un essai de civilisation[2]. La Chronique pourtant ne lui accorde pas tant d'honneur ; sans l'instituer en concurrent de Mañjuçrî, elle raconte seulement que Bhîmasena vint de Dolkhâ, où il possède un temple célèbre, sur la Tamba-Kosi, à l'Est du Népal, et s'amusa à canoter dans une barque de pierre sur les eaux du lac qui recouvrait la vallée, au temps qu'un démon s'en était rendu maître.

Balbala (Le Bègue) est un héros local, associé à des lé-gendes et à des rites agraires. Avant lui personne n'avait osé ouvrir le sol pour cultiver ; il fallait apporter du dehors le grain nécessaire à la subsistance. Le roi Vṛṣa deva le Sû-ryavamçi, ou son frère Bâlârčana deva, offrit à l'audacieux qui voudrait donner l'exemple une part régulière de la récolte annuelle. Balbala n'avait pas de famille ; il se risqua. Puis, avant de mourir, il s'éleva une statue de ses propres mains ; Bâlârčana honora cette statue d'un culte et décida qu'on lui présenterait, chaque année, à la pleine lune de Mâgha, un pain de riz. La tradition montre encore à Patan, près du temple de Matsyendra Nâtha, le champ où Balbala donna le premier coup de pioche ; il est interdit de le labourer avec des bœufs.

1. *Not. Lac.*, fig. 19.
2. Hamilton, p. 25 et p. 10.

Les seules déesses qui méritent d'être citées pour leur fonction locale, en dehors des multiples incarnations de Devî, sont les Huit Mères (*Aṣṭa-mâtṛkâ*) qui passent pour les gardiennes des villes népalaises. Ce sont, dans l'ordre de hiérarchie : Brahmânî, Maheçvarî (ou Rudrânî), Kumârî, Vaiṣṇavî, Vârâhî, Indrânî, Čamuṇḍâ, Mahâlakṣmî, épouses ou énergies (Çaktis) des trois grands dieux, réductibles cependant à l'unité puisque aussi bien nous avons trouvé déjà Mahâlakṣmî, la Çakti de Viṣṇu, confondue dans une personne avec Kumârî et Kâlî. Guṇakâma deva, le fondateur de Katmandou, passe pour avoir adoré Mahâlakṣmî et établi, sur ses indications et sous son patronage, la nouvelle capitale.

Qu'elles empruntent leur nom officiel au panthéon bouddhique ou au panthéon brahmanique, les divinités du Népal n'en gardent pas moins un cachet manifeste d'origine locale. Chaque ville, chaque village, chaque source, chaque étang, chacun des accidents du sol a son patron spécial, déesse ou dieu n'importe ; et chacun de ces patrons a un sanctuaire propre, si modeste qu'il soit, dédié à sa gloire. Il n'est pas étonnant dès lors que le Népal se flatte de posséder 2 500 temples, ou même 2 733. A dire vrai, le Népal religieux dépasse les limites de la vallée : pris dans son acception la plus large, il s'étend au Nord jusqu'à Nîlakaṇṭha, le lac sacré de Gosain-than, à 8 jours de marche de Katmandou ; au Sud, il va jusqu'à Naṭeçvara, à 2 jours de distance ; à l'Ouest, il s'arrête à Kaleçvara, également éloigné de 2 jours de Katmandou ; enfin à l'Est, il se prolonge jusqu'à Bhîmeçvara, à 4 jours de marche, sur la rive droite de la Tamba-Kosi ; le temple, élevé en l'honneur de Bhîmasena le Pâṇḍava, dans la petite ville de Dolkha, a comme prêtre (pûjârî) un Névar[1]. Mais le total donné ne

---

1. Hamilton, p. 192; cf. aussi p. 167, et Kirkpatrick, p. 164.

prétend pas s'appliquer aux temples dispersés sur ce vaste domaine ; il se restreint à un périmètre rigoureusement défini, qui embrasse outre la vallée du Népal deux annexes peu étendues : à l'Est, la vallée de Banepa jusqu'au confluent de deux ruisseaux, la Nîrâvatî (ou Lîlâvatî) et la Roṣamatî ; à l'Ouest, une bande de terrain située sur le versant occidental du mont Deochok (ou Indra Than).

LE CIRCUIT DU PÈLERIN. — C'est une œuvre infiniment méritoire et recommandable que de visiter les lieux sacrés disséminés, comme des repères, au long de ce circuit. Le Nepâla-mâhâtmya en donne, dans sa XXIXᵉ section, une liste détaillée, et enseigne les prescriptions à suivre dans ce long pèlerinage. Le point de départ, c'est Paçupati ; c'est aussi, naturellement, le point d'arrivée, puisqu'il s'agit d'un circuit fermé. Le pèlerin doit cheminer en tenant constamment la vallée à sa droite, en signe de respect : c'est là la cérémonie du pradakṣiṇa. Bien entendu, l'origine du rite remonte aux dieux.

Le premier qui s'en servit, sur le conseil même de Çiva, n'était autre que Guṇâḍhya, l'immortel auteur de la Bṛhat-kathâ. Le Mâhâtmya ne manque pas l'occasion de rapporter tout au long l'histoire si populaire de ce conteur que la tradition tenait pour un génie déchu ; mais sur plusieurs points le récit du Mâhâtmya, comparé avec Kṣemendra et Somadeva, présente des divergences assez considérables pour qu'il soit utile de les signaler, soit qu'elles tiennent à la fantaisie ou à l'ignorance de l'auteur, soit qu'elles décèlent une source indépendante. Le génie déchu n'est plus Puṣpadanta, mais Bhṛṅgin ; il s'est transformé en abeille pour s'insinuer dans la chambre où Çiva contait à Pârvatî ses contes merveilleux. Reconnu coupable, quand il sollicite du dieu qui l'a maudit de fixer un terme à sa malédiction, Çiva lui impose comme première condition de publier sur la terre, en 900 000 vers, les contes qu'il a surpris indiscrètement ; puis il doit élever un liṅga sur un sol sacré qu'il est difficile d'atteindre ; alors seulement il retournera au mont Kailâsa. En conséquence, Bhṛṅgin-Guṇâdhya naît à Mathurâ ; puis il se rend à Ujjayinî où règne le roi Madana, marié à Lîlâvatî, fille du roi de Gauḍa, et qui a pour ministre Çarvavarman. Le roi Madana commet la fameuse confusion de *modaka* « gâteau » avec *modaka* « pas d'eau » ; humilié de son ignorance qui l'a rendu ridicule, il demande une grammaire sanscrite ; Çarvavarman compose le Kalâpa. Guṇâdhya se retire de la cour, rencontre l'ascète Pulastya qui lui rappelle sa vraie condition et l'engage à écrire ses contes en dialecte paiçâcî; qu'il parte ensuite au Népal. Guṇâdhya suit ces conseils, refuse de retourner auprès du roi Madana auquel il remet le manuscrit de son œuvre, et se rend au temple de Paçupati. Il décrit un pradakṣiṇa autour de la vallée, convoque tous les religieux des environs, et avant de remonter au ciel dresse un liṅga qui porte le nom de Bhṛṅgîçvara. « Et aujourd'hui encore, à chaque nœud de la lune, Bhṛṅgin revient sous la forme d'une abeille (bhṛṅga) pour revoir son liṅga. »

Le pèlerin, ayant rendu ses hommages à Paçupatîçvara, prend un bain dans la Bagmati, sort du temple par la porte du Sud, se rend vers Râjarâjeçvarî, visite Bhairava et Vatsalâ, va ensuite adorer Guhyeçvarî, traverse la Bagmati, puis la Čelagaṅgâ, il passe successivement par Gokarṇeçvara, qui rappelle la sainte métamorphose de Çiva en gazelle ; Kâruṇikeçvara, le liṅga commémoratif élevé par Buddha-Viṣṇu le Compatissant au confluent de la Bagmati et de la Maṇimatî ; Sundarî, où la Bagmati pénètre dans la vallée. De là à Vajrayoginî (la déesse tutélaire de Sankou) ; puis visite à Garuḍa et Nârâyaṇa (de Čaṅgu), au Valeçvara, au Vâgîçvara (au confluent de la Vîrabhadrâ) et au Vâlmîkeçvara, qui rappelle le séjour de Vâl-

mîki[1]. Près du liṅga de Vâlmîki s'en dresse un autre
consacré par Hanumat ; c'est là que se reposa le singe
héroïque, auxiliaire de Râma, quand il revint de l'Himâlaya, chargé de rochers destinés à former un pont entre
l'Inde et Laṅkâ.

Après cette journée si laborieuse, le pèlerin doit passer
la nuit à veiller, distrait par le chant et la danse ; il doit
aussi donner à manger aux brahmanes. Le matin, dès
l'aube, il se baigne à l'étang voisin, prend congé du liṅga,
et continue sa route vers l'Est. Il atteint d'abord le lac
Tričampaka, où Mâdhava (Viṣṇu) repose sur les anneaux du
serpent Çeṣa ; il répand dans l'eau sainte des offrandes aux
Dieux et aux Pères. Entré dans la vallée de Banepa, il va
adorer Čaṇḍeçvarî, protectrice de Banepa, et Čaṇḍeçvara
son compagnon, puis visite le Dhaneçvara-liṅga élevé par
le dieu des richesses, le Gokhurakeçvara, « qui porte
encore l'empreinte d'un sabot de vache » et qui fut fondé
par Kâmadhenu, la Vache d'Abondance ; l'Indreçvara,
établi par Indra au confluent de la Nîrâvatî (ou Lîlâvatî) et
de la Roṣamatî ; l'Âçâpûreçvara établi par les Trente-Trois
dieux. Il rentre dans la vallée du Népal, qu'il longe dès
lors par le Sud, et visite le Ḍoleçvara (au Sud de Bhatgaon)
qui rappelle un miracle de Çiva. Un brahmane de Bénarès,
mauvais sujet, coureur de filles, buveur d'alcool, se sentit
tout à coup pris de remords ; il consulta les ascètes de Viçveçvara, qui lui donnèrent un bâton. « Pars, lui dirent-ils,
en pèlerin ; quand ton bâton poussera un rameau, tu seras
purifié. » Il se mit en route en multipliant ses austérités ;
parvenu au Népal, sur le site actuel du Ḍoleçvara, il planta
en terre son bâton de pèlerin, et voici qu'il en sortit un
rameau. Telle est l'origine du Ḍoleçvara. C'est là la seconde
halte du pèlerin : il se baigne dans le Dhârâ-tîrtha, passe

1. V. sup., p. 328.

encore la nuit au chant, à la danse et à écouter la lecture des Purânas. Le matin il prend congé du Doleçvara, en lui annonçant son intention de poursuivre le pradakṣiṇa entrepris, et se remet en route. Il voit d'abord Sûrya-Vinâyaka, puis l'Ananta-liṅga, se baigne dans l'étang voisin, présente dans l'eau une offrande aux Pères, distribue des cadeaux aux brahmanes (comme à toutes ses étapes, du reste) ; il visite Vajra-Vârâhî dans sa ville de Phirping, monte sur une montagne élevée pour adorer Gaṇeça qui réside dans une grotte accessible par une fente étroite ; qu'il se garde d'y entrer, et qu'il jette les yeux seulement sur le Bhârabhûteçvara ! De là il se rend au Manaḥ-çiras tîrtha où il adore Hari-Hara, puis au Mâtṛ-tîrtha (Mâtâtîrtha), où les offrandes funéraires sont si efficaces, et « où l'on voit encore aujourd'hui des poissons d'or ». Halte de nuit à Gopâleça (Çeṣa-Nârâyaṇa ?). Le pèlerin passe encore cette nuit, la troisième du voyage, au chant et à la danse ; et le quatrième matin, rafraîchi par un bain, prenant congé de Gopâleça, il se rend à Pâṇḍukeçvara, se baigne dans la Pâṇḍunadî, passe la montagne, va à Čaturvaktreçvara, à Indreçvara, franchit encore une fois la montagne et rentre dans la vallée du Népal par le Nord-Ouest. Il se rend alors auprès du Nârâyaṇa de l'Ouest (Ičaṅguᵒ) et y passe la quatrième nuit à écouter des légendes qui ont trait à Viṣṇu. A l'aube du cinquième et dernier jour, il se baigne, prend congé du dieu et se rend au séjour du Bouddha (Buddhasthâna, la colline de Svayambhû). C'est là qu'en arrivant de Chine (Mahâ-Čîna) le dieu Bouddha s'arrêta volontairement ; c'est là qu'habitent des moines (bhikṣus) qui ont abandonné fils et famille, par désir de voir le Bouddha, tout pénétrés de science et de béatitude. Il honore Bouddha d'un pradakṣiṇa spécial, descend se baigner dans la Viṣṇumatî où il fait des offrandes aux Pères, et se rend à Luṇṭikeça (Budhâ-Nîlakaṇṭha, Jalaçayana) où Hari-Viṣṇu est couché sur le

serpent Ananta. Il se dirige ensuite au Nord jusqu'au pied
des montagnes de façon à rejoindre l'origine du circuit,
redescend alors au Sud vers Jaya-Vâgîçvarî (à Deo Patan)
et « tout en pensant à Viṣṇu » il se présente devant Paçupati. Il répand sur le liṅga les cinq ambroisies : lait, petit-
lait, beurre, urine et bouse, il lui offre des parfums, de
l'encens, nourrit des brahmanes, leur paie un digne salaire,
et informe Paçupati que le pradakṣiṇa est achevé. Pour
clore son vœu, il descend se baigner dans la Bagmati, y
fait des offrandes funéraires, retourne saluer Vatsalâ,
puis Vâsuki le Nâga à la porte du Sud, Vinâyaka à la
porte de l'Est, et rentre alors chez lui, libéré de tous ses
péchés.

Je ne connais pas le Guide du pèlerin bouddhiste autour
de la vallée ; mais il n'est pas douteux que ce chapitre du
Nepâla-mâhâtmya ait eu sa contre-partie bouddhique. Un
grand nombre des sites énumérés sont également sacrés,
à des titres divers, au regard des deux religions ; chacune
des montagnes mêmes a pour la consacrer le souvenir d'un
saint bouddhiste : Vipaçyin a demeuré sur le Nagarjun (Jât
Mâtročča), Çikhin sur le Champadevi (Dhyânočča), Krakučchanda sur le Manichur (Çaṅkhagiri), Mañjuçrî sur le
Svayambhû (Goçṛṅga), Çâkyamuni sur le Pučchâgra, en
arrière de Svayambhû. Le territoire sacré empiète également sur les alentours de la vallée et embrasse la vallée de
Banepa ; c'est en dehors du Népal même, à trois lieues Est
de Bhatgaon que sont situés le village de Panâvatî et le
mont Namobuddha, témoins de la charité sublime de Çâkyamuni ; c'est là que, pris de compassion pour une tigresse
affamée qui allaitait ses petits, il lui offrit généreusement
son corps à manger [1].

Il serait puéril, autant qu'oiseux, de prétendre énumérer

---

1. C'est le sujet du Vyâghrî-jâtaka, si fameux dans la légende bouddhique.

les 2 500 ou 2 733 temples compris à l'intérieur du circuit sacré. Je me bornerai donc à décrire les types généraux des monuments sacrés qu'on rencontre au Népal et à signaler, s'il y a lieu, les principaux représentants de chaque espèce.

Autel de Kṛṣṇa.

TABLE DES MATIÈRES

DU PREMIER VOLUME

TABLE DES ILLUSTRATIONS

CHARTRES. — IMPRIMERIE DURAND, RUE FULBERT.

LA PROCESSION DE MATSYENDRA NÂTHA

Dessin de la Collection Hodgson

(Bibliothèque de l'Institut de France).

LA LÉGENDE SACRÉE DU NÉPAL

Peinture Népalaise de la Collection Hodgson

(Bibliothèque de l'Institut de France).

www.ingramcontent.com/pod-product-compliance
Ingram Content Group UK Ltd.
Pitfield, Milton Keynes, MK11 3LW, UK
UKHW022053120726
13694UKWH00001B/121